国家重大出版工程项目
"十二五"国家重点图书

中国古建筑丛书

◎ 王南 著

北京古建筑

（上册）

中国建筑工业出版社

审图号：GS（2015）2780号

图书在版编目（CIP）数据

北京古建筑（上册）/王南著. —北京：中国建筑工业出版社，2015.12
（中国古建筑丛书）
ISBN 978-7-112-18389-0

Ⅰ.①北… Ⅱ.①王… Ⅲ.①古建筑-介绍-北京市 Ⅳ.①K928.71

中国版本图书馆CIP数据核字（2015）第200253号

责任编辑：唐　旭　李东禧　杨　晓　吴　绫
书籍设计：康　羽
责任校对：张　颖　党　蕾

中国古建筑丛书

北京古建筑（上册）

王南　著

*

中国建筑工业出版社出版、发行（北京西郊百万庄）
各地新华书店、建筑书店经销
北京嘉泰利德有限公司制版
北京顺诚彩色印刷有限公司印刷

*

开本：880×1230毫米　1/16　印张：$29\frac{1}{4}$　字数：769千字
2015年12月第一版　2015年12月第一次印刷
定价：398.00元
ISBN 978-7-112-18389-0
　　　　（25801）

版权所有　翻印必究
如有印装质量问题，可寄本社退换
（邮政编码 100037）

《中国古建筑丛书》总编委会

总顾问委员会：

罗哲文　张锦秋　傅熹年　单霁翔　郑时龄

总编辑委员会：

主　任：吴良镛　周干峙
副主任：沈元勤　陆元鼎
总主编：陆　琦　戴志坚
委　员（按姓氏笔画排序）：

丁　垚　王　军　王　南　王金平　王海松　左满常　朱永春
刘　甦　李　群　李东禧　李晓峰　李乾朗　杨大禹　杨新平
吴　昊　张玉坤　张兴国　张鹏举　陆　琦　陈　琦　陈　颖
陈　蔚　陈伯超　陈顺祥　范霄鹏　罗德启　柳　肃　胡永旭
姚　赯　徐　强　徐宗威　翁　萌　高宜生　唐　旭　黄　浩
谢小英　雍振华　蔡　晴　谭刚毅　燕宁娜　戴志坚

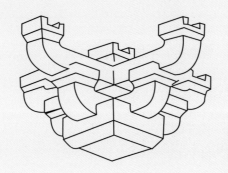

《北京古建筑》

王南　著
审稿人：王贵祥

总 序

中国历史悠久，地大物博，人口众多，是一个多民族的国家，文化遗产极为丰富。中国古建筑是世界建筑史上的四大体系之一，五千年来，光辉灿烂，独特发展，一脉相传，自成体系。在建筑历史发展过程中，从来都没有中断过，因而，积累了大量的极为丰富的优秀建筑文化遗产。中国古代建筑的实践经验、创作理论、工艺技术和艺术精华值得总结、传承和发扬。

中国古代建筑具有强大的生命力，首先是独特的地理环境。中国位于亚洲东方，北部有长白山、乌苏里江高山河流阻挡，西有天山、喀喇昆仑山脉和沙漠横贯，西南有喜马拉雅山脉，东南则沿海，形成封闭与外界隔绝的地域，加上地处热带、温带和寒带，宽阔的地理和悬殊的气候，促进建筑与环境的巧妙和谐结合。

其次，独特的民族性格。中国是以汉族为主的多民族所组成。以中原文化为主的汉族人民团结、凝聚着居住和生活在各地的少数民族。由于各民族的历史、文化、宗教信仰、生活习俗与审美爱好的不同，以及他们所处地区的自然条件和地理环境的差异，长期的劳动实践，形成了各民族独特的性格和绚丽灿烂的建筑风貌。

其三，文化的独特体系。中国文化是以黄河流域中原文化为中心，周围有燕赵文化、晋文化、齐鲁文化、吴越文化、楚文化、秦文化和巴蜀文化所烘托，具有历史渊源长久、人类智慧集中、思想资源丰富的特点。中国传统文化思想的集中表现是以儒学、道学为代表，其后，佛教的传入与中国传统文化的结合，形成以儒学为主的儒、道、释三者合一的中国传统文化思想。归纳起来，就是天人合一的宇宙观念，以人为本、和为贵的人文思想，整体直觉的思维方式，真善美相结合的美学观念。

封闭而独特的地理环境，团结凝聚而又富于创造的民族性格，以儒学为主的文化独特体系，创造了中华民族的雄伟壮丽的建筑工程。长期的经验积累，独树一帜，虽经战争的炮火，民族之间的斗争与融合，外来文化之传入及本土化，但中华民族建筑始终一脉相传，傲然生存下来，顽强发展，独树一帜而不倒，在世界建筑史发展中是罕见的、独有的。

中国古代建筑发展经历了原始社会、奴隶社会和封建社会三个历史阶段。

旧石器时代，原始人群利用天然崖洞作为居住场所。南方湿热多雨，虫害兽多，出现巢居。1973年，在浙江余姚河姆渡村发现大约建于6000~7000多年前的、长约23米、进深约8米的木构架建筑遗址，推测是一座长方形、体量相当大的干阑式建筑，这是我国最早采用榫卯技术构筑房屋的一个实例。

原始社会晚期，黄河流域有广阔而丰厚的黄土层，土质均匀，含有石灰质。黄河中游的氏族部落，在利用黄土层作为壁体的土穴上，用木架和草泥建造简单的穴居，逐步发展到浅穴居，再到地面上的房屋，形成聚落。

奴隶社会，夯土技术逐步成熟，宫室建于高大的夯土台上，木构建筑逐步成为中国古代建筑的主要结构方式。等级制度出现。工程管理有了专职的"司空"，以后各朝代沿袭发展成为中国特有的工官制度。

封建社会初期，高台建筑盛行，修建了长城、驰道和水利工程。东汉时代，建筑中已大量使用成组的斗栱，木构楼阁增多，城市和建筑类型扩充，中国古代独特的木构建筑体系基本形成。

两晋南北朝是我国历史上充满着民族斗争和民族融合的时期，佛教的传入，宗教建筑大量兴建，高大的寺庙、壮丽的塔幢，石窟中精美的雕塑和壁画，这是我国古建筑吸收外来文化使之本土化的创造时期。

隋、唐统一全国，开凿贯通南北的大运河，促进了我国南北物资和文化的交流和发展。唐代的长安、洛阳成为世界上最大的城市。木构建筑的宫殿、楼阁和石窟、塔、桥，无论布局或造型都具有较高艺术和技术水平，唐代建筑已发展到成熟的阶段。

宋、辽、金时期，南方在经济和文化方面居于先进地位。由于手工业分工更加细致，国内商业和国际贸易活跃，城市逐渐开放，改变了汉以来历代都城采用的封闭式里坊制度，形成沿街设店的方式。建筑的设计和施工达到一定程度的规格化、制度化，公元12世纪初在总结经验的基础上编写了《营造法式》这一部重要文献。

元代大都建立，喇嘛教和伊斯兰教建筑影响到各地。明、清时期官式建筑已经达到完全程式化、定型化阶段。明代后期出现资本主义萌芽，清代在城市规划上、建筑群体布局和建筑艺术形象上有所发展，例如北京城、故宫、天坛等。民居、园林和民族建筑遍布各地，呈现一片繁荣景象。

中国古建筑有明显的特征。在城市规划上，严谨规整、对称宏伟，表现出庄重威武的中华民族性格。单体建筑中，雄伟的飞檐屋宇、大红的排列柱廊、高大的汉白玉台基，呈现出崇高壮丽又稳定的形象。黄河流域盛产的木材资源，形成了中国古建筑木构架体系的特色。室外装饰的富丽堂皇、金碧辉煌，室内陈设装修的华丽多样、细腻雕饰，体现了中国古建筑绚丽多彩的民族风格。

聚居建筑方面，包含民居、祠堂、家庙、书院等遍布全国各地，它们与人民生活息息相关。各地各族人民根据自己的生活习俗、生产需要、经济能力、民族爱好和审美观念，结合本地的自然条件和材料，因地制宜、因材致用地进行设计与营造。他们既是设计者，又是营建者、使用者，可以说设计、施工、使用三位一体，因而，这种建造方式所形成的民宅民间建筑，既实用简朴，又经久美观，并富有民族风格和地方特色。

中国古园林的特征。以自然山水即中国山水画为蓝本，并以景区、景物和建筑、山水、花木为构件，由景生情，产生意境联想，达到艺术感受。皇家园林因其规模大、范围广，其园林布局自秦、汉时期的一池三岛，到唐、宋以山水画为蓝本，明、清仍沿袭池中置岛古制，但采用人工造山置水的方法。

明、清私家园林因属民间，士大夫文人常在宅后设园休闲宴客，吟诗享乐，其特点是以最小的场所造成无限的景色为目的。因其规模小，常以叠石或池水为主，峰峦洞壑、峭壁危径或曲径通幽取胜。在情景中则采用巧于因借、精在体宜的手法。

我国是一个人口众多的多民族国家。相传秦汉以前，中华大地上主要生存着华夏、东夷、苗蛮三大文化集团，经过连年不断的战争，最终华夏集团取得了胜利，上古三大文化集团基本融为一体，历史上称为华夏族。春秋、战国时期，东南地区古老的部族称为"越"，逐渐为华夏族所兼并而融入华夏族之中。秦统一各国后，到汉代都用汉人、汉民这个称呼，直到隋、唐，汉族这个名称才固定下来。

由于各民族的历史文化、宗教信仰、生活生产、习俗性格的不同，又由于各族人民所处地区的自然条件和环境的不同，导致他们各自产生了富有特色的建筑和民宅，如宏伟壮丽的藏族布达拉宫，遍布各族聚居地的寺院庙宇、寨堡围村、楼阁宅居，反映了绮丽多彩的民族风貌。

中国传统文化渗透了中国古建筑，中国古建筑深刻地体现了中国文化。

新中国成立后，作为全国性有领导有组织地编写中国古代建筑史，第一次是1959年，由原建筑科学研究院组织"编写三史"开始。当时集中了全国高等院校、科研部门分工编写，1962年由中国工业出版社出版《中国建筑简史》第一册（古代部分）。随后，又组织有关院校、文化、历史、考古等单位对古代建筑史有研究的人员，经多次修改，由刘敦桢教授执笔主编的《中国古代建筑史》，于1966年完成。由于"文化大革命"，未能出版，1980年才由中国建筑工业出版社正式出版。作为高等院校的中国建筑史教材则由全国高校教师编写，参考了上述专著，由中国建筑工业出版社1982年出版。

作为系统的、全面的、编写中国古建筑丛书是从1984年开始，当时作为《中国美术全集》中的一个门类——建筑艺术，称为《中国美术全集·建筑艺术编》，共6辑，包含宫殿、坛庙、陵墓、宗教建筑、民居、园林，1988年完成出版。

第二次编写从1992年开始，编写的原因是《中国美术全集·建筑艺术编》6辑出版后，各界反映良好，但感到篇幅不够，它与我国极为丰富的建筑文化遗产大国不相适应。于是，再次组织编写《中国建筑艺术全集》丛书30辑，其中古建筑24辑，近现代建筑6辑。古建筑部分仍按类型编写。该丛书中的24辑于1999年5月出版。

由于这两次丛书都是全国性编写，按类型写，又着重在艺术，因此，一些地方特色和民族特色的、中型的优秀古建筑就难于入选。为了弘扬和传承优秀传统建筑文化体系，总结经验和规律，保护我国优秀传统建筑文化遗产，因此，全面地、系统地、按省（区）来编写古建筑丛书是非常必要的、合时宜的。

本丛书编写的主要特点是：其一，强调本省（区）古建筑的民族特色和地方特色；其二，编写不限于建筑艺术，而是对本省（区）古建筑的全面叙述，着重在成就、价值、特色、技术和经验、规律等各个方面，这是我国民族和地区的资料比较全面和丰富的传统建筑文化丛书。

陆元鼎

2015年1月10日

前　言

中国古建筑研究的先驱梁思成先生曾经把整个古代北京城誉为"都市计划的无比杰作";而美国著名城市规划师埃德蒙·培根（Edmund N.Bacon）则直接宣称古代北京是"地球表面最伟大的单项工程"。中外学者对古都北京的赞誉实际上也是对北京古建筑的高度评价,从中我们可以看出,北京古建筑的最高成就乃是其整体的和谐,北京城各类古建筑共同组成了具有高度历史、艺术与科学价值的古都北京。北京古建筑不仅数量众多,而且成就辉煌:北京所拥有的 7 项世界文化遗产中包含了故宫、天坛、颐和园、十三陵和万里长城这 5 项最具代表性的古建筑;而北京现有全国重点文物保护单位共计 125 项,其中有近 90 项为各类古建筑。

对北京古建筑的研究成果可谓汗牛充栋。古代地方志或学者笔记如元代熊梦祥的《析津志》、陶宗仪的《南村辍耕录》,明代萧洵的《故宫遗录》、张爵的《京师五城坊巷胡同志》、蒋一葵的《长安客话》以及刘侗、于奕正的《帝京景物略》,清代孙承泽的《春明梦余录》及《天府广记》、朱一新的《京师坊巷志稿》、于敏中等编纂的《日下旧闻考》（在朱彝尊《日下旧闻》的基础上扩充而成）、麟庆的《鸿雪因缘图记》等古籍中均有大量涉及北京古建筑的宝贵资料。

20 世纪初,西方学者与日本学者开始了对北京古建筑的早期探索。如瑞典美术史家奥斯伍尔德·喜仁龙（Osvald Sirén）在《北京的城墙与城门》、《中国园林》等著作中对北京城墙和大量王府及园林进行了探讨。德国建筑学者恩斯特·柏石曼（Ernst Boerschmann）的《中国景观》一书则对北京城及部分古建筑（尤其是香山碧云寺）展开了研究,尤其还首次提出了北京城市"中轴线"的观念。日本建筑史家伊东忠太最早测绘了北京紫禁城和西苑,并且其《中国建筑史》等著作中有许多关于北京古建筑的讨论。常盘大定与关野贞合著的《中国文化史迹》则对大量北京古建筑进行了摄影记录和简要论述。

中国学者中最早运用西方近代建筑学方法研究北京古建筑的要首推中国营造学社的研究者们。营造学社的研究成果内容丰富,既有对清工部《工程做法》进行研究的专著（梁思成的《清式营造则例》）,也有整理清代各类工程算例、做法的著作（如梁思成的《营造算例》、刘敦桢的《牌楼算例》、王璧文的《清官式石桥做法》等）,更有对北京各类古建筑的专题研究,如梁思成、林徽因的《平郊建筑杂录》,刘敦桢的《北平智化寺如来殿调查记》、《明长陵》、《同治重修圆明园史料》、《北平护国寺残迹》,梁思成、刘敦桢的《修理故宫景山万春亭计划》,刘敦桢、梁思成的《清故宫文渊阁实测图说》,阚铎的《元大都宫苑图考》,单士元的《明代营造史料》,王璧文的

《元大都城坊考》和《元大都寺观庙宇建置沿革表》等。梁思成于抗战时期在四川李庄完成的《中国建筑史》（1944年）中也涉及大量北京古建筑的内容。

新中国成立以来，对于北京古建筑的研究与日俱增。刘敦桢主编的《中国古代建筑史》以及五卷本《中国古代建筑史》的第四卷（"元、明建筑"）和第五卷（"清代建筑"）皆包含大量对北京古建筑的讨论。傅熹年的《北京古建筑》（1986年）一书则是第一部较为全面探讨北京古建筑的专著。此外，萧默的《巍巍帝都》（2006年）以及王南、李路珂、李菁、胡介中、袁琳编著的《北京古建筑地图》（上、中、下）（2008～2010年）均以北京古建筑为主题，后者较为详细地介绍了北京市域范围内共计562处古建筑。围绕北京古建筑某一专题所进行的深入研究更加不胜枚举，主题从北京城市历史、考古、规划、建筑设计理论到各种建筑类型如城墙城门、紫禁城宫殿、坛庙、陵寝、园林、王府、衙署、仓库、胡同、四合院、会馆、佛寺、佛塔、道观、桥梁、长城等，不一而足。

本书的写作首先基于对上述大量前人研究成果的学习与借鉴，其次对北京为数众多的古建筑进行了长期的实地考察、拍摄，并对数十处古建筑群和数条胡同外立面进行了测绘研究。北京古建筑与中国其他省、市、地区古建筑相比有一个十分难能可贵的特点，就是类型完备，几乎囊括了中国古建筑所有主要类型，因此本书的最主要内容即分门别类介绍北京各类古建筑，从第三章至第十四章分别介绍了宫殿、坛庙（包括儒学）、苑囿（园林）、墓葬、王府、衙署、仓库、民居、佛寺、佛塔、道观、清真寺、会馆、祠堂、（长城）关隘、城堡、桥梁。此外，在本书第一章和第二章中分别对北京的地理、历史和城市规划进行简述，作为讨论北京古建筑的大背景；而在第十五、十六章则试图较为全面地展现北京古建筑在技术、工艺方面的特点。在以上内容的基础上，本书尝试初步概括北京古建筑的基本特征，包括以下7个主要方面：规划整体、类型完备、布局严谨、结构标准、色彩分明、结合自然、文化交融，它们共同形成了北京古建筑最重要的特征，即"整体和谐"。

总体看来，以本书上下两册、30余万字的篇幅来介绍浩如烟海的北京古建筑，实在仅能限于走马观花、蜻蜓点水式的扼要讨论，北京许多具有重要价值的建筑类型或者实例无法涉及，也只能留作遗憾了。另外，由于笔者学术水平有限，勉力对北京古建筑这一博大精深的课题进行研究与探讨，书中的谬误、疏漏一定在所难免，期待广大专家、读者不吝赐教，提出宝贵的批评意见。

王南

2015年3月7日

目 录

(上册)

总 序

前 言

第一章 绪 论
第一节 山川形胜 / 〇〇四
一、形胜 / 〇〇四
二、西山 / 〇〇五
三、燕山 / 〇〇六
四、水系 / 〇〇七
第二节 历史沿革 / 〇一三
一、蓟与燕——建城之始 / 〇一三
二、唐幽州——北方重镇 / 〇一五
三、辽南京——契丹陪都 / 〇一八
四、金中都——首次建都 / 〇二一
五、元大都——宏图初现 / 〇二九
六、明北京——大局划定 / 〇三一
七、清北京——踵事增华 / 〇三二
第三节 建筑特征 / 〇三五
一、规划整体 / 〇三五
二、类型完备 / 〇三九

三、布局严谨 / 〇四〇
四、结构标准 / 〇四一
五、色彩分明 / 〇四一
六、结合自然 / 〇四三
七、文化交融 / 〇四四

第二章 都城规划
第一节 元大都规划 / 〇五一
一、总体格局 / 〇五一
二、城墙城门 / 〇五二
三、皇城宫苑 / 〇五六
四、大内宫殿 / 〇五六
五、街巷胡同 / 〇六一
第二节 明北京规划 / 〇六四
一、总体格局 / 〇六四
二、城墙城门 / 〇六四
三、皇城 / 〇七四
四、中轴线 / 〇八二
五、街道胡同 / 〇八九
六、重要地标 / 〇九四

第三章 禁城宫阙
第一节 总体格局 / 一一五

第二节　城墙城门 / 一一七
一、城墙 / 一一七
二、城门 / 一一七
三、角楼 / 一二〇
第三节　前朝 / 一二二
一、太和门 / 一二二
二、三大殿 / 一二二
三、文华殿、文渊阁 / 一三八
四、武英殿 / 一四二
五、内阁、内务府及府库 / 一四四
第四节　后寝 / 一四四
一、乾清门 / 一四四
二、后三宫 / 一四七
三、御花园 / 一五一
四、东西六宫 / 一五四
五、养心殿 / 一六〇
六、斋宫、奉先殿及毓庆宫 / 一六三
七、乾东、西五所 / 一六三
八、南三所 / 一六六
九、宁寿宫（外东路）/ 一六七
十、外西路 / 一七二

第四章　坛壝庙学
第一节　太庙、社稷坛 / 一八二
一、太庙 / 一八二
二、社稷坛 / 一八七
第二节　天坛 / 一九〇
一、总体格局 / 一九〇
二、祈年殿 / 一九四
三、皇穹宇 / 一九六
四、圜丘 / 一九六
五、附属建筑 / 二〇一
第三节　地坛、日坛、月坛 / 二〇三
一、地坛 / 二〇三
二、日坛 / 二〇七
三、月坛 / 二〇九
第四节　先农坛、先蚕坛 / 二一〇
一、先农坛 / 二一〇
二、先蚕坛 / 二一五
第五节　历代帝王庙 / 二一六
一、牌楼与影壁 / 二一六
二、大门 / 二一七
三、景德崇圣门 / 二一七
四、景德崇圣殿 / 二一七
五、其他 / 二一七

第六节　堂子 / 二二一
第七节　孔庙、国子监 / 二二二
　一、孔庙 / 二二二
　二、国子监 / 二二五
第八节　顺天府学 / 二二九

第五章　皇家苑囿
第一节　西苑三海 / 二三七
　一、北海 / 二三八
　二、中海 / 二五一
　三、南海 / 二五三
第二节　景山御苑 / 二五五
　一、景山五亭 / 二五五
　二、寿皇殿等建筑群 / 二五六
第三节　三山五园 / 二五七
　一、畅春园 / 二五八
　二、圆明园 / 二五九
　三、香山静宜园 / 二六五
　四、玉泉山静明园 / 二七一
　五、万寿山清漪园（颐和园） / 二七五

第六章　陵寝墓葬
第一节　汉墓 / 三〇三
　一、大葆台汉墓 / 三〇三
　二、老山汉墓 / 三〇四
　三、东汉墓神道石柱 / 三〇四
第二节　金陵 / 三〇五
第三节　明十三陵 / 三〇八
　一、总体格局 / 三〇八
　二、长陵 / 三一四
　三、其余诸陵 / 三一七
　四、十三陵规划设计的象征意义与
　　　意境追求 / 三二四
第四节　明代其他墓葬 / 三三一
　一、景泰陵 / 三三一
　二、田义墓 / 三三二
第五节　清代墓葬 / 三三九
　一、醇亲王墓（七王坟） / 三四〇
　二、孚郡王墓（九王坟） / 三四二
　三、伊桑阿墓 / 三四四

第七章　王公府第
第一节　王府概说 / 三五一
　一、等级制度 / 三五二
　二、乾隆《京城全图》中的王府 / 三五二
　三、王府中轴线建筑 / 三五五

四、王府花园 / 三五六
五、王府附属建筑 / 三五六
第二节　典型实例 / 三五七
一、恭王府 / 三五七
二、醇王府 / 三六四
三、孚王府（怡亲王府）/ 三六八
四、礼王府 / 三七一
五、郑王府 / 三七二
六、宁郡王府 / 三七三
七、克勤郡王府 / 三七五
八、涛贝勒府 / 三七五
九、棍贝子府 / 三七六
十、和敬公主府 / 三七六
十一、海淀礼王府（乐家花园）/ 三七九

第八章　衙署仓房
第一节　中央衙署 / 三八八
一、概说 / 三八八
二、乾隆《京城全图》中的中央衙署 / 三九〇
三、典型实例 / 四〇六
第二节　地方衙署 / 四一一
一、概说 / 四一一
二、典型实例 / 四一一

第三节　内府衙署 / 四一四
一、概说 / 四一四
二、典型实例 / 四一七
第四节　京城仓房 / 四二一
一、概说 / 四二一
二、典型实例 / 四二二

北京古建筑地点及年代索引 / 四三〇

参考文献 / 四四〇

后记 / 四四四

作者简介 / 四四六

（下册）

总　序

前　言

第九章　合院民居
第一节　庭院深深 / 〇〇三

一、元大都的合院住宅 / ○○三

二、明清北京四合院 / ○○四

三、四合院的美学 / ○○八

第二节 典型宅院 / ○一一

一、崇礼宅 / ○一一

二、文煜宅（可园） / ○一二

三、黑芝麻胡同 13 号四合院（奎俊宅） / ○一五

四、礼士胡同 129 号四合院 / ○一六

五、东城区内务部街 11 号四合院（明瑞府、六公主府） / ○二二

六、婉容故居 / ○二二

七、东城区美术馆东街 25 号四合院 / ○二三

八、朱启钤宅 / ○二三

九、史家胡同 51 ~ 55 号四合院 / ○二五

十、西城区西四北六条 23 号四合院 / ○二六

十一、梁启超故居 / ○二六

十二、翠花街 5 号四合院（传为张学良故居） / ○二八

十三、东四八条 71 号四合院（叶圣陶故居） / ○二八

十四、绵宜宅 / ○二九

十五、珠市口大街 161 号四合院 / ○二九

十六、纪晓岚故居 / ○二九

十七、板厂胡同 27 号四合院 / ○二九

十八、梅兰芳故居 / ○三二

十九、西四北三条 19 号四合院 / ○三四

二十、新开路（新革路）20 号四合院 / ○三四

第十章 宗教建筑（上）：佛寺

第一节 佛寺概述 / ○四一

第二节 典型实例 / ○四二

一、潭柘寺 / ○四二

二、云居寺 / ○五○

三、戒台寺 / ○五九

四、卧佛寺 / ○六四

五、法源寺 / ○六七

六、大觉寺 / ○六九

七、灵岳寺 / ○七七

八、妙应寺（白塔寺） / ○八○

九、广济寺 / ○八二

十、碧云寺 / ○八三

十一、法海寺及壁画 / ○八八

十二、智化寺 / ○九二

十三、大慧寺 / ○九四

十四、万寿寺 / ○九六

十五、雍和宫 / 一○○

十六、须弥灵境 / 一○五

第十一章　宗教建筑（中）：佛塔

第一节　佛塔概述 / 一一七
第二节　典型实例 / 一一七
　一、云居寺塔群 / 一一七
　二、下寺石塔 / 一二六
　三、良乡多宝佛塔（昊天塔） / 一二七
　四、万佛堂花塔 / 一二八
　五、天宁寺塔 / 一二九
　六、玉皇塔 / 一三三
　七、照塔 / 一三三
　八、银山塔林 / 一三三
　九、镇岗塔 / 一三六
　十、白瀑寺圆正法师灵古塔 / 一三八
　十一、妙应寺白塔 / 一三九
　十二、应公长老寿塔 / 一四〇
　十三、居庸关云台（过街塔基） / 一四〇
　十四、姚广孝墓塔 / 一四七
　十五、周吉祥塔、周云端塔 / 一四八
　十六、正觉寺（五塔寺）金刚宝座塔 / 一四八
　十七、慈寿寺塔 / 一五九
　十八、鎏金多宝佛塔 / 一六〇
　十九、金刚石塔 / 一六二
　二十、北海永安寺白塔 / 一六二
　二十一、通州燃灯塔 / 一六四
　二十二、大觉寺迦陵性音和尚塔 / 一六五
　二十三、碧云寺金刚宝座塔 / 一六五
　二十四、西黄寺清净化城塔 / 一七〇
　二十五、花承阁琉璃塔 / 一七七

第十二章　宗教建筑（下）：道观与清真寺

第一节　道观 / 一八三
　一、白云观 / 一八三
　二、东岳庙 / 一八八
　三、大高玄殿 / 一九七
　四、都城隍庙 / 一九九
　五、火德真君庙（火神庙） / 二〇〇
　六、大慈延福宫（三官庙） / 二〇一
　七、皇城四观（宣仁庙、凝和庙、昭显庙、时应宫） / 二〇一
　八、黑龙潭龙王庙 / 二〇四
　九、五顶（碧霞元君祠） / 二〇八
　十、上庄东岳庙 / 二一〇
第二节　清真寺 / 二一二
　一、牛街清真寺 / 二一二
　二、东四清真寺 / 二一五
　三、花市清真寺 / 二一五

四、通州清真寺 / 二一七

第十三章　会馆祠堂
第一节　外城会馆 / 二二三
一、安徽会馆 / 二二四
二、湖广会馆 / 二二六
三、正乙祠 / 二二八
四、阳平会馆 / 二二八
五、中山会馆 / 二二八
六、南海会馆（康有为故居） / 二三〇
七、绍兴会馆（鲁迅故居） / 二三〇
八、湖南会馆 / 二三四
九、浏阳会馆（谭嗣同故居） / 二三五
十、朝外山东会馆 / 二三六
第二节　名人祠堂 / 二三六
一、文天祥祠 / 二三六
二、于谦祠 / 二四〇
三、杨椒山祠（松筠庵） / 二四〇
四、袁崇焕祠 / 二四三
五、顾亭林祠 / 二四三

第十四章　关隘桥梁
第一节　长城关隘 / 二四七

一、八达岭 / 二四八
二、居庸关 / 二五〇
三、黄花城 / 二五一
四、箭扣长城 / 二五一
五、慕田峪 / 二五一
六、古北口 / 二五四
七、金山岭 / 二五五
八、司马台 / 二五六
第二节　军事城堡 / 二五八
一、南口城 / 二五八
二、岔道城 / 二五九
三、古北口老城 / 二六〇
四、巩华城 / 二六二
五、宛平城 / 二六三
六、团城（健锐营演武厅） / 二六四
第三节　桥梁 / 二六八
一、卢沟桥 / 二六八
二、朝宗桥 / 二七二
三、永通桥（八里桥） / 二七二
四、高梁桥 / 二七四
五、广济桥（清河桥） / 二七五
六、通运桥（萧太后桥） / 二七五
七、琉璃河大桥 / 二七六

第十五章　建筑技艺（上）：木作技艺

第一节　建筑专著 / 二八〇
一、工部《工程做法》 / 二八〇
二、其他匠作则例 / 二八一
第二节　大木结构 / 二八二
一、概述 / 二八二
二、柱网、梁架和屋顶类型 / 二八七
三、斗栱与斗口制 / 二九八
四、举架 / 三〇三
五、重要技术成就 / 三〇四
第三节　小木装修 / 三〇八
一、外檐装修 / 三〇八
二、内檐装修 / 三一四

第十六章　建筑技艺（下）：砖、石、瓦及建筑装饰

第一节　砖石结构 / 三二二
一、概述 / 三二二
二、无梁殿阁 / 三二五
三、砖拱门楼 / 三三四
四、砖石碑亭 / 三四一
五、砖拱牌楼（含琉璃牌楼） / 三四三
六、石牌楼、棂星门、华表 / 三四九
七、墙垣 / 三五五
八、台基、栏杆、御路 / 三六一
九、地面 / 三六九
十、杂样石作 / 三七〇
第二节　屋面瓦作 / 三七〇
一、概述 / 三七〇
二、琉璃瓦屋面 / 三七一
第三节　建筑装饰 / 三七五
一、彩画 / 三七五
二、石雕 / 三八三
三、砖雕 / 三八五
四、木雕 / 三八六
五、鎏金 / 三八六

北京古建筑地点及年代索引 / 三九〇

参考文献 / 四〇〇

后记 / 四〇四

作者简介 / 四〇六

北京古建筑

第一章 绪论

北京古城址分布图

❶ 琉璃河遗址（西周燕都）
❷ 蔡庄土城遗址
❸ 窦店土城遗址
❹ 蓟城遗址
❺ 金中都城垣遗址
❻ 金中都水关遗址
❼ 莲花池
❽ 金中都宫殿区遗址
❾ 金中都太液池遗址

（地图引自：中华人民共和国民政部编.中华人民共和国行政区划简册 2014.北京：中国地图出版社，2014.）

"幽州之地，左环沧海，右拥太行，北枕居庸，南襟河济，诚所谓天府之国者。而太行之山自平阳之绛西来，北为居庸，东入于海，龙飞凤舞，绵亘千里，重关峻口，一可当万，独开南面，以朝万国，非天为我华造此形胜也哉！"

——（明）黄训《读书一得》

北京古建筑是中国古建筑重要而且特殊的组成部分。首先，北京古建筑是中国古代元、明、清三朝古建筑的杰出代表，在前人所撰写的各类中国古代建筑史著作中，北京古建筑在关于元、明、清时期的论述中往往占据相当重要的篇幅。① 其次，现存的北京古建筑大多是明清北京（可谓中国最后的古都）的遗存，其中北京的皇家建筑群（尤其是宫殿、坛庙和苑囿），几乎是中国两千余年封建社会历代皇家建筑群的惟一完整遗存，可视作中国古代皇家建筑的最后结晶，无比珍贵。② 最后，北京拥有三千余年的建城史和八百余年的建都史，历经漫长城市建设史的踵事增华，北京除了皇家建筑以外，其他各种类型的古建筑同样也取得了极高的成就，蔚为大观，它们与皇家建筑形成一个不可分割的整体，共同营造出北京这一"都市计划的无比杰作"（图1-0-1）。③

本书希望在力所能及的范围内，对北京恢宏博大的古建筑体系进行一番尽可能全面而扼要的介绍。除了依照建筑类型分门别类对北京古建筑的经典实例加以论述之外，还将在本章"绪论"之中简述北京古建筑赖以产生的山川地理环境以及历史背景，并概括指出北京古建筑的基本特征；而在第二章"都城规划"之中，将重点探讨北京在元、明、清三个时期都城规划之概略；通过前两章的铺垫，希望读者能够对北京浩如烟海的古建筑遗存之地理、历史、规划、设计乃至文化背景有所了解，以便继而欣赏与解读北京古建筑之众多门类，包括宫殿、坛庙、儒学、园林、墓葬、王府、衙署、仓房、民居、会馆、祠堂、佛寺、佛塔、道观、清真寺、城关、桥梁等；最后再简要归纳北京古建筑营造的技术及工艺特点。

下面首先来看北京古建筑产生的地理环境和历史背景。

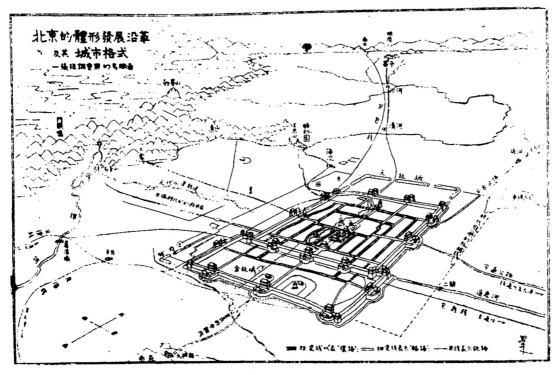

图1-0-1　梁思成笔下的北京是"都市计划的无比杰作"，该图形象表现了北京城的山水环境与历史沿革（图片来源：《梁思成全集》第五卷）

第一节 山川形胜

北京所在的"北京小平原"位于华北平原的西北端,西、北、东北三面环山:太行山自华北大平原延亘至北京,与东西向的燕山相环接,在北京附近的太行山余脉称"西山",与之相接的这段燕山称"军都山",北京东面的山地也属于燕山山脉,唯有东南方向开敞,面向渤海,宛如一个海湾,因此当代学者形象地称北京及其周围地区为"北京湾"(图1-1-1)。

中国古人对山川地理形势的分析与把握在历代地方志中往往被列入"形胜"一章中。下面且看古人对历代北京形胜之评说。

一、形胜

清乾隆时期编纂的《日下旧闻考》一书的"形胜"卷中④援引了历代对于北京城"形胜"的描述,从中一方面可以看出北京城在华夏大地上举足轻重的战略地位,另一方面也可以看出古人对于北京城山川格局的欣赏与赞叹。

早在南宋时期,朱熹就以"堪舆"、"风水"的视角盛赞北京城(当时为金中都)的形胜:

"冀都山脉从云中发来,前则黄河环绕,泰山耸左为龙,华山耸右为虎,嵩为前案,淮南诸山为第二重案,江南五岭诸山为第三重案。故古今建都之地莫过于冀。所谓无风以散之,有水以界之也。"

在元人陶宗仪的《南村辍耕录》中,北京城(其时为元大都)除了山川形胜,都城内的山水格局也已十分壮伟可观:

"至元四年正月,城京师,以为天下本。右拥太行,左注沧海,抚中原,正南面,枕居庸,奠朔方,峙万岁山,浚太液池,派玉泉,通金水,萦毂带甸,负山引河。壮哉帝居,择此天府。"

到了明代,京师形胜甲于天下更是深入人心,戴璟的《博物策会》称:

"左环沧海,右拥太行,北枕居庸,南襟河济,形胜甲于天下,诚天府之国也。"

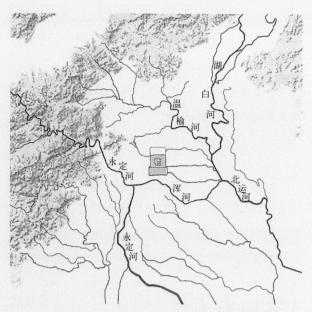

图1-1-1 北京山川形势图(图片来源:《中国古代空间文化溯源》)

黄训的《读书一得》亦称:

"幽州之地,左环沧海,右拥太行,北枕居庸,南襟河济,诚所谓天府之国者。而太行之山自平阳之绛西来,北为居庸,东入于海,龙飞凤舞,绵亘千里,重关峻口,一可当万,独开南面,以朝万国,非天为我华造此形胜也哉!"

其中"左环沧海,右拥太行,北枕居庸,南襟河济"这16个字也已成为概括北京山川形胜最脍炙人口的字句。

清代《大兴县志》中的一段文字可看作对北京山水形胜的总括:

"东枕辽海,沃野数千里,关山以外,直抵盛京。气势庞厚,文武之丰镐不是过也。天津襟带河海,运道咽喉,转东南之粟以实天庾,通州屹为畿辅要地。北则居庸耸峙,为天下九塞之一。悬崖峭壁,保障都城,雄关叠嶂,直接宣府,尤重镇也。西山秀色甲天下,寺则香山、碧云,水则玉泉、海淀,而卢沟桥关门巃立,即古之桑乾河,京邑之瀍涧也。畿南皆平野沃壤,桑麻榆柳,百昌繁殖。渐远则瀛海为古河济交汇处,水聚溪回。若夫万里河山而都城位北,南向以收其朝拱之势,梯航车马,络绎奔赴,皆自南而北以奉神京,岂非古今第一形胜哉!"

以上评述可看作是古人对于北京城山水环境及都城气魄的整体把握,尤其在描绘其作为帝都的形胜时,更是以天子坐北朝南、君临天下的姿态加以抒写的。这些关于北京城"形胜"的描述,是我们欣赏与了解北京古建筑的第一个层次,北京城内外的古建筑群布局皆与北京的山川形胜密不可分。

如果将上述描写北京形胜的文字与一些古代舆图(如明万历《顺天府志》中的《畿辅图》、清雍正《畿辅通志》之《京城图》等)相互印证,则更能体会出北京山川形胜之宏壮(图1-1-2,图1-1-3)。

下面分别来看古代北京的"山"与"水"。

二、西山

西山为太行余脉⑤,因地处京城西部而得名。明代蒋一葵《长安客话》称:

"西山,神京右臂,太行八陉,《图经》亦名小清凉也。"⑥

西山自北京西南部延伸向西北,形成一道弧形的天然屏障,它南起今房山区,中经门头沟区、石景山区,北抵昌平区,将北京拱卫起来,连绵延亘180里,俗称"二百里西山"。《日下旧闻考》引《西迁注》描绘了西山山川之壮美:

"西山内接太行,外属诸边,磅礴数千里,林麓苍黝,溪涧镂错,其中物产甚饶,古称神皋奥区

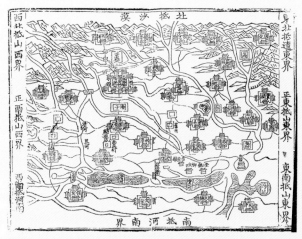

图1-1-2 明万历《顺天府志》中的《畿辅图》(图片来源:《北京历史舆图集》)

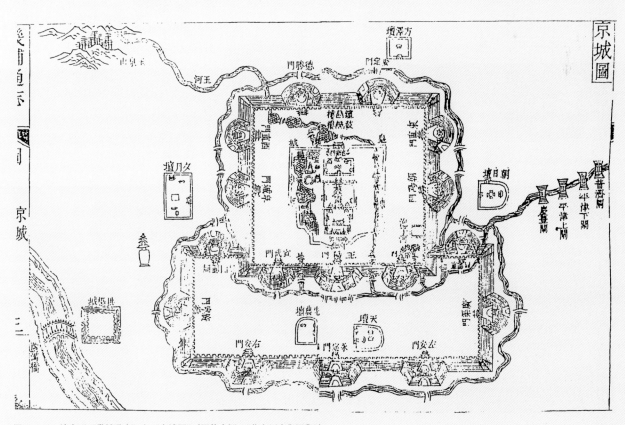

图1-1-3 清雍正《畿辅通志》之《京城图》(图片来源:《北京历史舆图集》)

也。卢沟、琉璃、胡良三桥，山水所泄，多归其中，其水皆藻绿异常，风日荡漾，水叶递映，倚阑流览，令人欣然有欲赋京都之意。"⑦

北京历朝历代在西山营建了数不尽的寺观、园林，由于风景如画、古迹众多，西山也成为京城民众重要的郊游之所——明代大学士李东阳的《西山》诗叹曰："日日车尘马足间，梦魂连夜到西山。"著名的"燕京八景"中"西山晴雪"一景即是吟咏西山雪后初晴之美景（图1-1-4）。⑧

三、燕山

燕山山脉西起洋河，东至山海关，北接坝上高原，南侧为河北平原，西南以关沟与太行山（西山）相隔，东西绵延约420公里，山脉被滦河切断形成喜峰口，被潮河切割形成古北口等，自古为南北交通锁钥。北京境内的燕山位于城市北部，万里长城的北京段即沿燕山逶迤西行。北京昌平区的西部、北部为山区，以南口及居庸关为界，西部山区属西山，北部山区属燕山。

燕山层峦叠嶂，分布有众多古建筑群：昌平天寿山由于绝佳的风水形势，被明成祖朱棣选作明代皇陵区所在，最终形成了宏大壮伟的明十三陵建筑群；银山素有"铁壁银山"之谓，其中留有金、元、明、清数十座佛塔组成的银山塔林；小汤山则以温泉佳致著称，清代曾在此建有行宫；万里长城随燕山起伏，形成古北口、黄花城、居庸关等著名关隘，居庸关一带更有"燕京八景"之一的"居庸叠翠"（图1-1-5）。

图1-1-4　明王绂《燕京八景图》之"西山晴雪"（明代亦称"西山霁雪"）（图片来源：《中国美术全集6·绘画编·明代绘画 上》）

图1-1-5　明王绂《燕京八景图》之"居庸叠翠"（图片来源：《中国美术全集6·绘画编·明代绘画 上》）

图1-1-6 明王绂《燕京八景图》之"卢沟晓月"（图片来源：《中国美术全集6·绘画编·明代绘画 上》）

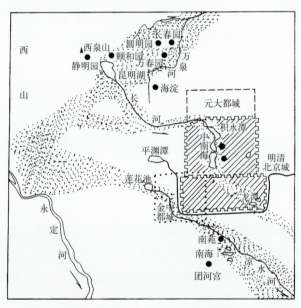

图1-1-7 北京水系与园林关系示意图（图片来源：《北京城市历史地理》）

流，它与潮白河对北京湾的形成起到了至关重要的作用。永定河古称㶟水，亦称浑河，其上游为桑干河，由于时常泛滥，河道变迁、摆动不定，故也称作无定河。永定河历来被视为北京城的母亲河，横跨在永定河上的卢沟桥为北京与中原地区之间的重要交通要道，同时也是北京重要的金代遗存，"燕京八景"之一的"卢沟晓月"即咏卢沟桥景致（图1-1-6）。

以上河流水系在北京小平原上形成了许多天然湖泊，例如莲花池、白莲潭（今天北京三海与什刹海之前身）、瓮山泊（今颐和园昆明湖之前身）等，这些湖泊同古代北京的城市生活与园林营建发生了十分密切的联系（图1-1-7）。在上述天然水系格局的基础之上，古代北京经过长达三千余年的城市建设，逐渐形成了自身特有的城市水系。

（一）莲花池水系

从西周蓟城一直到金中都，北京城址都是位于明清北京城西南部，今莲花池以东的地区，城市用水与园林营建都依托于"莲花池水系"。这一水系在北京城发展初期（如蓟城、燕上都、隋涿郡、唐幽州、辽南京、金中都等）基本上满足了各方面的用水需求，但是随着元大都成为全国政治中心，莲花池水系有限的水源已经不堪重负。

（二）高粱河水系与通惠河

元代营建大都，放弃了莲花池水系及历代相沿

如果说西山的寺观、园林等古建筑主要以优美见长的话，那么燕山的雄关、古塔、十三陵等古建筑则以壮美取胜，这是北京两大山区古建筑体现出的不同气质。

四、水系

北京地区的河流全部属于海河水系，从东到西分布有蓟运河、潮白河、北运河、永定河及大清河五大水系，分别由北向南或由西北向东南穿过军都山及西山进入北京小平原。其中永定河为最大河

的城址，在金中都的东北郊选择新址，重建新都。新址以金代离宫大宁宫周围的湖泊（金代称金莲潭）为中心，这片湖泊为高梁河所灌注，属于"高梁河水系"（图1-1-8）。

元代杰出的水利专家郭守敬亲自踏勘了元大都西北郊山区的泉流水道，发现了大都城西北60里外的昌平神山（今凤凰山）白浮泉（图1-1-9），该处水源水量充沛，于是郭守敬巧妙地引白浮泉水沿西山脚下汇集诸多傍山泉流，最终汇于瓮山泊（今昆明湖前身），并从此将水引至元大都和义门（明清北京城西直门）北水关入大都城，汇入积水潭内（元代积水潭即今之什刹海，明北京城墙改建后，高梁河水改由德胜门西侧水关入城），就此开辟了北京城前所未有的新水系。积水潭水从万宁桥（即今地安门北侧石桥，俗称后门桥）流出，沿皇城东墙外南下出丽正门东水关，转而东南至文明门外，最终抵达通州大运河口。这项水利工程于至元二十九年（1292年）春开工，次年秋完成，被命名为"通惠河"，从此南方的粮货得以源源不断地运抵元大都积水潭——自此京杭大运河的漕运成为元、明、清三代北京作为全国政治中心的"生命线"。虽然早在隋炀帝大业四年（公元607年）即开"永济渠"以达涿郡（即当时的北京），辽代又有"萧太后运粮河"供给辽南京漕运，金代也曾陆续尝试引卢沟河（即永定河）水、开金口以通金中都漕运以及开凿中都至通州的闸河等，但均未能形成较为长期高效的漕运系统。元代通惠河的开通真正实现了元大都大规模的漕运，元世祖忽必烈在积水潭见到一派"舳舻蔽水"的繁荣气象，大为欣悦——通惠河的开通标志着京杭大运河的最终完成（图1-1-10）。通惠河的开凿成功，在北京城市建设史上是一件大事：一方面都城拥有了新的充沛水源，漕运大大繁荣了经济，也带来了元大都街市的繁华气象；另一方面，元、明、清三代围绕新的水系，特别是玉泉水、瓮山泊（昆明湖）、长河、海淀、什刹海、三海等水域，营建了大量园林，从而塑造了古都北京优美的山水园林格局。

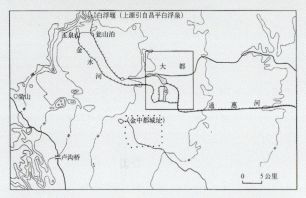

图1-1-8 元大都城址及新水系示意图（图片来源：《北京城的起源与变迁》）

图1-1-9 白浮泉九龙口遗址（图片来源：《北京文物精粹大系·石雕卷》）

图1-1-10 通惠河旧影（图片来源：《旧都文物略》）

（三）清代西北郊水利工程

清乾隆时期，在营建玉泉山静明园、清漪园（今颐和园之前身）等皇家园林之际，对北京西北郊水系又一次进行了彻底整治，将元代郭守敬的水利工程进一步拓展与完善。乾隆初年，由于海淀附近陆续兴建与扩建的园林越来越多，大量的园林用水已使城市的主要水系不堪重负。为了彻底解决这一问题，于乾隆十四年（1749年）开始了大规模的水系治理。水系疏浚工程结合"开源"与"节流"，进行了三方面治理：一是汇集西山、香山、寿安山一带的大小山泉入玉泉山水系；二是结合兴建清漪园来拓宽昆明湖作为蓄水库；三是疏浚长河。此外，还于香山之东、昆明湖之西开挖了两条泄洪之河，一条东入清河，一条东南入玉渊潭。经过此番水系疏浚，不仅在海淀一带塑造了更适宜造园的山水环境，同时保证了西北郊广袤农田的灌溉之利，使得清代西北郊的园林群落有田园环护，更富诗情画意。乾隆帝亦忍不住在其《万寿山昆明湖记》中夸耀道："昔之城河水不盈尺，今则三尺矣。昔之海甸无水田，今则水田日辟矣。"⑨（图1-1-11）

（四）《都畿水利图》所展现的北京水系全貌

绘制于清乾隆年间的《都畿水利图》（弘旿绘，高32.9厘米，长1018.3厘米，藏于中国国家博物馆⑩）可谓清代北京地区水系分布与水利工程的生动写照。卷末，弘旿自题曰：

"臣谨按京畿水利，所以涵濡圣泽，环卫皇居，济漕运而惠农田，至切且要也。顾其源流脉络，罕得而详，即《日下旧闻》、《春明梦余录》诸书所记亦多讹舛。臣忝侍禁近时，得恭读御制诗文，因知玉泉之水，汇于昆明湖，导为长河，入皇城经太液，萦贯紫禁，趋东南隅而出，由城渠入通惠河，以达于潞；又知万泉庄之水，皆北流，会清河，入白河，以会于潞；且知南苑一亩泉，穿苑墙而出，汇凉水河，由马驹桥而东，至张家湾入于北运河；而团河为凤河之源，经流入大清河，由直沽归海。其间原委分合，瞭如指掌，乃得释旧疑而增新识，荣幸莫甚焉。臣不揣庸陋，谨就所知，绘为一图，非敢拟嘉陵画水之能，聊以志涓流学海之诚云尔。臣弘旿敬绘并恭识。"

这幅10米多长的画卷由左至右（即由卷末至卷首）描绘了自北京西北郊香山、玉泉山直至通州、天津，长达上百公里的壮阔的都畿水系全景。以下略述画卷中所见景象。

1. 香山

卷末左起绘香山与玉泉山全貌。香山为玉泉水之源头，孙承泽《春明梦余录》（卷六九）载："水源头在香山之北，两山相夹，诸泉涌出，流至退谷，伏行地中，至玉泉山复出。"这里说的是香山卧佛寺西北樱桃沟退谷以北的水源头。画中香山静宜园以及碧云寺皆有所表现，其中碧云寺后半部的塔院此时尚未建成（图1-1-12）。

图1-1-11 民国时期玉泉山与颐和园之间的水乡景致（图片来源：《三山五园旧影》）

图1-1-12 《都畿水利图卷》中的香山静宜园（图片来源：《中国国家博物馆馆藏文物研究丛书·绘画卷（风俗画）》）

香山东面有一条河东流，经万寿山之北斜向东北而去，接着于画面中消失，这就是于乾隆三十七年（1772年）夏修建的东北泄水河。另一条河水由香山向东南流去，至玉泉山以南从画面中消失，以后在钓鱼台东至西便门一段重新出现，即东南泄水河。这两条泄水河是用于排洪泄水的，既解决了每年夏天香山因山洪下注而造成的危害，又经玉渊潭，由护城河归通惠河，以济漕运。

2. 玉泉山及诸湖

玉泉山静明园得到了较为全面的表现，为清代绘画中表现静明园难得的图像资料，尤其是静明园的标志玉峰塔、华藏塔、妙高塔、琉璃塔皆予以绘出。玉泉山静明园在三山五园中以泉胜，内有漪湖、玉泉湖、裂帛湖、镜影湖及宝珠湖五个湖泊，更有被乾隆帝誉为"天下第一泉"的玉泉水，并有"燕京八景"之一的"玉泉趵突"（图1-1-13）。

静明园外东南方是高水湖，东流与清漪园（今颐和园）昆明湖相通，东面与东北面各有一个水闸。高水湖，乾隆二十四年（1759年）于玉泉山静明园外接拓，成为昆明湖上源，平时蓄水，遇春夏之交雨水缺少时泄水以灌溉湖东之稻田。画面中高水湖东岸稻田弥望，一派江南水乡景象，直至20世纪上半叶的老照片中，玉泉山与颐和园之间仍是一片田园风光。

3. 清漪园及昆明湖

高水湖水沿玉河东去，由清漪园西堤上的玉带桥入昆明湖。昆明湖为北京水利工程史上第一个人工水库，也是北京皇家园林中最美丽的湖景。昆明湖中沿袭了中国古代皇家园林"一池三山"的模式，分布着南湖岛、凤凰墩和治镜阁三座大岛，图中皆历历在目（图1-1-14）。凤凰墩与治镜阁今已不存，画面中的描绘就更加弥足珍贵。清漪园中，万寿山前山建筑群之壮阔，东堤十七孔桥及西堤六桥之优美，均展现得淋漓尽致。

图1-1-13 《都畿水利图卷》中的玉泉山静明园（图片来源：《中国国家博物馆馆藏文物研究丛书·绘画卷（风俗画）》）

图1-1-14 《都畿水利图卷》中的万寿山清漪园（今颐和园）（图片来源：《中国国家博物馆馆藏文物研究丛书·绘画卷（风俗画）》）

4. 长河

昆明湖水一方面由东部二龙闸入圆明园，一方面由东南经绣漪桥一路直抵西直门，这段河水称作长河（图 1-1-15）。

画面于是兵分两路：北面描绘了云雾缭绕中圆明园之概貌，南面则摹写长河景致：沿着高柳垂阴的长河岸边依次分布一系列寺观行宫，如万寿寺、乐善园、五塔寺、望海楼（今钓鱼台）、三贝子花园（今动物园），三座石桥——长春桥、麦庄桥、白石桥南北横跨长河之上。

长河末端为高梁桥，经过一路田园风光，至高梁桥两岸已是市楼林立，热闹非凡，接近帝都景象。与北部高梁桥平行的是南部玉渊潭、钓鱼台一带景致。

5. 北京城

长河过高梁桥后分为三支：一支流经北护城河、东护城河，在东便门注入通惠河；一支南流西护城河，过西便门水关折而东流，过正阳门前正阳桥，穿东便门水关入通惠河；一支绕过京城西北角，从德胜门西水关穿过，注入什刹海，由什刹海再分作两支，一支南流入太液池，即北海、中海和南海；一支东流经万宁桥折而东南，穿皇城北墙东段的水门，经北河沿，过东安桥入南河沿，至御河桥，同前一支入太液池后由天安门前外金水河分流而出的水流汇合，继续南流出崇文门西水关，注入南护城河并东流入通惠河（图 1-1-16）。

画面对北京城的壮伟景观进行了高度概括的描绘：内城、外城、皇城城墙，"内九外七皇城四"的城门，城中重要标志性建筑，如紫禁城宫殿、景山五亭、钟鼓楼、北海白塔及团城、中海紫光阁、东西四牌楼、妙应寺白塔、古观象台、雍和宫、正阳门五牌楼、天坛祈年殿、宣南法源寺等，均一一呈现。

6. 通惠河

东便门以东至通州的河道名曰通惠河，亦称大通河。水过东便门外大通桥东流，河中舟船往来，十分壮观。河上庆丰、平津上、平津下、普济四座水闸，由西向东，依次排列。普济闸东有八里桥即

图 1-1-15 《都畿水利图卷》中的西直门至圆明园一线长河风光——图中可见西直门、高梁桥、五塔寺、万寿寺、畅春园和圆明园等重要景胜（图片来源：《中国国家博物馆馆藏文物研究丛书·绘画卷（风俗画）》）

图 1-1-16 《都畿水利图卷》中的北京城（图片来源：《中国国家博物馆馆藏文物研究丛书·绘画卷（风俗画）》）

永通桥，再往东流至通州城西北，经卧虎桥下东去。到此，通惠河与白河及由西北来的温榆河相汇流。

通州城的城郭、民居以及重要标志"燃灯塔"亦历历在目（图1-1-17）。

7. 潞河（北运河）

通州以东至天津的河道称潞河，亦称北运河。蜿蜒曲折的河道之中，船舶扬帆而行。其中一处细节是一批船工正在拉纤横渡一船（图1-1-18）。

8. 天津城及海河

顺流至天津城，潞河与大清河、南运河合流。画面中既有天津城的壮丽城郭与市井气象，也有以船连成之浮桥，北岸较远处用苇席设仓储粮，一排六仓（图1-1-19）。

通惠河、潞河及天津城以东的海河两岸，稻畦相连，村舍掩映。通州、张家湾及天津城各船坞码头，桅杆如林。顺海河东望，便是入海口，船舶云集其间。画面最右端即卷首，两艘海船正"直挂云帆济沧海"，让人充分感受到大运河的浩阔之象。

《都畿水利图》以罕见的浩大场面，全面展现了西起京城西北郊香山、玉泉山，经颐和园、长河、北京城、通惠河、通州、天津直至大海的整个京城及京畿水利工程的宏大格局以及沿途山川城村之壮美景象。此图不仅是清代盛期北京水利工程科学而全面的记录，同时，画面所及包含了为数众多的与北京水系相关的重要古建筑，在下文中还会一一涉及——这幅长卷充分展现出了北京的水系与北京城市规划设计以及众多古建筑密不可分的关联。

以上略微勾勒了古都北京之"山水"格局。北京的山川形胜被古人认为是建都的绝佳所在：一方面是由于其地处中原与北方交界处的重要战略地位，另一方面则是因为其山水环境之壮美。对北京山水格局、自然环境的利用与改造，为北京城及其庞大建筑体系的形成提供了有利条件。

经过漫长的城市建设历史，北京形成了清晰而完整的古建筑分布格局：北京小平原的核心部分，结合高梁河水系，构成了明清北京城，北京最

图1-1-17 《都畿水利图卷》中的通惠河及通州城（图片来源：《中国国家博物馆馆藏文物研究丛书·绘画卷（风俗画）》）

图1-1-18 《都畿水利图卷》中的潞河（北运河）（图片来源：《中国国家博物馆馆藏文物研究丛书·绘画卷（风俗画）》）

图1-1-19 《都畿水利图卷》中的天津与海河（图片来源：《中国国家博物馆馆藏文物研究丛书·绘画卷（风俗画）》）

主要的古建筑群集中在城墙范围内,这是北京古建筑的第一大集中区域;北京西北、西部和西南部绵亘二百里的西山也是北京古建筑集中分布的区域之一,特别是海淀的"三山五园",可谓北京古建筑的第二大中心,此外,整个西山之中分布了为数众多的古建筑,尤其是寺庙,明代王廷相有"西山三百七十寺"的诗句;而北部的燕山也分布有大量古建筑群,尤其在昌平天寿山坐落着明十三陵这一庞大建筑群,为北京古建筑的第三大中心,此外,北部的群山是万里长城北京段的分布地带;而面向东南的平原地区,古建筑主要沿着通惠河——京杭大运河水系分布。综上所述,北京的古建筑分布与山水格局可谓是紧密依托、互为依存的关系。

第二节　历史沿革

"前不见古人,后不见来者,念天地之悠悠,独怆然而涕下!"唐代大诗人陈子昂的《登幽州台歌》是描写北京城(唐时称幽州)的最负盛名的诗篇,而唐幽州不过是北京城悠长"城市史诗"中的一页而已。

北京城从公元前1046年建城(当时称蓟城)至今已逾三千年,其间经历了古蓟城、唐幽州、辽南京、金中都、元大都、明北京、清京师、民国北平直至新中国首都北京等许多重要历史阶段(图1-2-1)。本节扼要梳理北京城及其古建筑三千余年之历史沿革,对于进一步探讨北京的规划设计和重要古建筑将不无裨益。⑪

一、蓟与燕——建城之始

西周初年,周王朝在今北京地区先后分封了两个诸侯国:蓟与燕,蓟在北、燕在南——迄今为止我们所知道的北京地区城市发展的历史由此开始。⑫其中蓟国的都城"蓟",是北京地区最早出现的城市,其建立时间为周武王十一年(即公元前1046年,为北京建城之始)。燕国的分封略晚于蓟国(武王时封蓟,成王时封燕,前后相去不到10年),它的范围主要在永定河以南的拒马河流域,燕国的都城"燕"是北京地区第二座最早出现的城市,其遗址在今北京西南房山区琉璃河。由于燕国势力强于蓟国,很快灭掉蓟国,并放弃了原来的都城,将自己的国都改设在"蓟"。因此,古老的"蓟城"可称作"北京城的前身",其位置大致位于今天北京的广安门一带(图1-2-2)。⑬

战国时期,蓟城成为"战国七雄"之一的燕国的"上都",司马迁称之为"勃、碣之间一都会"。⑭此后历经秦、汉、魏晋、十六国以至北朝,蓟城城址并无太大变化,并一直为北方重镇。其中,汉武帝之子刘旦被封为燕王,在蓟城大兴土木,建有万载宫和明光殿。十六国时期,鲜卑族慕容儁甚至曾在蓟城建都。⑮北魏郦道元《水经注》称蓟城西北隅有土山曰"蓟丘",蓟城便由蓟丘而得名。⑯唐

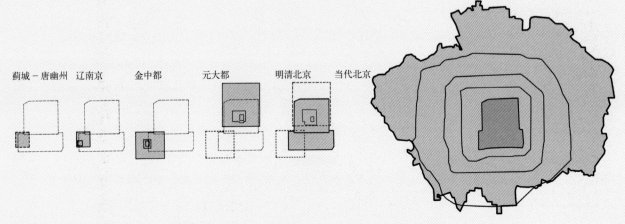

图1-2-1　北京城址变迁示意图（图片来源：据《重建中国——城市规划三十年（1949—1979）》插图改绘）

代诗人陈子昂有《蓟丘览古》诗曰:"北登蓟丘望,求古轩辕台。应龙已不见,牧马生黄埃。尚想广成子,遗迹白云隈。"

可惜隋唐以前古代蓟城漫长的城市史没有留下任何地上建筑遗存可供后世瞻仰。所幸北京西南郊的房山区琉璃河西周燕都遗址、窦店土城(曾经为战国燕中都)遗址保留了北京地区最早的一些城市遗迹。以下略述北京几处古老的城市遗址:尽管广安门一带蓟城的遗址已经灰飞烟灭,但北京西南郊房山的三座古城遗迹有助于我们了解北京地区悠久的建城历史。

(一)琉璃河西周燕都遗址

在蓟和燕这两座北京最古老的城市中,位于房山琉璃河的燕都遗址相对保存较好,现为全国重点文物保护单位"琉璃河商周遗址",辟有西周燕都遗址博物馆。遗址位于琉璃河地区董家林、黄土坡、刘李店、立教、庄头、洄城村,面积约525万平方米。自1962年开始对这一遗址进行发掘和研究,陆续发现了西周燕国的古城址、居住址、窖穴、灰坑和墓葬等遗迹。古城址为燕国都城遗存,位于遗址中部董家林村,是北京地区发现最早的古城遗址,其中北城墙和东西城墙的北半段保存完好,西墙南部及南墙绝大部分被大石河冲毁,仅在东部发现部分南城墙的内护坡,未发现城门遗迹。推测城址平面接近方形,东西约830米,南北约700米,城墙为夯土砌筑,墙基底部宽约11米,城墙断面呈梯形。城外有2米多深的护城壕,东墙北段有排水沟。城址内中部偏北为宫殿区,已探明夯土台基6处。宫殿区外西南侧为祭祀场所,城址西部为居住区,城址外东南为墓葬区,祭祀区南部发现一座西周晚期窖址(图1-2-3)。

(二)蔡庄土城遗址

房山的蔡庄土城(西周至战国时期)是北京地区保存较好的另一处早期古城遗址,位于北京市与河北省的交界处。该城址平面大致呈正方形,边长约400米。仅存东、西、南三面,北城墙早年被拒马河水冲毁,东南、西南两城角保存完整,城墙为

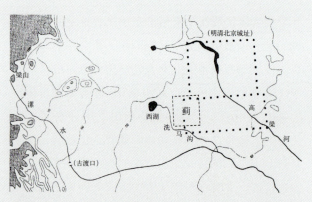

图1-2-2 《水经注》所述蓟城位置示意图(图片来源:《北京城的起源与变迁》)

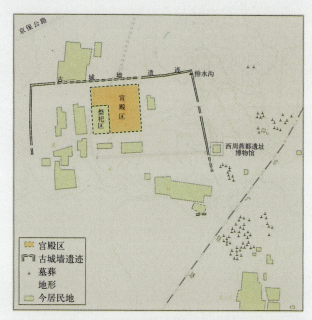

图1-2-3 房山琉璃河西周燕都遗址总平面图(图片来源:《中国文物地图集·北京分册》)

夯土版筑,高约4米,宽约8米,南城和西城中部各有一处向外凸出,或为城门。

(三)窦店土城(战国燕中都)遗址

窦店土城遗址最初为战国时期燕国的中都城,自汉以后为良乡县城。城分大城、小城两部分(图1-2-4)。

大城平面呈长方形,东西长约1230米,南北长约1040米。城西北角被大石河冲毁,残存城墙宽约15米,残高5米,东、南、西三面各有一门。城墙分内、外两道,从夯土层的质地来看,内墙夯筑时代主要为战国晚期,其内有部分为战国早期修

筑，内墙护坡夯层薄厚不一，掺杂有大碎瓦及少量铁器，年代应为西汉，外城墙年代应为两晋时期。

小城位于大城的西北部，西墙利用大城的西墙，其余城墙后筑。小城平面呈长方形，东西长约400米，南北宽约300米，城墙残宽7～14米，南墙中部有一城门，时代约为南北朝时期。1976年在城内出土唐武德四年（公元621年）贤劫千佛碑，碑现存云居寺内（图1-2-5）。

除上述城址外，房山区、海淀区清河还有几处汉代城址。

京郊各处出土的隋唐以前历代墓葬成为古代蓟城的重要地下建筑遗存，其中最具代表性的包括丰台大葆台汉墓和石景山老山汉墓等，详见本书第六章"陵寝墓葬"（图1-2-6、图1-2-7）。此外，始建于西晋并留存至今的名刹潭柘寺以及北魏太和造像则生动记录了隋唐以前北京地区佛教文化昌盛的历史（图1-2-8）。

二、唐幽州——北方重镇

北京地区隋代属涿郡，唐代属幽州，二者都以蓟城为治所，因此蓟城在隋唐时期又先后被称为涿郡、幽州。

隋代开凿京杭大运河为北京城市史上的大事：当时的大运河自余杭至华北平原的北端门户蓟城（涿郡），全长3000余里，后世逐步发展成为北京城的"生命线"。

唐幽州是北方的军事重镇，祖咏的《望蓟门》一诗生动描绘了幽州作为边关重镇的景象：

"燕台一去客心惊，笳鼓喧喧汉将营。万里寒光生积雪，三边曙色动危旌。沙场烽火侵胡月，海畔云山拥蓟城。少小虽非投笔吏，论功还欲请长缨。"

图1-2-4 窦店土城（图片来源：李倩怡摄）

图1-2-5 窦店土城出土的唐武德四年（621年）贤劫千佛碑，现藏云居寺

图1-2-6 丰台大葆台汉墓发掘现场：近处为2号墓，远处为1号墓（图片来源：《北京考古四十年》）

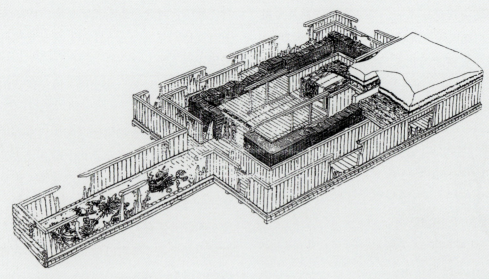

图 1-2-7　大葆台一号墓墓室结构示意图（图片来源：《中国文物地图集·北京分册》）

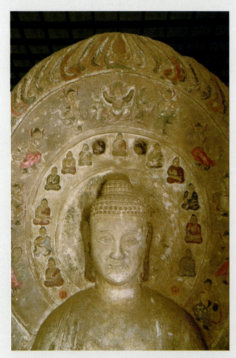

图 1-2-8　北魏太和造像（现藏首都博物馆）

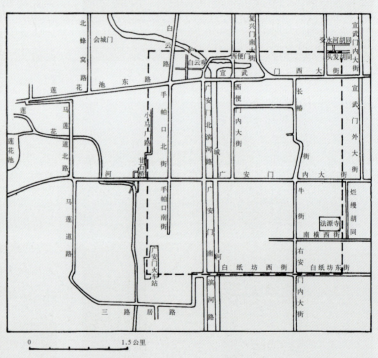

图 1-2-9　唐幽州城垣位置示意图（图片来源：《北京考古四十年》）

（一）城郭

幽州城有内外两重城垣，即子城（内城）和大城（外城）。子城位于大城西南隅——"安史之乱"时，史思明曾将子城改为皇城，城内建有紫微殿、听政楼等殿阁。

考古工作者依据北京出土的唐代墓志和房山石经山出土的唐代石经题记等，结合实地考古调查，对唐幽州大城四至进行了推测：其东墙位于今宣武门外烂缦胡同略偏西一线，西墙在今会成门村稍东一线，南墙在今陶然亭迤西姚家井一线以北白纸坊东西街一带，北墙在今宣武门内头发胡同一线。《太平寰宇记》载幽州城"南北九里，东西七里"，辽南京继承了幽州城，据《辽史·地理志》载，辽南京方三十五里，二者大致吻合（图 1-2-9）。⑰

（二）里坊

唐幽州子城之外采取"里坊制"布局，并一直延续到辽代；城北是市肆区，称为"幽州北市"。唐代城市普遍实行"里坊制"布局，即子城外划分为若干方形或矩形居住区，称"坊"或"里"，里坊以坊墙环绕，通过坊门出入。此外，取一至数坊之地建集中而封闭的市集，称"市"。"里坊制"城市夜间禁止居民外出至坊外，类似"宵禁"，实际近于军事管制城市。

据宋人路振《乘轺录》称辽南京"城中凡二十六坊，坊有门楼，大署其额，有罽宾、肃慎、卢龙等坊，并唐时旧名"，可见唐幽州许多里坊一直沿用到辽南京。北京出土唐代墓志和石经题记中存有大量唐幽州坊名，包括卢龙坊、燕都坊、花严坊、归仁里、东通圜里、通圜坊、通肆坊、时和里、遵化里、平朔里、辽西坊、归化里、蓟宁里、肃慎坊、蓟北坊、铜马坊、军都坊、招圣里、劝利坊，共计19处，加上《乘轺录》中提到的罽宾坊，一共可知20处唐幽州里坊的名称。⑱

（三）佛寺佛塔

幽州城中有众多寺庙，其中"悯忠寺"（今宣南巨刹法源寺之前身）是幽州城最重要的佛寺。唐贞观十八年（公元644年）冬，唐太宗有意亲征高丽，次年四月于幽州南郊誓师；然由于高丽顽强抵抗，被迫退兵；贞观十九年（公元645年）十一月，太宗兵退幽州，为安抚军心，决定在城内东南隅建寺，以悼念阵亡将士，命名为"悯忠寺"。该寺于武则天万岁通天元年（公元696年）建成。寺中建有高大壮伟的观音阁一座，俗语称"悯忠高阁，去天一握"。这座悯忠阁为唐代幽州城中最重要的标志(图1-2-10)。

此外，今房山白带山（亦称石经山）一带寺庙以雕琢石经为特色，至今还留有著名的云居寺，被誉为"北京的敦煌"。石经山上有隋唐时期开凿的"雷音洞"等藏经洞9处（图1-2-11）。此外，石经山上和云居寺中现存唐代佛塔7座，包括石经山上的金仙公主塔、无名小唐塔，云居寺北塔四隅的四座小塔以及从附近的水头村移来的无名小唐塔一座，这批隋唐藏经洞和唐代石塔是北京地区最古老的地上建筑遗存（图1-2-12）。云居寺一寺之中拥有隋唐建筑遗存多处，这在北京古建筑中为绝无仅有，在中国古代佛寺之中亦属十分罕贵（详见本书第十一章）。

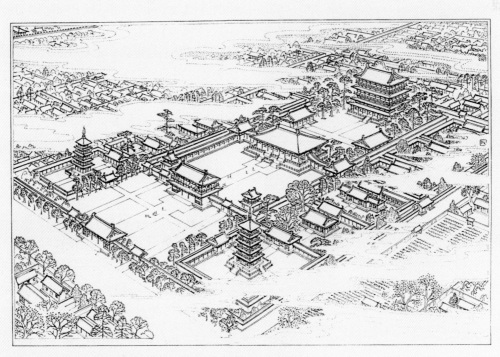

图1-2-10 唐幽州悯忠寺复原示意图（图片来源：《傅熹年建筑史论文集》）

图 1-2-11　石经山藏经洞全景

图 1-2-12　云居寺唐开元十五年塔

三、辽南京——契丹陪都

公元 936 年，后晋的石敬瑭割让"幽云十六州"给契丹以求取得契丹支持建立后唐政权，从此，幽州地区纳入契丹人的版图。辽会同元年（公元 938 年），幽州升为辽五京之一的"南京"，又称"燕京"。由辽南京直至金中都，北京地区逐渐发展成为中国的重要政治中心，为元、明、清直至今日北京持续作为国家的首都（仅少数时间为南京所取代）奠定了基础。

辽南京基本沿用唐幽州旧城，包括大城和子城，子城内还建有宫城（图 1-2-13）。

（一）大城

大城设八门，以东西、南北两条大街为骨干，其中南北大街即今牛街至南樱桃园一线，东西大街即今之广安门内大街、广安门外大街一线。布局仍采取"里坊制"，全城共 26 坊，其中部分里坊还沿用唐代旧名。里坊内"居民棋布，巷端直，列肆者百室"[19]；市肆仍沿袭幽州"北市"，《辽国志》载："城北有市，陆海百货聚于其中。"[20]

图中红线为民国时期北京产城地图，黑线为辽时地图。

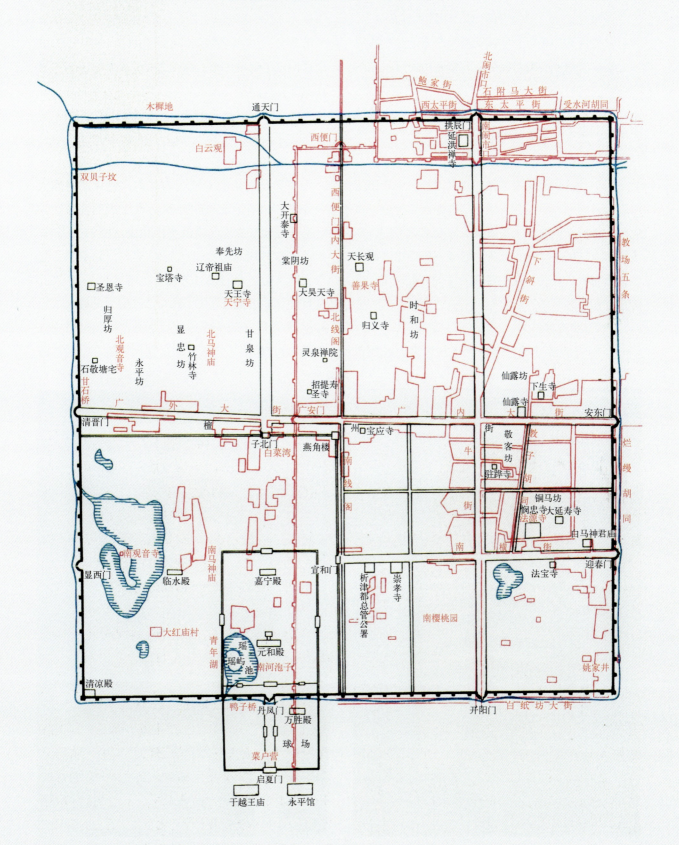

图1-2-13 辽南京平面图（图片来源：《金中都》）

（二）子城

子城依旧位于大城西南部，约占大城的 1/4，内有宫殿区和园林区。子城西南角与东北角均建有高大楼宇：西南角的"凉殿"可能是仿照辽上京的"西楼"之制，反映了契丹人"太阳崇拜"的传统；东北隅建有燕角楼——其位置几乎正当辽南京的城市中心，是城中最重要的地标之一。

（三）宫城

子城中部偏东建有宫城，规划设计了一道南北中轴线自南门丹凤门到宫城北门并继而延伸至子城北门，最后沿南北向大街直抵大城北墙通天门，形成辽南京城的主轴线。此外，宫城南部凸出辽南京城南垣之外，成为南北中轴线的延伸，也作为宫廷的前区和序幕。

（四）佛寺佛塔

辽南京的佛寺比之唐幽州更加繁盛。辽代帝王尽皆崇奉佛教，辽道宗尤甚，据称他"一岁饭僧三十六万，一日而祝发三千"。[21] 在统治者崇佛的风气带动之下，民间佛教信仰也极为高涨。《顺天府志》谓辽南京"都城之内，招提兰若，如棋布星列，无虑数百"[22]；《契丹国志》载辽南京"僧居佛寺，冠于北方"[23]；《辽史·地理志》则称辽南京"坊市廨舍寺观，盖不胜书"[24]；依据《析津志辑佚》统计，辽南京城内能确指其名的寺庙就有 25 所。[25]

今天北京城区内惟一的辽南京建筑遗存即天宁寺塔，该塔为北京中心城区最古老的建筑，同时也是辽代密檐式砖塔的杰出代表（图 1-2-14）。此外，京郊尚有不少辽塔留存至今，如房山云居寺北塔（图 1-2-15）、万佛堂花塔（图 1-2-16）、良乡塔（亦名昊天塔）（图 1-2-17）、马鞍山戒台寺南塔（图 1-2-18）、八大处灵光寺招仙塔（仅存塔基），都是十分珍贵的辽代佛塔遗存。另外还

图 1-2-14　天宁寺塔

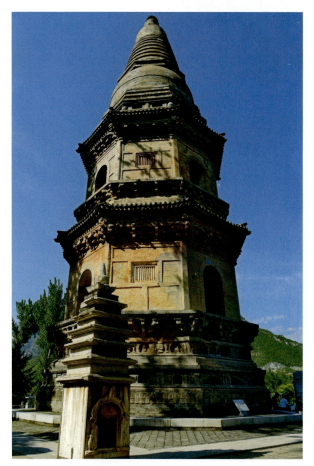

图 1-2-15　房山云居寺北塔

图 1-2-16 房山万佛堂花塔（图片来源：李倩怡摄）

图 1-2-18 戒台寺南塔（图片来源：赵大海摄）

有门头沟双林寺辽代石经幢、房山云居寺辽代石经幢（俗称压经塔）等。

四、金中都——首次建都

金贞元元年（1153年）海陵王完颜亮从会宁迁都至辽南京，改燕京为中都。金中都既是在古蓟城旧址上发展起来的最后一座大城，又是向全国政治中心（元大都、明清北京）过渡的关键，在北京城市发展史上起到承上启下的作用。

金中都的规划建设一方面是对辽南京的改扩建，更重要的是对北宋都城汴梁（今河南开封）的仿建（图1-2-19）。完颜亮指派丞相张浩等人负责辽南京的改建工程，宫阙制度完全模仿汴梁，据《金图经》载："亮欲都燕，遣画工写京师宫室制度、阔狭修短，尽以授之左相张浩辈，按图修之。"㉖此外，据宋人范

图 1-2-17 良乡昊天塔全景（图片来源：辛惠园摄）

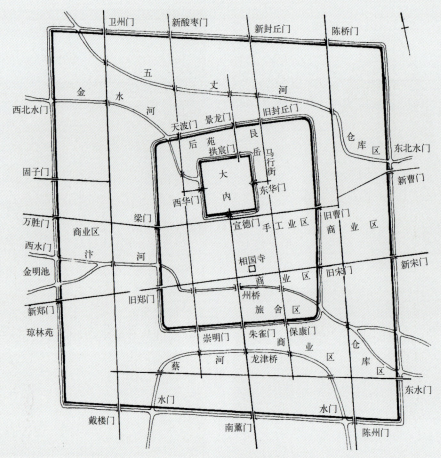

图 1-2-19 北宋汴梁总平面图（图片来源：《中国古代城市规划史》）

成大所撰《揽辔录》记载："金朝北宫营制宫殿，其屏扆窗牖皆破汴都辇至于此。"[27] 从以上两方面可以看出金中都与北宋汴梁的"血缘关系"：金中都不仅在规划设计上摹写汴梁之制，甚至其所用建筑材料也有不少是从汴梁拆卸而来的。据称，宋徽宗在汴梁所经营的御苑"艮岳"有大量太湖石也被金人劫至中都布置园囿——今北海白塔山（即金代大宁宫琼华岛）上许多太湖石即为"艮岳"之遗物（图 1-2-20）。

（一）总体格局

金中都呈宫城、皇城、大城三重城垣相套的格局（图 1-2-21）。辽南京的皇城原在大城西南隅，金中都欲仿北宋汴梁皇城居中之制，同时也为扩大都城规模，故将辽南京旧城向西、南大大展拓，东面也略加外扩——经过此番扩建，金中都的皇城便基本居于大城中央（略偏西）。宫城位于皇城中央偏东，宫城的南北中轴线成为全城的主轴线：这条

图 1-2-20 北海白塔山上的艮岳遗石

图中红线为民国时期地图，黑线为金代地图

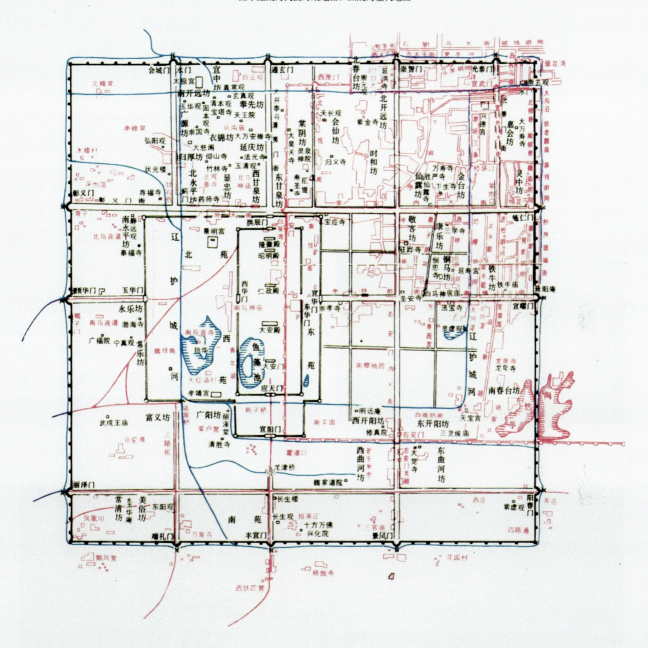

图 1-2-21 金中都平面图（图片来源：《金中都》）

中轴线自宫城经皇城南门"宣阳门"直抵大城南门"丰宜门"；向北则出皇城北门"拱宸门"直达大城北门"通玄门"。该中轴线位于明清北京城外城西墙一线（即今广安门滨河路一线）。

（二）大城

1. 城墙城门

金中都大城为东西长、南北窄的长方形，周长约18690米，共设城门13座，东、南、西各三门，北四门，接近《周礼·考工记》中王城"旁三门"（即每面三门）的制度。大城东墙约在今四通路以北到麻线胡同、大沟沿一线；南墙在今凤凰嘴、万泉寺、三官庙、四通路一线；西墙在凤凰嘴至木楼村的延长线上；北墙位于白云观偏北。

中都城墙为夯土筑成，筑城墙的黄土系从百里外的河北涿州运来。现已发现金中都城墙的南垣及西垣遗迹共3处，分别是凤凰嘴村遗址、万泉寺村遗址、高楼村遗址。其中凤凰嘴村遗址是金中都城的西南墙角，墙体残高约5米，宽约4米，残长约45米，墙南面有金代护城河遗迹，这段古城墙是现今保留的三处残墙中最大的一处（图1-2-22）。

金中都水关遗址是金中都南城垣水关的遗迹，是国内已知古代都城水关遗址中规模最大的，也是金中都城遗址中保存最大、最完整的一处，是确定金中都城址、水系的重要实物。遗址发现于1990年，1995年在原地建立了辽金城垣博物馆。水关是古代城墙下供河水进出的水道建筑。金中都水关建筑修建在永定河冲积地带的沙层之上，整体为木石结构，最下层基础是密布的木桩，木桩之间用碎石及碎砖瓦砂土夯实，木桩之上有衬石枋，衬石枋上又铺设地面石。水关建筑遗址残存基础部分，平面呈"Ⅱ"形，南北向，由过水涵洞底部、涵洞两厢石壁、进出水口摆手及水关之上夯土城墙四部分组成，全长43.4米，过水涵洞长21米，宽7.7米。水关建筑年代当在金中都修建之时（1151～1153年），据推断毁于元代中、晚期。由于水关遗址的发现，不仅确定了金中都南城墙的方位，而且通过用考古钻探的方法向北追寻古河道的方向，基本上明确了金中都城内水系东流龙津桥后，其中一支向南的走向和经南城墙入护城河的确切地点（图1-2-23）。

2. 里坊街巷

大城的规划布局也借鉴了北宋汴梁的"街巷制"布局，呈现为从"里坊制"向"街巷制"过渡的形态：金中都由于在辽南京（沿袭了唐幽州里坊制）的基础上扩建，部分地区保留了辽南京旧有的

图1-2-22　金中都城墙遗址（凤凰嘴段）（图片来源：《中国文物地图集·北京分册》）

图1-2-23　金中都水关遗址（图片来源：胡介中摄）

坊名；有的地区则将原有的里坊一分为二，如东、西开阳坊，然而原有的坊墙已不存在。考古勘测表明：金代拓展部分与辽代里坊制布置方式不同，皆为与大街正交的平行排列的街巷，不再设坊墙（已具备后世"胡同"的雏形）。融"里坊制"、"街巷制"于一身，是金中都道路、居住区布局的特色，体现了金中都在城市规划上承唐、宋，下启元、明的过渡特点。

（三）皇城

皇城南部为宫廷前区。皇城南门"宣阳门"前有"龙津桥"（类似天安门前之金水桥），桥以石栏分作三道，中为"御道"，南宋使臣楼钥所著《北行日录》记载："龙津桥雄壮特甚，中道及扶栏四行华表柱，皆以燕石为之，其色正白，而镌镂精巧如图画然。"㉘ 宣阳门内"御道"两旁，从宣阳门直至宫城正门应天门之间，为东西并列之"千步廊"，

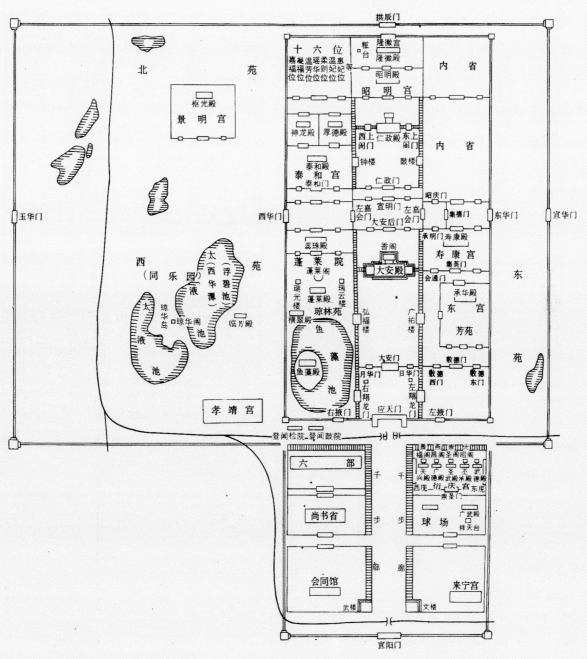

图 1-2-24 金中都皇城图（图片来源：《金中都》）

各200余间，屋顶覆以青琉璃瓦。"千步廊"南端止于宣阳门内东西两侧的文楼、武楼；北端在应天门前的"横街"南侧，又分别各有百余间，直到应天门东西的左、右掖门为止——中间围合成一个"T"字形的宫廷广场。"御道"修筑得十分宽广，夹道有两条水渠，沿渠两岸植柳树，形成林荫大道，道中设"朱栏杈子"，皆仿汴京之制。"千步廊"两侧各有偏门，东通球场、太庙，西连尚书省、六部。这样的布局使得宫城前面的宫廷广场法度严谨、气势宏大，纵深感大大加强，烘托出了宫城的庄严气氛——元大都、明北京都继承了这种宫廷前区的规划模式（图1-2-24）。

（四）宫城

金中都宫城规模宏大，周回九里三十步（面积与元大都宫城以及明清北京紫禁城相近），整座宫城中"殿计九重，凡三十六所，楼阁倍之"㉙，部署有条不紊，秩序井然，成为元、明、清宫殿规划设计的范本。金章宗完颜璟《宫中绝句》描绘了金中都宫殿的如画意境：

"五云金碧拱朝霞，楼阁峥嵘帝子家。三十六宫帘尽卷，东风无处不杨花。"㉚

南宋人陈元靓编纂的《事林广记》之"燕京图志"绘有一幅反映金中都皇城宫阙布局的地图。学者认为这幅地图乃宋人绘制，多半是根据范成大《揽辔录》对金中都的记载绘成的（图中由南至北绘出弯曲路线一条，几乎与范成大《揽辔录》描述的行程完全一致）。这幅《金中都皇城图》为迄今所见最早的北京城市地图。图下方由金中都正南门丰宜门开始，沿都城中轴线向北直抵皇城南门宣阳门。宣阳门内"御道"两旁，从宣阳门直至宫城之间，为东西并列之"千步廊"。画面的主体为宫城，分为中、东、西三路：中路沿中轴线依次为宫城正门应天门（造型如紫禁城午门）、仁寿门、大安殿（皇宫前殿，相当于紫禁城太和殿）、宣明门、政和门（即仁政门）、仁政殿（皇宫后殿，相当于紫禁城乾清宫），最后至宫城北门。应天门东、西两侧设左、右掖门。左掖门内为宫城东路，右掖门内为宫城西路（图1-2-25）。

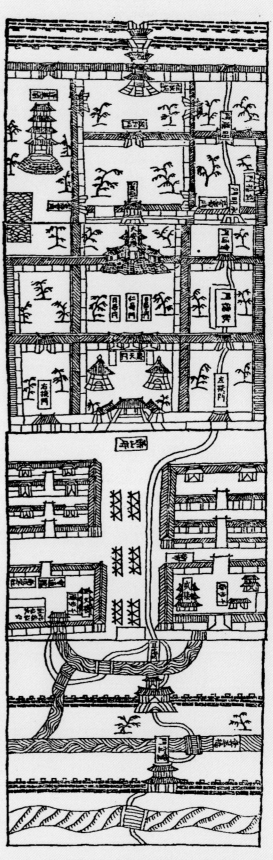

图1-2-25 南宋《事林广记》中的金中都皇城图（图片来源：《考工记营国制度研究》）

傅熹年据南宋楼钥的《北行日录》、范成大的《揽辔录》和周煇的《北辕录》等文献记载绘制了金中都宫殿的平面示意图（图1-2-26）。金中都宫殿的主要特征包括：宫殿正门为凹字形平面，都有东、西阙和东、西朵楼，开后世紫禁城午门之先河；主殿前的南廊上开三门，一正门，二角门；正殿（前殿）左右均有东西夹屋；前殿和后殿之间很可能有穿廊相连，呈"工"字殿布局。金中都宫殿很大程度上反映了北宋汴梁宫殿的制度，它是上承北宋，下启元、明的重要宫殿实例。绘制于金代的山西繁峙岩山寺壁画恰好弥补了文献记载的不足，为我们提供了金代宫殿建筑群意象的视觉资料，尤其在壁画中出现了前殿后楼的工字殿格局，傅熹年认为这可能是金中都宫殿的创新（图1-2-27）。

金中都宫殿区遗址位于今北京西南二环路滨河公园及广安门南滨河路两侧，发现于1990年，随后进行了考古发掘，考古钻探范围约15万平方米，共发现夯土基址13处，为金中都宫殿区部分建筑

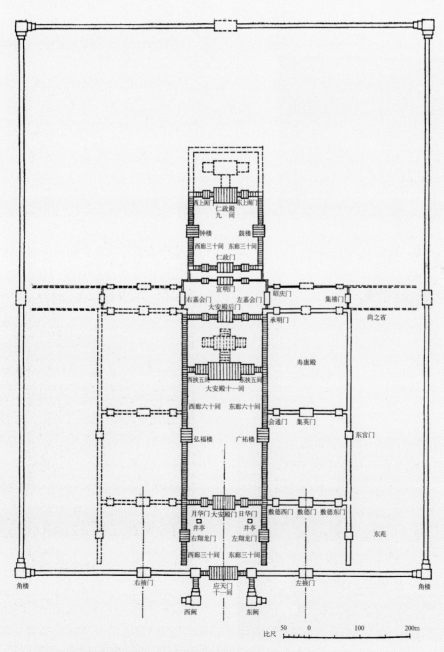

图1-2-26　金中都宫城平面示意图（图片来源：《傅熹年建筑史论文集》）

图 1-2-27　山西繁峙县岩山寺南殿西壁金代壁画摹本（图片来源：《傅熹年建筑史论文集》）

图 1-2-28　金中都大安殿遗址出土坐龙（铜辟邪）（图片来源：《中国文物地图集·北京分册》）

图 1-2-29　大觉寺龙潭螭首石雕（金代清水院遗物）

遗址，其中最大的一处位于滨河公园迎春亭南侧，南北残存 60 米，东西残存 60 米，夯土层厚达 5 米，据考证应为金中都宫殿的正殿——大安殿遗址。根据该遗址的位置，基本可以确定大安殿前的大安门及宫城正门应天门的位置。遗址出土了铜辟邪（坐龙）、残铜镜、陶吻兽，20 世纪 80 年代还出土过金代琉璃及灰陶吻兽（图 1-2-28）。

（五）苑囿

金代不但扩建了规模宏大的都城，并且在都城内外建造了大量皇家苑囿。其中宫城中有鱼藻池，皇城中有西苑（同乐园）、东苑、南苑、北苑。金中都太液池遗址（西华潭遗址、鱼藻池遗址）位于宣武（今西城）区白纸坊青年湖，原为金中都城内皇家园林同乐园的水池。金代太液池又称鱼藻池，水域平面呈环形，中为岛屿，岛上建鱼藻殿等。20 世纪 90 年代对该遗址进行了勘探和发掘，确定其注水口位于西北，东南有出水口，湖心岛位于中部偏西。

金中都东北郊有大宁宫（后来成为元大都的中心），西郊有钓鱼台，而西山一带更有著名的"八大水院"，分别为：旸台山大觉寺，称清水院（图1-2-29）；妙高峰法云寺，称香水院；车儿营西北的黄普寺，称圣水院；金山金仙庵，称金水院；香山寺双井，称潭水院；玉泉山芙蓉殿，称泉水院；石景山双泉寺，称双水院；门头沟仰山栖隐寺，称灵水院——此八处行宫兼寺院皆有佳泉，融山水林园与佛寺殿宇于一体。

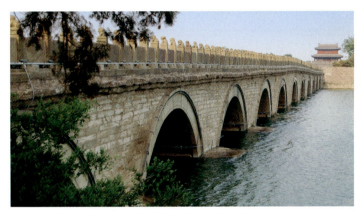

图1-2-30　卢沟桥

图1-2-31　银山塔林五座金代墓塔

图1-2-32　丰台镇岗塔（图片来源：王斐摄）

如今金中都的遗存除了上述少许城墙、水关、池沼遗迹之外，城郊的金代建筑遗存最负盛名者有卢沟桥（图1-2-30）、银山塔林（图1-2-31）、房山金陵、丰台镇岗塔（图1-2-32）等。不过相对于曾经作为北部中国首都的地位而言，北京的金代遗存不得不说是少得可怜，尤其是金中都城墙范围内一处地上建筑遗存也没有，实在令人扼腕叹息。

五、元大都——宏图初现

元至元九年（1272年），元世祖忽必烈在金中都东北方大宁宫周围营建新都城，并将其命名为"大都"（蒙古语为"汗八里"，即大汗之城），从此北京成为全中国的政治中心。元大都是中国两千余年封建社会中最后一座按既定的规划平地创建的都城，就规划之完整性和规模之宏大而言，为当时世界之最。

元大都是以金代琼华岛（即今北海白塔山）为中心发展起来的，从至元四年（1267年）开始营建，历时二十余年建成。其规划设计一方面沿袭了北宋汴梁及金中都的经验，另一方面又对《周礼·考工记》所记载的"匠人营国"制度进行了比附。当然，更重要的是，元大都的规划设计者刘秉忠[31]通过对元大都新城址地形条件的利用，巧妙地融合了太液池（今之北海、中海）、积水潭（亦称海子，即今之什刹海）水系，在规划设计上作了一番"大文章"，从而令元大都呈现出继往开来的非凡气魄（详见本书第二章"都城规划"）（图1-2-33）。

今天北京城区内的重要元大都建筑遗存包括万宁桥、妙应寺（即白塔寺）白塔（图1-2-34）、西四砖塔胡同的金元间佛塔——万松老人塔（图

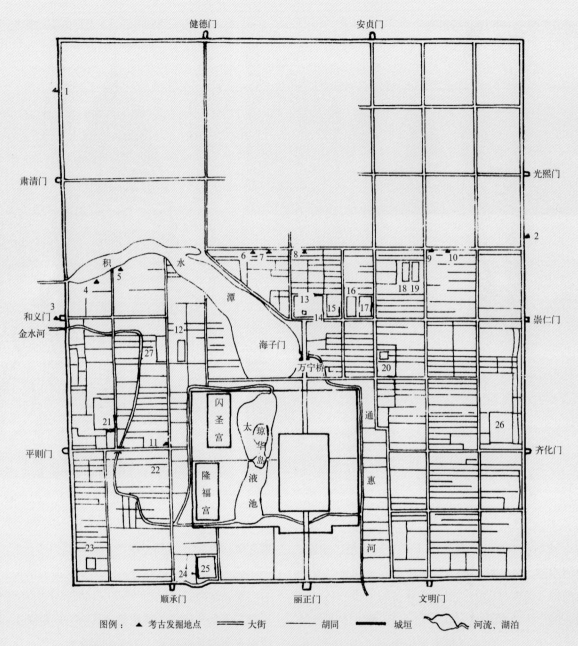

图例： ▲ 考古发掘地点　══ 大街　── 胡同　▬ 城垣　〜 河流、湖泊

1- 学院路水涵洞遗址；2- 转角楼水涵洞遗址；3- 和义门瓮城城门；4- 桦皮厂居住遗址；5- 后英房居住遗址；
6- 106 中学居住遗址；7- 旧鼓楼大街豁口西居住遗址；8- 旧鼓楼大街豁口东窖藏；9- 雍和宫后居住遗址；
10- 雍和宫豁口东居住遗址；11- 西四石排水渠；12- 崇国寺；13- 大天寿万宁寺；14- 中心阁；15- 倒钞库；
16- 巡警二院；17- 大都路总管府；18- 国子监；19- 孔庙；20- 太和宫；21- 大圣寿万安寺（白塔寺）；
22- 万松老人塔；23- 城隍庙；24- 海云、可庵双塔；25- 大庆寿寺；26- 太庙；27- 大承普庆寺

图 1-2-33　元大都平面图（图片来源：《北京考古四十年》）

1-2-35)、孔庙大门等。此外，城郊还有居庸关云台、门头沟灵岳寺及一系列元代佛塔等。一些元大都的著名寺观如白云观、东岳庙也保留至今，虽然其中已无元代建筑遗存，但东岳庙的主体建筑呈"工"字形布局，多少还是保留了元代旧制。

元大都留给北京城的最重要遗产还是都城本身，它的规划格局为明北京所继承与改建，清代继续踵事增华，从而奠定了今日古都北京的基础。肇始于元代的街巷胡同，相当一部分至今还在现代生活中延续其强盛的生命力。

图 1-2-34 妙应寺白塔

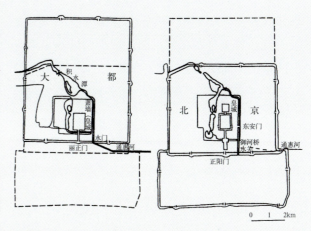

图 1-2-36 明北京与元大都位置变迁示意图（图片来源：《北京城市历史地理》）

以千人守之"。然而后来出于风水方面"削王气"的考虑，明人终于还是将元代大内宫殿拆毁——元大都的皇宫与此前历代皇宫遭遇了同样的命运。

明成祖朱棣即位后，决定迁都北平，改北平为北京。明永乐四年（1406年）开始建宫殿、修城垣，至永乐十八年（1420年）基本竣工，前后达15年。㉜ 明永乐时期的北京城将元大都南城墙拆除，在其南面近2里处建新南墙，因而这一时期的北京城（即后来的"内城"）的城墙实际是将元大都北墙弃用、南墙拆除，东、西墙则部分加以利用，整个北京城比元大都规模略小、位置偏南一些（图1-2-36）。

明正统元年（1436年）开始修建北京城九门城楼，正统四年（1439年）完工，其中南墙设三门，其余诸墙各设二门。南墙三门为正阳门（俗称前门）、崇文门、宣武门，北墙二门为上述安定、德胜二门，东、西墙城门皆位于元大都城门处，崇仁门改建为东直门，齐化门改建为朝阳门，和义门改建为西直门，平则门改建为阜成门——这九门的名称一直保留至今。明北京的皇城、宫城比元大都更接近于城市中央，而全城的几何中心则位于万岁山（即今天的景山）主峰——景山之巅是鸟瞰明北京景胜最佳处。

明嘉靖年间，由于蒙古骑兵多次南下，甚至追近北京城郊进行劫掠，大大威胁到北京城以及天

图 1-2-35 万松老人塔（图片来源：《旧京史照》）

六、明北京——大局划定

明洪武元年（1368年），大将徐达率明军攻占元大都，将元大都改名为"北平"，并对其进行了大规模改建：首先，放弃了元大都的北部城区，并在北墙以南约5里处另筑新墙，新的北城墙仍然只设二门，东为安定门，西为德胜门。元代的宫殿此时还得以保留，据《明太祖实录》记载，徐达"封其府库及图籍宝物等，又封故宫殿门，令指挥张焕

坛等重要坛庙的安全，同时，北京城的人口大量增加，城外居民日益稠密，因此明世宗采纳了大臣们的建议，加筑外城。明嘉靖四十三年（1564年）修筑了包围南郊的外城南墙，原计划环绕北京内城四面一律加筑外垣，后因财力不济，只得将东、西墙修至内城南墙附近即转抱内城东、西角楼。最终外城城墙总长28里，共设七门，南面三门，正中为永定门，东为左安门，西为右安门，东、西两面各一门，东曰广渠门，西曰广宁门（清代改称广安门），东北和西北隅各一门，分别为东便门、西便门（门皆北向）。

嘉靖时期修建的外城与永乐时期的内城共同形成了明北京独特的"凸"字形格局（图1-2-37）。明北京城以"凸"字形城墙为轮廓，南北中轴线为骨架，有条不紊地布置各类城市功能于城内东、西两侧。

明北京的规划设计总结了元大都规划的丰富经验，同时还可以追溯到北魏洛阳、隋唐长安、北宋汴梁、金中都等历代都城的规划传统，可谓中国古代都城规划之集大成者。明北京城的大量建筑群包括宫城（紫禁城）、苑囿（如三海、景山等）、坛庙（如天坛、先农坛、太庙、社稷坛等）、陵寝（明十三陵）、宅第（北京四合院）、寺观、城关、桥梁等，许多都保留至今，比之元大都的遗存要丰富得多。

七、清北京——踵事增华

清朝定都北京后，几乎完全沿用明北京城旧制，对北京城的建设主要是踵事增华、锦上添花，即在旧有基础上修缮、重建——今天古都北京的古建筑大多为清代修建，明代原物远不及清代多。绘于清代乾隆年间的《京城全图》（图1-2-38）是我们一览清北京全貌的绝佳图像资料，弥足珍贵。

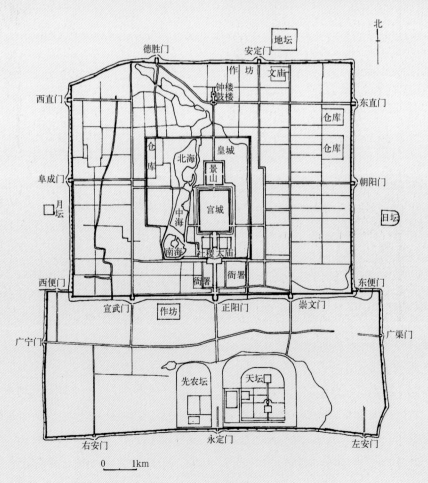

图1-2-37 明北京平面图（图片来源：《中国古代城市规划史》）

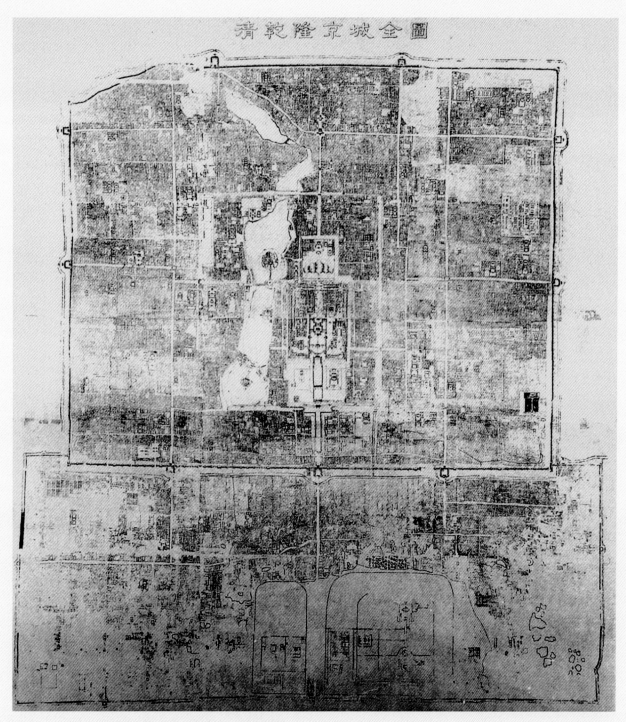

图1-2-38 乾隆《京城全图》(图片来源:《中国历史地图集清代卷》)

然而若就居民分布及城市文化观之,则清代比之明代有十分显著的变迁,最重要的莫过于清代"内满外汉"的居民布局:满人居内城,汉人被赶至外城居住,从而形成了清初至清中叶内城"旗人文化"与外城"宣南文化"并峙的城市文化形态。清顺治五年(1648年)正式实行"满汉分居",除庙宇中的僧道以及八旗中的汉军之外,其余汉官及商民等尽徙外城居住。汉人可出入内城,但不得夜宿。这种"民族隔离"政策直到清代中叶(道光)以后才逐渐松弛。

清北京内城中建造了大量王府，成为清代北京内城建设的重要内容。"内满外汉"的格局造成了外城的汉族士大夫文化中心"宣南"地区的昌盛，随之涌现出的大量会馆建筑成为清代北京外城的一大景观，与内城王府互相辉映，构成清北京重要的建筑类型。清北京的汉人迁至外城，不但造就了宣南文化的繁盛，更促成了外城商业的繁华——全城的商业中心由明代的棋盘街"朝前市"向南转移至前门大街。以前门大街为核心的商业中心，其范围北起大清门前棋盘街左右，南达珠市口，东抵长巷二条，西尽煤市街，"前后左右计二、三里，皆殷商巨贾，列肆开廛。凡金绮珠玉以及食货，如山积；酒榭歌楼，欢呼酣饮，恒日暮不休，京师之最繁华处也。"前门大街两侧，西有大栅栏、东有鲜鱼口，再向东西方向延伸，崇文门外有花市，宣武门外有菜市口，都是繁华市街。此外，宣南一带更有充满风雅之气的琉璃厂和洋溢香艳之色的"八大胡同"，可谓多姿多彩。

清代对于北京城市建设的最大贡献在于大规模皇家园林的营建，尤其是康、雍、乾时期投入巨大精力经营的西北郊"三山五园"，堪称北京乃至中国造园史上的巅峰。自康熙中叶以后，逐渐兴起了皇家园林的建设高潮，这个高潮奠基于康熙，完成于乾隆，乾嘉年间达到全盛的局面。其中康熙、乾隆二帝具有极其相似的园林喜好：一方面，二人均醉心于汉族文化，尤其醉心于江南园林之美；另一方面，出于自身游牧文化的习俗，又不愿被城市尤其是紫禁城生活所束缚，向往名山大川并始终保持着骑射传统——这样双重文化的背景最终致使他们把目光投向最具山水形胜的北京西北郊（乃至更远的承德），在真山真水的浩瀚尺度中来实现自己的"园林梦"。正如乾隆在《避暑山庄后序》中所总结的：

"若夫崇山峻岭，水态林姿；鹤鹿之游，鸢鱼之乐；加之岩斋溪阁，芳草古木，物有天然之趣，人忘尘市之怀。较之汉唐离宫别苑，有过之无不及也。"[33]

这段话可看作康、乾二帝园林美学的总结，这与明清私家园林"虽由人作，宛自天开"、"一拳代山，一勺代水"的缩微山水意境大异其趣。所谓"较之汉唐离宫别苑，有过之无不及也"也非乾隆一厢情愿的夸耀之辞，因为清代，尤其是乾隆朝皇家园林营建的成就的确是前无古人的。其中尤以"三山五园"最为经典："三山五园"即畅春园、圆明园、香山静宜园、玉泉山静明园以及万寿山清漪园（即颐和园之前身），其总体规划布局一气呵成的气魄堪与北京城相媲美，使得清北京城市形态出现了一座横亘东西的"园林之城"与一座纵贯南北的"凸"字形帝都并峙的局面——几乎可称作一种"双城"模式（图1-2-39）。从城市规划设计的角度来看，三山五园是一个有机的整体，并且与清北京城形成了一个有机的整体（图1-2-40）。

纵观古都北京三千余年之建城史，尤其是其中八百余年之建都史，我们可以说古都北京实为中国古代都城之集大成者。今天我们所说的古都北京主要是明、清北京城，其规划设计直接沿袭元大都、明中都、明南京三座都城的规划设计，还可以上溯

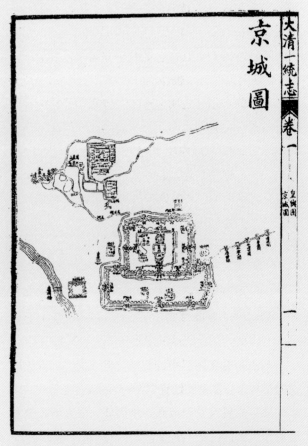

图1-2-39 《大清一统志》中的"京城图"所示清北京都城与西北郊园林城并置的城市形态（图片来源：《北京历史舆图集》）

图 1-2-40　西山暮色图——由前而后依次为万寿山、玉泉山、香山，清晰可见佛香阁、智慧海、玉峰塔、妙高塔、华藏塔侧影（图片来源：袁牧摄）

至北宋汴梁与金中都（甚至年代更加久远的北魏洛阳直至隋唐长安、洛阳的规划设计）。如今，中国历代古都大多湮灭无存，少数遗存稍多者（如南京）亦难辨其整体格局，唯独古都北京整体格局尚清晰可辨（尽管同样因现代化建设而受到极大破坏），各种类型的古建筑均有典型代表，是名副其实的"中国古都的最后结晶"。尤为难得的是，从西周建城伊始直至清末，各个历史时期均有遗存，其中隋唐以前主要以古遗址和墓葬为主，自隋唐以降，则各时期均有代表性地上建筑留存下来。其中，数目最多的古建筑是明清建筑，但唐、辽、金、元四个重要历史时期也不乏少数建筑艺术精品，它们与明清古建筑一起构成了北京地上古建筑的全貌，类型完备，造诣卓绝，蔚为大观。以上所述是北京古建筑有别于中国其他省份的独特面貌与气度。

第三节　建筑特征

林徽因曾为梁思成《清式营造则例》（1934 年）一书撰写过一篇精彩的"绪论"，详细讨论了中国建筑的特征。[34] 梁思成的《中国建筑史》（1944 年）一书开篇也是探讨"中国建筑之特征"。[35] 本节则试图初步探讨北京古建筑之基本特征。

北京古建筑，一方面与中国其他地区的古建筑有着许多共同的基本特征，例如建筑群的院落式布局，木结构建筑单体的三段式造型（台基、屋身和屋顶），建筑群与山水、园林的结合等；但另一方面，北京古建筑与中国其他地区的古建筑又有一些不同之处，为北京古建筑所独有或尤为突出之特征，包括都城建筑所特有的宏大气魄与规划的高度整体性，建筑类型的齐全完备，建筑群布局之严谨，单体建筑结构的标准化，城市建筑群主次分明之色彩分配，与北京独特山水环境之水乳交融以及融合各朝代、多民族建筑文化等。以上特点共同构成了北京古建筑的最重要特征，即北京古建筑可谓是一个高度和谐的整体——正如梁思成指出的：

"北京是在全盘的处理上才完整的表现出伟大的中华民族建筑的传统手法和在都市计划方面的智慧与气魄"，"它所特具的优点主要就在它那具有计划性的城市的整体。"[36]

以下略述北京古建筑的七项基本特征。

一、规划整体

北京古建筑最主要的构成是明、清两代的建筑遗存，其最重要的属性是都城建筑，这是北京古建筑区别于中国其他地区古建筑的最重要特征。中国封建社会的历代都城都是统治者在城市、建筑以及园林营建方面花费最多人力、物力、财力之所在，因而也是每个朝代的建筑艺术、技术和文化最高成就的代表。

北京古建筑呈现出十分宏大壮伟的"都城气魄"，并且体现了规划设计的高度整体性，这集中表现在三大方面。

首先，明、清北京城（包括其前身元大都）是具有高度规划整体性的都城。明北京城由外城、内城、皇城、宫城四重城墙环环相套，以永定门至钟楼的全长7.8公里的南北中轴线为骨干，以东四大街和西四大街两条南北贯通的街道作为交通大动脉，以逻辑清晰的"大街－胡同－四合院"体系作为基本街区布局模式，整个都城的规划设计气魄雄伟、布局严整、脉络清晰，被梁思成誉为"都市计划的无比杰作"。如果要用一幅直观的图像来呈现北京城规划的高度整体性，最佳的范例莫过于清乾隆年间画家徐扬所绘的《京师生春诗意图》（图1-3-1）。这幅纵255厘米、横233.8厘米的宏大画

图1-3-1 《京师生春诗意图》——由这幅清乾隆时期的绘画中我们可以看到北京古代建筑、城市与山水自然的整体和谐（图片来源：《清代宫廷绘画》）

幅展现了京城雪后初春的鸟瞰全景,美轮美奂。由画面左下方的前门大街珠市口起笔,最后结束于画面右上方的景山。中轴线两侧,不论是前门一带的商铺民宅,抑或大清门至午门之间御街两侧的各部衙署、左祖右社,紫禁城外的皇城建筑群、西苑三海,均描摹得细致入微,画面背景则衬以层峦叠嶂的北京西北部雪后的群山。全图色调古雅而不失清新,全部建筑群屋顶及山川罩以晶莹的白色,一派银装素裹之意境,将京城雪后最为优美的意境呈现无遗。最可贵的是,此画提供了古代北京山水、城市、建筑群及园林整体和谐的最清晰、最直观的视觉资料。

其次是位于西北郊昌平天寿山的明十三陵,整个陵区占地约120平方公里(群山内的平原面积约40平方公里),主神道长度(由石牌楼至长陵宝顶)与北京城中轴线相当,近7.8公里。整个规划设计以长陵总神道为主干,其余各陵由总神道分支若树枝状结构,脉络清晰,十三处陵寝建筑群形成一个有机整体。陵寝建筑群与周围山水环境水乳交融,不仅气势宏伟,而且意境绝佳,成为与明北京城遥相呼应的一座"陵寝之城"。一批古人笔下的十三陵全图清晰地展现出了十三陵建筑群整体规划与周边山水完美交融的特征(图1-3-2)。

如果说十三陵陵区与明北京城还只是遥相呼应的话,那么清代帝王在西北郊海淀一带营建的以"三山五园"为主体的皇家园林群落则完全通过长河水系及周围园林寺观与北京城连成一片。《康熙六旬万寿盛典图》长卷就展现了由紫禁城神武门经皇城西安门、西四大街、西直门大街出西直门,沿西北郊御路直抵海淀畅春园的情景。等到乾隆年间"三山五园"(包括畅春园、圆明园、香山静宜园、玉泉山静明园以及万寿山清漪园)全部建成时,西北郊成了一座园林之城。"三山五园"荟萃了清代皇家园林之精华,其中规模最大的圆明园总面积达350余公顷,香山静宜园140公顷,玉泉山静明园65公顷,颐和园295公顷,五座园林东西横亘十余公里,成为与明清北京城、明十三陵呈三足鼎立之势的一座"园林之城"。清人绘制的一幅《颐和园图》(图1-3-3)实际上是西北郊山水、园林、寺观全景图,展现了西北郊"园林之城"的大观。画面中

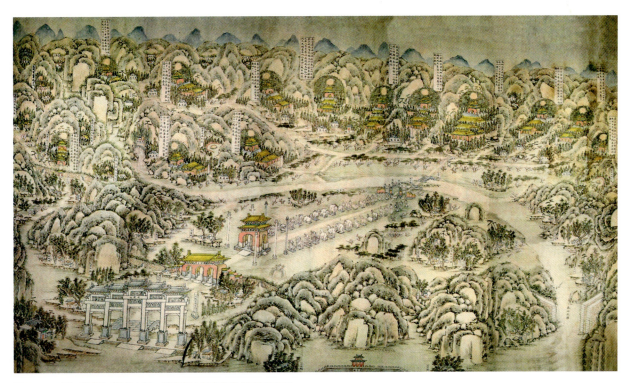

图1-3-2 《十三陵图》(图片来源:《美国国会图书馆藏中国古地图》)

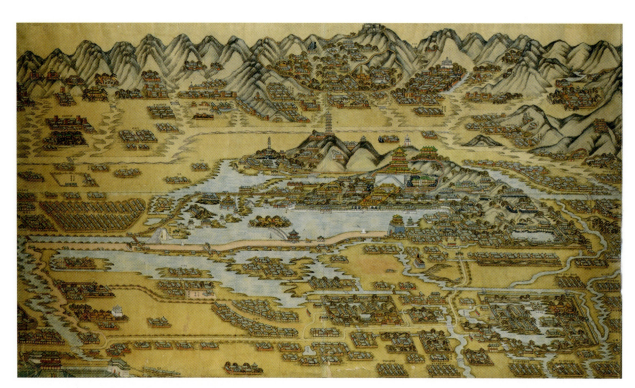

图1-3-3 清人绘《颐和园图》（图片来源：贾珺提供）

心是颐和园，万寿山、昆明湖山明水秀，颐和园背景是玉泉山静明园，山巅的玉峰塔、妙高塔、华藏塔成为重要标志。玉泉山的背后是香山静宜园，内有香山寺、宏光寺、昭庙等大寺，园墙外右侧还有碧云寺，后部有壮丽的金刚宝座塔。不仅如此，沿着西山山麓一字排开一系列庙宇、行宫等，并有香山健锐营营房、碉楼穿插其间：由左至右分别有圆昭、方昭、行宫、礼王坟、宝相寺（内有旭华之阁）、宝谛寺、松堂、香梵寺、山神庙、法海寺（前有过街塔）、地藏庵、健锐营团城、健锐营衙门学堂及工厂、杰王府，以上在香山静宜园左；碧云寺、公主坟、玉皇顶、四王府、普安塔、天仙庙、道公府、娘娘府、景泰陵、遗光寺、卧佛寺（普觉寺）、广慧观、五华寺，以上在香山静宜园右。画面中颐和园左边有蓝靛厂、西顶（碧霞元君祠）、南坞村、小屯村、外火器营校场、闵庄、中坞村、后窑、北坞村；颐和园、玉泉山右侧有妙云寺、龙王庙、公德寺、青龙桥。画面右下角为圆明园，周边有各营营房。圆明园左侧为畅春园，二园之间有蔚秀园、虎城、承泽园、慈佑寺，畅春园西有西花园。画面左下角为北京城西直门，由此有水陆两线可通往"三山五园"，其中陆路经高梁桥上御路，两侧分布玄圣观、天仙庙、广通寺、寿安寺、大慧寺、慈献寺、寿福禅林、大钟寺、药王庙、关帝庙，最后抵畅春园大宫门。水路称长河，过高梁桥后，两岸依次有倚虹堂、极乐寺、正觉寺（又名真觉寺，内有明代金刚宝座塔）、延庆寺、万寿寺、泉宗庙，最后抵颐和园绣漪桥。长河与畅春园、清漪园之间还有万泉庄、巴沟村、六郎庄等。此图是现存关于清代北京西北郊园林之城的最详细、最全面的图像资料之一。

总体观之，北京的都城规划并不局限于城墙之内，尤其是明清两代，在凸字形的城墙之外均大肆营建：明代在昌平天寿山建造了广袤的皇家陵寝区，即今天的明十三陵；而清代则在西北郊海淀一带营建了以三山五园为核心的庞大园林群落。因此，在清代乾隆年间，北京已形成由明清北京城、清代三山五园与明十三陵组成的"三位一体"的规划格局，一方面规模宏大，一方面具有高度整体性。这是北京古建筑所具有的第一个重要特征，也是北京古建筑最震撼人心的魅力所在。整体规划的古都北京、改造等不同程度的损毁，现在北京的古建筑遗存已经远远不能和过去相比，但是今天幸存下来的古建筑遗产还是几乎囊括了中国古建筑的所有重要类型。

北京古建筑中最具代表性的是明清时期的皇家建筑，包括宫殿、坛庙、苑囿和陵寝。由于中国明代以前的宫殿、坛庙和苑囿几乎全都灰飞烟灭、不复存在，因此北京的宫殿、坛庙和苑囿成为中国两千余年封建社会惟一留下的皇家建筑类型。至于历代帝王陵寝，虽遗存较多，但地面建筑群保存最为完整的也仅剩明十三陵和清东、西陵。其中清东、西陵在清代皆位于"京畿"（或曰畿辅）范围之内，由于当代行政区划改变而纳入河北省古建筑之范畴，不在本书讨论之列。但若从古代都城的整体规划布局而言，清东、西陵实际上仍旧是北京古建筑的重要延伸。

其次还有大量直接服务于都城的建筑类型，诸如衙署、仓厂等；有对都城起着重要防御作用的建筑类型，如城墙、长城、城堡、关隘等；有北京作为都城产生的两种特殊的建筑类型——王府和会馆（有些地方城镇也有此二类建筑，但数量远远无法与北京相比）；此外还包括一般地方城市所共有的建筑类型，如民居、商铺、园林、佛寺、佛塔、道观、清真寺、祠堂、书院、墓葬等；当然还包括与城市水系、运河等相关的各类桥梁、水闸等。

以上是从功能角度来看。若从结构类型角度来看，北京古建筑同样类型完备。木结构建筑自不待言，砖石结构也有大量遗存。

此外，北京古建筑中的砖石佛塔一项，类型也十分完备：中国古代砖石佛塔所具有的各种类型几乎都能在北京找到实例，从楼阁式到密檐式，从单层塔到喇嘛塔，再到金刚宝座塔，甚至花塔，或者楼阁塔与喇嘛塔的混合样式等，不一而足，这在中国其他地区还是较为少见的。并且在类型众多的佛塔中，有一些杰作甚至可以作为中国古塔此类型中的代表，包括辽代密檐塔的代表天宁寺塔、元代喇嘛塔的代表妙应寺白塔、明代金刚宝座塔的代表正觉寺塔以及明代密檐塔的代表慈寿寺塔等。

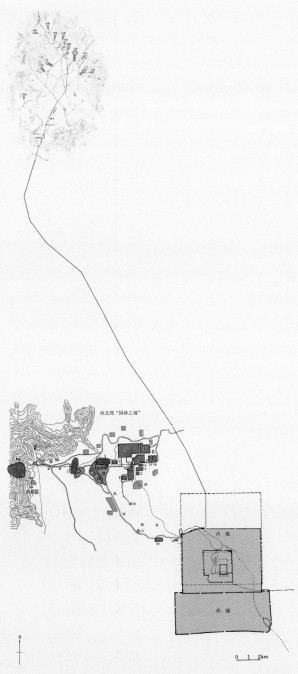

图1-3-4 明清北京城、清北京西北郊园林群及明十三陵位置格局示意图（图片来源：据《中国古代建筑史》及《中国古典园林史》插图改绘）

十三陵和三山五园是北京古建筑最伟大的遗产（图1-3-4）。

二、类型完备

古人在北京营建了种类繁多的古建筑，虽然随着改朝换代、战争破坏、自然灾害以及近现代城市

三、布局严谨

北京古建筑以明清古建筑为主,其单体建筑虽不及唐宋古建筑雄壮并富有韵味,但其群体布局却更加严谨,达到中国古代建筑群布局的成熟期,取得了极其杰出的成就。从千门万户的紫禁城宫殿到单座四合院民居,都有矩形院墙围绕,有南北中轴线组织院落空间,沿中轴线布置一进一进由正房、厢房或者正殿、配殿围合而成的院落,形成"庭院深深深几许"的意境。当建筑群达到一定规模,单独依靠南北方向延伸不足以布置时,则在东、西方向布置跨院;当东、西跨院也由南北多进院落串联而成时,则称东路、西路,形成与中轴线并列的东、西次轴线。北京的大型建筑群基本一致采用中、东、西三路布局,其中中路布置礼仪性的重点建筑,而东、西两路布置实用性建筑或者园林之类。当然,更大规模的建筑东、西路又可以各自包括多路建筑,典型者如紫禁城、潭柘寺,皆在东路、西路之外又有外东路、外西路(图 1-3-5)。在最重要的坛庙(如天坛、地坛)则会采取正方形或圆形平面,形成纵横双轴线布置,可取得最为庄严肃穆的空间效果。

需要特别指出的是,北京古建筑并未由于其高度严谨的布局而丧失活力甚至陷入呆板,恰恰相反,却呈现出"整中有变"的特征。以城市论,在中轴对称的大格局下,有太液池三海和什刹海水系自由穿插其间,形成了严整而又不失自由的充满张力的城市设计构图。以建筑论,虽然大多数建筑群都是轴线对称布局,然而其附属园林却多呈现"虽由人作,宛自天开"的自由式布局;即便没有园林的建筑群,也往往在院落中栽植花木,为严整对称之布局带来活泼的自然气息;或者在中、东、西三路布置的建筑群中,特意令东、西路呈现略微自由之变化,与中路形成对比;即便是最庄严的紫禁城宫殿,其中路完全对称,可轴线东西两侧却呈现出许多不对称的布局变化……正是这样"整中有变"的设计哲学,使得北京古建筑可以达到"千篇一律"与"千变万

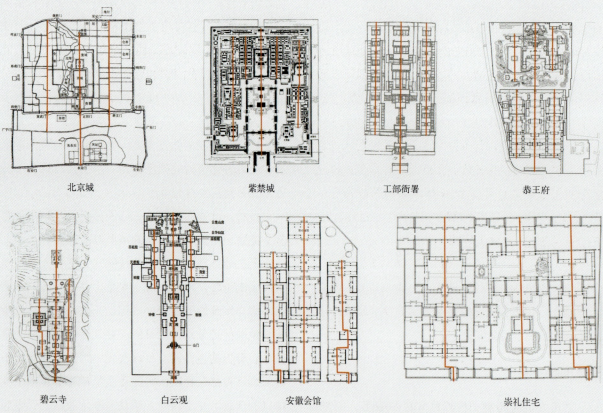

图 1-3-5 北京城及各类古建筑群中、东、西三路(或五路)平面布局示意图(图片来源:王南据《中国古代建筑史》、《中国古代城市规划史》、《北京私家园林志》、《傅熹年建筑史论文集》改绘)

化"的辩证统一，不因布局之严谨而丧失其艺术魅力。正如梁思成指出的，中国古代建筑之重要特征之一是包含绝对对称与绝对自由之两种平面布局：

"以多座建筑合组而成之宫殿、官署、庙宇、乃至于住宅，通常均取左右均齐之绝对整齐对称之布局。庭院四周，绕以建筑物。……其所最重者，乃主要中线之成立。一切组织均根据中线以发展，其布署秩序均为左右分立，适于礼仪之庄严场合；公者如朝会大典，私者如婚丧喜庆之属。反之如优游闲处之庭院建筑，则常一反对称之隆重，出之以自由随意之变化。布署取高低曲折之趣，间以池沼、花木，接近自然，而入诗画之境。此两种传统之平面布署，在不觉中，含蕴中国精神生活之各面，至为深刻。"㊲

四、结构标准

与北京古建筑群平面布局严整相对应的是其单体建筑的标准化。虽然明清古建筑中已不再运用宋《营造法式》的"材分制"，但是"斗口制"依然是高度模数化、标准化的建造法式（图1-3-6）。流传至今的清工部《工程做法》及各类算例，都显示出清代官式建筑（包括其前身明代官式建筑）高度的标准化，并且涵盖木结构及砖石结构，大木作、瓦作、石作、小木作等多个工种。北京古建筑大部分为明清官式建筑，其单体中木构架、台基、屋顶乃至小木作都高度标准化。虽然过于极端的标准化使得明清建筑单体不及唐宋建筑单体那样富有神韵，但建筑群体的高度整体性弥补了此方面的不足，使得明清建筑以整体美取胜。

另一方面，北京古建筑单体仍然不乏极具特色的杰作，诸如明代的长陵棱恩殿、太庙享殿，清代的紫禁城太和殿、天坛祈年殿和皇穹宇、颐和园佛香阁、雍和宫万福阁等。

五、色彩分明

北京古建筑还有一大特色即色彩分明。首先，皇家建筑与民间建筑的色彩形成鲜明对照，可谓界限清晰，主次分明。皇家建筑金碧辉煌，多采用黄琉璃瓦、红墙、白石台基，立柱门窗多为红色，斗栱梁枋施以蓝绿色调为主的彩绘，局部饰以金箔。一些具有特殊象征意义的建筑如天坛，采用蓝琉璃瓦；又如社稷坛，用五色土和四色琉璃砖墙。此外，皇家园林建筑则广泛使用各色琉璃瓦，取得了灿烂夺目的色彩效果。北京明清皇家建筑用色之华丽绚烂继承了金、元两代的传统，又有着自身鲜明的特色，与唐代宫殿朱柱、白墙、青瓦的色调迥然有别，在琉璃瓦的运用上也比宋代宫殿更加普遍。因此，虽然如前文所言，明清建筑单体造型不及唐宋建筑豪迈有力，但色彩之明艳华美却有过之而无不及。民间建筑，尤其是四合院民居，则一律用青砖青瓦，木结构施以红绿色彩为主的油饰。以四合院民居最大面积的灰色为"底色"，烘托城市中央皇家建筑群的黄、红、白三大主要色调，并点缀以坛庙、王府、衙署、寺观、会馆等建筑群的黄、蓝、绿、黑、灰等各色瓦顶，从整体上形成了主次鲜明、和谐统一的北京古建筑色彩构图（图1-3-7）。

就单体建筑而言，从皇家建筑到民居建筑，都采用了大胆的色彩搭配。如紫禁城等皇家建筑以大块面的黄、红、白三种纯色为主调，并以青（蓝）、绿色彩作为彩画的基本色（梁枋、斗栱的彩画一般处于檐下的阴影之中，近观颜色艳丽，远观却是一片和谐的灰色效果），一些皇家重要建筑物甚至以闪闪发光的金箔作为重点装饰，产生出"金碧辉煌"的壮丽效果。总体观之，皇家建筑尽管用色至纯，对比强烈，但由于色彩搭配巧妙、精当，并充分考虑了光线、观赏距离等因素，取得了惊人的和谐之美。北京四合院民居则以大面积的灰色（砖墙、瓦顶和墁砖地面）为底，辅以木结构主体的红、绿油彩，配以少量的青（蓝）、绿为主的彩画，构成了基本的色彩模式。有趣的是，本来在色彩搭配中应当尽量避免的艳俗的"红配绿"，由于有了大面积灰色的调和和少量彩画的点缀，竟变得十分和谐悦目，以致成了北京城市色彩的一大"亮点"，甚至成了老北京文化不可或缺的一部分。此外，北京的

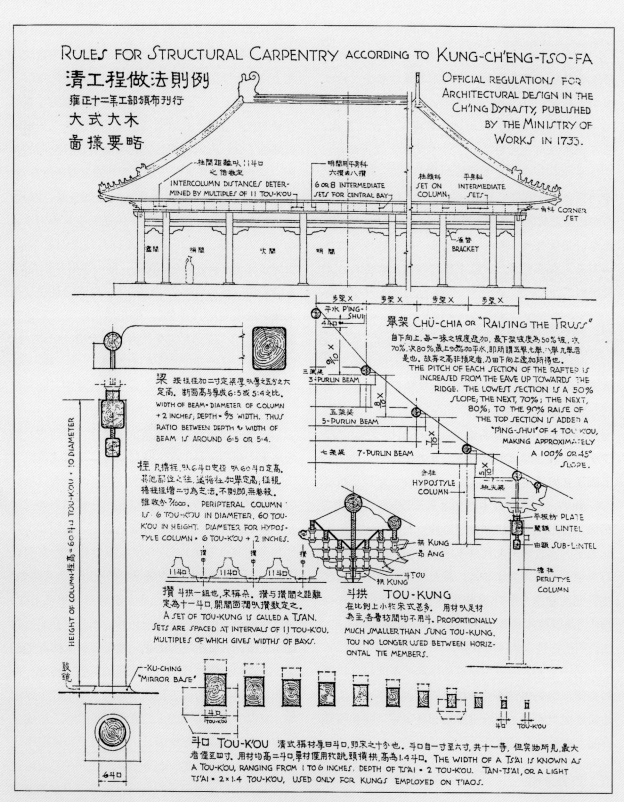

图 1-3-6 清工部《工程做法》大式大木作图样要略（图片来源：《梁思成全集》（第四卷））

图 1-3-7　北京航拍图中体现的主次鲜明的城市色彩（图片来源：《长安街：过去·现在·未来》）

自然环境如大面积的绿树、水面乃至山脉（如林语堂笔下"淡紫色"的西山），也对城市色彩的调和起到了重要作用。

我们不妨以绘画为例来体会传统北京城市色彩的妙处：绘画时如果在具有某种"底色"的画纸、画布上作画，色彩将格外易于调和——北京城正如在一块灰色的画布上作画，尽管用色鲜亮、纯度极高，却在整体上获得了高度和谐统一，是中国传统城市色彩的经典之作。

六、结合自然

中国古建筑崇尚自然历来为人所称道。北京古建筑与自然环境的融合取得了极大的成功：大到山川形胜，小到庭园花木，都渗透着追求自然的山水美学的影响，各种尺度、类型的园林与建筑群达到了水乳交融的境地。

从城市整体角度来看，皇家的三海、民间的什刹海与北京中轴线相辅相成、一庄一谐，形成了北京城市设计的大手笔，而清代在西北郊营建的"三山五园"等园林更形成了一座与北京城南北相望的"园林之城"。

除了宏大的皇家苑囿，传统北京拥有为数众多的公共园林风景区，在什刹海之外还包括内城东南角的泡子河、天坛北面的金鱼池、外城西南的陶然亭、德胜门外和内城西南角的两处太平湖、安定门外的满井、右安门外南十里的草桥、东便门外通惠河上的二闸、南郊的丰台等。上述著名风景区之外，西北郊长河、海淀一带更是一派江南水乡般的景致。

另外，为数众多的寺观庙宇都有各自的园林，可供市民游赏。在北京一些寺庙之中，一些闻名遐迩的古树名木甚至比建筑群更加光彩夺目，诸如戒台寺的古松、潭柘寺的银杏、孔庙和卧佛寺的古柏、法源寺的丁香、大觉寺的玉兰等。

最后，大量的私家园林与住宅庭院虽然规模有限，自成小天地，但是从城市整体空间形态上却把北京城变成了一座树林中的城市或曰"绿色城市"

图 1-3-8　由北京景山万春亭及北海白塔远眺西山两幅（图片来源：赫达·莫里逊摄）

（图1-3-8）。郑振铎热情洋溢地描绘了民国时期登上景山所见到的情景："千家万户则全都隐藏在万绿丛中，看不见一片瓦，一屋顶，仿佛全城便是一片绿色的海。不到这里，你无论如何不会想象得到北平城内的树木是如何的繁密；大家小户，那一家天井不有些绿色呢。"[38] 郁达夫则索性把北京城称作"一个只见树木不见屋顶的绿色的都会"。[39]

再来看老舍和林语堂笔下北京城与自然完美融合的经典城市意象。老舍在《想北平》中写道：

"是的，北平是个都城，而能有好多自己生产的花，菜，水果这就使人更接近了自然。从它里面说，它没有像伦敦的那些成天冒烟的工厂；从外面说，它紧连着园林，菜圃，与农村。采菊东篱下，在这里，确是可以悠然见南山的；大概把'南'字变个'西'或'北'，也没有多少了不得的吧。"[40]

林语堂在《京华烟云》中曾有这样的描绘：

"在北京，人生活在文化之中，却同时又生活在大自然之内，城市生活极高度之舒适与园林生活之美，融合为一体……千真万确，北京的自然就美，城内点缀着湖泊公园，城外环绕着清澈的玉泉河，远处有紫色的西山耸立于云端。天空的颜色也功劳不小。天空若不是那么晶莹深蓝，玉泉河的水就不会那么清澈碧绿，西山的山腰就不会有那么浓艳的淡紫。"[41]

七、文化交融

北京古建筑有着深厚的文化内涵，表现在多民族建筑文化的融合、中国南北方建筑文化的融合以及建筑、绘画、雕刻艺术的融合等诸多方面。

古都北京从辽南京（陪都）建立开始，历经辽、金、元、明、清五朝，其中除了在明代时为汉族政权的都城之外，其余时间分别为契丹、女真、蒙古和满族的都城（或陪都），充分体现了古都北京在中国民族文化融合中的重要作用。这在中国历代古都之中也是极为独特的，从而造成了北京古建筑独特的多民族融合的文化特色。此外，不论是汉族统治还是少数民族统治时期，由于作为都城，都需要处理和边疆其他民族的关系，例如明、清两代都十分注意怀柔蒙藏等地，因此当时的建筑文化融入了大量蒙藏文化的元素。元、明、清三代，北京其实也是重要的世界性首都城市，因此也融合了不少域外的建筑文化（图1-3-9）。

其次，北京古建筑还充分体现出中国南北方建筑文化的交融，金中都与北宋汴梁，明北京与明中都、明南京的继承关系，清代康乾南巡学习江南园林文化，都造就了南北建筑文化的大融合。北京的皇家苑囿是中国古代园林史上的重要里程碑，它就是南北方园林建筑文化交融的独特产物。

最后，许多北京古建筑还融合了卓绝的绘画、雕刻艺术，例如云居寺小石塔的唐代石雕、天宁寺塔的辽代砖雕与泥塑、居庸关过街塔的元代石雕、法海寺的明代壁画、大慧寺的明代彩塑及壁画、紫禁城主体建筑台基的大量明代石雕、五塔寺金刚宝座塔的明代石雕、碧云寺和西黄寺金刚宝座塔的清代石雕等。

当然，北京古建筑同时也是皇家文化与市井文化的融合。

北京古建筑上述七个方面的主要特征，可以概括为一大基本特征，即"整体和谐"，既包括北京城市、建筑群与自然山水的整体和谐，也包括每座建筑群自身的整体和谐（图1-3-10）。就城市规划设计而言，北京城市和建筑群通过院落式的布局、南北中轴线的设置、"街道-胡同-四合院"体系形成的肌理、水平天际线与垂直地标的相映成趣、城市与山水园林的交融、主次分明的色彩构图以及规划设计中"模数制"的运用等多方面匠心来共同实现了北京城及其古建筑的整体和谐。㊷

图1-3-9 由保和殿北侧远眺雨花阁、紫禁城西北角楼及北海白塔——汉式、藏式建筑文化水乳交融

图1-3-10 北京古建筑的"整体和谐"——民国时期的北京雪后鸟瞰（在北京饭店旧楼拍摄）（图片来源：《旧京史照》）

注释

① 此外，北京还曾经是辽南京和金中都所在地，有不少辽金时期的重要建筑遗存，它们同样是中国古代建筑史辽金时期的重要实例。

② 沈阳故宫虽然犹存，但不算是汉族的宫殿建筑。其余历朝历代的皇家建筑遗存大多仅有陵寝，而北京是惟一保留了宫殿、坛庙、苑囿、陵寝等完备皇家建筑类型的古都。

③ 梁思成.北京——都市计划的无比杰作// 梁思成.梁思成全集（第五卷）.北京：中国建筑工业出版社，2001：101-113.

④ （清）于敏忠等.日下旧闻考.北京：北京古籍出版社，1983：68-126.

⑤ 太行山北起北京西山，向南一直延伸至河南与山西交界处的王屋山，西接山西高原，东邻华北平原，呈东北－西南走向，绵延四百余公里。

⑥ （明）蒋一葵.长安客话.北京：北京古籍出版社，1994：52.

⑦ （清）于敏忠等.日下旧闻考.北京：北京古籍出版社，1983：1673.

⑧ 北京著名的燕京八景肇始于金代。金章宗完颜璟极好游幸，并模拟北宋宋迪"潇湘八景"定出"燕京八景"——居庸叠翠、玉泉垂虹、太液秋风、琼岛春阴、蓟门飞雨、西山积雪、卢沟晓月、金台夕照。后来元、明、清历代相沿袭，名目略有改动，地点也颇有变更，但燕京八景的模式却得以流传八百余年。如今的燕京八景为清乾隆年间最后改定的居庸叠翠、玉泉趵突、太液秋风、琼岛春阴、蓟门烟树、西山晴雪、卢沟晓月和金台夕照。

⑨ （清）于敏忠等.日下旧闻考.北京：北京古籍出版社，1983：1392.

⑩ 爱新觉罗·弘旿，清宗室，康熙帝之孙，爱新觉罗·胤秘第二子，封固山贝子，两次缘事革退，复封赏奉恩将军。能诗，工书画，画师从董邦达。

⑪ 其中元大都、明北京和清北京是北京都城建设的高潮时期，也是北京古建筑形成的最重要时期，本书将在第二章"都城规划"之中对元、明、清时期详加论述，本节只作简要介绍。

⑫ 北京地区在出现城市以前早已有人类活动，如北京西南房山周口店遗址发现距今46万年的"北京人"、距今约10万年的"新洞人"以及距今2万年的"山顶洞人"化石等，都证明了北京地区早期人类生活的情况。但本书以古都北京的城市与建筑为主题，因此对北京之历史沿革从城市出现谈起。

⑬ 战国之前的蓟城，至今考古工作未能证实，但战国至魏晋时的蓟城，结合文献及考古发现，大致在以广安门为中心，东至菜市口，南至白纸坊，西至白云观以西，北至头发胡同以南的范围。这一区域内曾发现有战国时期的陶片及战国至西汉时的陶井三百余座。参见：梅宁华，孔繁峙.中国文物地图集·北京分册（下册）.北京：科学出版社，2008：55.

⑭ （汉）司马迁.史记.北京：中华书局，2006：753.

⑮ 从东晋到五代的五百余年间，蓟城曾先后三次成为短暂割据政权的都城，包括十六国时期鲜卑族慕容儁建立的前燕、唐代安禄山建立的大燕和五代刘守光建立的中燕（刘燕），可谓"三燕建都"。参见：阎崇年.中国古都北京.北京：中国民主法制出版社，2008：31-40.

⑯ 蓟为一种多年生直立草本植物，初夏开紫红色花，蓟丘因多蓟草而得名。

⑰ 北京市文物研究所.北京考古四十年.北京：北京燕山出版社，1990：126-128.

⑱ 此外，据北京出土辽代墓志还可知6处辽南京里坊名，包括隗台坊、永平坊、罗北坊、齐礼坊、棠阴坊、南肃慎里。北京市文物研究所.北京考古四十年.北京：北京燕山出版社，1990：128-130.

⑲ 路振.乘轺录// 北京大学历史系《北京史》编写组.北京史：增订版.北京：北京出版社，1999：80.

⑳ （清）于敏忠等.日下旧闻考.北京：北京古籍出版社，1983：69.

㉑ 《辽史》卷二十六《道宗纪六》，转引自：马兰，李立祥．雍和宫．北京：华文出版社，2004：4．

㉒ 侯仁之．北京城市历史地理．北京：北京燕山出版社，2000：81．

㉓ 马兰，李立祥．雍和宫．北京：华文出版社，2004：5．

㉔ 于杰，于光度．金中都．北京：北京出版社，1989：7．

㉕ 侯仁之．北京城市历史地理．北京：北京燕山出版社，2000：195．

㉖ （清）于敏忠等．日下旧闻考．北京：北京古籍出版社，1983：409．

㉗ （清）于敏忠等．日下旧闻考．北京：北京古籍出版社，1983：414．

㉘ 于杰，于光度．金中都．北京：北京出版社，1989：71-72．

㉙ 《大金国志》，转引自：梁思成．梁思成全集（第四卷）．北京：中国建筑工业出版社，2001：96．

㉚ （清）于敏忠等．日下旧闻考．北京：北京古籍出版社，1983：428．

㉛ 刘秉忠（1216～1274年），今河北邢台人，初名侃，秉忠是忽必烈的赐名。他是元初政治舞台上的一个特殊人物，原来是一个"刀笔吏"，后来出家为僧，自号藏春散人。"博学多材艺"，经佛教临济宗领袖海云推荐，成为忽必烈的幕僚。由于他学问渊博，尤其精通《易经》及《邵氏经世书》，对天文、地理、历法等无不精通，因此深受忽必烈赏识。上都开平即是由他选择基址进行规划设计的。开平建成后，忽必烈又命刘秉忠营建大都。大都城的整个建造，都是在他"经画指授"下进行的。由于今日的古都北京肇始于元大都的规划建设，因此元大都的主要规划者刘秉忠可谓是古都北京的第一位规划师。

㉜ 负责督制北京城与紫禁城改建规划的是太宁侯陈珪，具体规划则由被誉为"才智过人、经划有条"的工部侍郎吴中负责。于倬云．紫禁城宫殿．北京：生活·读书·新知三联书店，2006：18．

㉝ 周维权．中国古典园林史（第二版）．北京：清华大学出版社，1999：336．

㉞ 在此之前，早在1932年林徽因即在中国营造学社汇刊（第三卷第一期）发表了题为"论中国建筑之几个特征"的论文，1934年的"绪论"一文则更为全面与深入。

㉟ 梁思成．梁思成全集（第四卷）．北京：中国建筑工业出版社，2001：7-15．

㊱ 梁思成．北京——都市计划的无比杰作//梁思成．梁思成全集（第五卷）．北京：中国建筑工业出版社，2001：101-113．

㊲ 梁思成．中国建筑史//梁思成．梁思成全集（第四卷）．北京：中国建筑工业出版社，2001：13-14．

㊳ 郑振铎．北平//姜德明．北京乎：1919－1949年现代作家笔下的北京．生活·读书·新知三联书店，2005：235-236．

㊴ 郁达夫．北平的四季//姜德明．北京乎：1919－1949年现代作家笔下的北京．生活·读书·新知三联书店，2005：287．

㊵ 老舍．想北平//姜德明．北京乎：1919－1949年现代作家笔下的北京．生活·读书·新知三联书店，2005：364．

㊶ 林语堂．京华烟云（上）．张振玉译．北京：作家出版社，1995：171．

㊷ 王南．传统北京城市设计的整体性原则．北京规划建设，2010.3：25-32．

北京古建筑

第二章 都城规划

北京都城规划分布图

① 元大都城垣遗址
② 明北京城墙遗址
③ 内城东南角楼
④ 正阳门城楼及箭楼
⑤ 德胜门箭楼
⑥ 明皇城城墙
⑦ 天安门
⑧ 钟鼓楼

（地图引自：中华人民共和国民政部编．中华人民共和国行政区划简册2014．北京：中国地图出版社，2014．）

"北京是在全盘的处理上才完整的表现出伟大的中华民族建筑的传统手法和在都市计划方面的智慧与气魄。

它所特具的优点主要就在它那具有计划性的城市的整体。那宏伟而庄严的布局，在处理空间和分配重点上创造出卓越的风格，同时也安排了合理而有秩序的街道系统，而不仅在它内部许多个别建筑物的丰富的历史意义与艺术的表现。所以我们首先必须认识到北京城部署骨干的卓越，北京建筑的整个体系是全世界保存得最完好，而且继续有传统的活力的、最特殊、最珍贵的艺术杰作。"

——梁思成《北京——都市计划的无比杰作》

今天我们所说的古都北京，主要指明清北京城（即今天北京二环路以内的部分），它最早奠基于元代的大都，在明代完成基本格局的规划建设，又在清代得以赓事增华，并在西北郊大兴苑囿，形成以"三山五园"为核心的园林群落，使得北京成为更具山水园林气息的都城，逐步走向古都北京建设的巅峰。

古都北京的规划设计取得了杰出的成就，梁思成曾经把北京誉为"都市计划的无比杰作"。这座举世闻名的古都同样曾经受到国外许多著名学者的礼赞：美国城市规划师埃德蒙·培根（Edmund N. Bacon）认为："北京可能是人类在地球上最伟大的单一作品。"[①] 丹麦著名学者拉斯姆森（Steen Eiler Rasmussen）则称"北京的整个城市，乃是世界一大奇观，它的布局和谐而明朗，是一个卓越的纪念物，一个伟大文明的顶峰。"[②]

本章对北京城规划的探讨，将重点讨论元大都、明北京的规划格局，明北京的城墙和南北中轴线以及对北京的规划设计起到重要作用的一系列标志性建筑。

第一节 元大都规划

在中国漫长的都城史中，元大都是最后一座不在以往旧城基础上改建而是平地规划建造的都城[③]，其规划建设不仅在规模上，同时在科学性、艺术性上均达到了当时全世界最先进的水平。正如傅熹年指出的："（元大都）是中国二千余年封建社会中最后一座按既定的规划平地创建的都城，面积近51平方公里，从规划的完整性和面积的弘大而言，在当时的世界上都是最突出的。"[④] 这样一座宏伟都城、国际大都会正是它的缔造者——元世祖忽必烈所明确期待的——忽必烈认为："大业甫定，国势方张，宫室城邑，非钜丽宏深，无以雄视八表。"[⑤]

元大都的规划建设并非一蹴而就，而是经历了二十余年的精心营建，大致可分作两大阶段：第一阶段是总体格局的形成，包括宫城城墙、大明殿、延春阁、太液池西岸的太子府、中书省等官署、太庙、大护国仁王寺、大圣寿万安寺、都城城墙、钟鼓楼、金水河等，大致完成于至元四年到二十二年（1267～1285年）；第二阶段是居民区的建设，此外还包括宫城中许多附属建筑以及社稷坛、通惠河等重要工程，时间为至元二十二年到三十一年（1285～1294年）。其中，至元十一年（1274年）建成宫城，十三年（1276年）建成大城，基本确立庙社官署位置，十四年（1277年）始建太庙，二十五年（1288年）分定街道坊门，二十七年（1290年）建社稷坛。

一、总体格局

元大都采取大城、皇城、宫城三重城垣环环相套的传统形制。其中大城城郭南北长约7600米，东西宽约6700米，周长28600米，总面积约50.9平方公里。若以元代1尺＝30.8厘米计，约合宽14.5里，深16.45里，周长61.9里，与史载元大都"方六十里"的数字大致吻合。

皇城位于大城南半部，宫城位于皇城中央偏东。像北魏洛阳以来的传统都城一样，元大都以宫城（亦称大内）的中轴线作为都城规划的主轴线。元大都的中轴线奠定了今天古都北京中轴线的基准，它的位置是选择积水潭（今什刹海）水面东侧的切线而确定下来的——于是从元大都规划设计的初始阶段就决定了北京中轴线是和自然水体相辅相成的，体现了都城规划与山水自然水乳交融的规划理念。大都中轴线南起大城正南门"丽正门"（位置在今天的天安门南侧），经千步廊御街直抵皇城正门"棂星门"，过金水河上的周桥到达宫城正门"崇天门"，经过大内的大明殿、延春阁建筑群，由宫城后门"厚载门"出，再穿过御苑，抵达皇城后门"厚载红门"，由此继续向北经过"万宁桥"，最终来到位于城市中央的"中心阁"（有学者认为就是今天鼓楼的位置）——这段中轴线与今天穿过紫禁城的南北中轴线的走向完全一致，全长约3.8公里。中心阁向西15步（约23米）处有一座"中心台"，是元大都建成后用于标识全城几何中心的标志物。

在中心阁、中心台以西是元大都的鼓楼，鼓楼之北为钟楼，二者南北相对，穿过钟鼓楼的南北向大街继续向北延伸直至元大都北城墙，构成城市北半部的中轴线（相当于今天旧鼓楼大街一线），长度同为3.8公里，因此元大都的中轴线实际上在中心阁和鼓楼之间出现了一次微妙的转折，原因尚不清楚。从元大都的复原图中可以看出，中心阁、鼓楼和钟楼三座楼阁呈"三足鼎立"之势，共同构成元大都城市中心的重要地标（图2-1-1）。

元大都规划设计的一大特点是刻意比附《周礼·考工记》中"匠人营国"的描述：

"匠人营国。方九里，旁三门。国中九经、九纬，经涂九轨。左祖右社，面朝后市。市朝一夫。"⑥

在规模上，周王城"方九里"的尺度早已不能满足元大都作为世界大都会的要求，故而按实际需求建成"方六十里"的城郭，与此相应，元大都的市、朝自然也大于"一夫"即一百亩之规模。"旁三门"基本实现，除了北面仅设二门以外，其余三面城墙均设三门。"九经九纬"在实际建设中略有改动，其中南北向主干道共九条，但东西向主干道仅六条，因此可谓"九经六纬"。再看"左祖右社"：元大都齐化门（今朝阳门位置）内建太庙，平则门（今阜成门位置）建社稷坛，左右大致对称，其中太庙建于至元十四年（1277年），社稷坛建于至元二十七年（1290年），因此所谓的"左祖右社"是都城营建过程中慢慢"补齐"的，不若后世明北京规划时是在整体规划中一气呵成建造的，且元大都的左祖右社远离大内，而明北京的左祖右社则在紫禁城正南面，二者的重要性显然要远大于元大都的祖社。最后是"面朝后市"：城市的主要市场位于漕运终点积水潭（海子）东岸的"斜街市"，而皇宫则位于太液池东侧，这样一方面形成了"面朝后市"的格局，同时也是因地制宜的规划设计，使得城市总体格局与已有水系完美结合，实现了人工与自然的交融。总体观之，元大都的规划其实是将对《周礼·考工记》的比附即所谓符合"礼制"与都城建设的实际需要即"实用"相结合的产物，是一方面继承都城规划传统，一方面因地制宜加以创造的结果。

二、城墙城门

元大都城墙全部用夯土筑成，基部宽24米，高16米，顶部宽8米。为了加固城墙，在夯土中使用了"永定柱"（竖柱）和"纴木"（横木）。城墙顶部中心顺城墙方向，设有半圆形瓦管用于排水。除此之外，大都的城墙还裹以芦苇，防止暴雨冲刷，据《析津志》载："世祖筑城已周，乃于文明门外向东五里，立苇场，收苇以蓑城。每岁收百万，以苇排编，自下砌上，恐致摧塌，累朝因之。"⑦

大都南城墙位于今天北京长安街一线，北墙位于今天北土城路南（遗迹尚存），东、西墙分别位于东、西二环路一线。其中，南墙西段在定基时"正直庆寿寺海云、可庵两师塔"，忽必烈特别下令"远三十步许环而筑之"。⑧为此，形状方正的元大都在南墙靠近庆寿寺双塔处出现一小段弧墙，并且由于保留了庆寿寺双塔，明北京城的皇城西南隅也独缺一角，可见元、明两代规划设计时都为这两座金元间古塔让路。可惜在20世纪50年代拓宽长安街时庆寿寺双塔均被拆除，北京长安街上失去了一道留

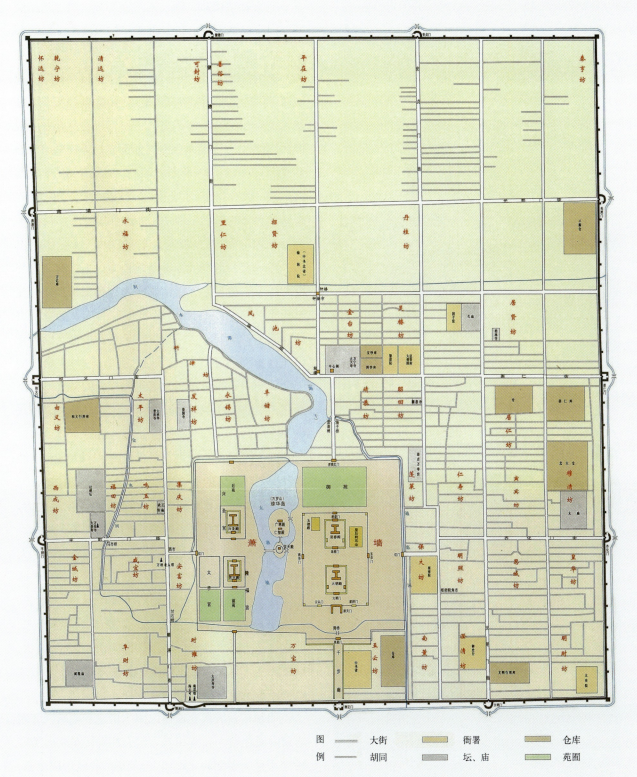

图 2-1-1 元大都平面图（图片来源：《北京旧城胡同现状与历史变迁调查研究》）

存了将近七百年的独特风景（图2-1-2）。

元大都城墙东、南、西三面均为三门，北面仅开二门——据学者分析是继承了汉魏洛阳以来的都城北墙正中不开门的传统。⑨东面三门为光熙门（今和平里东）、崇仁门（今东直门）、齐化门（今朝阳门）；南面三门为文明门（今东单南侧，又称哈达门，因"哈达大王府在门内，因名之"）、丽正门（今天安门南侧）、顺承门（今西单南侧）；西面三门为平则门（今阜成门）、和义门（今西直门）、肃清门（今学院南路西端，尚存遗址）；北面二门为健德门、安贞门。全城共设11座城门，时人诗云"憧憧十一门，车马如云烟"，⑩每日都有大量车马和行人从城门出入。1969年拆除明北京城墙的西直门箭楼时，意外地发现了"包裹"于其中的元大都和义门箭楼（元至正十八年，即公元1358年建）的下半部分，可惜时值十年浩劫，这座珍贵的元代箭楼也连同西直门一起被拆除了（图2-1-3、图2-1-4）。除了城门楼，元大都的城墙四角都建有巨大的角楼——今建国门南侧的古观象台原本即为元大都东南角楼（图2-1-5）。

元大都城门、城墙之壮丽给意大利人马可·波罗以深刻印象，他写道：

"此城之广袤，说如下方：周围有二十四哩，其形正方，由是每方各有六哩。环以土墙，墙根厚十步，然愈高愈削，墙头仅厚三步，遍筑女墙，女墙色白，墙高十步。全城有十二门（笔者注——此处马可波罗记忆明显有误），各门之上有一大宫，颇壮丽。四面各有三门五宫，盖每角亦各有一宫，壮丽相等。宫中有殿广大，其中贮藏守城者之兵杖。街道甚直，以此端可见彼端，盖其布置，使此门可由街道远望彼门也。"⑪

明初在元大都北城墙以南5里建新城墙（即明北京内城北墙，大致相当于元大都钟楼东西大街一线），于是元大都的北墙和东、西墙的北段均遭废弃，孰料正是这段废弃的土城得以留存至今，历时七百余载。明、清时期，元代土城遗迹上树木繁茂，景致不俗，竟而被定为"燕京八景"之一——"蓟门

图2-1-2　庆寿寺双塔（图片来源：清华大学建筑学院中国营造学社纪念馆）

图2-1-3　元大都和义门发掘照片（图片来源：《中国文物地图集·北京分册》）

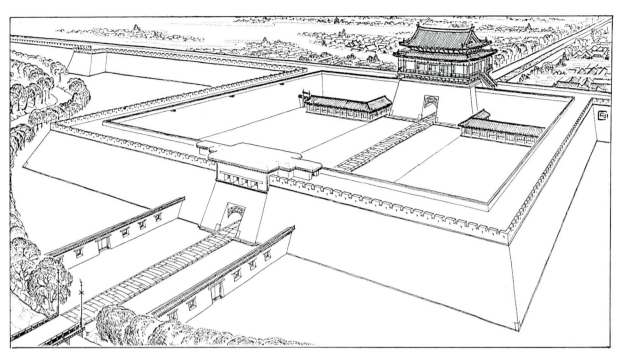

图 2-1-4 元大都和义门复原图(《傅熹年建筑史论文集》)

图 2-1-5 古观象台(原为元大都东南角楼)

图 2-1-6　蓟门烟树

烟树",乾隆帝更郑重其事地为其书写碑文。然而,正如前文所言,古蓟城位于今天广安门一带,元大都北土城遗迹与古蓟城相隔遥远,不可能是"蓟门",这应当是明清以后人们误将元代土城笼统当作古蓟城遗址所致,可谓一个"美丽的误会"。如今这段土城已被辟为"元大都城垣遗址公园",见证了北京城七百余年的沧桑变幻(图2-1-6)。

三、皇城宫苑

元大都皇城位于都城南部,周回约20里。皇城城墙称作"萧墙",俗称"红门阑马墙",墙外遍植参天大树,更添皇城之优美——元代诗人有"阑马墙临海子边,红葵高柳碧参天"[12]、"人间天上无多路,只隔红门别是春"[13]等诗句描绘皇城佳景。

皇城南门棂星门与大都南门丽正门之间是"T"字形的宫廷前广场,两侧是"千步廊",大型官署位于"千步廊"外侧。在元代以前,宫廷前广场一般位于宫城前方,金中都沿袭北宋汴梁规制,亦不例外。元大都将宫廷前广场推至皇城之前,大大增强了由都城正门丽正门至宫殿正门崇天门之间的空间纵深感,使得宫城和皇城有了更加充分的前导空间,进一步强化了"皇权至上"的规划设计主题,这是元大都规划设计的一大创新,也为明北京规划设计所沿用。

由皇城正门棂星门向北数十步,即达金水河,"河上建白石桥三座,名周桥,皆琢龙凤祥云,明莹如玉。桥下有四白石龙,擎戴水中,甚壮。绕桥尽高柳,郁郁万株,远与内城西宫海子相望"。[14] 周桥可看作是今天天安门外金水桥的前身,只不过后者的位置由宫城外推至皇城外。元代周桥周边栽种着"郁郁万株"高柳,为皇城一大美景,元代诗人有"禁柳青青白玉桥"之句。[15] 周桥的设计者杨琼是参与元大都建造的工匠中十分难得的留下姓名的一位。

过周桥约二百步,便是宫城正门崇天门(亦称午门)。皇城之内,以太液池为中心,以万岁山(即琼华岛)为制高点,环列三大建筑群,即宫城(亦称大内)、隆福宫(皇太子宫)和兴圣宫(皇太后居所)。

四、大内宫殿

元大都宫城又称大内,在皇城东部、太液池东岸,建于至元八年(1271年)到至元二十一年(1284年)。[16] 元代陶宗仪《南村辍耕录》[17] 载:"宫城周回九里三十步。东西四百八十步,南北六百十五步。"按照元代1步等于1.54米计算,元大都宫殿南北长约947米,东西宽约739米,占地70万平方米,与今天故宫紫禁城的规模大致相当(紫禁城南北约965米,东西约762米)。元大内南至今故宫太和殿前一线,北至今景山后墙一线,东西与紫禁城东西墙基本一致(图2-1-7)。

(一) 城墙城门

元大都宫城城墙高35尺(合10.78米),以砖包砌。共设六门,南墙有三门,中央是崇天门,约在今故宫太和殿址,左右是星拱门和云从门,东、

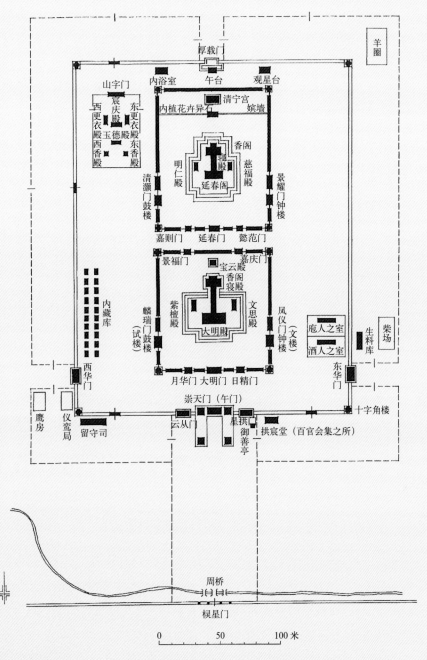

图 2-1-7 元大都宫城（大内）总平面图（图片来源：《中国古代建筑史》（第四卷：元、明建筑））

西墙有东华门、西华门，北墙有厚载门，位于今景山寿皇殿前。四隅有角楼。

《南村辍耕录》载崇天门"十一间，五门。东西一百八十七尺，深五十五尺，高八十五尺。左右挟楼二。挟楼登门两斜庑，十门。阙上两观皆三挟楼，连挟楼东西庑，各五间。"根据以上描述可知元大都宫殿正门平面呈"凹"字形，主体部分下开五座门洞，上部城楼面阔十一间，左右各有朵楼一座，与主城楼以斜廊相连，形式与北宋汴梁宫殿正门宣德门相似。东、西朵楼南侧各伸出阙楼，端头呈三座朵楼的形式，一如古制之三出阙，类似大明宫含元殿之造型。与今紫禁城午门相比，平面形状类似，但阙楼形式更加复杂，紫禁城午门的朵楼和阙均简化为攒尖重檐方亭（图 2-1-8）。从规模尺度上看，

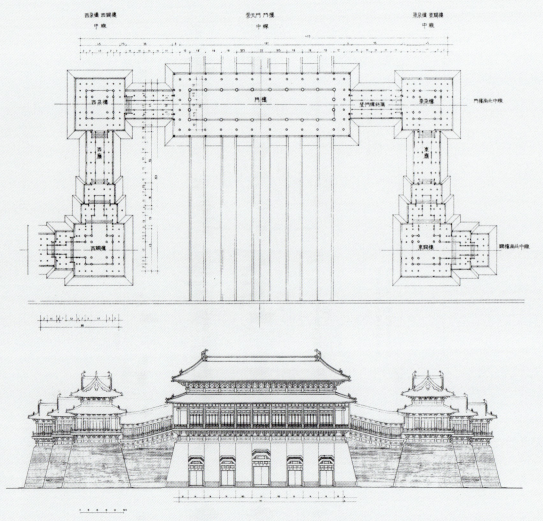

图 2-1-8 元大都宫城崇天门平、立面复原示意图（图片来源：《傅熹年建筑史论文集》）

崇天门高85尺，合26.18米，不及紫禁城午门（高37.8米）。其余东华、西华、厚载三门皆高80尺，合24.64米，也比紫禁城东华门、西华门、神武门（高31.59米）低矮。

城墙四隅有角楼，皆"三趓楼"，即一如崇天门双阙的三出阙形式。今天在山东泰安岱庙的角楼中还能看到这种三出阙式角楼的古老样式（图2-1-9）。

（二）大明殿

宫城内主要建筑分成南北两部分：南面以大明殿为主体，称大内前位，北面以延春阁为主体，称大内后位，两组建筑群各由正门、东西门、钟鼓楼、廊庑围成独立庭院。

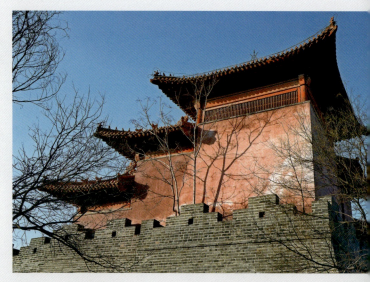

图 2-1-9 泰安岱庙角楼

大明殿相当于紫禁城太和殿，《南村辍耕录》载："（大明殿）乃登极正旦寿节会朝之正衙也，十一间，东西二百尺，深一百二十尺，高九十尺。柱廊七间，深二百四十尺，广四十四尺，高五十尺。寝室五间，东西夹六间，后连香阁三间，东西一百四十尺，深五十尺，高七十尺。"据以上描述，大明殿后有柱廊直通寝殿，大殿、柱廊、寝殿共同构成"工"字形布局，为两宋以来宫殿正殿的典型布局模式。寝殿两侧还有夹屋，后面出抱厦（元代称香阁）。大明殿四周绕以周庑120间，围合成南北略长的长方形庭院，四隅有角楼。东西庑中间偏南各建有钟楼（又称文楼）与鼓楼（又称武楼），北庑正中又建一殿，南面为正门大明门。大明殿整组建筑群成为宫城中一座"城中城"（图2-1-10）。

大明殿正殿面阔十一间，长200尺，高90尺，相当于通面阔61.6米，高27.72米，甚至略微超过清康熙时期重建的紫禁城太和殿（通面阔60.01米，高26.92米），足可想见元大都宫殿正殿之壮丽辉煌。

工字形的殿宇一同坐落于三重汉白玉台基之上，"殿基高可十尺，前为殿陛，纳为三级，绕置龙凤白石栏。栏下每楯压以鳌头，虚出栏外，四绕于殿。"其形制与紫禁城三重台类似，只是高度仅有10尺，合3.08米，远不及紫禁城三大殿台基的8.13米。加上大台基，大明殿距地30.8米，而太和殿距地35.02米，后者更胜一等。

大明殿的装饰也十分华美繁丽。《南村辍耕录》载大明殿："青石花础，白玉石圆碣，文石甃地，上藉重茵，丹楹金饰，龙绕其上。四面朱琐窗，藻井间金绘，饰燕石，重陛朱栏，涂金铜飞雕冒。中设七宝云龙御榻，白盖金缕褥，并设后位，诸王百寮怯薛官侍宴坐床，重列左右。"明萧洵《故宫遗录》则称："殿楹四向皆方柱，大可五六尺，饰以起花金云龙。楹下皆白石龙云花顶，高可四尺，楹上分间仰为鹿顶斗栱，攒顶中盘黄金双龙。"从文献记录中可知，大明殿比之今天紫禁城太和殿的装饰犹有过之，尤其是柱子和柱础，柱子为盘金云龙方柱，柱础亦为雕云龙的白石础。此外，殿内地面也甃以文石，大殿的台基绕以朱漆木勾栏，望柱顶上饰以镏金铜帽，上立飞雕之造型（带有浓郁草原风情）。相比之下，太和殿的丹楹、素面石础、须

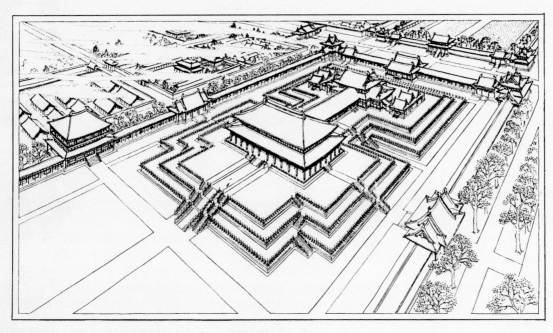

图2-1-10　元大都大明殿建筑群复原图（图片来源：《傅熹年建筑史论文集》）

弥座台基和金砖铺地要更加简约素雅，二者呈现出较大的差异，体现出了元、明两代宫殿不同的审美趣味。

（三）延春阁

北组宫殿以延春阁为主体，为后廷，平面布置、建筑形制与前朝基本一致："延春阁九间，东西一百五十尺，深九十尺，高一百尺，三檐重屋。柱廊七间，广四十五尺，深一百四十尺，高五十尺。寝殿七间，东西夹四间，后香阁一间。东西一百四十尺，深七十五尺，高如其深。"可知延春阁面阔150尺，合46.2米，进深90尺，合27.72米，高100尺，合30.8米，比大明殿还要高。元代统治者常常在这座楼阁举行佛事和道教的祠醮仪式，有时也在此举行宴会，可见延春阁是一座多功能的殿阁（图2-1-11）。宫城北门厚载门上也建有高阁，阁前更设舞台，以供帝王登临游赏及观看表演。

在大明殿、延春阁两组建筑群之间是一条宽广的东西横街，向东西延伸，通东华门与西华门，形成横亘宫殿的东西大道。除了位于宫城中轴线的主体建筑群大明殿及延春阁外，大内建筑还包括玉德殿（位于宫城西北）、十一宫、清宁殿、庖酒人之室、内藏库以及附属在大内周遭的仪鸾局、留守司、百官会集之所、鹰房、羊圈等。

元大都皇城内另建有隆福宫（原为太子东宫，后改作太后宫）和兴圣宫（为太后、嫔妃居所），分别位于太液池西岸之南、北两地，与大内宫殿隔太液池相望，大内北侧建有御苑。三宫和御苑环绕太液池布局的模式使得太液池具有更强的中心地位，太液池中央琼华岛上的制高点建广寒殿，成为整个皇城真正意义上的中心。这种环水布置的宫殿格局在中国历代都城中十分罕见，应当与蒙古人逐水草而居的生活习俗有关。

（四）汉蒙交融的装饰风格

元大都宫殿充分体现出了汉地传统与蒙古习俗的结合：其体现汉地传统的部分源于对金中都宫室传统的继承；同时广袤的皇城中又充斥着浓厚的蒙古族生活气息。除此之外，由于元大都是庞大的世界都会，因此宫殿建筑中甚至带有少量的异域风情。

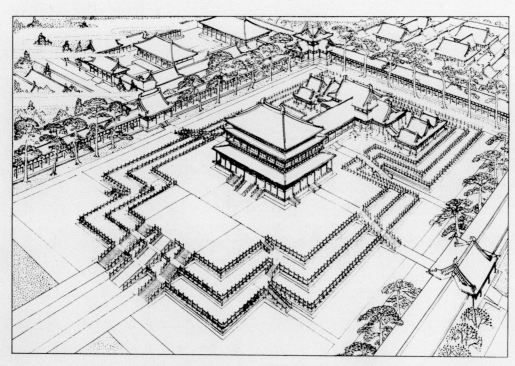

图2-1-11　元大都延春阁建筑群复原图（图片来源：《傅熹年建筑史论文集》）

1. 汉族传统

城墙、城门与中轴线上的重要建筑群鲜明地体现出了中国传统宫殿形制。《南村辍耕录》载："凡诸宫门，皆金铺、朱户、丹楹、藻绘、彤壁、琉璃瓦饰檐脊"；"凡诸宫周庑，并用丹楹、彤壁、藻绘、琉璃瓦饰檐脊"；"凡诸宫殿乘舆所临御者，皆丹楹、朱琐窗、间金藻绘……屋之檐脊皆饰琉璃瓦"。这样的色彩装饰风格与今天的紫禁城建筑群如出一辙，惟一区别在于琉璃瓦在元代还颇为珍贵，仅能作为屋脊和檐部的重要装饰（类似后世的"琉璃瓦剪边"做法），未能施于整个屋顶；至明清时期，由于琉璃烧制技术的巨大进步，琉璃瓦得以大量供应皇家营建，成为宫殿建筑最普遍的屋顶材料。

可以说，除了琉璃瓦不及紫禁城绚烂夺目之外，元大都宫殿的白石台基、栏杆、红柱、红墙、朱琐窗、装饰金箔的彩绘等，都可看作是紫禁城宫殿的先声。

2. 蒙古习俗

大内以及隆福宫、兴圣宫中也有很多蒙古习俗的反映。例如大内西北角玉德殿一组建筑群，独立成区，为正衙之便殿，以奉佛为主，平时亦兼听政。这与蒙古人较早接受佛教并在元代大力提倡有关。又如宫城东华门之北建有庖人之室与酒人之室，为专供殿上执事的庖人、酒人之居所。蒙古人保留了豪饮习俗，殿上执事的酒人有60人，其中20人负责酒，20人负责马乳，20人负责膳食。此外，鹰房、羊圈之类的设置也是典型的蒙古宫廷内容。

除了一些特殊功能布局之外，元大都的宫室，特别是内部装饰保留了大量蒙古建筑、装饰的特色。首先，在皇宫内严整庄重的汉式建筑群之外，还散布着一些纯蒙古式的帐幕建筑（包括在隆福宫和兴圣宫中），这些帐幕规模大，装饰豪华，称为"帐殿"、"幄殿"、"毡殿"（蒙古语称"斡耳朵"）。巍峨华丽的木构殿宇与各色帐篷交错分布于宫中，实在是元朝皇宫特有的蒙汉文化融合的奇异画卷。大都宫殿的另一大特色是室内装修：室内普遍铺厚地毯，用银鼠和黄猫的毛皮作壁障，锦绣作帘帷，黑貂皮作暖帐……总之凡属木结构显露部分一律用织造物遮盖起来。大明殿御榻前陈设酒瓮，"木质银裹漆瓮，一金云龙蛇绕之，高一丈七尺，贮酒可五十余石。"[18] 其他宫殿如广寒殿也设大型酒瓮（即今北海团城承光殿前之"渎山大玉海"），这是蒙古人豪饮习俗的另一重要表现。正殿大明殿中帝、后座位并列，皇后参与朝会，诸王、官员等也有侍宴坐床，其他殿宇也多有侍臣坐床。从某种意义上说，元大都宫殿中重要殿宇的外观是典型汉族形制的，而室内装修则更多体现了蒙古族的风格，可谓是"外汉内蒙"。

最堪注意的一个细节是大明殿的台基上种植了从沙漠移来的莎草——忽必烈特意如此安排以令子孙不忘其发源之地与创业之艰。明叶子奇撰《草木子》说："元世祖思创业艰难，（移）故所居之地青草，植于大内丹墀之前，谓之誓俭草。"[19]

3. 异域风情

由于蒙古军每次侵城掠地，即将该处工匠俘虏来为己所用，因而元大都宫殿建筑中甚至体现出诸多异域风情：在隆福宫与兴圣宫中出现了大量诸如"畏吾儿殿"、"棕毛殿"、"温石浴室"及"通用玻璃饰"的"水晶圆殿"等外域的建筑样式，是西域各族工匠的杰作。

特别意味深长的是：元代外朝大殿称大明殿，其正门称大明门，竟无意中"预示"了下一朝代的名称——清代学者孙承泽曾在其巨著《春明梦馀录》中感慨道："辽之正殿曰洪武，元之正殿曰大明，后之国号、年号先见于此，谁谓非定数也？"[20]

五、街巷胡同

白居易的诗句"万千家似围棋局，十二街如种菜畦"是中国古代城市"棋盘式"道路系统的生动写照，元大都和明北京（尤其是内城）的街道与胡同都沿袭了这一特点。明杨荣《皇都大一统赋》所说的"谿九达之通衢，罗万室之如栉"则是明北京城街道-胡同-四合院体系之形象描绘。古都北京的街巷系统经历了从唐幽州、辽南京的"里坊制"

到元大都的"街巷制"的变迁,其中金中都时期是从里坊制到街巷制的过渡时期。[21]

(一) 街道

马可·波罗笔下的元大都的街道景象是:

"街道甚直,以此端可见彼端,盖其布置,使此门可由街道远望彼门也。"[22]

元大都城的每个城门以内都有一条笔直的干道,有些城门之间或城门与城墙之间还加辟一条干道,这些干道纵横交错,连同沿城墙根的街道(所谓顺城街)在内,全城共有南北干道九条、东西干道六条,时人称"天衢肆宽广,九轨可并驰"。[23]其中,九条经街分别是南面三座城门和北面两座城门内的五条大街以及文明门与东城墙之间的大街、顺承门与西城墙之间的大街,还有东西城墙内的两条顺城街。六条纬街则是东西墙三座城门正对的三条大街加上南北两条顺城街,加上横穿钟楼的大街。

元大都的街道宽度有着统一的标准,据《析津志》中"街制"条载:"大街阔二十四步,小街阔十二步。"[24]按照元代1步=1.54米计,大街宽36.96米,小街宽18.48米——对于习惯了意大利中世纪城市的狭窄小街小巷的马可·波罗而言,元大都的街道实在是宽广之极。

都城中各主要街道皆有"对景"的精心设置:首先,各城门楼自然是大街的主要对景,即马可·波罗所言:"此门可由街道远望彼门也。"此外更有丽正门内中轴线御路北对皇城正门棂星门、周桥以及宫城正门崇天门,皇城北门厚载红门外大街北对万宁桥和中心阁,都城北部中轴线大街(今旧鼓楼大街一线)以钟楼、鼓楼为对景,崇仁门大街(今东直门内大街)西对中心阁,和义门大街(今西直门内大街)东对鼓楼,齐化门大街(今朝阳门内大街)西对大内延春阁建筑群,平则门大街(今阜成门内大街)东对大圣寿万安寺(今白塔寺)白塔及万岁山(即琼华岛)广寒殿等。这些大尺度、远距离的对景造就了元大都壮丽的街道景观,在当时世界上各大都市中当属首屈一指的奇观,并且这样的街道对景格局一直延续到明北京。

(二) 胡同

除大街、小街之外,《析津志》记载元大都还有"三百八十四火巷,二十九衖通。衖通二字本方言。"这里,火巷、衖通应该都是后世胡同的前身。

胡同为北京大量巷道的专有名称,可谓闻名遐迩。"胡同"一词的写法从元代到清代有很多种:衖通、火弄、火疃、火巷、火衖、胡洞、衚衕、衚衕(此为胡同之繁体)等,到明清之际,衚衕(胡同)一词最为流行。有学者认为胡同是蒙古语"水井"的音译,这就将胡同与"市井"联系起来了。胡同一词在元代已经大量见于记载,比如关汉卿的《单刀会》中有"杀出一条血胡同来"的词句。北京的胡同至今仍然保留着元大都时名称的有"砖塔胡同"——李好古的元杂剧《沙门岛张生煮海》中有"羊市角头砖塔儿胡同"一句,砖塔胡同的砖塔即建于金元间的万松老人塔。

元大都的胡同大都沿南北向街道(即所谓的"九经")的东西两侧平行排列,形成"鱼骨状"的道路网络,亦称"蜈蚣巷"(图2-1-12)。今天东四至北新桥、西四至新街口以及南、北锣鼓巷一带还

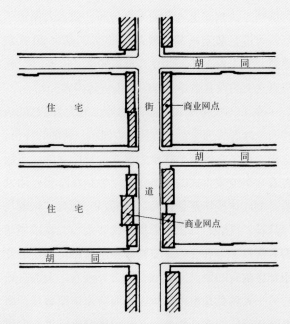

图2-1-12 元大都街道胡同示意图(图片来源:《中国古代城市规划史》)

图 2-1-13　南锣鼓巷街道胡同示意图（图片来源：据《北京旧城胡同现状与历史变迁调查研究》插图改绘）

保留了典型的元大都街巷-胡同格局（图2-1-13）。明清北京城的道路标准宽度逐渐被打破，许多自由生长的胡同不再局限于元代规划的规定，许多元大都的街道、胡同也随着城市的发展改变了原貌。

北京的街道-胡同体系即肇始于元大都：主次干道将元大都分为五十坊，这些坊均不建坊墙，而以干道为坊界。坊内之地段，沿南北向干道，开辟若干东西向的平行的胡同，成为居住区内部的道路——这样一方面住宅区可以取得南北朝向（非常适应北京的气候条件），另一方面，街道两侧可以布置各行各业的商业铺面以供住户的日常生活之需，胡同内则不再设商店，以保持宁静、安全的居住环境。元大都街道、胡同、民居规划设计的精华即在于"闹中取静"。正如老舍在《想北平》一文中指出的：

"北平在人为之中显现自然，几乎什么地方既不挤得慌，又不太僻静：最小的胡同里的房子也有树；最空旷的地方也离买卖街与住宅不远。这种分配法可以算——在我的经验中——天下第一了。北平的好处不在处处设备得完全，而在它处处有空儿，可以使人自由的喘气；不在有好些美丽的建筑，而在建筑的周围都有空闲的地方，使它们成为美景。每一个城楼，每一个牌楼，都可以从老远就看见。况且在街上还可以看见北山与西山呢！"㉕

与此极其类似的还有林语堂的描绘：

"北京的胡同和小巷。它们避开了宽敞的大路，但距离主要的街道又不算太远，为北京增添了不少的魅力。北京城宽展开阔，给人一种居住在乡间的错觉，特别是在那秀木繁荫的庭院，在那鸟雀啾啾的清晨，这种感觉更加强烈。和繁忙的大道不同，胡同纵横交错，彼此相通，有时也会出其不意地把我们引到某座幽深静谧的古刹。"㉖

这些描写正是元大都街巷胡同规划设计的生动写照。而元大都规划打下的"根基"直到民国时期甚至今天尚在发挥其"优越性"。

元大都的街道绿化也相当可观：政府命令城中居民在街道两旁植树，从元人的诗句中可见一斑——"文明街上千株柳，尽是都人手种成"㉗，"今年五月燕山路，夹道槐阴不知暑"，"九衢荡荡绿槐风"，"都门辇路花万株"，"都门四十里青青"……㉘从中可以看出元大都主要街道植有槐、柳等树木，夹以花木，景观优美。

除了由于规划设计巧妙带来的方便、舒适、宜人等合理功能之外，元大都的街区规划也带来了视觉上充满秩序感的"形式美"——马可·波罗曾盛赞大都街道、府第之"美善并存"：

"各大街两旁，皆有种种商店屋舍。全城中划地为方形，划线整齐，建筑房舍。每方足以建筑大屋，连同庭院园圃而有余。以方地赐各部落首领，每首领各有其赐地。方地周围皆是美丽道路，行人由斯往来。全城地面规划有如棋盘，其美善之极，未可言宣。"㉙

第二节　明北京规划

一、总体格局

明北京的规划是在对元大都进行改建的基础之上形成的。永乐时期的内城与嘉靖时期修建的外城共同形成了明北京独特的"凸"字形城郭，并且为清代所继承（图2-2-1），内城之内又有皇城和宫城（即紫禁城），形成四重城垣相套的格局。明北京城以"凸"字形城墙为轮廓，以紫禁城和皇城为核心，以南北中轴线为骨架，有条不紊地规划部署各类城市功能于中轴线的东、西两侧。

其中主要坛庙均匀分布在中轴线两侧（少量在城郭以外），包括紫禁城南侧的"左祖右社"（太庙和社稷坛），外城永定门内东西侧的天坛和山川坛（清代改称先农坛），朝阳门外日坛和阜成门外月坛，安定门外地坛，东城孔庙和西城历代帝王庙，形成了庞大而严谨的祭祀建筑系统。

中央各部衙署均匀布局在皇城前"T"字形宫廷前广场东、西两侧，地方衙署则重点布置在东、西城。

主要的园林包括皇家的西苑、景山，分别位于紫禁城的西侧和北侧；清代则进一步将西北郊海淀一带建成一座园林之城。民间的什刹海、泡子河、金鱼池、陶然亭等分别为内外城提供了公共园林风景区。

宗教建筑如寺观则较为均匀地分布在内外城中，几乎每条胡同之中都至少有一座庙宇。在郊外则集中分布在西山、燕山一带。

以上粗略勾勒了北京的规划格局，下面将重点论述明清北京的城墙、中轴线、街道、胡同和重要标志性建筑。

二、城墙城门

在清代广为流行的京剧《梅龙镇》中，借剧中人物正德皇帝之口将北京城说成是"大圈圈里边有个小圈圈，小圈圈里面有个皇圈圈"。㉚ 这个比喻生动形象地道出了北京城"墙套墙"的规划设计结构（图2-2-2）。瑞典美术史家喜仁龙在他于20世纪20年代完成的《北京的城墙和城门》一书中写道：

"可以说，正是那一道道、一重重的墙垣，组成了每一座中国城市的骨架或结构。……墙垣比其他任何建筑更能反映中国居民点的共同基本特征。……中文里，'城市'和'城墙'这两个概念都是用'城'这同一个词来表示，因为在中国不存在不带城墙的城市。"㉛

这段话进一步揭示了中国古代城市的重要特征，即以封闭、围合的城墙作为最基本的外部形象。北京自西周建城伊始，历经三千余年，虽然城址几经变迁，然而可以肯定一直都有完整的城墙存在，其中辽、金、元、明、清时期的城垣位置都有较准确的考证。历代城墙之中，对于当代人而言，名气最大、讨论最多的非明北京城墙莫属。明北京的内城城墙、皇城城墙、紫禁城城墙共同构成了京戏《梅龙镇》里正德皇帝说的大圈圈、小圈

图例 —— 大街 　衙署、仓库 　坛、庙
　　　—— 胡同 　王府　　　　苑囿

图 2-2-1　明北京平面图（图片来源：《北京旧城胡同现状与历史变迁调查研究》）

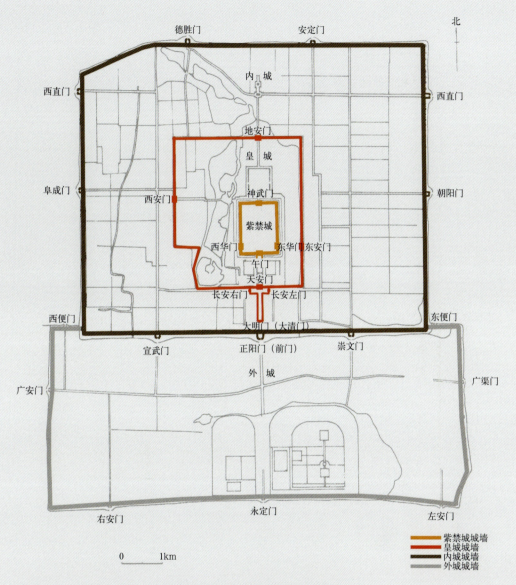

图 2-2-2 北京城墙与城门示意图（图片来源：《中国古代城市规划史》插图改绘）

圈和皇圈圈。这样环环相套、宫城居中的规划部署，是出于古人"古之王者择天下之中而立国，择国之中而立宫"（《吕氏春秋·慎势》）的"择中"观念，它是中国古代都城规划中最古老、最恒定的传统之一——北京自建都以来，金、元、明、清各朝都奉行不悖。

下面我们依次来看北京城的大圈圈、小圈圈和皇圈圈。

对于明清北京城而言，城墙是其最主要象征之一，不论是从西、北面的群山，还是从东、南面的平原，都可以清晰地望见连绵横亘的完整的城墙和城墙上有节奏地分布着的巍峨的城楼与厚实的墩台——这是古都北京给人的最鲜明的整体意象。林语堂生动地描摹了民国时期由西山遥望北京城墙的壮丽景象：

"站在西山卧佛寺或碧云寺，人们得以鸟瞰这一辉煌的城市。五里长厚重的灰墙清晰可见，若在晴天，远处门楼看起来如同灰色大斑点。惊人的大片绿色呈现于闪烁的金黄色殿脊间，那就是远处的太液池。"[32]

（一）城墙

据瑞典美术史家喜仁龙的《北京的城墙和城门》[33]一书记载，明北京内城城墙总体来说是高 10～12 米、厚十几二十米的敦实墙体，呈现出雄浑的体量感（图 2-2-3）。外城城墙则比内城低矮一些，高度在 6～7 米左右，厚度达十一二米（图 2-2-4）。[34] 城墙采取夯土墙外表包砌城砖，城砖层层叠砌，随着墙面收分状如阶梯。城墙的外壁出于防御需要比城墙内壁要陡峻得多，因此，城墙从城外看来更加雄浑有力。城墙外壁每隔一定距离，附筑一座与城墙同样厚的方形墩台（亦称马面），以增强防御能力——数目众多的墩台构成了极其鲜明的"韵律感"。城墙顶部以大砖海墁，内侧边缘筑女墙，外侧边缘筑垛口（古人称作"雉堞"）。喜

图 2-2-3　20 世纪 20 年代阜成门附近城墙（图片来源：The walls and gates of Peking researches and impressions）

图 2-2-4　20 世纪 20 年代外城西南角城墙与角楼（图片来源：The walls and gates of Peking researches and impressions）

仁龙描述道：

"光秃的砖包城墙，与附筑其上的墩台和城楼，耸立于城壕之上，或崛起于一片没有树木和高大建筑物遮拦而能纵目远眺的旷野之中，它们往往比任何其他房屋和庙宇更能反映出这些城市历史上的繁荣和显要。"[35]

（二）城门

整个明北京城墙最引人瞩目的部分是其"内九外七"的城门与城楼。《康熙南巡图》（第十二卷）中对正阳门的城楼、箭楼、瓮城以及城中的关帝庙建筑群都有细致入微的描绘，为我们了解北京内城城门的基本"配置"提供了最佳的形象资料（图2-2-5）。

内城九门分别为南面的正阳门、崇文门、宣武门，东面的朝阳门、东直门，西面的阜成门、西直门和北面的安定门、德胜门，九座城门基本形制都一样，由城楼、箭楼与瓮城组成，仅尺寸与细部略有差异（图2-2-6～图2-2-14）。

北京内城各门的城楼均建于由城墙加厚、加高形成的城台之上，城台中央是砖砌的券门一道，即城门洞。城楼为巨大的三檐二层木结构楼阁（首层单檐、二层重檐歇山顶，亦称"三滴水"），高20

图 2-2-5 《康熙南巡图》中的正阳门（图片来源：《清代宫廷绘画》）

图 2-2-6 20世纪20年代的正阳门（图片来源：清华大学建筑学院中国营造学社纪念馆）

米左右，加上下面 10 余米的城台，通高 30 余米，十分雄伟壮观。色彩主要是朱红色调：墙面涂以朱红色的抹灰，门窗和立柱皆漆为红色，梁枋、斗栱施蓝绿为主调的彩画，平坐滴珠板有时施以金色装饰，屋顶则采用灰瓦顶及绿琉璃瓦剪边——今天的正阳门城楼是北京城楼中规模最为宏大并且硕果仅存的一座。

与城楼华丽的外形相比，箭楼则朴素得多，二者形成鲜明对照。箭楼为单层重檐歇山顶建筑，内部为木结构，外包厚厚的砖墙。朝向城楼的方向出歇山顶抱厦一座，因而平面呈"凸"字形。正对城外及两侧的墙面开设排列齐整的箭窗——整个箭楼外观厚重坚固，十分简洁有力。

瓮城大部分平面为"U"字形（因而亦称作"月城"），也有个别城门的瓮城为方形，如西直门。瓮城侧面开设瓮城门，门洞上方常设一座谯楼（亦称闸楼，形状如一座小型箭楼），单层歇山顶，立面设两排箭窗，内设"千斤闸"。谯楼只比垛口略高，几乎隐没在垛墙与女墙之间，不太显眼，同时也反衬出城楼与箭楼的高大壮伟。瓮城规模很大，可达 60～80 米见方，俨然是一座宽敞的"庭院"。瓮城

图 2-2-7 崇文门城楼（图片来源：清华大学建筑学院中国营造学社纪念馆）

图 2-2-8 宣武门城楼（图片来源：清华大学建筑学院中国营造学社纪念馆）

图 2-2-9 朝阳门箭楼（图片来源：清华大学建筑学院中国营造学社纪念馆）

图 2-2-10 东直门城楼（图片来源：清华大学建筑学院中国营造学社纪念馆）

图 2-2-13 安定门箭楼（图片来源：清华大学建筑学院中国营造学社纪念馆）

图 2-2-11 阜成门城楼（图片来源：清华大学建筑学院中国营造学社纪念馆）

图 2-2-14 德胜门箭楼侧影（图片来源：清华大学建筑学院中国营造学社纪念馆）

图 2-2-12 20 世纪 20 年代西直门全景（图片来源：The walls and gates of Peking researches and impressions）

内，于城门洞两侧往往设有关帝庙、观音庙、真武庙等寺院。㊱ 寺庙、古树、碑刻以及一些小的商铺共同构成瓮城内宜人的景致。我们来看喜仁龙笔下的正阳门及西直门瓮城：

"前门建筑群中最漂亮的建筑，是正门两侧的两座黄顶小庙。东为观音庙，西为关帝庙，……院内，黄顶白碑，树木参差，灰墙环绕，环境怡人……"㊲

"（西直门）瓮城很大，是一个吸引人的地方。确实，它令人想起摊棚星布、车水马龙的集市。后部如同平则门一样，主要被煤栈所占，而自正门向南折向侧墙瓮门的道路两旁，则是陶器商贩一堆堆的商品和货棚……东北部被一段专门的墙隔开，里面是一处环境优雅的寺院，内有几间屋、几株美丽的树和一座精心培植的花园。院内的关帝庙……庙内椿树、桧树参天，绿荫匝地，使这里的环境即使盛夏亦觉凉爽怡人，而与瓮城嚣扰的主区判若霄壤。"㊳

外城城门共七座，包括南面永定门、左安门、右安门，东面广渠门，西面广安门，北面东便门和西便门（图2-2-15～图2-2-21）外城城门比内城规模小得多，其平面布局和样式与内城相同，不过在结构和装饰细部上大为简化。城楼一般高5米左右，加上6米左右的城墙，通高十一二米，与外城一两层高的商铺、会馆、民居尺度相融洽，构成和谐的整体。喜仁龙就曾指出：

图2-2-16 左安门瓮城（图片来源：《北京老城门》）

图2-2-17 右安门城楼（图片来源：清华大学建筑学院中国营造学社纪念馆）

图2-2-15 永定门侧影（图片来源：《北京老城门》）

图2-2-18 广安门箭楼（图片来源：清华大学建筑学院中国营造学社纪念馆）

图 2-2-19 广渠门瓮城（图片来源：《北京老城门》）

图 2-2-20 东便门箭楼（图片来源：清华大学建筑学院中国营造学社纪念馆）

图 2-2-21 西便门城楼（图片来源：清华大学建筑学院中国营造学社纪念馆）

"外城门虽然形体较小，但是应当承认，在大多数情况下，这非但不损害反而增强了城门建筑群和谐一致的效果，较小的城楼和城墙与周围街道景物的联系也显得更密切、更融洽。从绘画观点来看，与小城门交织起来的景物风光，总是比以大城门为主体的画面更和谐。"

这不得不让我们佩服这位美术史家的独到眼光。

此外，内、外城四角均设有角楼。角楼造型即以两座箭楼垂直相交而成，既有箭楼的雄浑质朴，又因屋檐交错而多了几分灵动之气（图 2-2-22）。

（三）护城河

明北京城墙之外还设有护城河。护城河宽窄深浅不一，宽可至 50 米，窄处仅 3～5 米。从护城

图 2-2-22 20 世纪 20 年代外城角楼（图片来源：The walls and gates of Peking researches and impressions）

河旧影中我们可以发现朝阳门和东直门之间的护城河两岸柳枝拂扬，河中白鸭成群，现出一派生机；而前三门（即正阳门、崇文门和宣武门）外的护城河更是宽阔无比，一派江南水乡的气息（图2-2-23、图2-2-24）。[39]

综观这作为古都北京象征的城墙，其实浓缩了北京城市与建筑美学的精髓——不论是水平绵亘的城墙对高峻挺拔的城楼的烘托，或是华丽的城楼与质朴的箭楼的对比，又或是优美的护城河景色与壮美的城门城楼的融合，还有大面积灰色调对红、金、蓝、绿色彩的陪衬，此外还包括内城的宏伟与外城的小巧，瓮城中市集的热闹与寺庙的静谧……可以说，北京城市与建筑的大部分美感特征在这"凸"字形的城墙上都可以欣赏到。可以毫不夸张地说：北京的城墙就是整座北京城的一个"缩影"，也是北京城市美的一个典范。特别值得一提的是，北京城墙的大气之处就在于它的"一气呵成"的气魄，它的16座城门、8座角楼的"大同小异"——正是这看似单调的安排，反而使得北京城墙具有了庄重沉雄的性格（很难想象要是十余座城楼各有各的造型、姿态将是怎样一副容颜），这不也正是北京城的性格吗？

城墙与城门历来是中国古代城市的象征，古代"城"一词即指城墙，也可以指代整座城市。同时，城墙和城门记载了中国古代城市的历史。以北京城墙为例，经喜仁龙考察，北京城墙的城砖一段一段衔接起来，各段的修筑年代、质量和做法均有不同，很多城墙的年代可以根据镶嵌在墙上的兴工题记碑来确定，因而正如喜仁龙所形容的，北京的城墙是"一部土石作成的史书，内容一直在不断更新和补充，直接或间接地反映自其诞生以来直到清末的北京兴衰变迁史"，"在围绕北京长达十四哩的砖砌长幅画卷中，记录了几百年的变化和人类的辛勤劳作"。[40]

可惜在20世纪50～70年代，很多人却不能欣赏北京城墙在历史和艺术上的巨大价值，无法体会到北京城墙的雄浑大气之美，仅仅将其视为毫无价值的古代防御工事（甚至是封建社会的残余和象征），并最终毫不留情地将其毁去，代之以地铁和环城公路（即今天的北京二环路）。[41] 明北京内外城所有城楼、箭楼和角楼加起来共有40座之多，而今天硕果仅存的只有4座，分别是正阳门城楼和箭楼（图2-2-25～图2-2-27）、德胜门箭楼（图2-2-28）、东南角楼（图2-2-29、图2-2-30），

图2-2-23　20世纪20年代东直门护城河景致（图片来源：The walls and gates of Peking researches and impressions）

图2-2-24　前门西侧城墙与护城河，远处为前门与箭楼——城墙、城楼、护城河共同构成迷人的画面（图片来源：《北京老城门》）

图 2-2-25　正阳门城楼与箭楼

图 2-2-26　正阳门城楼

仅仅为总数的 1/10；明北京城墙全长约 40 公里，今天所剩不足 2 公里，还不到全长的 1/20，实在令人痛惜！㊷

三、皇城

明清北京城的皇城占地约 6.8 平方公里，约为北京城面积的 1/10。东西约 2500 米，南北约 2800 米，周长约 11 公里。皇城之内明代为皇家禁地，民不得入；清代除紫禁城、西苑、景山以及一些重要坛庙、庙宇、衙署和仓厂之外，余皆成为民宅。清康熙时期内廷绘制的《皇城宫殿衙署图》细致入微地刻画了清北京皇城的布局（图 2-2-31）。㊸

（一）城墙、玉河

皇城城墙高约 6 米，为红墙黄琉璃瓦顶，与北京内、外城可以上兵马的厚实城墙不同，皇城墙更类似建筑群的围墙（图 2-2-32）。

皇城的红墙与玉河（亦称御河、御沟）共同构成了明北京城如诗如画的风景，成为许多诗人吟咏的对象，如明代马祖常《玉河》诗称：

"御沟春水晓潺湲，直似长虹曲似环。流入宫墙才咫尺，便分天上与人间。"

图 2-2-27 正阳门箭楼

图 2-2-28 德胜门箭楼

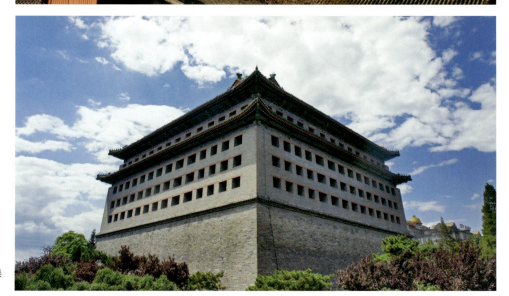

图 2-2-29 内城东南角楼外侧

图2-2-30 内城东南角楼内侧

《日下旧闻考》载：

"皇城内河流四面环绕，其由地安门西步梁桥流入者，经景山西门引入，环紫禁城，是为护城河。护城河西面之水，自紫禁城西南隅流经天安门外金水桥，东南注御河，是为外金水河。又西阙门下有地沟，引城河水经午门前至东阙门外，循太庙右垣南流，折而东注太庙戟门外筒子河，东南合御河，此系乾隆二十五年奉谕新开水道。至其由地安门东步梁桥流入者，经东安门内望恩桥流注御河，又别为一道也。"[44]

（二）城门

明、清两代的文献对于皇城大门的定义略有不同：明代皇城包含天安门前的"T"字形宫廷广场，整个皇城共设六门，分别为大明门（清代改称大清门）、长安左门、长安右门、东安门、西安门、北安门（清代改称地安门）；清代皇城则不含天安门前广场，皇城设四门，为天安门、东安门、西安门、地安门。[45] 据《明史》（卷六八）记载："皇城内宫城外，凡十有二门：曰东上门、东上北门、东上南门、东中门、西上门、西上北门、西上南门、西中门、北上门、北上东门、北上西门、北中门"。

以下简要介绍清代所定义的皇城四门，附带讨论天安门前"T"字形宫廷广场的三门。

1. 天安门

天安门是北京皇城正门，始建于明永乐十五年（1417年），原名"承天门"，取"承天启运"、"受命于天"之意，于明天顺元年（1457年）被焚，明成化元年（1465年）重建。清朝定鼎之初仍沿用明旧称，于顺治八年（1651年）重建后改称"天安门"。

明清两代，凡国家有大庆典（如皇帝登基、册立皇后等）均在天安门举行"颁诏"仪式：在城台上正中设立"宣诏台"，用木雕的金凤衔诏书以滑车系下（明代是用龙头竿以彩绳系下），由礼部官员托着"朵云"盘承受，放入"龙亭"内抬至礼部，用黄纸誊写，分送各地，称"金凤颁诏"（图2-2-33）。

天安门为皇城四门中形制最高者，下有城台，上有城楼。

城台底面东西宽118.91米，南北深40.25米，占地约4800平方米，两侧与皇城南墙相连。城台

图 2-2-31 康熙时期北京皇城图（图片来源：清华大学建筑学院中国营造学社纪念馆）

图 2-2-32　皇城城墙

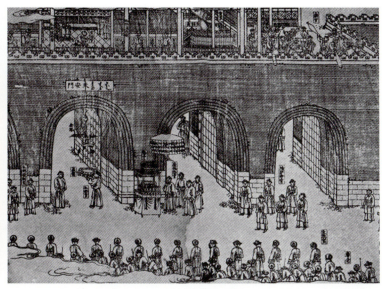
图 2-2-33　"金凤颁诏"图（图片来源：《唐土名胜图会》）

图 2-2-34　民国时期的天安门（图片来源：《长安街：过去·现在·未来》）

设五道券门，中央为御路门，御路门两侧为王公门，最外侧为品级门。御路门宽 5.25 米，东王公门宽 4.45 米，西王公门宽 4.43 米，东品级门宽 3.77 米，西品级门宽 3.83 米，举行大型礼仪活动时，帝王、王公及官员分别对应不同的券门进出。城台北侧两端有马道可以登台。城台立面分为三段，下为 1.59 米高的石须弥座，中段为红墙，顶部为 1.14 米高的灰色女墙，上覆黄琉璃瓦的墙帽。城台墙面有明显收分，台顶距地面 12.3 米。⁴⁶

天安门城楼面阔九间，进深五间，重檐歇山黄琉璃瓦顶。城楼高 22.08 米，约为城台高度的两倍——城楼与城台共同形成一纵一横的平衡构图，总体壮丽和谐（图 2-2-34、图 2-2-35）。

天安门南侧有外金水河蜿蜒而过，与故宫内太和门前的内金水河遥相呼应。河上跨五座汉白玉石桥，分别与城台上五座券门相对，为御路桥、王公桥和品级桥。在太庙（今劳动人民文化宫）和社稷坛（今中山公园）南门前还各有石桥一座，为乾隆

图 2-2-35　天安门现状

图 2-2-36　端门

年间建成的公生桥。此外，天安门内外还立有华表四座，其中门内的一对坐南朝北称"望君出"，门外的一对坐北朝南称"望君归"。[47] 除华表之外，金水桥内、外还各有石狮一对。华表、石狮、金水桥共同形成了天安门城楼前庄严肃穆的前奏。天安门内是与天安门形制完全一致的端门（图 2-2-36），端门内则是紫禁城的正门——午门。

1900 年"八国联军"入侵时天安门受到极大破坏。此后，天安门见证了中国近代史上的许多重大事件，如 1919 年的"五四运动"，1926 年的"三·一八"惨案，1935 年的"一二·九"运动……1949 年 10 月 1 日中华人民共和国开国大典在天安门及天安门广场举行，这使得天安门成了首都北京最重要的象征。此后，天安门的正立面形象又被清华大学营建系梁思成领导下的国徽设计小组设计在国徽的正中，这就进一步强化了天安门作为新中国象征的含义。现在，天安门城楼上原先悬挂"天安门"匾额的位置被一枚巨大的国徽所取代——天安门作为中华人民共和国的象征被放在国徽上，国徽又悬挂在天安门上，这是一个具有典型象征意义的景象。1949～1970年间，天安门经历了多次修缮，在城台上加设了毛主席像和两幅标语"中华人民共和国万岁"、"世界人民大团结万岁"。1970年的修缮工程规模较大，为落架重修，为了安装国徽，抬高了上层檐部的高度，因此天安门城楼比原状升高了87厘米。现在城台东西两侧加建电梯间，出城台处设计为两座卷棚顶小殿。城楼内部按照1949年10月1日开国大典时的情景布置：西尽间有董希文的巨幅油画《开国大典》。

2. 地安门、东安门与西安门

除天安门外，皇城其余三门——东安、西安、地安三门形制完全相同，都是面阔七间、单檐黄琉璃瓦歇山顶的单层门殿，中央三开间辟作大门，边上各留两间值房，远不及天安门宏伟高大（图2-2-37）。

3. 大明门、长安左门与长安右门

明清两代，天安门前是"T"字形的宫廷广场，古人称"御街"，占地11公顷，即今天著名的天安门广场的前身（图2-2-38）。宫廷广场以红墙（与皇城墙一样）围拢，东西向横街两端分别为长安左门、长安右门，其外即东西长安街；南北向是中轴线上纵深悠长的千步廊御街（两侧的千步廊外分布着各部官署），御街南端是大明门，大明门以南巍峨耸立的城楼即正阳门城楼。宫廷广场与皇城连成一体，是皇城、紫禁城的前奏。千步廊为大明门两侧东西两排共144间连檐通脊的朝房，在长安街处分别向东西方向延伸，在千步廊中兵部和吏部选拔官吏，礼部审阅会试试卷，刑部举行"秋审"和"朝审"。明代在千步廊两侧的宫墙之外，集中布置了大量重要衙署，东侧有宗人府、吏部、户部、礼部、兵部、工部以及鸿胪寺、钦天监等，西侧为五军都督府和太常寺、锦衣卫等——这样就将中央机关与皇城连成一体，以烘托"皇权至上"的规划设计理念。

图2-2-37 地安门（图片来源：《明清北京城垣和城门》）

图 2-2-38 民国时期的天安门前宫廷广场俯瞰（图片来源：《长安街：过去·现在·未来》）

图 2-2-39 中华门（图片来源：《北京老城门》）

大明门清代改称"大清门"，民国时期又改名"中华门"（图 2-2-39）。关于大明门、大清门、中华门之变迁，有个非常有趣的传说：话说民国成立之初，政府欲将清朝遗留下来的"大清门"改名"中华门"，于是准备换一块新的匾额。这时有个聪明的官员建议：新政府刚刚成立，百废待兴，不如节约一点，将"大清门"匾额的背面写上"中华门"即可使用，这个建议有点类似我们今天倡导的复印纸双面打印，大家纷纷表示赞同。等到将"大清门"匾额翻过来一看，上面竟赫然写着"大明门"三个大字……这当然属于民间杜撰，然而却使得我们对于大明门、大清门和中华门的历史变迁印象深刻。后来中华门在 1959 年扩建天安门广场时拆除，今天毛主席纪念堂的位置就是当年大明门、大清门、中华门的位置。

图 2-2-40 长安右门（图片来源：清华大学建筑学院中国营造学社纪念馆）

大明门、长安左门、长安右门形制基本相同，皆为单檐歇山顶、下设三道券门的砖砌门楼，红墙金瓦，并不高大，但端庄凝重。三者共同烘托出天安门城楼的宏伟壮丽（图 2-2-40）。清乾隆十九年

(1754年），又在长安左、右门外加设东、西三座门及围墙。东、西三座门形制比长安左、右门更简陋一些——后来不少人将长安左、右门误称作三座门，实际上东、西三座门比长安左、右更加靠外（图2-2-41）。

大明门外与正阳门之间的空间被称作棋盘街，实际上为一处约略为正方形的深广数百步的小广场，周以石栏，因形似棋盘而得名，位于棋盘中部的正是中轴线御街，恰似棋盘上的"楚河汉界"。棋盘街在明代为北京最繁华的街市之一，称"朝前市"（图2-2-42）。

民国时期对皇城进行了改造，皇城城墙被陆续拆除：除南墙及西墙少部分以外，东、西、北三面城墙几乎被全部拆除，仅留下东安、西安和地安三座城门，南墙在南长街、南池子辟出两座券门。同时用拆下的城砖修砌玉河的沟渠，并改明沟为暗渠，上辟马路，即今天的南、北河沿大街。上述改造固然大大改善了北京内城的交通，然而皇城城墙的拆除、玉河的填平却使得北京皇城极富代表性的"红墙黄瓦玉河柳"的优美景象消失殆尽——这是民国时期北京"近代化"的一大代价。20世纪50年代又陆续拆除了东安、西安和地安三门以及位于长安街两侧的长安左门、长安右门和东、西三座门——于是今天皇城城门仅余天安门可供人们瞻仰。⑱

四、中轴线

北京城的中轴线举世闻名。梁思成曾经在《祖国的建筑》（1954年）一文中创造性地把北京中轴线所体现的城市、建筑群空间之美与中国传统绘画中的长卷之美相提并论：

"我们试将中国的建筑和绘画在布局上的特征和欧洲的作一个比较。我觉得西方的建筑就好像西方的画一样，画面很完整，但是一览无遗，一看就完了，比较平淡。中国的建筑设计，和中国的画卷，

图2-2-41　东三座门（远处对景为长安左门）（图片来源：《城记》）

图2-2-42　《皇都积胜图》中的"朝前市"景象（图片来源：《中国国家博物馆馆藏文物研究丛书·绘画卷（风俗画）》）

特别是很长的手卷很相像：用一步步发展的手法，把你由开头领到一个最高峰，然后再慢慢地收尾，比较的有层次，而且趣味深长。北京城这条中轴线把你由永定门领到了前门和五牌楼，是一个高峰。过桥入城，到了中华门，远望天安门，一长条白石板的'天街'，止在天安门前五道桥前，又是一个高峰。然后进入皇城，过端门到达了午门前面的广场。到了这里就到了又一个高峰。……进入午门又是广场，隔着金水河白石桥就望见了太和门。这里是另一个高峰的序幕。过了太和门就到达一个最高峰——太和殿。这可以说是这幅长'手卷'的中心部分。由此向北过了乾清宫逐渐收场，到钦安殿、神武门和景山而渐近结束。在鼓楼和钟楼的尾声中，就是'画卷'的终了。"⁴⁹

今天北京中轴线上的城市空间发生了很大变化：永定门拆除后又重建（瓮城、箭楼尚未恢复）；前门大街也经历了大规模改建；正阳门在民国初年的改造中拆除了瓮城，箭楼的装饰细部也被修改过；正阳门与天安门之间变化最大，拆除了原来的"T"字形宫廷广场及两侧的各部衙署，代之以占地约50万平方米的天安门广场；天安门以内、紫禁城、景山到钟鼓楼一线则相对保持了较多的原貌——可以说，北京中轴线从天安门往南已经发生了巨大的改

变，今天的我们很难想象明清北京城皇城迤南的中轴线景象。

难能可贵的是，藏于故宫博物院的《康熙南巡图》⁵⁰的第一卷和第十二卷分别描绘了康熙帝玄烨第二次南巡时"出警"与"入跸"（即出发与回京）的场面，尤其是第十二卷，完整地绘制了玄烨南巡归来的壮阔图景，画卷从左至右由永定门直至紫禁城太和殿。这幅高67.8厘米、长2612.5厘米的"巨型长卷"不仅让我们清晰地领略到了清康熙年间北京中轴线上的大部分城市、建筑群景观，更生动地展现了中轴线上举行重大礼仪活动的壮观场面以及丰富多彩的清代北京日常生活场景。

仔细分析《康熙南巡图》第十二卷所显示的北京中轴线建筑布局与空间构成，可以从左到右（即由南至北）分作四段，即永定门大街、前门大街、宫廷前区和紫禁城外朝，各段形成迥然不同的空间特色（图 2-2-43）。

（一）永定门大街

第一段由外城正门——永定门至天桥⁵¹（图 2-2-44），即永定门大街，此段由漫长的御街与两侧的祭坛（天坛与先农坛）构成肃穆、荒僻的空间，景观以御街两侧的坛墙、树木为主，正阳门及五牌楼遥遥在望，可谓是中轴线的"序幕"。

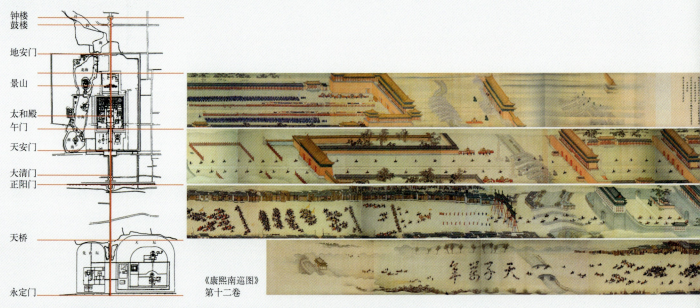

图 2-2-43　《康熙南巡图》展现的北京中轴线空间序列示意图（图片来源：据《清代宫廷绘画》图改绘）

图 2-2-44 《康熙南巡图》中的天桥（图片来源：《清代宫廷绘画》）

图 2-2-45 前门大街与五牌楼，画中坐在八抬大轿上者为康熙皇帝（图片来源：《清代宫廷绘画》）

永定门往北，隐约可见大街西侧靠近城门的一组建筑群，应当是城门附近的一些商铺、民居及寺观（乾隆《京城全图》上有观音庵、永寿庵、佑圣寺等）。大街东侧树丛之中隐约露出一段蓝色攒尖屋顶及金色宝顶，显然是天坛大享殿（乾隆十六年即1751年更名祈年殿）的象征。

（二）前门大街

第二段由天桥至正阳门，即正阳门大街（俗称前门大街），这是整条轴线上最热闹的一段——清代北京城最繁华的商业街。南巡归来的浩浩荡荡的队伍也主要集中在这一段画面之中，康熙皇帝则被安排在鲜艳夺目的"五牌楼"之前（图2-2-45）。

画面的背景由前门大街鳞次栉比的商铺及民居组成，雄伟壮丽的正阳门成为该段的一个小高潮。画面中前门大街两侧的商铺都大门紧闭，不过这仅仅是皇帝御驾经过时的情形，平日则是一派繁华气象。画面中一个有趣的片断透露出了这一带浓厚的商业气息：五牌楼西南面与前门大街仅仅一街之隔的"珠宝市"街上，商肆照常营业，车马穿梭其间，一派珠光宝气、生意兴隆的景象。因而这段空间在整个轴线上算是一个热闹的"展开部"。

画家对前门大街建筑群进行了精心刻画，尤其是大街西侧的铺面，描摹得一丝不苟，细致入微。不仅整条大街"棚房比栉"的整体意象得以生动描绘，画面中的铺面建筑也可谓是种类丰富、样式齐全——清末民初北京铺面的许多类型，画中都已具备（图 2-2-46、图 2-2-47）。

牌楼式铺面：此类铺面为北京商铺中最为铺张者，也最具有标志性，铺面之前竖起高大的牌楼，并且牌楼立柱直冲云霄，称作"冲天牌楼"，其造型本身即是商铺最佳的"广告"；牌楼的檐下可以悬挂商铺的匾额，还可由立柱挑出"挑头"以悬挂招牌、幌子之类。财力稍逊一筹的铺面，则以牌坊代替牌楼（即立柱间不施屋檐与斗栱），将店名直接写在牌坊的"华板"之上。

拍子式铺面：在两坡顶的商铺之前再加出一段平顶铺面，称作"拍子"，从结构上看，犹如一段平顶的外廊。在"拍子"的平屋顶外檐，往往设有栏杆，上面标识商铺的字号；栏杆下面是"挂檐板"，往往施以精美的雕刻。

重楼铺面：清末的繁华街市，往往设有二层（乃至三四层）的铺面，称为重楼铺面。

此外，画中还有大量最简单的铺面房，其形式即为沿街普通平房，与住宅不同之处在于外檐装修更加开放、通透，往往使用内檐装修采用的隔扇，必要的时候可以拆卸使铺面全部开敞。

画面对于前门大街两侧的主要街道、胡同也有详细的交待，其中珠市口、大栅栏及鲜鱼口都清晰可辨。一个值得注意的细节是：由于御驾经过，每个街口、胡同口都以栅栏门封锁起来——这使我们得以清晰见到清代北京胡同口设置的栅栏门。今天著名的"大栅栏"商业街便是由街口的大栅栏门而得名（图 2-2-48）。

前门大街尽端是北京最著名的街市牌楼——"五牌楼"：其实仅为单独一座牌楼，面阔五间，气魄宏大，故称"五牌楼"。正阳门为内城九门之首，五牌楼自然也就成为京城牌楼之冠。由五牌楼往北是一座汉白玉大石桥——正阳桥，画面中入跸的队伍由桥中央御道浩浩荡荡驰进京师正门——正阳门。

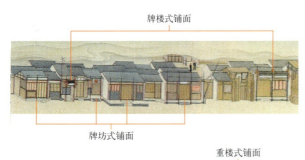

图 2-2-46 《康熙南巡图》中的前门大街铺面（图片来源：据《清代宫廷绘画》图改绘）

图 2-2-47 民国时期的铺面——左为牌楼式，中为牌坊式，右为拍子式（图片来源：《梁思成全集》第六卷）

相比前门大街商铺略嫌程式化的画风，正阳门建筑群的刻画则极尽写实之能事——城楼、箭楼、闸楼、瓮城及城中庙宇皆历历在目，各建筑物的屋顶、梁柱、斗栱、门窗乃至装饰、细部、质地、色彩全都细致入微，堪称中国古代绘画中对于城楼建筑最为逼真的描绘。其中，位于城楼西侧脚下、小巧可爱的关帝庙极富趣味（关帝庙东侧的观音庙则以一株大树作为暗示），成为正阳门的一个"点睛之笔"。画中关帝庙为两进院落，主殿三间歇山顶，各殿及山门皆红墙灰瓦，尺度小巧玲珑，山门前更有香炉一尊及精美的木影壁一座。在民国初年的照片之中尚能见到完全一样的寺庙格局，只是那座木影壁早已不知去向（图2-2-49）。

（三）宫廷前区

第三段由正阳门至午门，为宫廷前区。

正阳门内的大清门为黄瓦红墙的单层门楼，设三座拱形门洞，与高大的正阳门城楼形成强烈的对比。二者之间是朱漆栏杆围成的棋盘街，明清一直的"朝前市"之所在。进入大清门后，画面主色调由灰色转为红、黄相映，经由漫长的"天街"和重重门阙直抵午门，尽是一派肃杀的气氛。其中大清门与皇城正门天安门之间是红墙环绕的"T"字形宫廷广场，东西两侧分列各部官署。中央御街两侧是"千步廊"，据《日下旧闻考》载："大清门之内，千步廊东西向，各百有十间，又折而北向各三十四间，皆联檐通脊"；"凡吏兵两部月选官掣签，刑部秋审，礼部乡会试磨勘，俱集于廊房之左右。廊房之外，东为户部米仓，西为工部木仓。"㊿ 值得一提的是，画卷中出现了一个极其显著的错误：本应朝向御街的千步廊被画成了背对御街，朝向宫廷前广场两侧的红墙。从正阳门直至太和殿，一系列建筑物都刻画得极为写实和精确，唯独千步廊与近世照片中所见的景象大相径庭，而且长廊背对御街也十分不合情理，这个错误究竟基于何种原因——是为了画面构图的艺术需要还是康熙年间千步廊的确如此或者根本是画家的疏忽所致——还有待进一步详考（图2-2-50）。

天安门、端门及午门之间形成两座狭长的广庭，东西两侧为太庙、社稷坛（即左祖右社）。其中天

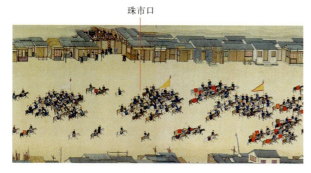

图2-2-48 《康熙南巡图》中的珠市口

图2-2-49 民国时期的正阳门——瓮城已拆除，关帝庙与观音庙尚在（图片来源：清华大学建筑学院中国营造学社纪念馆）

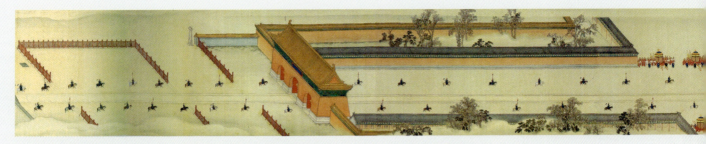

图 2-2-50 《康熙南巡图》中的大清门及千步廊（图片来源：《清代宫廷绘画》）

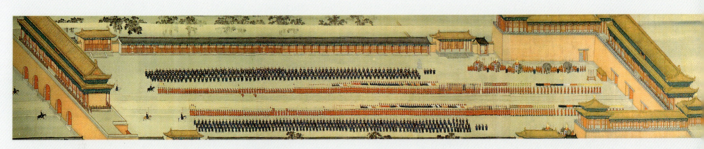

图 2-2-51 《康熙南巡图》午门前卤簿（图片来源：《清代宫廷绘画》）

图 2-2-52 民国时期中华门棋盘街俯瞰（图片来源：Baukunst und Landschaft China）

安门与端门之间东西庑各 26 间，东庑正中为太庙街门，西庑正中为社稷街门。端门和午门之间，东为庙右门，西有阙左门。靠近午门双阙处，东有阙左门，西有阙右门。阙左门东侧有太庙西北门，阙右门西侧有社稷东北门（图 2-2-51）。

整段空间由三座宫廷前广场及两侧的衙署、坛庙组成，庄严端丽，与此前热闹的前门大街形成鲜明的对比，可谓一个庄严的"发展部"。不论各部衙署还是左祖右社，其大门均朝向中央御街，呈拱卫之势（图 2-2-52、图 2-2-53）。

（四）紫禁城外朝

第四段是整个轴线的"高潮"——由午门直至太和殿，是紫禁城外朝的主要部分。从午门进入太和门广场，空间豁然开朗，高峻巍峨的午门与平缓舒展的太和门形成纵横体量的对比，正如在前一段中正阳门-大清门-天安门所形成的高低起伏的变化。穿过太和门，最终抵达太和殿广场，广场的绝对尺寸超过太和门广场，同时主体建筑太和殿由三重汉白玉台基高高托起，最精彩之处在于，画面中太和殿处在云雾缭绕之中，仅仅微露峥嵘，以示"瑞气郁葱，庆云四合"（此图卷首文字）之意，愈发显得崇高而神秘。整幅画卷到此宣告结束。这幅宏大画卷，清晰地展示了北京中轴线由南到北，从序幕、发展（包括一动一静两段）直至高潮的空间序列，充分体现了梁思成所谓的中国传统城市与建筑群的"画卷美"。

（五）紫禁城内廷、景山及钟鼓楼

美中不足的是画卷停止在太和殿，其北面尚有中和殿、保和殿、后三宫、御花园、景山、皇城北门地安门以及鼓楼、钟楼等重要建筑群，共同构成中轴线空间序列的"尾声"。当代画家笔下的民国北

图 2-2-53　20 世纪初从正阳门北望内城全景（图片来源：徐苹芳《论北京旧城街道的规划及其保护》）

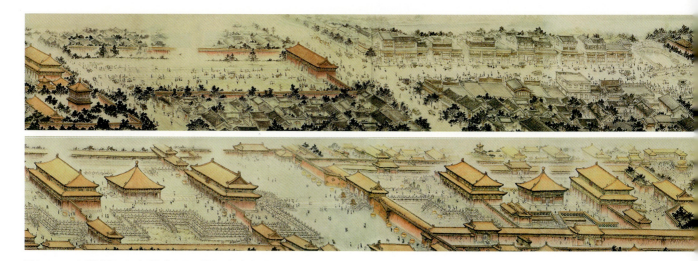

图 2-2-54　《天衢丹阙》图卷所绘太和殿至钟楼景象（图片来源：《天衢丹阙》）

平长卷《天衢丹阙》弥补了《康熙南巡图》的遗憾——尽管民国年间的城市景观与清代相比有了较大改变，然而从中我们还是可以一窥《康熙南巡图》中未曾交待的太和殿至钟楼的壮美景色（图 2-2-54）。

综上可见，北京城将近 8 公里长的中轴线，构筑了由序幕、发展、高潮和尾声组成的完整空间序列，正如一曲宏大瑰丽的交响乐，而《康熙南巡图》这类的壮伟画卷也的确是展现北京中轴线空间美感的最佳途径。

此外，通过这幅长卷我们可以概括出北京中轴线城市设计上的一个重要特色，即轴线上主体建筑群的变化多端与轴线两侧附属建筑群的千篇一律——画面中的中轴线上，从南到北设置了永定门、天桥、五牌楼、正阳桥、正阳门箭楼与城楼、大清门、外金水桥、天安门、端门、午门、内金水桥、太和门、太和殿等一系列建筑群，它们在规模、形制、造型、空间、色彩等方面都充满变化，尤其是正阳门到太和殿一段，建筑高低起伏，空间伸缩收放，形成极其波澜壮阔的序列；反观中轴线两侧，先是两大祭坛一成不变的坛墙，继而是连绵不断的商业铺面（虽然也颇富变化，但由于铺面的尺度、材料、色彩极为接近，整体上十分统一），接着是千篇一律的千步廊以及皇城、紫禁城内的东西朝房、配殿，一直延伸到太和殿。

这条城市设计上的重要规律即梁思成曾经总结的"千篇一律与千变万化的统一"。[53] 就北京中轴线整体而言，设计的要点在于轴线上重点建筑的"千变万化"与轴线两侧附属建筑的"千篇一律"。具体以前门大街的街景为例，我们发现：永定门和正阳门（包括五牌楼）这两个"对景"至关重要，而

大街两侧的"界面"——坛墙也好，店铺也罢——则可以相对简单一些，这样反而有助于形成连续而统一的街景。老北京的其他大街也贯穿了前门大街的设计原则，分别以城门或牌楼为主要对景，两侧建筑则相对简单而统一。

明北京中轴线由上述段落构成序幕、开端、发展、高潮和尾声，正如一阙宏丽的交响乐或一幕跌宕起伏的戏剧，实在是中国乃至世界城市史上不可多得的杰作。之所以说北京中轴线是世界城市史上的杰作，并非溢美之词。我们不妨把北京中轴线与西方著名首都巴黎、华盛顿之中轴线作一番简要比较（图2-2-55）。巴黎中轴线形成于1836年，其空间序列由最东端的卢佛尔宫起，经杜勒里花园、协和广场、香榭丽舍大街，最终抵达凯旋门，全长3.63公里。[54] 华盛顿中轴线规划于1791年，与巴黎中轴线规模相当，由东端国会大厦，经大草坪、方尖碑、倒影池，最终结束于林肯纪念堂，全长3.63公里。北京的中轴线早在16世纪中叶业已成形，与18、19世纪形成的西方城市最壮观的中轴线相比毫不逊色，甚至犹有过之，因而名副其实是世界城市史上的奇迹（图2-2-56）！

五、街道胡同

（一）街道

明北京内城的街道与胡同均是在元大都的基础上改建而成的：明北京弃用元大都北部，元大都崇仁门（明北京东直门）、和义门（明北京西直门）以南主要街道均得以保留。此外，明北京又将元大都南墙拆除，在该位置改建皇城南面的东、西长安街，分别与崇文门内大街、宣武门内大街相交

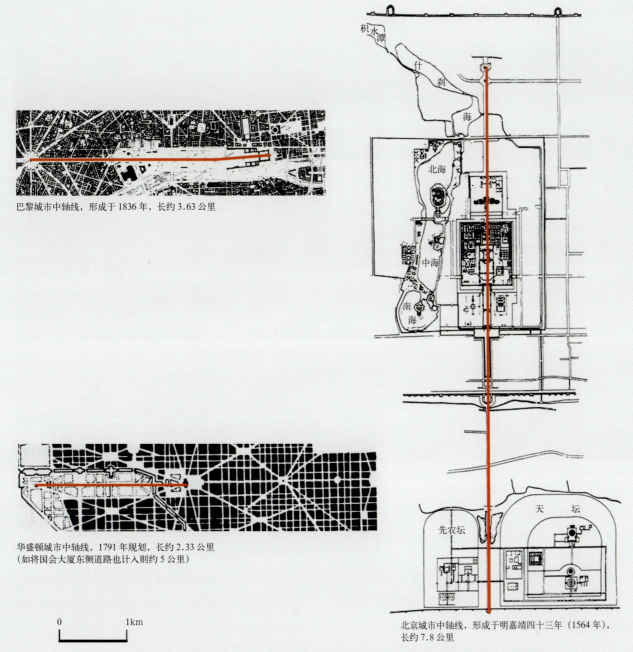

巴黎城市中轴线，形成于1836年，长约3.63公里

华盛顿城市中轴线，1791年规划，长约2.33公里
（如将国会大厦东侧道路也计入则约5公里）

0　　1km

北京城市中轴线，形成于明嘉靖四十三年（1564年），
长约7.8公里

图2-2-55　北京、巴黎、华盛顿中轴线同比例尺比较图（图片来源：据《世界城市史》、《城市形态》和《北京旧城与菊儿胡同》插图改绘）

于东单、西单路口（明清北京的东单、西单路口均为"丁"字路口）。由于东、西长安街上的长安左门、长安右门将皇城前的"T"字形宫廷广场封闭了起来，因此东、西长安街并不起沟通城市东西交通的作用。明北京内城道路系统以崇文门、宣武门内的南北向大街为最主要的骨架，辅以安定门、德胜门内的南北大街。东西向街道主要有东直门内大街（以鼓楼为"对景"）、西直门内大街、朝阳门内大街（与东四大街交于"东四"路口⑤，以景山为"对景"）、阜成门内大街（与西四大街交于"西四"路口，正对北海琼华岛与景山）、地安门北大街（今平安大街）、东安门大街、西安门大街以及东、西江米巷（今东、西交民巷）等。在以上大街的基础上，沿着各南北向干道或街巷，向东西方向伸展出数以千计的

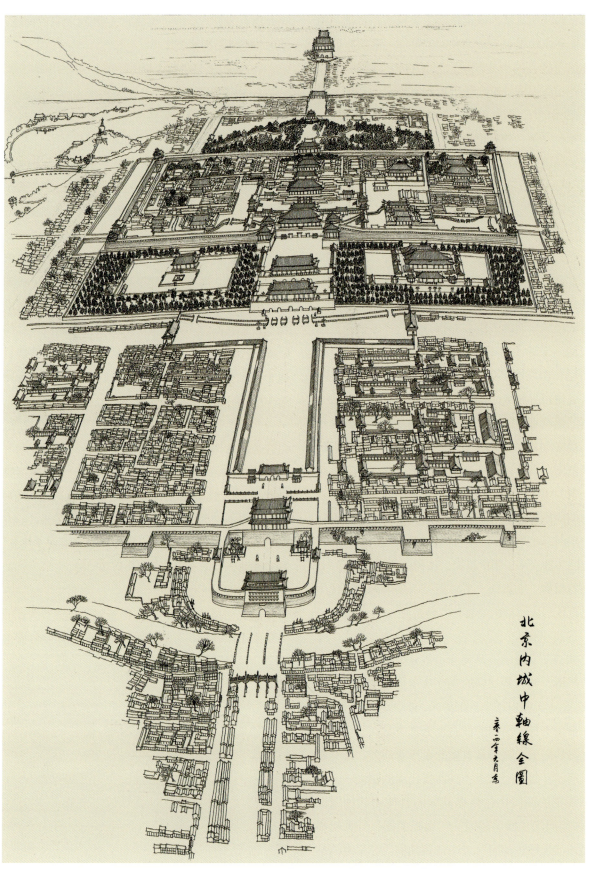

图 2-2-56 北京内城中轴线全图

胡同，构成明北京内城道路的主要模式。当然，内城的街巷系统里也不乏南北向的胡同，甚至有许多并非横平竖直的街巷胡同，包括斜街、斜胡同等，例如什刹海周围就有大量因地制宜形成的斜街，包括鼓楼西大街、烟袋斜街、白米斜街等。

相比之下，外城由于缺乏统一的规划，其道路系统呈现出更加显著的自由生长的形态：中轴线上正阳门与永定门之间南北一贯的大街为外城道路系统的中轴线；广安门与广渠门之间则以一条蜿蜒迤逦、时宽时窄的东西向街道相连，构成外城的东西主干道。除了上述一纵一横的主街以外，另有崇文门、宣武门外大街向南与东西向主街相交成"丁"字路口。以上街道组成外城街巷系统的主要骨架，比内城经纬分明的大街要曲折得多，许多大街宽度也与胡同无异。由于缺乏系统的规划，加上天坛、山川坛北面坛墙呈弧形，外城许多地方地势低洼，积水成湖沼、池塘，再加上元大都与金中都故城之间本已逐渐形成的大量斜街……诸多因素的共同作用，最终形成了明北京外城极不规则的道路系统。尽管正阳门大街西侧、崇文门大街两侧（尤其是花市一带）也不乏一些规则的东西向胡同，但南北走向的胡同比比皆是，更有大量的街巷、胡同不再局限于东西南北走向，极度自由。外城中称作"斜街"的道路为数众多：樱桃斜街、铁树斜街、棕树斜街、杨梅竹斜街、上斜街、下斜街……整个街道系统体现出自发形成、自由生长的"有机感"。

（二）胡同

明清北京城的道路尺寸不似元大都初始规划时那么严格，尤其是胡同的宽度从不足1米（如钱市胡同，位于大栅栏珠宝市街路西，最窄处仅40厘米）到十余米不等，胡同的形态也更加丰富，呈现出千姿百态的局面：除了最典型的东西向胡同，还有南北向胡同、斜胡同以至一些曲折迂回的胡同——这些不规则的胡同往往依据胡同的具体形状被冠以"弓弦胡同"、"抄手胡同"、"扁担胡同"、"大拐棒胡同"、"大秤钩胡同"、"小口袋胡同"、"X道湾胡同"（如七道湾、八道湾、九道湾等）等形象的名称，此外还有为数不少的"死胡同"。相比北京的街道，胡同的空间更加多姿多彩。

（三）街道与胡同之对比

1. 街道繁华之美

传统北京街道的美感特征在于街道和店铺尺度宜人，并且往往设置有优美的街道对景。

首先，北京传统街道的尺度十分宜人：内外城主要街道宽度在20~30米之间，次要街道在10~20米（元大都规划时大街约36米，小街约18米，但到明清北京时道路宽度都略有减小）。

其次，商业建筑的尺度也十分小巧：街道两侧商铺以1~2层为主，建筑高度大致为：拍子式铺面高约3米，单层两坡铺面檐口高度与拍子式铺面相当，正脊高约5~6米；二层重楼铺面檐口高约6米，正脊高约8~9米（少量3层以上的重楼可达十余米），牌楼或牌坊式铺面的冲天牌楼高度可达10余米。

另外，传统北京的街道十分注意对景的设置，尤其是以雄伟高大的城楼或华丽悦目的牌楼作为对景：市街牌楼高约13米，城楼高约34~42米（钟鼓楼更高：鼓楼45米，钟楼47米）。这些牌楼、城楼一方面作为街道对景丰富了街道的美感，一方面由于大大高于两侧铺面，成为街道的视觉"焦点"和主要地标（图2-2-57、图2-2-58）。

2. 胡同宁静之韵

由北京城热闹繁华的大街转到分布在其两侧的一条条小胡同里，人们瞬间即进入一处处幽静安逸

图2-2-57　1880年前后的前门大街（图片来源：《城市及其周边——旧日中国影像》）

图 2-2-58 宣武门外大街（图片来源：《北京老城门》）

图 2-2-59 西四北四条胡同

图 2-2-60 草厂二条

的四合院住宅区。将胡同与街道相对比，更容易凸显二者的设计特色。从空间形态上，二者呈现出鲜明的宽与窄、虚与实、艳与素、垂直与水平、平直与曲折等多方面的对比，从而在整体上体现出街市繁华之美与胡同宁静之韵的强烈对比。

宽与窄：相对于街道，胡同则窄得多，更具封闭、围合感。据王彬《北京胡同的空间形态》一文统计：内城东四一带胡同（三条至九条）平均宽度 7.8 米（图 2-2-59）；内城西四一带胡同平均宽度 4.8 米；外城鲜鱼口草厂一带胡同平均宽度 4.14 米（图 2-2-60）；外城大栅栏一带胡同平均宽度 3.2 米。足见内城东四一带胡同最为宽阔，也最长，西四一带就要窄许多、短许多，外城胡同比之内城更短、更窄，并且大部分胡同宽度在 3～5 米之间。胡同两侧一般都是平房，檐口高度约为 3 米，外城由于商业繁盛，用地紧张，一些极窄的胡同却建两三层的铺面，则显得较为促狭。总体来看，北京的胡同有着十分近人的尺度，比大多数街道更为亲切宜人。

虚与实：传统街道的铺面建筑临街完全开敞，并且将住宅等建筑的室内隔扇置于外檐柱间，可以根据需要完全卸下。因此，街道（尤其是商业街）与胡同立面形象的最大区别在于一虚一实，街道立面以玲珑剔透的铺面构成，而胡同立面则以大面积灰墙间以少量大门、高窗构成。

艳与素：在色彩构成上，街道铺面建筑以红色、褐色木装修为主色调，辅以青绿色彩为主的彩绘，局部甚至以金箔点缀；而胡同则是"青瓦灰墙映朱门"，以大面积的青灰色为主调，点缀以少量鲜艳色彩。前者艳丽，后者朴素，从而也给人带来一闹一静的心理感受。

垂直与水平：由于铺面建筑的开间多为三间，高度多为二层，加上大量使用冲天牌楼、悬挂招幌，因而总体上形成垂直方向的韵律。与之形成对比的是，胡同往往以水平方向上绵延的四合院的灰墙作为立面，只有四合院的大门打断这一水平方向上的延续，因而胡同的立面呈现出为强烈的水平韵律。

图 2-2-61　帽儿胡同北立面图（1∶200）（图片来源：王南及人民大学艺术学院景观建筑系 2006 级学生测绘）

图 2-2-62　宣南粉房琉璃街西立面图（1∶100）（图片来源：王南、唐恒鲁、王斐、孙广懿测绘）

平直与曲折：相比平直的大街小街，尽管北京胡同也有不少直而长的胡同（如东四、西四一带的胡同），但更多的胡同呈现为较为曲折的形态。与通衢大道相比，小胡同更加富于曲径通幽的韵味。

这样，传统北京胡同的封闭、灰色以及水平的形态与街道的开敞、红色以及垂直的形态从空间形态上也体现了静与闹的对比。胡同以其与街道"繁华之美"畔然有别的空间意象呈现出独有的"宁静之韵"（图 2-2-61、图 2-2-62）。

六、重要地标

明清北京城规划设计了一系列的地标建筑，除了前面提到过的"内九外七皇城四"的城门楼之外，北京城还安排了一系列局部的"亮点"，为整个北京的城市设计"画龙点睛"，令人回味无穷。

（一）景山万春亭

明清北京最重要的景观建筑与观景建筑非景山万春亭莫属。景山位于紫禁城北面，为明清北京内城的几何中心。景山是利用挖掘紫禁城筒子河的泥土人工堆筑而成，呈五峰东西并列之势：中峰最高（约 49 米），两侧诸峰高度依次递减。明代景山（当时称万岁山）中峰之顶设石雕御座，两株古松覆荫其上有如华盖，为重阳节皇帝登高之所在。乾隆十六年（1751 年）于此立万春亭——从此斯亭成为一处绝佳的城市景观和观景点。

首先，万春亭位居景山之巅、内城的中心，加之形制特殊——四方亭、三重檐黄琉璃瓦攒尖顶，为全北京城建筑之中屋顶最为独特者，其顶部距山下地面 62 米，成为北京"城市中心"的重要象征。值得一提的是，景山五峰之巅各建一亭，两侧的四座小亭极好地烘托了万春亭的中心地位：最外侧二亭为圆亭，屋顶用蓝琉璃瓦灰剪边；中间二亭为八角亭，屋顶用黄琉璃瓦绿剪边；万春亭在四亭的拱卫之下尤为高峻挺拔（图 2-2-63）。

更重要的是，万春亭成了体验北京城市之壮伟、

图 2-2-63　民国时期白塔望景山万春亭（图片来源：《洋镜头里的老北京》）

山川之明媚的最佳驻足点：立足万春亭，朝南可一览紫禁城之巍峨壮丽（图2-2-64），朝东可俯瞰东城四合院民居形成的灰色海洋，向北则正对雄峙城北的鼓楼（图2-2-65），向西则是老北京最优美的景致——近处为三海的湖光山色与白塔倩影，远处依稀可见西城妙应寺白塔屹立在民居丛中并与北海白塔遥相呼应，而最妙的是越过雄伟的城墙，西山连绵不绝的淡紫色峰峦成为这整幅"山水长卷"的绝佳背景（图2-2-66）。

（二）北海白塔

金代大宁宫中央岛屿称"琼华岛"，元代称"琼华岛"为"万岁山"，为太液池中心，山顶为广寒殿，坐落于元大都的制高点，四望空阔，既可以远眺西山，也可以俯瞰街衢。清顺治八年（1651年）拆毁广寒殿改建白塔一座——琼华岛也从此得名"白塔山"。新建成的白塔顶部距城市地平面67米，成为清代全北京城的最高点（图2-2-67）。

登临白塔，俯瞰京城，比之景山万春亭又是另一番气象：南可望紫禁城宫阙侧影，纵观中南海浩渺烟波（图2-2-68）；东可观景山万春亭雄姿；北可饱看什刹海水光潋滟；西面则眼底街衢市井、近处城台雄堞以至远郊西山映带，尽可一目了然，美不胜收——鸟瞰京城景胜，若可景山、琼岛两处兼顾，所感受的北京之美将更加丰满。

琼华岛、景山这两处"城市山林"，一出金元之手，一出明清之手，并肩峭立于京城中央，分别雄踞城市中轴线与三海、什刹海水面的中心，宛如金中都、元大都与明清北京的"历史对话"，实为

图2-2-64 民国时期由景山万春亭南望紫禁城（图片来源：《洋镜头里的老北京》）

图2-2-65 民国时期由景山万春亭北望鼓楼（图片来源：《北京老城门》）

图 2-2-66　20 世纪 50 年代由景山万春亭西望（图片来源：《北京风光集》）

图 2-2-67　北海白塔远眺

图 2-2-68　民国时期由北海琼华岛俯瞰北海与中海——近处为金鳌玉蝀桥，左上角为中海水云榭（图片来源：《旧都文物略》）

古都北京最为壮阔奇绝的风景。

（三）钟鼓楼

中国古代许多城市都有钟鼓楼，此外，绝大部分寺庙也有钟鼓楼，然而全中国最著名的钟鼓楼非北京钟鼓楼莫属。北京钟鼓楼以其悠久的历史、"晨钟暮鼓"的悠远意境，成为老北京文化的一个象征。

钟鼓楼位于明北京城中轴线的北端，两楼相距约百米，与明北京城同时建成于永乐十八年（1420年）。钟楼原来与鼓楼类似，城楼为木结构，建成后不久即遭焚毁，于清乾隆十年（1745年）重建，十二年（1747年）落成。重建后，钟楼全部改为砖石结构——一方面可以起到防火作用，一方面在造型上与鼓楼形成了鲜明对照。

今天我们看到的钟楼，下部为四方而高耸的灰砖台座，四面各辟一座巨大拱门，台顶绕以城垛（古时称"雉堞"）。台上钟楼单层，环绕汉白玉栏杆，暖灰色墙身，四面各辟拱门一座及拱窗两扇，覆以重檐歇山灰瓦绿琉璃剪边屋顶。全楼造型挺拔俊秀，色彩素雅（图 2-2-69）。

再看鼓楼：同样下有台座——与钟楼及其他北京城楼以灰砖为外表不同，鼓楼的台座涂作朱红色，与紫禁城建筑群的红墙一样，更显雍容大气。台南北各设券门3座，东西各设券门1座。台上两层楼阁，"三滴水"屋顶，灰瓦绿琉璃剪边，立柱、门窗、墙面皆为红色，檐下施以彩绘。整体造型厚重雄浑，色彩华丽（图 2-2-70）。

钟鼓楼在造型、质感、色彩等各方面都大异其趣，然而最终却共同呈现出和谐的构图，是中国古代建筑通过对比产生和谐的经典实例（图 2-2-71）。

梁思成曾经指出："鼓楼是一个横放的形体，上部是木构楼屋，下部是雄厚的砖筑……钟楼的上部是发券砖筑，比较呈现沉重，所以下面用更高厚的台，高高耸起……它们一横一直，互相衬托出对方的优点，配合得恰到好处。"此外，梁思成更在钟鼓楼构图的启示下，将同样位于北京中轴线上的人民英雄纪念碑设计为高耸的纵向碑体，与横长的

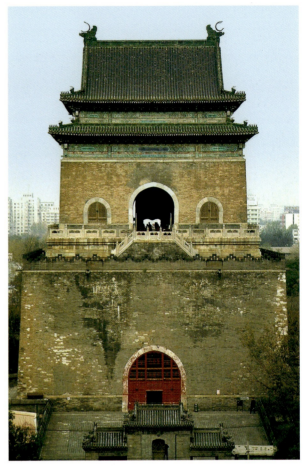

图 2-2-69　钟楼

天安门城楼共同形成对比而和谐的构图（图 2-2-72）。他认为："天安门是在雄厚的横亘的台上横列着的，本身是玲珑的木构殿楼。所以英雄碑就必须用另一种完全不同的形体：矗立岣嵝，坚实，根基稳固地立在地上"。⑤

钟楼和鼓楼本身在造型上就与"钟"和"鼓"相对应，一高峻一敦实（或者干脆可以说是一瘦一胖），一灰一红——古代匠师的智慧仿佛赋予这两座建筑以生命，并将它们建造成无比般配的"一对"，实在是建筑与城市设计中珠联璧合又名副其实的典范。

古都北京将近8公里的壮伟中轴线最终以鼓楼、钟楼作结。鼓楼及其南面的地安门外大街构成景山、地安门的重要对景，而钟楼则稳稳当当地为古老的中轴线划上完美的句号——就像景山作为

图 2-2-70 鼓楼

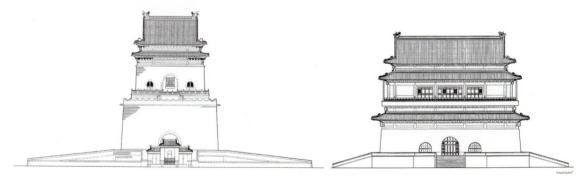

图 2-2-71 钟鼓楼南立面比较（图片来源：《东华图志》）

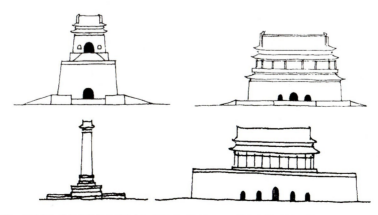

图 2-2-72 梁思成关于钟鼓楼、天安门与人民英雄纪念碑的分析草图（图片来源：《梁思成全集》第五卷）

紫禁城的屏障一样，钟楼显然就是老北京中轴线的屏障。如果登上鼓楼，在中轴线上北望钟楼，可以通过钟楼中央的拱门看到楼内大钟优美的轮廓，并且透过大钟底部独特的曲线望见钟楼以北的天空——那实在是一种妙不可言的意境。除了南北中轴线，鼓楼在老北京城市设计中还与东直门、西直门互为对景。

就整个北京城来看，钟鼓楼是城市中轴线的端点；若单从内城北部观之，则钟鼓楼与什刹海共同形成了老北京市民文化的象征，二者可谓"绝配"。

早在元代，什刹海（当时称"积水潭"或"海子"）一带即为整个元大都的城市中心。元大都的中心阁、钟楼、鼓楼三座壮伟楼阁构成三足鼎立之势，成为元大都市中心最重要的标志。此外，什刹海在元代为漕运终点，汪洋如海、舳舻蔽水，与三座楼阁共同形成繁华集市。

明代不再有中心阁，钟鼓楼位置东移，然而钟鼓楼依旧是什刹海一带的经典地标。与明北京的城门楼不同，钟鼓楼巍然独立于四周低矮的民居海洋之中，构成"鹤立鸡群"的效果（图2-2-73）：从许多胡同以及院落之中，都能见到钟楼或鼓楼高耸的身影。钟鼓楼与什刹海的关系则更加美妙，从什刹海西岸隔水遥望钟鼓楼成为老北京最美的景致之一（图2-2-74）。特别是由荷花市场南口向东北远眺：鼓楼与钟楼一前一后、遥相呼应，脚下是灰墙灰瓦的民居，什刹海两岸绿树掩映，加上湖中倒影，着实美轮美奂。

（四）妙应寺白塔

妙应寺白塔是元大都的珍贵遗存，比北海白塔早将近四百年，可谓北海白塔的先祖。从城市角

图2-2-73　钟鼓楼图

度而言，妙应寺白塔屹立于西城的胡同四合院之上，类似钟鼓楼与北城民居之关系，其高度甚至在西侧的阜成门之上，成为内城西部绝对的地标（图2-2-75）。

妙应寺白塔（包括北海白塔）的另一大妙处在于：虽然采用了和中国传统木结构建筑截然不同的造型、色彩和材质，但却能和周围胡同四合院完美融合，形成"和谐的对比"（即所谓"和而不同"），是非常杰出和难能可贵的艺术创造。

（五）万宁桥

元大都的城市中心有一处看似不起眼却意义重大的标志物——万宁桥。万宁桥位于皇城后门与中心阁之间的大街上，恰在积水潭（海子）与城市中轴线相切的"切点"上，因而也称"海子桥"。原为木桥，后改石造，桥下设闸，称作"澄清闸"——这是元大都积水潭水系的第一处孔道，控制了舟行与水流，保证着通惠河漕运的通畅，因而在元代漕运交通上具有举足轻重的枢纽作用。故而万宁桥虽

图2-2-74　民国时期的什刹海与钟鼓楼（图片来源：《采访本上的城市》）

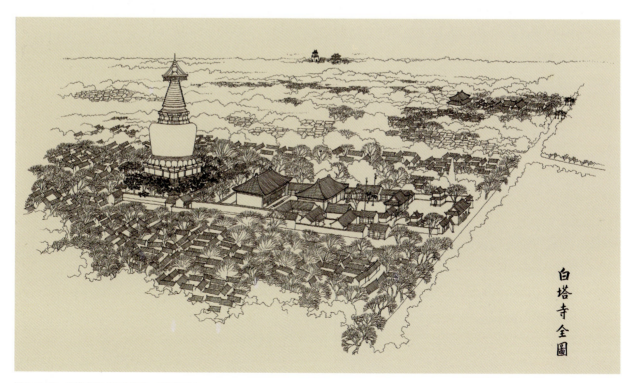

图2-2-75　白塔寺图（图片来源：唐恒鲁绘）

图 2-2-76　万宁桥

规模不大（桥面宽约 17 米，桥长约 34.6 米），然而由于其特殊的位置与作用，成了元大都的一个重要地标（图 2-2-76）。

最难得的是该桥至今尚存：明清之际，由于皇城北门为地安门，因此万宁桥改称地安门桥，俗称"后门桥"；1955 年扩建道路时，桥身被埋入地下，桥面被改作沥青马路，桥两侧尚残存石栏及望柱，元代古桥就此遭到"埋没"，直至 1999 年方才被修复。今日万宁桥的容颜可谓"新旧并存"，其元代旧构件与 1955 年补缀的构件、新修的汉白玉栏板连成一体，清晰可辨，这是依据了现在通行的文物修复的"可识别性"原则。此外，修复工作中还清理出了古桥东西两侧、南北两岸 6 尊镇水石兽，雕刻精美、造型传神，为元、明石刻的上品。这些镇水石兽与桥拱心处的石刻兽头相映成趣，令桥梁与湖面风光大大增色（图 2-2-77）。

（六）银锭桥

什刹海在元代称积水潭、海子，原为"汪洋如海"的一片水域；明代，在积水潭建了德胜桥与银锭桥，将这片连成一体的水面一分为三，即后世所谓的什刹海西海、后海与前海。其中位于前海、后海交界处的银锭桥以"银锭观山"之景成为什刹海的最佳

图 2-2-77　万宁桥镇水兽

景致与观景之所在。有趣的是，虽然由官方"钦点"的"燕京八景"并没有"银锭观山"一项，但是由于这道美景太过深入人心，民间总想将其列入八景之中，或者干脆称之为"燕京小八景"之一。

"银锭观山"之所以声名远播，起于明代大学士李东阳一次游积水潭慈恩寺后登银锭桥观西山，吟成《慈恩寺偶成》一诗，起首一句就是"城中第一佳山水"。从此"城中第一佳山水"即成为对"银锭观山"的经典评价。《燕都游览志》称：

"此城中水际看山第一绝胜处也。桥东西皆水，荷芰菰蒲，不掩沧漪之色。南望宫阙，北望琳宫碧落，西望城外千万峰，远体毕露……"

可见银锭桥的独特位置成就了其观景上独一无二的优势：由于位居前、后海之间，成为什刹海广阔水面的核心交汇点，可谓"左右逢源"——观南、北、西三面之景尽皆一览无余，并有水色、倒影增趣。可以想见，古时桥头遥望，远处西山绵亘，近处城垣巍峨，加之湖水衬托下的民舍寺观，如一幅"巨型长卷"，必定美不胜收。

特别需要指出的是，"银锭观山"之所以能达到令人印象深刻的效果，与桥本身的尺度以及后海水面的形状密不可分：银锭桥为南北向单孔石拱桥，造型小巧玲珑，因形似银锭而得名，其尺度极小，跨度仅10米左右，与北京其他诸如金鳌玉蝀桥、卢沟桥及十七孔桥相比简直微不足道（图2-2-78）。但由小桥向西北望，随着后海水面由南向北逐渐开阔，加上两岸树木夹峙，形成了状如"喇叭口"的视廊——由于透视的效果，显得远在几十里外的西山峰峦骤然被拉近、展宽，因而"西望城外千万峰，远体毕露"，犹如近在眼前，并且十分开阔舒展。这样的透视效果是西方城市设计之中经常刻意追求的，如罗马的圣彼得教堂前广场、威尼斯圣马可广场等。"银锭观山"的效果在很大程度上则是"妙手偶得"，甚至是工匠、文人的"妙眼偶得"——通过仔细观察湖面形状、巧妙选址设计，在咫尺桥头，收到了将西山远景置于眼前的效果。

（七）法藏寺塔

法藏寺位于外城东南、天坛东北。其中有塔一座，中空可登，据明代《帝京景物略》载：

"北地多风，故塔不能空，无可登者。法藏寺弥陀塔独空其中，可登。塔崇十丈，窗八面。窗置一佛，凡五十八佛。佛设一灯。岁上元夜，僧然灯绕塔奏乐，金光明空，乐作天上矣。"

清初孙承泽《天府广记》则称：

"金弥陀寺即法藏寺，大定中建，在外城内。

图2-2-78 银锭桥

寺中有塔七级，高十余丈，中空可登。余少时读书其旁，天气晴时辄一登。北望宫阙，黄瓦参差，西观两坛，松桧郁茂，西山黛色如在檐前。"⑰

足见法藏寺塔为外城难得的城市标志之一，上元夜燃灯于窗，犹如天上仙境。不仅如此，该塔还是登高俯瞰京城的绝佳所在，远可观西山、紫禁城宫阙，近可俯视天坛、先农坛。不过据清代《日下旧闻考》记载，斯塔"已颓圮矣"。⑱

（八）报国寺毗卢阁

与法藏寺塔东西遥相呼应的是位于外城西部的报国寺毗卢阁，后者为宣南的重要地标，同时又是登高望远之佳处。孙承泽《天府广记》载：

"元报国寺，元中统中建于彰义街，今广宁门内。后有高阁，西山翠色，以手可扪。……登大毗卢阁，可三十六级……阁外通廊，环行一周。俯视西山，若在襟袖，宫阙城市，具在目中。"⑲

（九）街道牌楼

位于北京城各主要街道及大型建筑群入口处的众多牌楼是仅次于城门楼的地标建筑，并且构成了主要街道及建筑群的"对景"。诚如刘敦桢所言：

"故都街衢之起点与中段，及数道交汇之所，每有牌楼点缀其间，令人睹绰楔飞檐之美，忘市街平直呆板之弊。而离宫、苑囿、寺观、陵墓之前，与桥梁之两侧，亦辄以牌楼陪衬景物，论者指为中国风趣象征之一，其说审矣。"

由于明北京城的对称式平面布局，主要街道的牌楼除了位于中轴线上的正阳门"五牌楼"之外，其他往往成对出现，如东、西长安街牌楼，东、西交民巷牌楼，东、西单牌楼和东、西四牌楼等。这样成对出现的牌楼群进一步强化了北京城的中轴对称格局，并且明确标识出内城东西部主要街道的位置，以至于直到今天，东单西单、东四西四依旧是大名鼎鼎，尽管很多人并不知道此处曾有牌楼存在过。明代《京师五城坊巷胡同集》中的一幅插图充分展现出了北京街市牌楼的布局特色（图2-2-79）。

明清宫苑中的牌楼大多是不出头的样式，而市街中的牌楼则正相反，多为造型更加轻盈高爽的"冲天牌楼"：这类牌楼出檐较浅，各间立柱，均高耸于屋顶之上，柱顶覆云罐（俗称毗卢帽）以防风雨。因街面辽阔，立柱也特意取高峻之比例，在大街上远望，立柱高耸，屋檐斗栱舒朗，造型壮丽——确

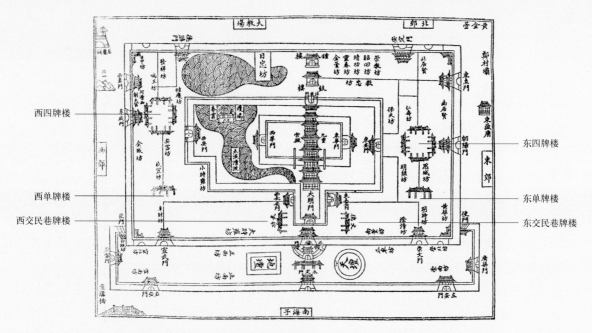

图2-2-79 《京师五城坊巷胡同集》插图中的牌楼布局（图片来源：《京师五城坊巷胡同集》）

图 2-2-80　正阳门五牌楼（图片来源：The walls and gates of Peking researches and impressions）

图 2-2-81　东长安街牌楼（图片来源：清华大学建筑学院中国营造学社纪念馆）

有"冲天"之感。

明清北京街道上牌楼众多，著名者有正阳门五牌楼（图 2-2-80），东、西长安街牌楼（图 2-2-81），东、西单牌楼（图 2-2-82），东、西四牌楼，东、西交民巷牌楼，成贤街、国子监牌楼，"大兴县"牌楼，府学胡同"育贤"牌楼等。

其中一些成组的牌楼构成了城市设计上的"亮点"。最典型的是东、西四牌楼：各为四座牌楼，立于十字路口的四个方向上，从任何一个方向都可望见两正、两侧四座牌楼互相掩映的身姿，大有一种"横看成岭侧成峰"的意味，可谓是京城街道中最精彩、最壮观的景致（图 2-2-83、图 2-2-84）。四座牌楼荟萃在一个路口，这样丰富的布局源于这两处地点的重要地位：东四、西四地处内城最主要的两条南北干道的中心，并分别与东西向的朝阳门、阜成门大街相交；这两处交通要冲同时也是内城最繁华的商业地段，因而有四牌楼的华丽设置。反过来，四牌楼所营造的繁华都市景观又更加增强了周遭的商业氛围，可谓是城市设计上形式与功能相得益彰的典范。

孔庙与国子监的所在地——成贤街则一字排开列有四座牌楼，其形式为独特的"一间二柱三楼垂花柱出头悬山顶"样式，显得尤为轻巧别致，靠街口的两座书"成贤街"，靠里的两座书"国子监"——它们是北京如今留下的惟一一组街市牌楼，至为可贵。成贤街也是北京最富于传统特色的街道（虽名曰街，其实是胡同的尺度）之一：东西长 700 米，南北宽 10 米余（合 6～7 步），街两侧槐荫蔽日，灰墙青瓦朱门，北有孔庙、国子监，南有皂君庙、火神庙（图 2-2-85）。

综上可见，明清北京城一系列重要的地标建筑和"内九外七皇城四"的 20 座城门楼一样，基本对称、均匀地分布在城市中轴线及其东西两侧。它们一方

图 2-2-82　东单牌楼（图片来源：清华大学建筑学院中国营造学社纪念馆）

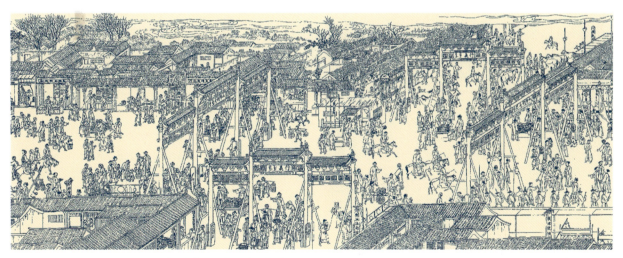

图 2-2-83　《康熙六旬万寿盛典图》中的西四牌楼（图片来源：《万寿盛典初集》）

面构成所在区域的标志，颇有"鹤立鸡群"之气势，或者"画龙点睛"之妙韵；但另一方面它们又严格服从于整个城市的总体规划布局，与作为背景的大量胡同——四合院建筑群水乳交融、和谐共处，成为塑造城市整体和谐（而不是破坏整体和谐）的一分子——这是古都北京在设计"标志性建筑"时的重要原则，非常值得今天总是试图设计"标志性建筑"的建筑师们深思与借鉴。

图 2-2-84 民国时期的西四牌楼（图片来源：《洋镜头里的老北京》）

图 2-2-85 国子监街

注释

① 埃德蒙·N·培根．城市设计（修订版）．黄富厢、朱琪译．北京：中国建筑工业出版社，2003：244．

② 侯仁之．北京城的生命印记．北京：生活·读书·新知三联书店，2009：274．

③ 此后的明北京在元大都基础上改建，明南京在六朝故城基础上改建，明中都虽是平地规划兴建，然而未能建成并定都，清北京则继续沿用明北京，因此元大都是中国古代平地建设的最后一座都城。

④ 傅熹年．中国古代城市规划建筑群布局及建筑设计方法研究（上册）．北京：中国建筑工业出版社，2001：10．

⑤ 欧阳玄《圭斋集》卷九"马合马沙碑"所记也黑迭儿事迹。转引自《中国营造学社汇刊》三卷二期《哲匠录》。

⑥ （汉）周礼．郑玄注，陈戍国点校．长沙：岳麓书社，2006：108．

⑦ （元）熊梦祥．析津志辑佚．北京：北京古籍出版社，1983：1．

⑧ 《元一统志》卷一《中书省·大都路》，转引自：陈高华．元大都．北京：北京出版社，1982：45．

⑨ 傅熹年．中国古代城市规划建筑群布局及建筑设计方法研究．北京：中国建筑工业出版社，2001：10．

⑩ 乃贤．京城杂言六首//陈高华．元大都．北京：北京出版社，1982：50．

⑪ （意）马可波罗．马可波罗行纪．冯承钧译．上海：上海书店出版社，2001：210．

⑫ 张昱．辇下曲//陈高华．元大都．北京：北京出版社，1982：53．

⑬ 王冕．金水河春兴//陈高华．元大都．北京：北京出版社，1982：53．

⑭ （明）萧洵．故宫遗录．北京：北京古籍出版社，1980：73．

⑮ （清）于敏忠等．日下旧闻考．北京：北京古籍出版社，1983：431-432．

⑯ 至元二十二年（1285年）到顺帝至正十四年（1354年）

陆续有营建与修茸。

⑰ 元陶宗仪的《南村辍耕录》卷二十一"宫阙制度"为关于元大都宫殿最详细的文献记载，其中各主要建筑的名称、形制均一一列出，甚至许多建筑还记录了面阔、进深和高度的具体尺寸，十分难得。(元)淘宗仪．南村辍耕录．北京：中华书局，1959：250-257．

⑱ 《南村辍耕录》卷二十一。(元)淘宗仪．南村辍耕录．北京：中华书局，1959：251．

⑲ 傅熹年．傅熹年建筑史论文集．北京：文物出版社，1998：354．

⑳ (清)于敏忠等．日下旧闻考．北京：北京古籍出版社，1983：428．

㉑ 于杰，于光度．金中都．北京：北京出版社，1989．

㉒ (意)马可波罗．马可波罗行纪．冯承钧译．上海：上海书店出版社，2001：210．

㉓ 胡助．京华杂兴诗//陈高华．元大都．北京：北京出版社，1982：60．

㉔ (元)熊梦祥．析津志辑佚．北京：北京古籍出版社，1983：4．

㉕ 在老舍心目当中："论说巴黎的布置已比伦敦罗马匀调多了，可是比上北平还差点事儿。"参见：老舍．想北平//姜德明．北京乎：1919－1949年现代作家笔下的北京．北京：生活·读书·新知三联书店，2005：363．

㉖ 林语堂．辉煌的北京．赵沛林，张钧译．西安：陕西师范大学出版社，2002：161．

㉗ 元代文明门位于今东单一带，文明街应当是今天的东单北大街。

㉘ 吴建雍等．北京城市生活史．北京：开明出版社，1997：100．

㉙ (意)马可波罗．马可波罗行纪．冯承钧译．上海：上海书店出版社，2001：213．

㉚ 京剧《梅龙镇》中，"风流天子"正德皇帝朱厚照对凤姐介绍说自己住在"那个大圈圈里套着小圈圈，小圈圈里套着黄（皇）圈圈"之中。

㉛ (瑞典)奥斯伍尔德·喜仁龙．北京的城墙和城门．许永全译．北京：北京燕山出版社，1985：1．

㉜ 林语堂．辉煌的北京．赵沛林，张钧等译．西安：陕西师范大学出版社，2002：9．

㉝ 瑞典美术史家奥斯伍尔德·喜仁龙(Osvald Siren)于20世纪20年代通过对北京城墙、城门长达数月的实地考察、测绘，结合文献研究，完成了《北京的城墙和城门》(1924年)一书，该书不仅对北京城墙、城门的历史变迁及20世纪20年代的保存状况进行了详细论述，更对北京城墙所体现的美感进行了极其生动的探讨。值得一提的是，该书完成四十余年后当北京古城墙遭到毁灭性拆除之后，《北京的城墙和城门》一书由于是迄今为止关于北京城墙与城门最为完整翔实的资料，终于成为不朽的著作。在笔者看来，北京城墙遇到喜仁龙以及喜仁龙遇到北京城墙，于二者都是莫大的幸运！2003年张先得编著出版了《明清北京城垣和城门》一书，加入了明清北京皇城、宫城城墙的内容，并搜集了更多历史照片，同时附上自己的数十幅精彩的城墙水彩画，可看作喜仁龙著作的进一步补充。

㉞ 实际上，北京城墙由于长时期不断修补，各段高度是不断变化的，这里所言是喜仁龙测量所得的平均数据。

㉟ (瑞典)奥斯伍尔德·喜仁龙．北京的城墙和城门．许永全译．北京：北京燕山出版社，1985：2．

㊱ 内城九门瓮城内均设有庙宇，其中正阳门瓮城内为一座关帝庙、一座观音庙；德胜门、安定门瓮城内均设真武庙，应是真武镇守北侧城门之含义；其余诸门均设关帝庙，取关帝镇守城门之意。

㊲ (瑞典)奥斯伍尔德·喜仁龙．北京的城墙和城门．许永全译．北京：北京燕山出版社，1985：156．

㊳ (瑞典)奥斯伍尔德·喜仁龙．北京的城墙和城门．许永全译．北京：北京燕山出版社，1985：133．

㊴ 与护城河相联系的是城墙上的水关：明北京城墙设有多座水关，作为城市进水、排水的孔道。水关位于城墙墙体下部，有券顶式和过梁式，内外设有二至三排铁栅栏，并由军士看守维护。内城设7座水关：德胜门西水关、东直门南水关、朝阳门南水关、崇文门东水关、正阳门东水关、正阳门西水关、宣武门西水关；外城设3座水关：西便门东水关、东便门西水关、东

便门东水关。

㊵ （瑞典）奥斯伍尔德 · 喜仁龙．北京的城墙和城门．许永全译．北京：北京燕山出版社，1985：30．

㊶ 北京内外城城墙与城门除少部分在清末、民国时期被毁之外，绝大部分是在 20 世纪 50 ～ 70 年代被拆除的。关于北京内外城城墙、城门的拆除可参见：王军．城记．北京：生活．读书．新知三联书店，2003：296–321．

㊷ 明北京城墙的遗存之中，正阳门城楼和箭楼是周恩来指示保留下来的；德胜门箭楼和东南角楼由于不在地铁建设线路上而得以保留，其中德胜门箭楼由文物专家郑孝燮上书陈云而得以保留；内城东南隅和西南隅的残墙皆因地铁线路在此处转弯而得以保留，可谓十分“侥幸”。

㊸ 《皇城宫殿衙署图》为彩绘绢本，墨线勾画，施以淡彩，高 2.38 米，宽 1.79 米，为清代北京城市地图中的宏幅巨制，为迄今所见第一幅具备实地测量基础、内容丰富翔实、绘制精细、笔墨精湛、艺术性与写实性高度结合的北京城市地图，极有可能是在皇帝或内廷的直接主持与监督下，在若干宫廷画师的参与配合下完成的。

㊹ （清）于敏忠等．日下旧闻考．北京：北京古籍出版社，1983：129．

㊺ 以上对皇城各门的记载可分别见于明万历《大明会典》和清乾隆时期的《国朝宫史》。此外，清嘉庆《大清会典》又将以上二者加以综合，将天安门、东安门、西安门、地安门、大清门、长安左门和长安右门共 7 门全部列为皇城城门（参见：傅公钺．北京老城门．北京：北京美术摄影出版社，2001：18）。皇城除上述主要 7 门外，还有几座次要门楼，如东安里门，位于东安门内望恩桥，为三间方洞三座门式；长安左、右门外又有两座门楼，分别称作东三座门、西三座门，均为三间方洞三座门式，此二门为乾隆十九年（1754 年）建，1913 年拆除，许多文献将东、西三座门与长安左、右门相混淆，其实长安左、右门为宫廷前区的主要大门，为五间三券门式，形制和地位均高于东、西三座门。

㊻ 北京市建筑设计研究院《建筑创作》杂志社．北京中轴线建筑实测图典．北京：机械工业出版社，2005．另外，1999 年出版的《天安门》中的相关数据则为：城台东西 120 米，南北 40 米，御路门宽 5.48 米，王公门宽 4.58 米，品级门宽 3.54 米，参见：路秉杰．天安门．上海：同济大学出版社，1999：88．

㊼ 1950 年拓宽长安街时天安门外侧华表整体向北迁移 6 米。

㊽ 1918 ～ 1926 年，皇城东、西、北三面城墙被陆续拆除，墙址形成街道，称皇城根，后改称黄城根；1913 ～ 1915 年拆除天街千步廊及天街南墙，1958 年拆除天街东、西墙。至 20 世纪末，明清皇城仅剩下天安门及皇城南墙。2001 年，在东皇城墙旧址上的居民被全部搬迁，建成东皇城根遗址公园，复建了一小段皇城墙，并发掘出一部分东安门遗址加以保护展示。参见：陈平，王世仁．东华图志：北京东城史迹录（上册）．天津：天津古籍出版社，2005：12．

㊾ 梁思成．梁思成全集（第五卷）．北京：中国建筑工业出版社，2001：223–224．

㊿ 《康熙南巡图》共 12 卷，描绘了康熙二十八年（1689 年）玄烨第二次南巡的盛况。据学者考证，《康熙南巡图》的绘制工作由都察院左副都御史宋骏业主持，而主笔的画家为清初“四王”之一的王翚，其他参与创作的画家目前知道的有冷枚、杨晋、王云、徐玫、虞沅、吴芷、顾昉以及宋骏业本人，实际参与者应该不止于此。

(51) 明清北京外城有多处低洼水塘，其中西部下洼子一带水塘沿山川坛北墙外的明沟东流，在天坛北墙外汇入金鱼池，天桥即横跨该水之上，是帝王赴天坛、山川坛祭祀的必经之地——皇帝为天子，因而该桥称作天桥，俗称龙鼻子（正阳门为龙头），桥两侧的河沟则称为龙须沟。明清的天桥地区为一片水乡泽国景象，清末民初，这一带逐渐发展为著名的天桥市场，成为曲艺、杂技和各种摊贩的聚集地。

(52) 清乾隆四十年（1775 年）修葺棋盘街，周围石栏，以崇体制。（清）于敏忠等．日下旧闻考．北京：北

㊾ 京古籍出版社，1983：128.

㊼ 梁思成. 梁思成全集（第五卷）. 北京：中国建筑工业出版社，2001：379-381.

㊺ 今天巴黎的中轴线向西延伸至拉德方斯大拱门，由卢佛尔宫至拉德方斯大拱门全长8.48公里。

㊾ 东四因十字路口东西南北各立一座牌楼而得名"东四牌楼"，简称"东四"，与"西四牌楼"、"西四"相对应。同样，东单、西单路口各有单独一座牌楼。

㊿ 梁思成. 梁思成全集（第五卷）. 北京：中国建筑工业出版社，2001：127-128.

㊼ （清）孙承泽. 天府广记. 北京古籍出版社，1984：580.

㊽ （清）于敏忠等. 日下旧闻考. 北京：北京古籍出版社，1983：908.

㊾ （清）孙承泽. 天府广记. 北京古籍出版社，1984：582.

北京古建筑

第三章 禁城宫阙

北京禁城宫阙分布图

① 故宫（紫禁城）

（地图引自：中华人民共和国民政部编.中华人民共和国行政区划简册2014.北京：中国地图出版社，2014.）

"华盖屹立乎中央，奉天端拱乎南面。其北侧有坤宁之域，乾清之宫。……千门瑞霭，万户春融。其南则有午门、端门、左掖、右掖。丹阙峙而上耸，黄道正而下直。豁大明之高张，屹正阳之拱抱。"

——（明）杨荣《皇都大一统赋》

故宫为明、清两代皇宫，称紫禁城（因中国古代以紫微星垣象征帝王居所，宫殿历来属禁地，故名）。明永乐十五年（1417年）始建，永乐十八年（1420年）建成，明、清两代陆续有过多次重建、改建及扩建（图3-0-1～图3-0-3）。

明永乐时期紫禁城宫殿的营建是经过长期准备、周密计划、充足备料，并做出大量预制构件之后，才在永乐十五年（1417年）二月破土动工的，经过三年的大规模施工，于永乐十八年（1420年）九月竣工。其规模之大、计划之周、构造之精、进度之快，确为世界建筑史上罕见的奇迹。[①] 参与明永乐时期紫禁城营建的包括十万工匠与百万夫

图3-0-1 （明）《北京城宫殿之图》（收藏于北京故宫博物院）（图片来源：《天安门》）

 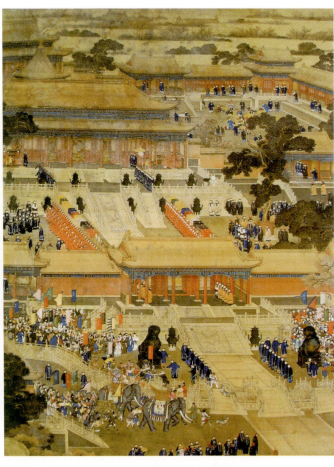

图 3-0-2 （明）《北京宫城图轴》（收藏于中国国家博物馆）（图片来源：《中国国家博物馆馆藏文物研究丛书·绘画卷（风俗画）》）

图 3-0-3 （清）《万国来朝图》（收藏于北京故宫博物院）（图片来源：《紫禁城原状与原创》）

役，可惜真正留名史册的仅有木作、石作、瓦作的代表匠师蒯祥、陆祥和杨青等人而已。官方督建紫禁城的官员见于史料记载的则有太宁侯陈珪、工部侍郎吴中、太监阮安及官员蔡信等。此外，在明清两朝对紫禁城的多次重建中，也有一些重要匠师的名字有幸留存，包括明嘉靖年间重建三大殿及附属建筑群的徐杲和雷礼，明万历年间重建三大殿的冯巧，清康熙三十四年（1695年）重建太和殿的梁九（为冯巧之徒，今天的故宫太和殿即梁九的设计成果）等。

明代营建的紫禁城南北长约963米，东西宽约760米，占地面积达72公顷，总建筑面积为17万平方米。建筑群四周环以城墙，城墙外侧还有宽52米的护城河，俗称"筒子河"。建筑群由一道贯穿南北的中轴线为骨干，沿中轴线依照中国古代宫殿"前朝后寝"的模式进行规划布局："前朝"即"外朝"，为皇帝举行礼仪活动和颁布政令之所；"后寝"即"内廷"，为皇帝及其家属的居住之所。

紫禁城宫殿经明末战争，所剩无几，清代在其原址上复建的宫阙基本遵照原制。此外，清代帝王也对紫禁城进行了不少改建，最重要的改变包括养心殿、宁寿宫的改建及一系列园林式建筑群（如建福宫花园、乾隆花园等）的增建。可以说，清代恢复与改建的紫禁城，既保留了明代宫殿固有的"壮美"之特征，又新增了许多"优美"的审美情趣，可谓是对明代紫禁城规划设计的"锦上添花"，颇为可贵（图3-0-4）。

图 3-0-4 雪后紫禁城俯瞰

第一节 总体格局

今天的紫禁城整体格局大体保存完好，为中国历代宫殿建筑群的珍贵遗存。其总体格局为"前朝后寝"，共同由城墙环护，城墙上每面设一门，南门亦即正门为午门，东为东华门，西为西华门，北为神武门，城墙四隅建有角楼。

前朝亦称外朝，分为中、东、西三路：中路主体为三大殿（太和殿、中和殿及保和殿）及其附属建筑群，可谓紫禁城中的一座"城中城"；东路包括文华殿建筑群及南部的内阁和府库；西路包括武英殿建筑群及南部的南薰殿和府库。

后寝亦称内廷，布局比前朝复杂得多，大致分作中路、东路、外东路、西路和外西路五路布局。其中，中路以后三宫（乾清宫、交泰殿及坤宁宫）建筑群为主体，后三宫建筑群可视作三大殿建筑群之"具体而微"者，后三宫与前三殿以乾清门前的广场分隔开，这里也是前朝与后寝的分界。中路北端是御花园，为紫禁城内最早的皇家苑囿。后寝东、西两路布局颇为对称，中段为东、西六宫，为嫔妃居室；北端原为乾东、西五所，为皇子居所，清代逐渐被改建，东五所改建为库房，西五所改建为建福宫、重华宫等园林游憩建筑群；东路南端为斋宫、奉先殿、毓庆宫建筑群，而西路南端则是养心殿建筑群——自清雍正朝之后成为紫禁城真正的政治中心。外东路北部为乾隆年间建成的宁寿宫建筑群，可以看作整个紫禁城的"缩微版"；其南侧建有南三所，代替明代的乾东、西五所成为皇子居所。外西路为太后、太妃居所，包括慈宁宫、寿康宫、寿安宫建筑群及附属佛堂、花园等。

从总平面构图来看，前朝和后寝之间并非界限分明：外东路南端的南三所建筑群从位置上看已经延伸至外朝东路，与文华殿建筑群相连；② 而外西路南端的慈宁宫花园、内务府建筑群也已接近武英殿建筑群——因此前朝区和后寝区约略形成一个"凸"字形和一个"凹"字形相互嵌套之整体构图。尽管从占地来看，后寝区要略大于前朝区，但是前朝布局极其简洁、疏朗，而后寝布局复杂而紧凑，这是紫禁城总体布局的最重要特征之一，即前疏后密。前朝的三路布局与后寝的五路布局一方面相互关联，即中轴线一贯到底，一方面又富于变化，东、西路建筑群布局相对自由。③ 综上所述，整个紫禁城建筑群虽千门万户，却有条不紊、分毫不乱，呈现出整中有变、疏密相间的规划格局（图 3-1-1）。

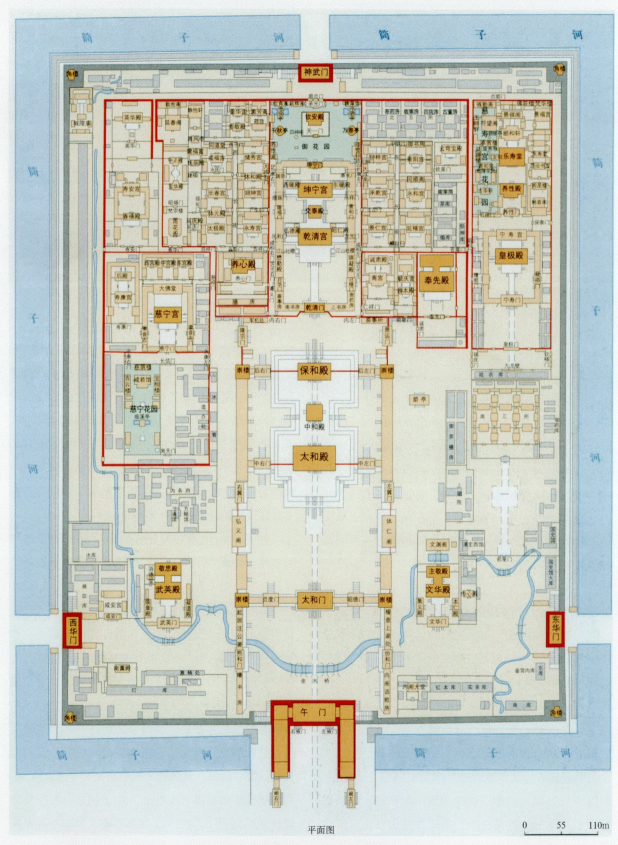

图 3-1-1 紫禁城总平面图（图片来源：《中国文物地图集·北京分册》）

第二节 城墙城门

一、城墙

紫禁城的城墙高 7.9 米，约合明代 2.5 丈，比明北京外城城墙略高，但不及内城城墙高大。底宽 8.62 米（2.7 丈），顶宽 6.66 米（2.1 丈），外有雉堞、内有女墙。采用夯土墙外包城砖的做法，不过与内、外城城墙外皮城砖如梯磴般垒砌不同，紫禁城城墙先用三层城砖作挡土墙，面层的城砖则干摆灌浆、磨砖对缝，显得平整光滑，精细坚实，为北京各城墙中工艺最为精致者。每块城砖长 48 厘米，宽 24 厘米，高 12 厘米，体积为现代普通砖块的 8 倍，重达 24 公斤，整个城墙约用砖 1200 多万块（图 3-2-1）。

二、城门

明代紫禁城包含天安门至午门之间的两个广庭，设八门，即承天门（清代改称天安门）、端门、午门、左掖门、右掖门、东华门、西华门、玄武门（清代改称神武门）；清代紫禁城不含天安门至午门之间部分，设四门，即午门、东华门、西华门、神武门。本书依照清代的定义对紫禁城各门进行扼要介绍。

（一）午门

午门是紫禁城正门，极其雄伟壮观（图 3-2-2、图 3-2-3）。墩台④呈"凹"字形，台高 12 米，台下正中三道券门。文武百官从左门出入，皇室王公从右门出入，中央券门只有皇帝祭祀、大婚或亲征等重大仪式时才开启。墩台的两翼还各有掖门一座，因而午门的门洞被称作"明三暗五"。⑤正中的门楼面阔九间（长 60.05 米），进深五间（长 25 米），象征"九五之尊"，为最高等级；重檐庑殿顶（也是屋顶的最高形制），自地面至正脊鸱吻高达 37.95 米，是整个紫禁城最高的建筑（甚至超过太和殿）。城台两侧，各设廊庑十三间，在门楼两翼向南排开，

图 3-2-1 紫禁城西南隅城墙

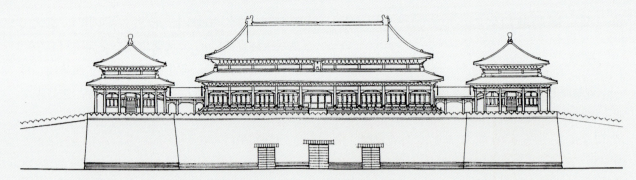

图 3-2-2　北京紫禁城午门立面图（图片来源：《东华图志》）

图 3-2-3　紫禁城午门城阙全景

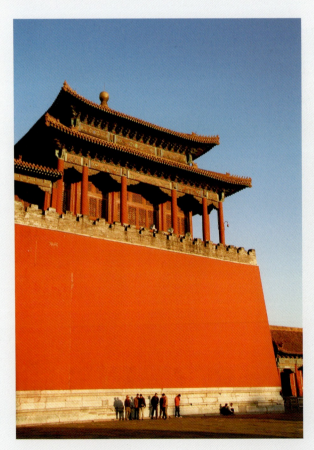

图 3-2-4　午门雁翅楼及阙亭

俗称"雁翅楼"。在雁翅楼的两端，各设有一座重檐攒尖顶的阙亭（图 3-2-4）。整个城台上的建筑，三面环抱、五峰突出、高低错落、气势宏大，俗称"五凤楼"。

午门是由中国古代的"双阙"式大门演变而来的，经由唐大明宫含元殿、北宋皇宫正门丹凤门、金中都皇宫应天门、元大都皇宫崇天门以及明中都、南京宫城正门（同样名为午门）代代沿袭并不断发展而成的最后一个作品，并且也是这诸多皇宫正门中惟一一个完整保留下来的实物（明中都、南京午门尚存遗址），可谓是中国古代双阙门楼的"最后结晶"。

午门前有宽阔的广场，左设嘉量，右设日晷。每遇皇帝颁朔（每年十月初一颁发第二年的历书）宣旨及百官常朝，都聚集于此。国家征讨、凯旋还朝、观献战俘时，皇帝还亲临午门接受献俘。明代承袭元旧制，实行"廷杖"制度，在午门前对触犯皇帝的大臣施以廷杖，时有大臣被当场打死。午门的空间、造型威严肃杀，在举行这些仪典时充分体现出皇权的至高无上和禁城的森严法度。

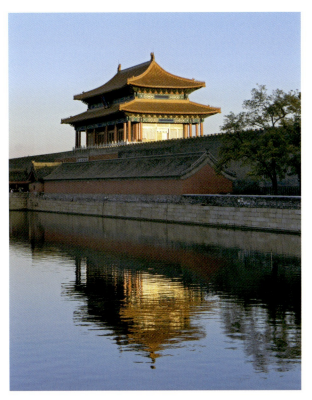

图3-2-5 紫禁城神武门侧影

(二) 东华门、西华门与神武门

紫禁城城墙上开设四门,除了南门——午门之外,东、西分别为东华门、西华门,北门玄武门(清代康熙朝因避康熙帝"玄烨"之讳,改称神武门)。

其中神武门面阔五间,周回廊,重檐庑殿顶,城台开设三座门洞,内设钟鼓以报时。清代选秀女亦在神武门内进行(图3-2-5)。

东华门、西华门形制基本与神武门一致,东华门为朝臣和内阁官员进出宫城之门[6](图3-2-6);西华门为皇帝、后妃去西苑三海(即北海、中海和南海)或京西苑囿时进出之门(图3-2-7)。由于东华门主要为大臣进出之门,故形制低于宫城其余各门,但由于造型需要对称,因此外观与西华门一致,仅仅门钉数上透露出等级之高低:神武门、西华门每个门扇均为九行九列八十一枚门钉,而东华门每个门扇为九行八列七十二枚门钉。与东华门相同的还有午门的左右掖门(隐藏在两翼阙楼侧壁),

图3-2-6 紫禁城东华门

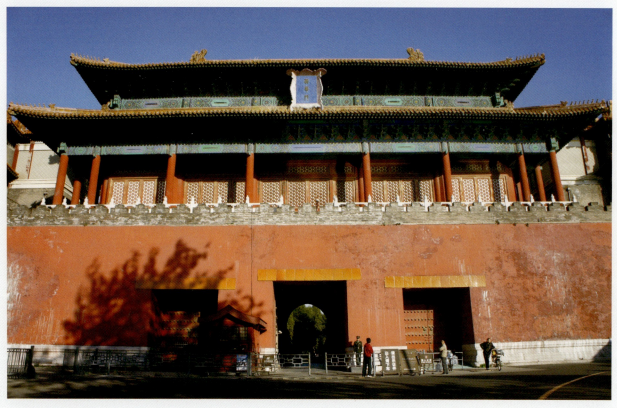

图3-2-7 紫禁城西华门

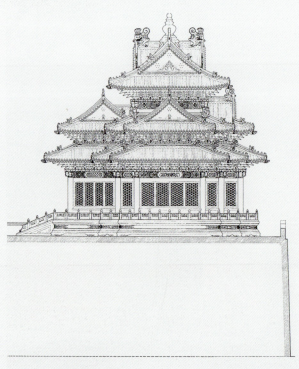

图3-2-8 紫禁城角楼立面图（图片来源：《东华图志》）

也是九行八列七十二枚门钉，形制低于午门的正面三座大门。

三、角楼

紫禁城四角各矗立一座角楼，造型轻巧玲珑，极富装饰意味：角楼中央是三开间的方形亭楼，四面各出抱厦一座，整个平面呈"十"字形；立面造型刻意模仿宋画中的黄鹤楼、滕王阁等楼阙，结构精巧，最顶部的十字脊镀金宝顶以下，共三檐、七十二脊，上下重叠，纵横交错，堪称鬼斧神工、美轮美奂（图3-2-8）。

角楼之优美轮廓配上长长的灰色宫墙以及护城河畔绿柳青青，可谓是老北京的经典一景（图3-2-9、图3-2-10）。尤其在紫禁城护城河西北隅东望，左有景山五亭，右有紫禁城东北角楼，加上筒子河河水倒映，夕阳西下之际诚为古都北京最美的画卷之一（图3-2-11、图3-2-12）。

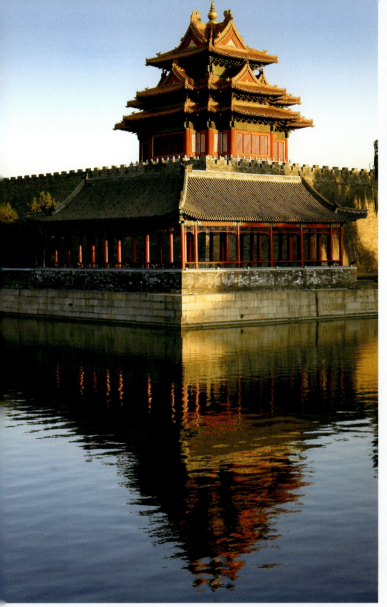

图 3-2-9 紫禁城角楼暮色

图 3-2-10 紫禁城角楼雪后

图 3-2-11 民国时期的紫禁城城墙、角楼、筒子河及景山（图片来源：《北京老城门》）

图 3-2-12　今天的紫禁城城墙、角楼、筒子河及景山

第三节　前朝

紫禁城"前朝"主要包括中轴线上的"三大殿"（即太和殿、中和殿与保和殿）和左辅右弼的文华、武英二殿及其附属建筑，此外还有内阁官署及一些府库。前朝占据了紫禁城的大半面积，建筑群规模宏大，布局疏朗，是最能体现皇权威严和紫禁城建筑艺术的部分（图3-3-1）。

以下略述紫禁城前朝之主要建筑。

一、太和门

太和门为紫禁城三大殿的序幕。进入午门即是宽阔的太和门广场，面积达26000平方米（图3-3-2）。内金水河从广场中部蜿蜒流过，五座汉白玉石桥跨河而建，为午门与太和门之间壮丽的广场增添了几分柔媚（图3-3-3、图3-3-4）。⑦

太和门面阔九间，进深四间，重檐歇山顶（图3-3-5）。门前左右立威武铜狮一对（图3-3-6）。明代皇帝有时在这里受理臣奏，下诏颁令，称为"御门听政"（图3-3-7）。⑧

太和门左右并列昭德、贞度两个侧门；东西庑有协和、熙和二门，可通文华、武英二殿。东西两庑，东为稽察上谕处及内阁诰敕房，西为缮书房及起居注公署。

二、三大殿

穿过太和门即抵三大殿。紫禁城三大殿明初建成时分别称奉天殿、华盖殿、谨身殿；明末称皇极殿、中极殿、建极殿，清代改为太和殿、中和殿、保和殿。

三殿共同坐落在"干"字形布局的汉白玉台基之上（从皇位坐北朝南看则为"土"字形，代表五行中的"土"，象征中央最尊贵的方位），台基总面积25000平方米，高8.13米（合2.56丈），分成三层，俗称"三台"（图3-3-8）。每层皆作须弥座形式，周以汉白玉栏杆，共有望柱1458根。每根望柱头上都雕有精美的云龙和云凤纹饰。每根望柱下的地栿外侧伸出一枚称作"螭首"的兽头吐水口，每到大雨天，三台上数以千计的螭首即呈现"千龙喷水"的壮观奇景，即所谓"小雨如注，大雨如瀑"。

三大殿共居崇台之上，屋顶依重要程度而依次

图 3-3-1　紫禁城前朝建筑群俯瞰

禁城宫阙

图 3-3-2 太和门广场全景

图 3-3-3 紫禁城内金水桥

图 3-3-4 紫禁城内金水河

图 3-3-5　太和门正面（图片来源：赵大海摄）

图 3-3-6　太和门前铜狮

图 3-3-7　太和门内景

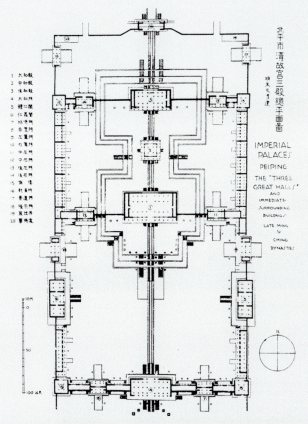

图 3-3-8 紫禁城三大殿总平面图（图片来源：梁思成《中国建筑史》《梁思成全集》第四卷）

呈现为庑殿、攒尖与歇山三种造型，这样的巧妙设计使三大殿的轮廓错落有致，富于变化，既庄严又带有韵律感（图 3-3-9～图 3-3-11）。

（一）太和殿

太和殿是整个紫禁城最重要的殿宇，明、清两代皇帝即位、大朝会等最隆重的大典都在这里举行，主要包括皇帝即位、皇帝大婚、册立皇后、命将出征以及每年元旦、冬至和皇帝生日三大节等。太和殿在明代共经历三次火灾和三次大的重建，分别为：永乐十九年（1421年）大火，正统六年（1441年）重建；嘉靖三十六年（1557年）大火，嘉靖四十一年（1562年）重建；万历二十五年（1597年）大火，天启七年（1627年）重建。李自成是否烧毁了太和殿不得而知，清康熙十八年（1679年）大火前又重修（或冠以"重建"之名）两次：顺治三年（1646年）、康熙八年（1669年）。康熙十八年大火后，康熙二十九年（1690年）筹备重建，直至康熙三十四年（1695年）开工，又花了两年半时间建成——这就是我们今天看到的太和殿。

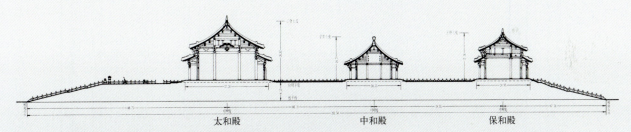

图 3-3-9 紫禁城三大殿总剖面图（图片来源：《紫禁城宫殿》）

图 3-3-10 三大殿夕照全景

图 3-3-11 由弘义阁俯瞰三大殿（图片来源：清华大学建筑学院中国营造学社纪念馆）

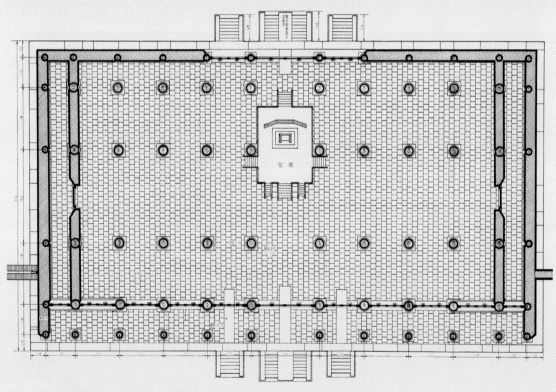

图 3-3-12 太和殿平面图（图片来源：《紫禁城宫殿》）

太和殿面阔九间（外加侧廊共十一间）、进深五间，仍取"九五之尊"之意，上覆重檐庑殿顶，为中国古代建筑屋顶的最高等级（图 3-3-12～图 3-3-15）。今天的太和殿为清康熙时重建，建筑面积 2377 平方米（按台基算），由台基下地面至正脊上皮总高 35.05 米（约合 11 丈），为中国现存木构建筑规模最大者。⑨ 太和殿前的台基上陈设有日晷、嘉量、铜龟、铜鹤等雕刻，以象征江山永固、万寿无疆等愿望。龟、鹤腹中还可焚香，举行仪典时，奉天殿前香烟缭绕，更增加神秘庄重的气氛。

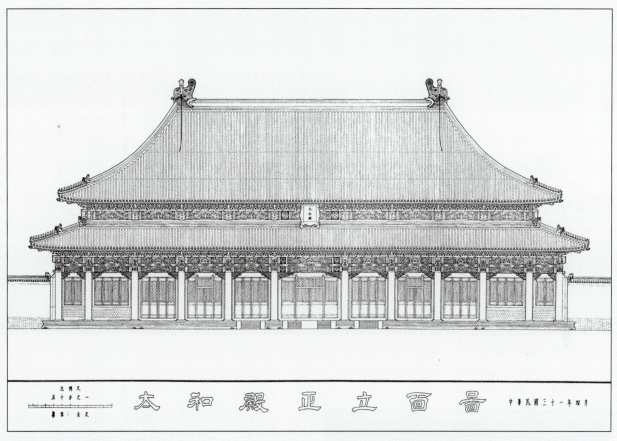

图 3-3-13 太和殿立面图（图片来源：《东华图志》）

图 3-3-14 太和殿正立面全景

图 3-3-15　太和殿侧面全景

图 3-3-16　太和殿内景（图片来源：楼庆西摄）

太和殿内正中设镂空透雕的金漆基台与宝座。正对宝座上方，设有雕着口衔宝珠的蟠龙的藻井，其余全部为金龙图案的井口天花。宝座后面有屏风和羽翣，宝座两侧有六根盘龙大金柱，更衬托出大殿的金碧辉煌（图 3-3-16）。

太和殿作为天子发布政令之庄严所在，处处取《周易》乾卦之象征含义：

"大哉乾元，万物资始，乃统天。云行雨施，品物流行。大明始终，六位时成。时乘六龙以御天。乾道变化，各正性命，保和太和，乃利贞。首出庶物，万国咸宁。"⑩

不仅太和殿殿名（包括保和殿殿名）取自乾卦，太和殿六根盘龙金柱，一方面是室内设计的杰作，一方面也象征着乾卦中所谓"大明始终，六位时成。时乘六龙以御天"，并且六根立柱的造型本身也象征着乾卦即六根阳爻的形象。从太和殿中央藻井龙口中垂下的巨大白色金属球称作轩辕镜，象征着轩辕星，而轩辕星在古人观念中是主雷雨之神——于是太和殿宝座之上悬挂轩辕镜就是象征乾卦中所谓的"云行雨施，品物流行"。

(二) 中和殿

中和殿为皇帝入太和殿举行典礼前的休息之所。[11] 平面为正方形，各面均为五间，单檐攒尖顶，上安镏金宝顶（图3-3-17、图3-3-18）。然而永乐十八年（1420年）李时勉所作《皇都大一统赋》称："奉天凌霄以临位，谨身镇极而峥嵘，华盖穹崇以造天。"有学者认为永乐时期的华盖殿（即今中和殿之前身）并非今天方檐攒尖顶造型，而是圆形攒尖顶造型，即古人所谓"天圜如张盖"，如果这样，永乐时期的华盖殿会比较接近今天天坛皇穹宇之造型。尤其是清代宫廷绘画《万国来朝图》中，中和殿即是单檐攒尖圆顶之造型。

(三) 保和殿

保和殿为皇帝宴番臣和举行殿试之所，阔九间、深四间，重檐歇山顶（图3-3-19、图3-3-20）。保和殿北台基中央有一雕龙御路，为整石雕成，系故宫中最大的石雕，镌刻极为生动精美。此巨石长16.57米，宽3.07米，重约250吨。将这样的巨石由北京西南的房山运抵紫禁城，需要特别选在冬季运输：沿途每隔1里打一口井，路上泼水成冰，拽

图3-3-17 由太和殿正脊俯瞰中和殿、保和殿（图片来源：清华大学建筑学院中国营造学社纪念馆）

石于冰上滑行，摩擦阻力较小，即便用这样巧妙的方法，仍需民工两万多名，经近一个月时间才完成运送（图3-3-21）。相比之下，太和殿前御路石雕反不及保和殿后御路石雕，因为太和殿前石雕为三

图 3-3-18 中和殿

图 3-3-19 保和殿

图 3-3-20 保和殿内景

图 3-3-21 保和殿御路石雕

图 3-3-22 太和殿前御道

块石材拼接而成，不过由于工匠的巧妙构思，以御路石雕云纹凸起的曲线作为石材之间的拼合线，因此也算衔接得天衣无缝（图 3-3-22）。[12]

（四）太和殿前广场

三殿四周都以廊庑环绕，形成一个封闭的院落，四角设重檐歇山顶的崇楼（类似紫禁城的角楼，图3-3-23），东、西庑的南段分立文楼（明末称文昭阁，清称体仁阁，图 3-3-24）、武楼（明末称武成阁，清称弘义阁，图 3-3-25）。太和殿东、西庑各32间，东庑之中为体仁阁，西庑之中为弘义阁，东庑之北为左翼门，西庑之北为右翼门。体仁阁、弘义阁两庑为内府银、皮、缎、衣及瓷、茶六大库，虽为库房，但是由于紧邻三大殿，因此形制也极高，二阁皆为黄琉璃瓦庑殿顶。

太和门与三大殿之间围合成紫禁城内同时也是整个北京城最大的广场，浩阔的广场与高峻的三

图 3-3-23　三大殿西南角崇楼

台共同烘托出三大殿，尤其是太和殿君临天下的庄重地位。遇到举行朝典，皇帝升殿，其余人等只能候立太和殿外；丹墀上跪伏的是亲王，丹墀下沿御路两旁的18对刻有官阶的品级山后，是文武官员列队跪拜行礼的地方；称作"卤簿"的仪仗队则由太和殿前向南，往太和门、午门、端门，一直排列到天安门外。内城中轴线的空间自正阳门过棋盘街，先在宫廷广场一收一放，继而经天安门、端门、午门进入太和门广场，又是更加动人心魄的一处空间抑扬，最后整个轴线空间序列终于在太和殿广场、三台和太和殿达到高潮。"建筑是凝固的音乐"——如果说北京城的中轴线是一阙宏大华丽的交响乐，那么由正阳门到太和殿的这一段空间序列的演绎就是这曲交响乐的华彩乐章（图 3-3-26、图 3-3-27）！

（五）清代三大殿改建

明代和清初，紫禁城中轴线的主体建筑群采取"廊院制"布局，采用廊庑环绕主建筑并以左右斜廊通达主要殿堂（如太和殿、保和殿、乾清宫、坤宁宫两侧皆由斜廊与周围廊庑相连）；明代紫禁城建成不久，三大殿即为火焚，清初恢复三大殿建筑群后又屡遭火灾。廊院式布局使得失火之际主体建筑群往往相互延烧，难于救济。康熙十八年（1679年）火灾后，在康熙三十四年（1695年）重建时，一改明代以来的"廊院制"布局，取消了主殿两翼的斜廊，代之以阶梯状的封火墙；此外，三大殿东、西侧原本一气呵成的廊庑也均以若干道封火山墙分隔成相对独立的段落。后两宫也作了类似的改造。这个出于防火考虑的改造大大改变了中轴线建筑群的空间效果：原来环廊相属的院落之间，空间互相渗透，显得层次丰富、轻盈通透；改造之后各重殿庭之间隔以高大的红墙（封火墙），通透性消失殆尽，不过换来的是庭院空间的完整性，尤其太和殿前的广庭围合感更强，空间的凝聚力和庄严效果有所提升。

此外，由太和殿、保和殿两侧红墙上的四个小小的门洞[13]北望，可以遥见内廷建筑群以及景山万

图 3-3-24　体仁阁

图 3-3-25　弘义阁

图 3-3-26 太和殿前广场全景(图片来源:赵大海摄)

图 3-3-27　太和殿前广场雪后

图 3-3-28　由保和殿西侧小门北望紫禁城内廷及景山

春亭，可谓"小中见大"，有杜甫诗句"窗含西岭千秋雪"之意境（图 3-3-28）。

三、文华殿、文渊阁

文华殿、武英殿建筑群为前朝除了三大殿之外最主要的建筑群，一左一右拱卫着三大殿建筑群，一如隋东都洛阳文成、武安二殿（唐代称文思、武成）之制。

（一）文华殿

文华殿位于前朝东路，主殿为"工"字形平面，前殿文华殿与后殿主敬殿之间连以廊庑，前后殿均为单檐歇山顶。工字殿为中国古代建筑中常见形式，就北京而言，金中都、元大都宫殿的正殿都是工字殿，紫禁城中的文华殿、武英殿、养心殿、奉先殿、养性殿等都是工字殿。三大殿和后三宫的台基也都是工字形，清晰地反映了由工字殿蜕变演化的痕迹。另外，明代北京千步廊两侧各衙署正堂也都是工字殿布局，北京东岳庙等建筑中也保留有工字殿的做法。

文华殿在永乐初建时原为皇太子宫，亦称东宫，明嘉靖元年改为皇帝举行"经筵"之所，易绿琉璃瓦为黄琉璃瓦（图 3-3-29、图 3-3-30）。文华殿前有文华门及东、西配殿，文华门与文华殿间以高起的甬道相连。⑭

现存文华殿建筑群重建于清康熙二十二年（1683 年）。清乾隆年间更于文华殿北建造了著名的文渊阁。

（二）文渊阁

乾隆三十八年（1773 年）开《四库全书》馆，以纪昀（晓岚）为总裁，编制《四库全书》，翌年始建文渊阁于外朝东路文华殿北，以备庋藏《四库全书》，至四十一年（1776 年）建成。⑮

文渊阁乃仿照明代宁波著名藏书家范钦的"天一阁"建造。⑯ 书籍最怕失火，因此天一阁取名"天一"，面阔六间，取《易经》大衍郑注"天一生水，地六成之"之意，欲以水克火。文渊阁色彩取冷色，屋顶施黑琉璃瓦（黑色代表五行中的水），正脊、垂脊皆为云龙雕饰，皆取以水克火之意。阁前更设有水池、石桥，阁后假山环布，阁东御碑亭内立乾隆御制"文渊阁记"碑。阁中藏《四库全书》36304 册，并另藏《四库荟要》（12000 册）、《古今图书集成》、《四库全书总目》、《四库全书考证》等，成为紫禁城中最大的一座图书馆（图 3-3-31）。

仿天一阁建成之文渊阁建筑在紫禁城内属形制至为特殊者（图 3-3-32、图 3-3-33）：首层面阔六间（包括东部五间，而西端又增出一小间作楼梯

图 3-3-29 文华殿（图片来源：赵大海摄）

间，不过主轴线仍取东部五间的中央明间，并且与文华殿建筑群中轴线对齐），进深三间并前后出廊，外观二层，但两层楼中设有夹层，因此内部为上、中、下三层，下层置《古今图书集成》、《四库全书总目》、《四库全书考证》等书以及四库的经部，中层置史部，顶层置子部和集部。建筑各层平面布置完全对应其藏书分布：下层中央三间为广厅，置宝座（图 3-3-34），为经筵礼毕赐茶之处，两侧以书橱隔为东西暖室；中间夹层为"∏"形平面，中空部分与首层大厅成为共享空间，此全列书橱层；顶层亦全列书橱，仅明间正中设书槅，书槅两面置御榻。

阁外观尤其是色彩迥异于紫禁城其他建筑：屋顶为黑琉璃瓦绿剪边歇山顶，柱及栏杆作深绿色，隔扇槛窗为褐黑色，额枋彩绘为青绿为主的苏式彩画，色彩以冷色为主，与紫禁城建筑群的红黄暖色调大相径庭，因此成为紫禁城中一道独特的风景。其中一些梁枋的彩画还专门设计为线装书的图案，算是为文渊阁这座四库全书的图书馆量身定做的彩

图 3-3-30 文华殿穿廊内景

图 3-3-31 文渊阁及水池（图片来源：赵大海摄）

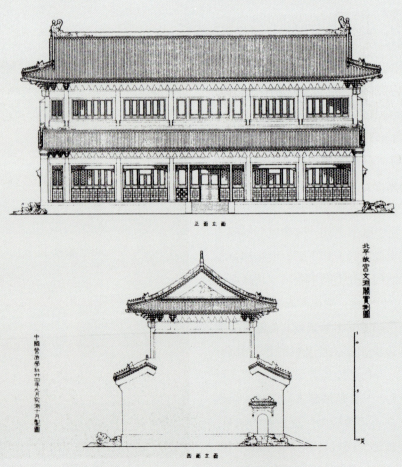

图 3-3-32 紫禁城文渊阁正立面、侧立面图（图片来源：《梁思成全集》）

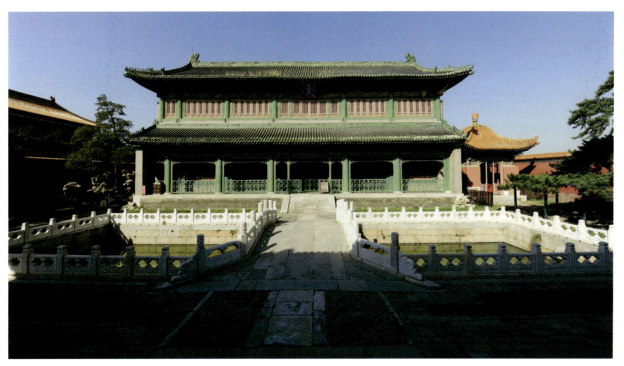

图 3-3-33 文渊阁正面外观（图片来源：赵大海摄）

画题材（图 3-3-35）。此外值得一提的是：文渊阁虽仿天一阁而建，然而通身上下已全部呈现北方官式做法，只是"略师其意"而已，尤其是屋顶将天一阁的硬山式改为歇山式以适应紫禁城宫殿建筑的外观，并且与山面的磨砖实墙和一层腰檐的硬山顶形成了奇异的造型组合。

文渊阁东侧御碑亭小巧玲珑，屋顶为攒尖盔顶造型，翼角反翘极高，非北方建筑样式，也是受南方建筑影响的一个反映（图 3-3-36）。

（三）传心殿

文华殿东侧的传心殿建筑群为奉祀皇师、帝师、王师、先圣、先师之所。据《日下旧闻考》载：

"传心殿东西设两角门，北向者五楹为治牲所，南向者三楹为景行门。院东井亭一，殿五楹，其后祝版房三楹，神厨三楹，再后直房五间。殿内祀皇师伏羲氏、皇师神农氏、皇师轩辕氏、帝师陶唐氏、帝师有虞氏、王师夏禹王、王师商汤王、王师周文王、王师周武王，均正位南向，先圣周公东位西向，先师孔子西位东向。每岁皇帝御经筵，先遣官祗告。惟乾隆六年仲春经筵，上亲诣传心殿行礼。"⑰

图 3-3-34 文渊阁一层明间内景（图片来源：赵大海摄）

图 3-3-35 文渊阁彩画——以书籍为题材

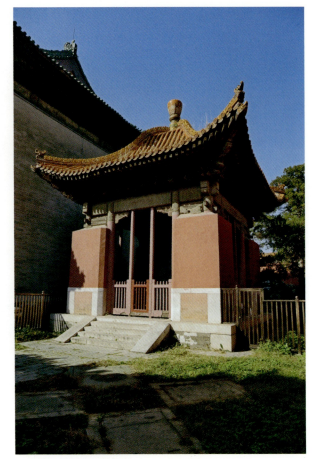

图 3-3-36 文渊阁盝顶碑亭

四、武英殿

（一）武英殿

武英殿位于前朝西路，明代时为皇帝斋居和召见大臣的宫殿。明末农民起义领袖李自成进京后曾在此办理政务。清乾隆年间，这里成为宫廷修书、印书的地方，所印书籍称为殿本书。武英殿为故宫中难得的保留明永乐时期风貌的建筑群。

内金水河从殿前流过，河上架汉白玉石桥三座（图3-3-37），这样的布局使得武英殿前比之文华殿多了几分柔媚。武英殿建筑形制与文华殿类似，主殿武英殿与后殿敬思殿由廊庑相连，形成"工"字殿格局（图3-3-38）。⑱

（二）断虹桥

内金水河由此相对逶迤而去，经太和门广场继续向东，流经文渊阁前，向南经东华门西侧，由紫禁城东南隅流出。武英殿东侧不远处有一座优雅石桥，为紫禁城中历史最悠久的桥梁——断虹桥（图3-3-39）。

（三）浴德堂

浴德堂位于武英殿院内西北隅，由两部分组成，前为殿堂，后为浴室，为紫禁城中惟一一处宫廷浴室建筑。其形制极为特殊：浴室位于前殿后，二者以券洞相通，券洞开在后檐墙上，券门宽1.26米，券洞长约5.2米，中间砌墙作屏风，厚0.8米，故在平面上呈曲尺形，浴室面积约为16平方米，四周墙体厚达1米以上，券洞及浴室内均贴白琉璃瓷砖，排水口位于浴室东北角。浴室墙中间部分四角叠涩挑出变为八角形，在上部形成瓮顶（即穹顶），瓮顶正中开有一个直径0.6米的采光天窗，活似一

图 3-3-37　武英门
（图片来源：赵大海摄）

图 3-3-38　武英殿
（图片来源：赵大海摄）

图 3-3-39　断虹桥

图 3-3-40 浴德堂采光天窗与穹顶（图片来源：《紫禁城原状与原创》）

个小小的古罗马万神庙（图 3-3-40）。浴室墙外西北有井，上建井亭，为浴室水源。浴室北侧有灶屋，设有烧水的铜锅，灶屋与浴室有小孔相通，内设铜管注水。井亭之水通过石制水槽引入灶屋之中。有学者认为浴德堂浴室是元大内浴室遗存，主要功能是明初帝王在武英殿（当时功能是斋宫）斋戒时的沐浴之所，也有可能是帝王死后的沐浴之处，抑或是帝王死后尸体冷冻之处，不一而足，更有人称其为乾隆宠妃香妃沐浴之所。[19]

此外，武英殿北在明代时建有仁智殿建筑群。仁智殿俗称白虎殿，是明代皇帝梓宫停供之地，其东南有思善门，皇帝驾崩后，百官要穿素服到思善门外"朝夕哭"。清代，在仁智殿旧址建起内务府。

五、内阁、内务府及府库

内阁位于文华殿南，紧贴紫禁城南墙东段。现存为清代格局，大门西向，二门南向，除大堂覆黄琉璃瓦外，其余辅助建筑覆灰瓦。内阁以东还有红本库、实录库、东库、南库等。文华殿东、东华门北还有国史馆、国史馆大库等。文渊阁东北还有上驷院衙署。上驷院西北有箭亭五间，坐北朝南，周以檐廊，中设宝座，宝座东设卧碑一座，刻乾隆十七年（1752 年）上谕，箭亭是满族骑射传统的象征。

武英殿西南有三间歇山小殿曰南薰殿，为存放历代帝王像之所在，该殿不仅有明代木构架及天花藻井，而且保留有明代彩画，极为珍贵。南薰殿东南有激桶处（相当于紫禁城内的消防队）、灯库等；西华门北侧还有器皿库、冰库。

武英殿北侧为内务府公署、果房、冰窖、造办处等。

综观前朝之东、西路建筑群，分别以文华殿、武英殿建筑群为中心，其他如内阁、府库等机构紧贴城墙布列，环绕文华、武英二殿，布局疏朗，隙地较多，与前朝太和门、三大殿空间相配套。

第四节 后寝

紫禁城"后寝"布局紧凑，庭院众多，富于生活气息（图 3-4-1）。其布置大致可分为中轴线上的"后三宫"（即乾清宫、交泰殿与坤宁宫，为帝后寝宫）、御花园以及对称分布于中轴两侧的"东西六宫"（妃嫔宫室）、"乾东西五所"（皇子宫室），此外还包括清雍正朝以后的帝后寝宫"养心殿"、"外东路"（乾隆改建的太上皇宫殿宁寿宫）、"外西路"（太后、太妃宫殿）等。

据记载，紫禁城后寝在规划设计时，是以乾清宫和坤宁宫象征"天地"，以乾清宫左右的日精、月华二门象征"日月"，以东、西六宫象征"十二辰"，以乾东、西五所象征"众星"，以"仰法天象"来表示帝王的统治是"上应天命"。

一、乾清门

乾清门为后寝正门，其与后三宫的关系一如太和门与前三殿的关系。门面阔五间，单檐歇山顶，两旁有镏金铜狮，门左右有八字琉璃影壁，十分华丽（图 3-4-2、图 3-4-3）。门内有高甬道（亦称丹陛），直通乾清宫前月台。

门前为一座东西横长的广场，作为外朝与内廷之过渡。门左右为左、右内门，通东、西六宫；广场东西两端为景运、隆宗二门，通外东路宁寿宫和外西路慈宁宫（图 3-4-4）。

图 3-4-1　由保和殿北望紫禁城后寝及景山

图 3-4-2　乾清门

图 3-4-3　乾清门铜狮

图 3-4-4　乾清门前横街俯瞰（图片来源：清华大学建筑学院中国营造学社纪念馆）

二、后三宫

后三宫为后寝的主体建筑,可谓前三殿之"具体而微者"——除体量较小之外,乾清、交泰、坤宁三殿分别与太和、中和、保和三殿一一对应(图3-4-5)。[20] 不过,后三宫与前三殿也有一些细微差别,如前三殿的保和殿为重檐歇山顶,而后三宫的坤宁宫为重檐庑殿顶;前三殿的台基三台全部是白石栏杆环绕,而后三宫除了乾清宫前半部用白石栏杆之外,后半部均用琉璃灯笼砖,更富于生活气息。后三宫在明代屡毁屡建,现存者则为清顺治十二年(1655年)重建。

(一)乾清宫

乾清宫面阔九间,重檐庑殿顶。明代乾清宫为皇帝正寝,历代明帝均居住于乾清宫。《日下旧闻考》引《宙载》描述了乾清宫复杂的殿内陈设:

"暖阁在乾清宫之后,凡九间。中一间置床三张于房下,即以天桥上左一间之下置床三张于上,又以天桥下左二间之下置床三张于下,又以天桥上左三间之上间又置床三张于上,又以天桥下左四间之下间置床三张于下,右四间亦如之。天桥即人家楼梯也。凡九间,有上有下,上下共置床二十七张,天子随时居寝,制度殊异。"[21]

可见,巨大的乾清宫后部为暖阁,由天桥(楼梯)分作若干不同隔间,一共设有27张床供帝王在不同情况下就寝。

清代从雍正起改居养心殿。乾清宫改为皇帝日常办公、接见大臣和外国使臣、受贺、赐宴之所(图3-4-6)。殿前月台东西侧有石台,台上陈设一对镏金铜殿,称"社稷江山金殿"(图3-4-7)。此外一如太和殿前陈设日晷、嘉量、铜龟、铜鹤及香炉等(图3-4-8~图3-4-12)。各色陈设其实都是象征江山永固、长寿延年等寓意。清代康熙帝以乾清宫为内廷理事之所,因而围绕乾清宫的廊庑内设置了一系列办公、学习以及生活服务用房,而帝王的"御门听政"也由明代太和门移至乾清门,从康熙至咸丰等六朝一直延续此制,从而大大提高了乾清宫建筑群的地位,使其由皇帝的寝宫变为一处多功能的建筑群,成为清宫内廷的政治、起居中心。康熙六十一年(1722年),在乾清宫广庭设"千叟宴",

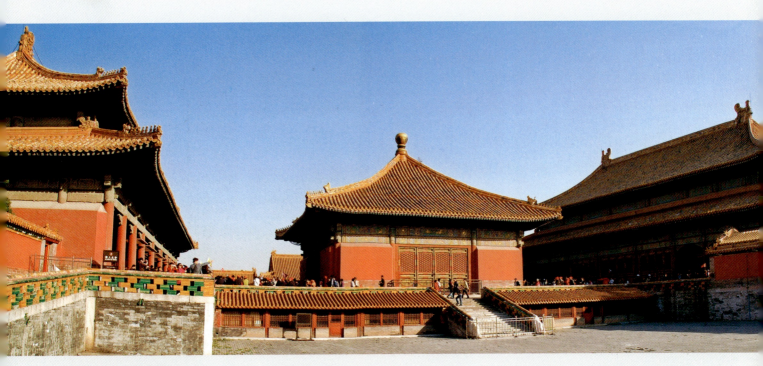

图3-4-5 后三宫全景

图 3-4-6 乾清宫

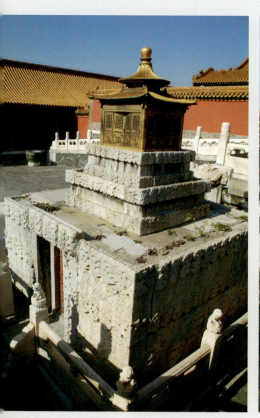

图 3-4-7 社稷江山金殿

图 3-4-8 乾清宫前日晷

图 3-4-9 乾清宫前嘉量

图 3-4-10 乾清宫前铜龟

图 3-4-11 乾清宫前铜鹤

图 3-4-12 乾清宫前香炉

图 3-4-13 （清）《千叟宴图横幅》（藏于中国国家博物馆）（图片来源：《中国国家博物馆馆藏文物研究丛书·绘画卷（风俗画）》）

图 3-4-14 乾清宫内景

召六十岁以上大臣、职官、近畿之民七百三十余人与宴，一时传为盛事；乾隆五十年（1785年），依康熙旧例，再次举行千叟宴，与宴者达三千人，共设八百桌，布满殿廊下、月台、甬道、丹陛下广庭，规模空前（图 3-4-13）。春节前后，乾清宫前张灯数万盏，其间数丈高的天灯两座，以示升平。凡此种种，足见乾清宫在清代已成为紫禁城三大殿以外又一处中心，其使用功能极为丰富，使用率也远较外朝为高，尤其乾清门听政、千叟宴之举，更对官员乃至庶民开放，体现出与明宫内廷禁地大不相同的一番景象（图 3-4-14）。

（二）交泰殿

交泰殿为单檐攒尖顶方殿，为存放皇帝御玺之所。殿内左安铜壶滴漏，右安自鸣钟。其门扇雕饰以龙凤为主题，突出了建筑物象征"阴阳交泰"的含义（图 3-4-15）。交泰殿名取自《周易》中的泰卦，以表乾坤相交之意。明代乾清宫为皇帝居所，坤宁宫为皇后居所，有学者推测交泰殿为明代帝后过夫妻生活之所。[22] 清代交泰殿是皇后在三大节等日子接受朝贺的地方。朝贺时，皇贵妃、贵妃、妃、嫔、公主、福晋（亲王、郡王、世子、贝勒之妻）、命妇（有封诰的二品以上大臣之妻）等都要在这里行礼。乾隆及以后，交泰殿还一直是存放皇帝御玺之所在。

（三）坤宁宫

坤宁宫在明代为皇后居所，面阔九间，重檐庑殿顶。清代依照奉天行宫（今沈阳故宫）清宁宫旧制，将其改为萨满教祭神之所，同时是皇后"行大赏罚之所"以及皇帝大婚之所。坤宁宫面阔七间周回廊，东边两间的东暖阁为皇帝大婚的"洞房"；西边尽间为夹屋，中部四间为神堂，堂内按满族习俗沿北、西、南三面设"卍"字炕，俗称"口袋居"。北墙东侧设烹煮祭肉的大锅及肉案——每年元旦次日及春秋两季举行大祀神于坤宁宫，以大锅煮胙肉（即祭肉），皇帝坐南炕，众官坐于侧，分食胙肉，皇后则于东暖阁内率妃嫔同受胙分尝。至今，坤宁宫后犹可见用于烹肉排烟之烟囱，十分碍眼（图3-4-16）。可见有清一代，坤宁宫已由寝殿变为满族萨满教的神堂，另外也作为皇帝的喜房，表现出了满族较为独特的习俗——整个紫禁城最能突出反映满族生活习惯者当属此殿。

三、御花园

御花园建于明景泰六年（1455年），位于坤宁门以北，居于紫禁城中轴线末端——它是庄严肃穆的禁宫之中难得的一处轻松活泼的所在。其面积仅1.2公顷，不足紫禁城面积的2%。园中建筑密度很高，依照轴线对称的格局来安排，园路布设也呈纵横交错的几何式，山池花木仅作为建筑群的陪衬和庭院的点缀——这与一般的中国古典园林大相径庭，但却极好地配合了紫禁城的气氛，没有因为园林的自然形态而破坏紫禁城中轴线一以贯之的威严氛围（图3-4-17）。

全园按中、东、西三路布置，中路偏北为主殿"钦安殿"，钦安殿前两株白皮松遮天蔽日，减弱了主殿中轴对称的呆板之感。东、西两路采取对称手法布局景观建筑物，其中最妙的是处于东、西路轴线中点的万春、千秋二亭，平面皆为十字形，屋顶

图3-4-15 交泰殿隔扇

图3-4-16 坤宁宫后部烟囱

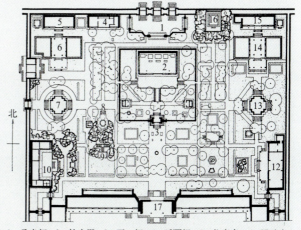

1-承光门；2-钦安殿；3-天一门；4-延晖阁；5-位育斋；6-澄瑞亭；7-千秋亭；8-四神祠；9-鹿囿；10-养性斋；11-井亭；12-绛雪轩；13-万春亭；14-浮碧亭；15-摛藻堂；16-御景亭；17-坤宁门

图3-4-17 御花园平面图（图片来源：《中国古典园林史》）

首层檐为十字形,顶部则变为圆形攒尖,台基四面出陛,周以白石栏杆,两亭造型玲珑曼妙,婷婷对立,为园内最优美别致的景色(图3-4-18)。亭内部更有一圈高侧窗带来神秘的光线效果,圆形藻井犹如悬浮一般(图3-4-19)。此外,御花园北门——承光门东侧,为太湖石堆叠的假山——"堆秀山",山下有洞穴,洞内还在石板上雕出天花藻井;山间还藏有储水缸,可以注水从下面的龙头喷出;沿左右可登上山顶的"御景亭",这是帝后重阳登高、眺望紫禁城的佳处(图3-4-20)。与之相呼应,西南端养性斋东北亦设大假山一座,山前建"鹿囿"石台,登台俯瞰园景也是赏心乐事。

虽然二十余处建筑在园中布置基本对称,但是工匠却极尽巧思,令其造型各异(共十几种不同类型),在严整中力求变化,加上假山、树木、水池、花卉的配合,足以令这座布局严谨的禁宫花园也趣味盎然。梁思成评价道:

"禁中千门万户,阁道连云,虽庄严崇闳,不无枯涩之感。独御花园幽深窅窱,与宁寿宫之乾隆花园及慈宁宫花园,并称胜境"。㉓

钦安殿

御花园主殿钦安殿是紫禁城中最重要的道教建筑,也是紫禁城中轴线上惟一的纯宗教建筑(坤宁宫虽在清代改建中被赋予萨满教祭神功能,但毕竟还有其他功能),非常值得注意。某种程度上说,钦安殿是紫禁城建筑群中非常具有永乐帝朱棣个人烙印的建筑。钦安殿内供玄天上帝(即真武神,亦称玄武神)。永乐帝十分崇信真武神,"靖难之役"也是打着真武神显灵庇佑之旗号,声称真武化现天兵翊助永乐夺取帝位。因此,朱棣不仅在武当山大修宫观奉祀真武神(于永乐十年即1412年始建,与紫禁城约略同时),形成了宏伟壮阔的武当山宫观建筑群,同时还在北京紫禁城中轴线北端(代表玄武的方位)建造奉祀真武的钦安殿,甚至把真武画像画在了奉天殿(太和殿之前身)的斗栱上。此外,玄武属北,象征水,钦安殿供奉玄武大帝,又位居

图 3-4-18　御花园万春亭

图 3-4-19 千秋亭室内仰视

图 3-4-20 御花园堆秀山及御景亭

紫禁城中轴线北端，有"防火"的象征性作用；钦安殿丹陛上雕有六条龙，亦是"天一为水，地六成之"的寓意。

钦安殿面阔五间，前出抱厦五间，重檐黄琉璃盝顶，上有渗金宝瓶一座，造型极其特殊（图3-4-21、图3-4-22）。大殿梁柱均由巨大的楠木建造，为紫禁城珍贵的永乐时期遗存。其台基的雕花栏板亦精美绝伦，堪称紫禁城之最（图3-4-23、图3-4-24）。殿内陈设也较完整地保存了乾隆时期的陈设面貌：以中央正龛为中心，向东依次为东重檐龛、东大龛、东红油贴金木龛、东描金漆神龛、东二红油贴金木龛；向西依次为西重檐龛、西大龛、西红油贴金木龛、西描金漆神龛、西二红油贴金木龛。其中，玄天上帝铜像三尊供奉于正龛和东、西大龛之中，坐像高约2米，均为披发跣足，着铠甲，持宝剑，坐于宝座之上，前供龟蛇之造型。

四、东西六宫

后三宫左右为东、西六宫。东、西六宫各分两列，每列由南至北各三宫，共十二宫。这十二宫为一系列可谓"标准单元"的独立院落，每座庭院占地约

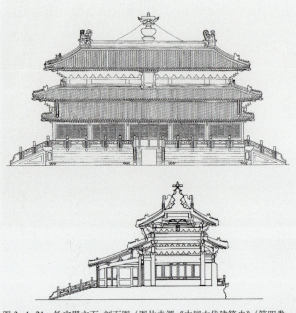

图3-4-21 钦安殿立面、剖面图（图片来源：《中国古代建筑史》（第四卷：元、明建筑））

图3-4-22 御花园钦安殿

图 3-4-23　钦安殿栏板雕饰

图 3-4-24　钦安殿抱鼓石雕饰

2000平方米，环以围墙，由前殿、配殿和寝殿组成，外门为琉璃花门，门内有木制或石制影壁一座，还有井亭一处（图3-4-25～图3-4-31）。各院落之间有纵横街巷联系：南北向的"一长街"宽9米（图3-4-32、图3-4-33），"二长街"宽7米（图3-4-34），东西向的"巷"宽4米（图3-4-35），最为狭长的则是东六宫与宁寿宫之间的长街（图3-4-36）。整个规划井井有条，东西六宫的道路和住宅布局与北京城的"街道－胡同－四合院体系"如出一辙，只是道路尺度比城市街巷略小，而建筑单体尺度比普通四合院民居要大一些而已。

从平面布局上看，前三殿可以简化为三横即乾卦的图案，而东、西六宫各自都可以简化为六短横即坤卦的图案，是阴阳的象征。

清代对西六宫改建较多，东六宫较多地保持了明代格局。慈禧太后对西六宫进行了两次大规模的改建，一是将长春宫的长春门拆除，在长春门与太极殿后殿的位置上，建起一座面阔五间的体元殿，殿北面出抱厦三间，成为长春宫中一座室外小戏台；二是重修储秀宫（慈禧初封贵人时的居所），拆除储秀门，在储秀门与翊坤宫后殿的位置上建起体和殿，扩大了储秀宫的范围，使之成为东、西六宫之首。储秀宫的庭院陈设中出现了龙，亦是东、西六宫之孤例，慈禧改建储秀宫的做法颇似乾隆改建乾西五所即其"潜龙邸"（详见后文）之意味。

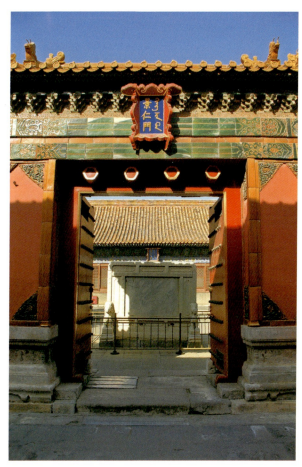

图 3-4-25　东六宫之景仁宫大门及石影壁

图 3-4-26 东六宫之景仁宫正殿

图 3-4-27 东六宫之景仁宫后院寝殿及井亭

图 3-4-28 西六宫之翊坤宫正殿

图 3-4-29 西六宫之翊坤宫东配殿

图 3-4-30　西六宫之咸福宫正殿及木影壁

图 3-4-31　东六宫之延禧宫西洋式殿宇

图 3-4-32　东一街雪后

图 3-4-33　西一街

图 3-4-34　西二街

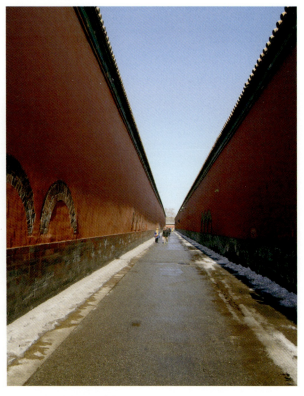

图 3-4-36　宁寿宫西侧长街

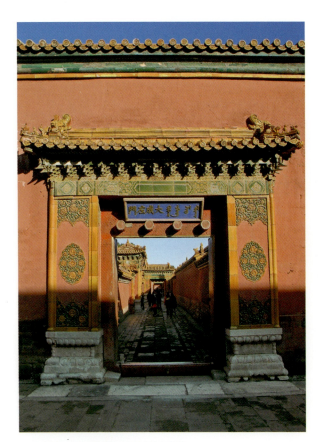

图 3-4-35　东六宫钟粹宫景阳宫南侧横街

五、养心殿

西六宫之南为著名的养心殿。明代时，养心殿为皇帝除了乾清宫之外的另一处燕寝之所。康熙时一度设置了负责内廷工艺制作的造办处于此，同时还是康熙帝日常学习的场所。雍正帝即位后将内廷中心由乾清宫移至紫禁城西路的养心殿，并对其进行了改建。[24]

养心殿外门（养心门）为精致的琉璃门。主体建筑平面为"工"字形，前殿三大间，分别为明间和东、西暖阁，跨度均极大，其中明间面阔3.75丈，东、西暖阁各面阔3.15丈，通面阔10丈。三大间又各自分作三间，其中明间和西暖阁前出抱厦各三间，这种东、西不对称的格局源于不同阶段陆续的改建。后殿五间，为皇后住所。中间以穿堂相连，亦为五间。后殿东、西朵殿各三间。东、西配殿各五间（图3-4-37、图3-4-38）。

前殿内明间为礼节性空间，设宝座，上有藻井天花（图3-4-39）。

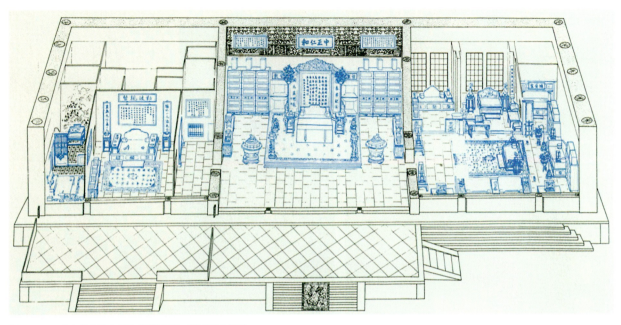

图 3-4-37　养心殿布局示意图（图片来源：《紫禁城宫殿》）

图 3-4-38　养心殿外观

图 3-4-39　养心殿明间内景

图 3-4-40　养心殿东暖阁内景（图片来源：《紫禁城宫殿》）

　　东暖阁为理政及斋居场所，清中期时，南、北方向分作前后室，前敞后抑，前室面西设宝座床，后室建有仙楼，有"寄所托"、"随安室"、"斋室"（即斋居时的寝宫），楼上供佛。东暖阁在同治以后改为召见大臣之所——慈安与慈禧"垂帘听政"即在此处（图 3-4-40）。㉕

　　西暖阁是皇帝起居和召见亲近大臣的地方，为此还在室外抱厦的立柱之间安装了一人多高的板墙以防止窥视。西暖阁隔作三小间，东为走道，中为勤政亲贤殿，西为著名的"三希堂"，以乾隆珍藏的晋人王羲之《快雪时晴帖》、王献之《中秋帖》和王珣《伯远帖》得名，装饰极为精雅，南面装通体大玻璃窗，以利采光。勤政亲贤殿后为长春书屋（后改仙楼佛堂）、无倦斋和梅坞，空间极尽复杂丰富之能事。其中仙楼佛堂以无量寿宝塔为中心，宝塔为紫檀木七层八角楼阁式，象征无量圣界里诸佛、天人之居所。每层有八个玻璃欢门，内供无量寿铜佛，共计 56 尊。宝塔立于上下通高的共享空间之中，上层东、南、西三面设万字栏杆，北面为上下通体之大玻璃窗，为整个佛堂带来采光。楼上绕塔南、东、西三面壁上供奉唐卡，绚烂华美之极，并设供桌。仙楼佛堂东走道通向养心殿明间及后寝，西走道通梅坞，南走道通三希堂。

　　养心殿建筑群尺度宜人，空间小巧而富于变化，生活气氛浓厚，远远有别于中轴线上肃穆压迫的氛围（图 3-4-41、图 3-4-42），实用功能远较乾清宫为佳，故雍正将此处变为施政办公、生活起居的中心地区，且这个变动一直持续到清末——清代宫廷的中心终于离开紫禁城庄严肃穆的中轴线建筑群，融入西路的"生活区"中，这是清代紫禁城宫殿在使用功能上最大的一个变化。清朝帝王们将居所由宫廷中轴线搬到西侧，又有大部分时间干脆在西北郊离宫别苑度过，可以看出尽管入主中原时日已久，但满族人其实并未习惯明代宫廷规整的布局及压抑的气氛，包括北京的气候条件，于是想尽办法获得舒适的生活环境，并尽量亲近大自然，体

图 3-4-41 养心殿小品之一——三头鹤香炉

图 3-4-42 养心殿小品之二——玉璧影壁

现了游牧民族与汉民族不同的生活习惯——也恰恰是这样不同的生活习惯，最终致使清代帝王在北京西北郊大兴苑囿，建造了不亚于明北京城的一座园林之城。

养心殿不仅尺度宜人，而且空间异常丰富，既有明间的礼仪性大空间，又有东、西暖阁复杂多变的小空间（包括仙楼佛堂的二层共享空间），还有穿堂连接后殿寝宫，可谓中国古代建筑中多功能综合空间的典范，充分体现出中国古代建筑灵活多变的室内空间意匠，并且在宁寿宫养性殿以及圆明园保合太和殿中被复制了两次。

六、斋宫、奉先殿及毓庆宫

与养心殿对称的位置上，东六宫之南有皇帝家庙——奉先殿、祭祀前斋戒之所——斋宫及清代皇子居所——毓庆宫（图 3-4-43、图 3-4-44）。毓庆宫后部的工字殿内分隔灵活巧妙，大小空间变幻莫测，堪为紫禁城中的室内迷宫。尤其是后殿的密集隔断，几乎到了三步一凹、五步一室的地步。现状室内使用的内檐装修数量众多，完全摆脱了柱轴线的限制，由板壁、碧纱橱、裙墙槛窗、几腿罩、栏杆罩、落地罩等围合出从完全封闭到完全通透的各种不同的小空间（图 3-4-45）。

七、乾东、西五所

东、西六宫的北侧分别是乾东、西五所，明代为皇子、皇孙居所。[26] 五属阳，为男子之象；六属阴，为后妃之象。清乾隆时期先后将乾西五所改建为重华宫、漱芳斋、建福宫及西花园等园林化的建筑群，其中乾西头所改建为漱芳斋，是重华宫的戏院，乾西二所为核心建筑重华宫，乾西三所是重华宫的厨房，乾西四、五所为建福宫花园（图 3-4-46、

图 3-4-43　斋宫大门

图 3-4-44　奉先殿

图 3-4-45 毓庆宫俯瞰（图片来源：《紫禁城宫殿》）

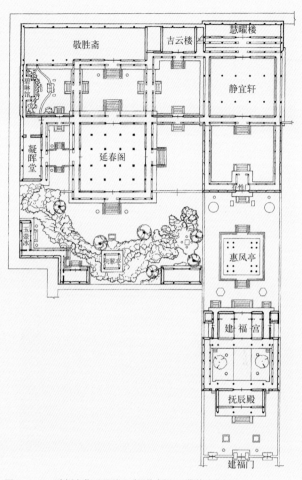

图 3-4-46 建福宫花园平面图（图片来源：《紫禁城宫殿》）

图 3-4-47）。清乾隆时期又在宁寿宫南面建南三所作为皇太子居所。

乾隆作为皇子时住在"西二所"，并于此举行大婚。乾隆即位后，因该所为"龙潜之地"，故升为"重华宫"，作为皇帝新年受贺、茶宴、接见外藩及与文臣赋诗联句之地。从乾隆的大量御制诗可以看出乾隆经常使用此宫，足见其对幼年居所的喜爱。"西一所"则改为漱芳斋，为听戏之所：庭院中面对正殿设一座重檐歇山顶戏台，皇帝元旦受贺或宴请王公大臣时于此看戏。漱芳斋后殿的"金昭玉粹"室内更有一座亭式小戏台，周围墙壁绘作室外园林状，置身其间犹如室外，帝后常常在此用膳，由南府太监（亦称内学，不同于外请戏班）演唱"伺候戏"。"西三所"紧邻重华宫，故改作御膳房。"西四所"及"西五所"合建为建福宫及西花园建筑群——一组集宴赏、集会、园林于一身的宫苑。东半部是布置在南北中轴线上的建福门、抚辰殿、建福宫、惠风亭、存性门、静宜轩、慧曜楼建筑群，其中静宜轩为三卷勾连搭屋顶，富于园林趣味。西半部以延春阁为主体建筑，延春阁（与元大都大内后寝主殿阁同名）规模宏敞，为面阔、进深均为七间并周以回廊的二层方形大阁。阁后为敬胜斋，阁前叠石为山，山巅立积翠亭，此外另有玉壶冰、凝晖堂、碧琳馆、吉云楼以及廊庑等环列四周，既有延春阁的体量与轴线控制整组建筑群布局，同时又不拘泥于严整对称，富有园林趣味，体现出了乾隆年间御苑建造不同于明代御花园的特点，而这样的艺术手法在宁寿宫"乾隆花园"得到了进一步发挥。园内延春阁牡丹、碧琳馆竹子、静宜轩梅花皆为名种，乾隆皆有诗歌题咏，他原拟退位后在此养老，后来又兴建了规模更

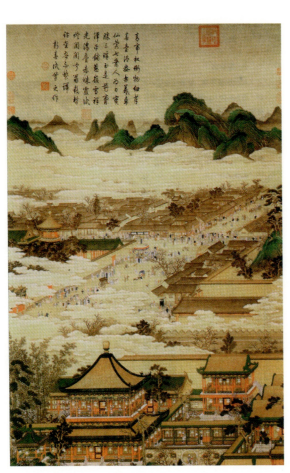

图 3-4-47 丁观鹏绘《太簇始和图》——下部为建福宫花园，上部左侧为大高玄殿（图片来源：《北京紫禁城》）

为钜丽的宁寿宫作为颐养天年之地。可惜民国十二年（1923年）敬胜斋失火，殃及全园，西花园及建福宫建筑群除了惠风亭与假山石，余皆付之一炬（图3-4-48）。[27]

八、南三所

南三所位于文华殿北，南北三进、东西三跨。明朝时，这一带先是太后太妃居住的慈庆宫，后改为端敬殿、端本宫，为东宫太子居所。清乾隆十一年（1746年）建成南三所后，与紫禁城西部慈宁宫相对，遂形成东部皇子、西部太后太妃之居住格局。嘉庆年间，皇子幼年时先住毓庆宫，成婚后移居南三所。此后，道光帝、咸丰帝都曾在此度过他们登极前的日子。

南三所建筑群大部分覆以绿琉璃瓦，对应皇子居所，一如北京城中的王府。南三所共享宫门一座，内为一座东西横长的院落，院落北侧三所一字排开，每所皆是前后三进的标准规格：南端有琉璃门一座，门内木影壁一座，前殿面阔三间，歇山顶，中殿、后殿皆面阔五间，硬山顶，各殿均有东、西配殿三间，

图 3-4-48 复建后的建福宫花园俯瞰（图片来源：《中国皇家园林》）

中殿前有井亭一座。乾隆十九年（1754年），三所又各添建后罩房一座，黑琉璃瓦顶。总体来看，南三所是乾东、西五所的替代，格局十分类似，只是增添了第三进东、西配殿及后罩房。各所与紫禁城外的王府规制类似，前殿为礼仪场所，相当于王府银安殿，中殿是满族祭祀、会客之厅堂，相当于王府后殿，后殿为生活起居空间。

九、宁寿宫（外东路）

宁寿宫在紫禁城东北隅，明代为哕鸾宫、喈凤宫，是年老后妃的居所。清康熙年间改建为太后宫，前名宁寿宫，后名景福宫，景福宫西为花园。乾隆三十七年（1772年）大规模改建宁寿宫，预备作为自己归政后的"太上皇宫"，因而宁寿宫可谓清代兴建的宫廷建筑群之代表，其建筑艺术也充分体现了乾隆朝鼎盛时期的风格。㉘然而乾隆帝退位后并未到此居住，仍在养心殿训政，直至逝世。其后嘉庆、道光、同治各朝仍以宁寿宫为庆典、观戏、筵宴之所。光绪十三年（1887年）光绪帝曾随慈禧太后居住于宁寿宫，光绪帝居养性殿，慈禧太后居乐寿堂，但不久慈禧太后移回储秀宫，光绪帝移回养心殿。宣统元年（1909年）在宁寿宫皇极殿为慈禧太后治丧。

宁寿宫实为紫禁城之"具体而微者"，是一处"城中城"。建筑群东西宽120米，南北深393米，为一纵长平面，故有"左倚城隅直似弦"之谓（图3-4-49、图3-4-50）。宫殿分前、后两部分：前半部分是对康熙年间宁寿宫的改建，以三间

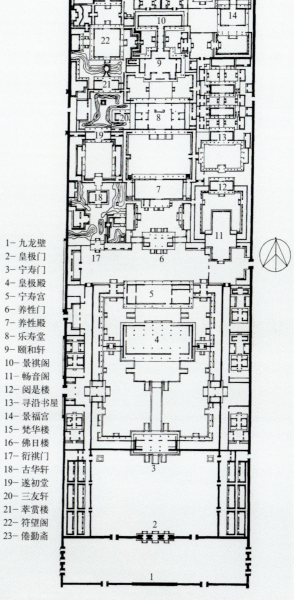

1— 九龙壁
2— 皇极门
3— 宁寿门
4— 皇极殿
5— 宁寿宫
6— 养性门
7— 养性殿
8— 乐寿堂
9— 颐和轩
10— 景祺阁
11— 畅音阁
12— 阅是楼
13— 寻沿书屋
14— 景福宫
15— 梵华楼
16— 佛日楼
17— 衍祺门
18— 古华轩
19— 遂初堂
20— 三友轩
21— 萃赏楼
22— 符望阁
23— 倦勤斋

图3-4-49 宁寿宫平面图（图片来源：《中国古典园林史》）

图3-4-50 宁寿宫鸟瞰

七楼琉璃券门皇极门为正门，其南正对五色琉璃九龙壁一座。门内沿中轴线布置宁寿门、皇极殿（图3-4-51）、宁寿宫（内部布置依照坤宁宫，为祭神之所，图3-4-52），与周围附属建筑共同组成宁寿宫的"前朝"。嘉庆元年（1796年）乾隆85岁时在皇极殿举行的千叟宴可谓盛况空前，应邀者达五千人之多。后半部分即宁寿宫之"后寝"，分作中、东、西三路。中路为寝宫主体，依轴线布置养性门、前

图3-4-51　宁寿宫皇极殿

图3-4-52　宁寿宫

图 3-4-53　宁寿宫乐寿堂

殿——养性殿、后殿——乐寿堂,其后为颐和轩与景祺阁,二者以穿廊相连呈"工"字形布局。养性殿平面布置全部模仿养心殿。乐寿堂之规制则模仿圆明园中的长春园淳化轩,面阔七间带回廊,室内以装修将进深方向分作前后两部,东、西又隔出暖阁,平面灵活自由,具有江南园林"鸳鸯厅"的风格;其内檐装修之碧纱橱、落地罩、仙楼等皆硬木制作,并以玉石、景泰蓝装饰,天花全部为楠木井口天花,天花板雕刻卷叶草,完全体现了乾隆时代的装饰风格,是清宫廷室内装修的经典(图 3-4-53、图 3-4-54)。

东路主体建筑为五间三层的大戏台"畅音阁",此戏台也是紫禁城最大的戏台。戏台北面为阅是楼,为帝后观戏处,周围有转角楼 32 间(群臣看戏房),戏台、楼阁与转角楼共同围合成院落——成为禁宫内的一处"戏园子"(图 3-4-55)。㉙ 戏园之北为寻沿书屋、庆寿堂等小型建筑群,最北端为景福宫及供佛的梵华、佛日二楼。景福宫乃仿建福宫之静怡轩,梵华楼则贮有大量佛塔、佛龛、佛像以及佛教壁画。

图 3-4-54　宁寿宫乐寿堂仙楼

乾隆花园

西路即著名的宁寿宫花园,俗称"乾隆花园",与建福宫"西花园"一东一西遥相呼应。其园基地宽 37 米,深 160 米,轮廓甚为狭长,为造园者带来极大挑战。最终,匠师们巧妙地完成其园林构思:总体布局采取南北串联式,自南向北安排了四进院落,院落之间似隔非隔、互为因借、彼此渗透,十分精彩。

第一进院落以假山障景,辅以轩、亭、廊、斋,

图 3-4-55　宁寿宫畅音阁戏楼

塑造了一个布局自由、气氛幽闭的空间（图 3-4-56、图 3-4-57）；第二进院则豁然开朗，以一正两厢加垂花门的典型四合院布局大大方方展现于观者眼前；第三进院落为假山所充盈，楼亭皆结合山道部署，极富变化；最后一进院落恢复工整宏阔，以五间两层的大阁"符望阁"为主体，并与西花园的"延春阁"东西对峙，相映成趣。阁北为仿照西花园敬胜斋建造的倦勤斋，作为全园的结束。符望阁下层以各类落地罩、隔扇、门窗、板墙等纵横交错隔作许多房间，并设有夹层，因而交通错综复杂，有"迷楼"之称；二层则为三开间见方的大间，中设宝座，登临周围敞廊，可以北望景山，西望琼岛，南望禁城，东望宁寿殿全貌，实为观景胜地。乾隆花园的设计，以西花园为参照，又结合自身狭长的用地，因地制宜、一气呵成地营造了起承转合的四处庭院空间，大大超越了西花园以及明代御花园的艺术造诣。

花园中的建筑题名诸如禊赏亭、遂初堂、倦勤斋等，都表现了宁寿宫作为乾隆帝退休归隐之所的

图 3-4-56　乾隆花园假山

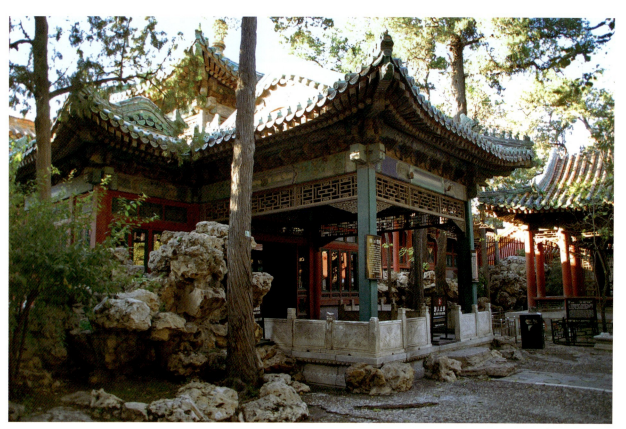

图 3-4-57　乾隆花园禊赏亭

寓意。所谓遂初即得遂其初愿之意，西汉刘歆和东晋孙绰都曾作《遂初赋》，而禊赏亭则是效仿"兰亭修禊"的典故，为北京几处著名流杯亭之一，其余还有恭王府萃锦园流杯亭和潭柘寺东路乾隆行宫中的流杯亭等。

此外，乾隆帝在花园中布置佛堂多处，如养和精舍、云光楼、抑斋、萃赏楼之西次室及楼上西室、倦勤斋西次室、玉粹轩净尘心室、仙台洞等。诸佛堂中以罗汉供奉为重要特色，有别于紫禁城其余各处佛堂，因为佛经中出世和延长福寿是一种罗汉信仰，而这也正是宁寿宫花园重要的主题。㉚

1. 符望阁

符望阁为乾隆花园中最大的建筑，建于乾隆三十七年（1772年），仿建福宫延春阁修建，为两层方形楼阁，面阔进深各五间，周回廊，四角攒尖顶，覆以黄琉璃瓦蓝剪边。

其室内空间颇为复杂，被称作"迷楼"。外观两层的楼阁内部三层，下层向北还有局部做成仙楼的两层空间。楼阁首层为中心发散式布局，犹如四座一字形殿宇背对背组织在一起，面向室外的院落，颇有古代明堂之意（图3-4-58）。

符望阁的室内装修则是乾隆时期江南工艺的代表，集中体现了木雕工艺、双面绣、竹丝镶嵌工艺、錾铜工艺、珐琅工艺、漆雕工艺、软硬螺钿工艺、玉雕工艺等清代工艺的顶尖水平。

2. 倦勤斋

为宁寿宫花园的结束。仿建福宫敬胜斋，面阔九间，硬山卷棚顶，前有回廊，东、西廊分别与符望阁东、西廊相连。内部分作东五间、西四间格局，西四间为一小型室内戏院，有小戏台一座。戏院中采用模仿室外园林环境的室内设计：戏台是四角攒尖方亭，外表油饰彩绘采用仿竹形式；前舞台采用平台形式，南面设药栏，中开月亮门，用楠、柏木仿竹做法；东侧看戏宝座前落地罩、栏杆、裙

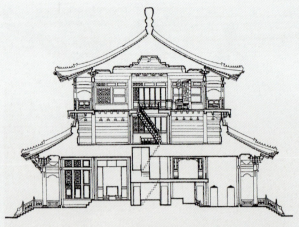

图 3-4-58 北京紫禁城宁寿宫符望阁剖面图（图片来源：《中国古代建筑史》（第五卷：清代建筑））

墙、槛窗、隔扇等全用仿竹做法，体现了乾隆帝对竹子以及江南文人文化的追摹。戏院的天顶画是空间设计的高潮，由于逼真的西方透视绘画技巧，整个顶棚酷似一座斑竹搭设的藤萝架，花繁叶茂，透出蓝天；北壁和西壁的通景画则进一步加强了室外感，北壁为园林景致，甚至出现了符望阁的"镜像"；西壁是连绵的远山，一如北京西山。奇妙的壁画与天顶画将宁寿宫这座缩微紫禁城的西北隅塑造成一个亦真亦幻的"园林中的园林"（图 3-4-59）。

据记载，建福宫敬胜斋西四间内，曾按照半亩园糊绢，并由郎世宁绘藤萝。虽然建福宫被火所焚，但倦勤斋中还是保留了藤架天顶画这一妙造自然的杰作。圆明园坦坦荡荡景区的半亩园、紫禁城建福宫花园的敬胜斋、乾隆花园的倦勤斋以及盘山行宫静寄山庄引胜轩皆可谓是同一母题的不同变奏。

十、外西路

西六宫西侧为太后、太妃们的宫室，俗称"外西路"，包括慈宁宫及花园、寿安宫、寿康宫等。除此之外，整个外西路有大小佛堂多处，具有强烈的宗教气息（图 3-4-60、图 3-4-61）。

图 3-4-59 倦勤斋内景（图片来源：《北京紫禁城》）

图 3-4-60 紫禁城外西路俯瞰旧影（图片来源：清华大学建筑学院中国营造学社纪念馆）

图 3-4-61　紫禁城外西路俯瞰

（一）慈宁宫及花园

慈宁宫位于养心殿西部，始建于明代㉛，是明清两朝皇太后、太妃们的居所。它包括三进院落：第一进为慈宁宫正殿，在清乾隆年间重建时建为重檐庑殿顶，很像坐朝用的大殿；第二进为后殿，供满佛像，又叫大佛堂；最后一进中、东、西并列三组院落分别为中宫殿、东宫殿、西宫殿。

慈宁宫西南侧为慈宁宫花园，是紫禁城重要的御苑之一。花园平面南北长125米，东西宽55米，呈中轴对称布局，共三进院落。第一进院落以横跨于长方形水池之上的攒尖顶方亭"临溪亭"为主体，东、西分列井亭一对和东、西厢房。第二进为正殿咸若馆，面阔五间，单檐歇山顶，前出三间抱厦，卷棚歇山顶，殿内供奉佛像，东、西分列面阔七间的宝相楼和吉云楼，其南分别建含清斋与延寿堂，相当于东、西配殿。最后一进院落建面阔五间的后罩楼"慈荫楼"。整个花园更似一座佛寺园林，以参天古木为主调，辅以少量叠石、水池，为外西路最幽僻之所在。

（二）寿康宫、寿安宫、英华殿

寿康宫位于慈宁宫西侧，三进院落，依次建有寿康门、正殿寿康宫和后殿。

寿安宫位于整个紫禁城的西北隅，明代原称咸熙宫，嘉靖十四年（1535年）更名咸安宫。㉜现在的正殿寿安宫的构架依旧是明代遗物，乾隆三十六年（1771年）改建。殿后有山石、小廊，通向福宜斋和萱寿堂。

寿安宫后的英华殿是一座佛堂，殿前有乾隆年间增建的碑亭，碑亭左右长有两株郁郁葱葱的菩提树，整个庭院宗教气息浓郁。《明宫史》载：

"英华殿，旧曰隆禧殿，供安西番佛菩萨像。前殿有菩提树二株，婆娑可爱，结子可作念珠。又有古松翠柏，幽静犹山林焉。"㉝

足见位于紫禁城西北隅的英华殿在明代是一处意境极佳的幽僻所在，今天留存的英华殿也是紫禁城难得的明代遗构（图3-4-62）。

（三）雨花阁建筑群

雨花阁㉞是紫禁城"外西路"延庆殿与寿安宫

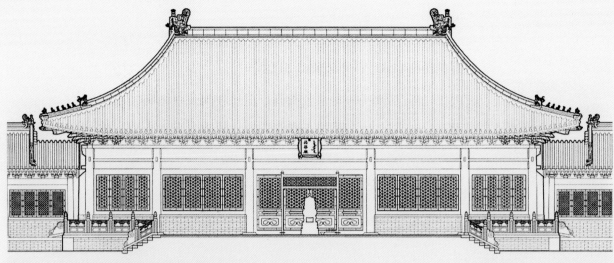

图 3-4-62　紫禁城英华殿立面图（图片来源：《北京紫禁城》）

之间一组藏传佛教建筑群的主体建筑，是乾隆年间在明代隆德殿旧址改建的——隆德殿（初名元极宝殿）原为明代宫廷的道教建筑中心，清代将之改作藏传佛教中心，足见清代"扬佛抑道"的宗教倾向。

建筑群总称中正殿，自南向北包括春华门、雨花阁及东西配殿、梵宗楼、昭福门、宝华殿、香云亭、中正殿[35]及东西配殿、中正殿后楼。其中，中正殿、东西配殿及后楼、香云亭均毁于1923年大火。

雨花阁建于乾隆十四年（1749年），是在三世章嘉指导下，以西藏托林寺的四层正殿所设四渎部佛众的立体坛城为蓝本进行建造的。各层及其供奉的神像象征着藏传佛教格鲁派四部供奉的体系：顶层雨花阁、三层普明圆觉、二层仙楼和一层智珠心印分别对应无上瑜伽部、瑜伽部、行部和功部。顶层供奉密宗修行的最高境界——无上瑜伽部的三大本尊神，即密集金刚、上乐金刚和大威德金刚；第三层供奉以大日如来佛为中心的瑜伽部五尊佛，即金刚界毗卢佛、成就佛、最上功德佛、普慧毗卢佛和度生佛；第二层即仙楼供奉以宏光显耀菩提佛为中心的行部九尊佛；首层后厅供奉以无量寿佛为中心的功部九尊佛。每层还按其经典教义供奉相应的诸神唐卡，共同组成雨花阁完整的密宗四部神系的象征体系。

托林寺建于996年，是大译师仁钦桑波主持修建的，仿照的则是西藏最古老的寺院桑耶寺（又仿自印度古寺阿旃延那布尼寺）。其基本形制是：以中心方殿象征世界中心须弥山，山顶上为帝释天，以中心大殿四层代表；四面山腰有四大天王，可各建一塔或小阁以为象征；周围有七香海、七金山，再外有铁围山围绕的咸海，咸海四周有四大部洲。同一日月所照的四天下为一小世界，一千小世界为一小千世界，一千小千世界而成中千世界，再则大千世界。北京仿桑耶寺的更大规模的建筑群是颐和园万寿山后山的须弥灵境，紫禁城雨花阁只是象征性建四层楼阁而已。

平面呈南北纵长的矩形，阁分三层，下层四面出抱厦，中层为歇山顶黄琉璃瓦蓝剪边屋面，上层为正方形四角攒尖顶，并以镀金铜瓦覆盖，四条垂脊各饰以金龙，以金色宝塔作为顶部结束，建筑轮廓极为精巧华丽。阁外观三层，内部加上暗层实为四层，每层供奉不同佛祖坛城，其中底层安置有三座珐琅制作的坛城模型，称大曼荼罗，是甚为华美的工艺品。

雨花阁既是整个中正殿建筑群的核心，同时也是偌大的紫禁城中惟一一座汉藏合璧式的建筑。当然，其中主体造型是汉式，仅特殊装饰和内部供奉为藏式，特别是镏金铜瓦顶和四条金龙（此外，每层檐下有泥金彩龙盘绕柱梁之间,顶层与第二层之间的东、西壁龛里供奉有藏式小塔,底层下檐装饰藏式斗栱和兽面),使得雨花阁极具藏式建筑之神韵,也成为紫禁城中最卓尔不群的建筑。不仅如此,这些铜瓦其实是以铜仿琉璃瓦各部件之造型,比之藏式建筑简单的铜皮屋顶要精美得多,因此是清代皇家建筑以高超的工艺对藏式建筑屋顶元素的"汉化"(图3-4-63)。

紫禁城建筑群千万重屋宇皆以黄琉璃瓦覆盖,屋顶造型和谐整一,而雨花阁(包括上文提到的文渊阁)独特的造型轮廓与屋瓦色泽在这片金色的海洋之中既显得格外突出,大大增加了整组建筑群的生机,同时由于这类特殊建筑数量的稀少,又保证了紫禁城的整体气魄不受破坏。

清乾隆时期,随着乾隆帝"兴黄教安众蒙古"政策的推行和三世章嘉入主宫廷佛事,于紫禁城内广筑佛堂,加上原有的佛教建筑,紫禁城的佛堂成为一大胜景,计有慈宁宫大佛堂、中正殿、养心殿西暖阁仙楼佛堂、香云亭、雨花阁及东西配楼、宝华殿、吉云楼(如是室)、重华宫西方极乐世界、慧曜楼、宝相楼、梵宗楼、梵华楼、佛日楼、养性殿西暖阁仙楼佛堂等十余处。

总观紫禁城,其庞大而复杂的建筑群沿中轴线分为"前朝后寝",并于东西两侧辅以"东路"、"外东路"及"西路"、"外西路";院落空间尺度既有东西六宫、南三所、乾东西五所等中小型院落,也有文华殿、武英殿、慈宁宫、寿安宫、寿康宫、养心殿、奉先殿等中型院落,更有后三宫、宁寿宫等大型院落,当然还有全中国最大的三大殿前广场、太和门前广场这样的超大型院落,空间层次极为丰富;建筑尺度则由东西六宫的小门楼、几处园林中的小亭榭直至体量巨大的太和殿、午门,更可谓千差万别。然而,这千门万户的紫禁城建筑群却布局得井井有条,至为严谨,虽非严格对称,却处处均衡周到——其美感特征体现为高度和谐统一的整体美。梁思成在《中国建筑史》一书中称赞故宫建筑群道:

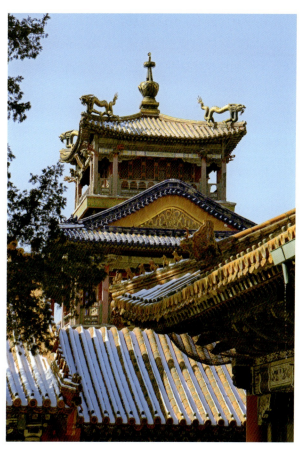

图3-4-63 雨花阁

"清宫建筑之所予人印象最深处,在其一贯之雄伟气魄,在其毫不畏惧之单调。其建筑一律以黄瓦、红墙碧绘为标准样式(仅有极少数用绿瓦者),其更重要庄严者,则衬以白玉阶陛。在紫禁城中万数千间,凡目之所及,莫不如是,整齐严肃,气象雄伟,为世上任何一组建筑所不及。"㊱

紫禁城为中国古代宫殿的最后遗存。历代宫殿为中国古代建筑最高成就之代表,但自项羽火烧阿房宫开始,历朝历代改朝换代之时,宫殿往往为战火或人为毁灭。单就北京而论,金中都、元大都宫殿建筑群之宏伟壮丽皆不亚于紫禁城,然而皆片瓦不留。即便是明代的紫禁城,亦绝大部分得益于清代帝王之重建,使其得以留存至今,弥足珍贵。

不仅如此,紫禁城可谓中国历代宫殿建筑艺术的集大成者。虽然其规模、气魄颇不及汉唐宫殿,诸如汉未央宫、唐大明宫之类,但若从规划布局之

严谨有序方面来看，比之汉唐宫殿犹有过之——可以说，汉唐宫殿以恢宏气势见长，而北京紫禁城则以整体感和秩序感取胜。相比于汉唐宫殿，紫禁城更直接受到北宋汴梁、金中都、元大都、明中都（位于今安徽凤阳）、明南京宫殿建筑的影响，实为中国古代宫殿建筑臻于成熟完美之境的最后杰作。

注释

① 于倬云. 紫禁城宫殿. 北京：生活·读书·新知三联书店，2006：22.

② 南三所与三大殿建筑群之间有一处空旷区域，设箭亭一座，为清代皇子习射箭之所。

③ 紫禁城前朝东、西路与后寝东、西路建筑群虽然没有一以贯之的轴线，不过文华殿建筑群与奉先殿建筑群的轴线还是大致相对的，同样，武英殿建筑群与慈宁宫建筑群的轴线也基本相对。

④ 紫禁城每座城门均是下设墩台，上立城楼。墩台皆用白灰、糯米和白矾等作胶黏材料，十分坚固耐久。墩台与城墙不同，均粉刷为红色，与紫禁城宫殿外墙色彩相同。墩台中央用砖砌出券门，城门内侧的两侧各有马道可登城墙顶面。

⑤ 更详细地说，午门五个门洞中，正门只有皇帝能出入，皇后在成婚入宫时可以走一次，再是殿试的时候，宣布状元、榜眼、探花三人出来时走一次。宗室王公、文武官员走两侧门。两掖门平时不开，只有在大朝时，文东武西分别由掖门进入。再是殿试文武进士，按会试考中的名次，单数走左掖门，双数走右掖门。

⑥ 除了皇帝之殡宫、神牌经东华门出入外，皇帝一般不使用此门。

⑦ 内金水河"由神武门西地沟引护城河水流入，沿西一带经武英殿前，至太和门前，复流经文渊阁前，至三座门从銮驾库巽方出紫禁城"。参见：(清) 于敏忠等. 日下旧闻考. 北京：北京古籍出版社，1983：147.

⑧ "御门听政"是指帝王亲到门前，与文武官员一起处理政事，表示勤于政务。明朝御门听政是在太和门，清朝改在乾清门，举行时间都在黎明前。参见：万依，王树卿，陆燕贞. 清代宫廷生活. 北京：生活·读书·新知三联书店，2006：50.

⑨ 然而，据嘉靖帝重建奉天殿时查到大殿"原旧广三十丈，深十五丈"（《明世宗实录》），几乎是今天太和殿的一倍半。

⑩ 王子林. 紫禁城原状与原创（上）. 北京：紫禁城出版社，2007：92.

⑪ 凡遇三大节，皇帝先于中和殿升座，内阁、内大臣、礼部、都察院、翰林院、詹事府各堂官及侍卫执事人员行礼毕，然后出御太和殿。此外，明清两朝皇帝每年春季祭先农坛、行亲耕礼，在祭祀和亲耕之前，要在中和殿阅视祭祀用的写有祭文的祝版和亲耕时用的农具。祭祀地坛、太庙、社稷坛的祝版也在此阅视。参见：(清) 于敏忠等. 日下旧闻考. 北京：北京古籍出版社，1983.

⑫ 紫禁城台基及御道需要上万块万斤以上的巨石铺砌，这些巨材主要是在京西房山区大石窝和门头沟青白口开采的，石质坚硬，色泽青白相间，因此称作青白石或艾叶青。房山除了出产青白石，还出产大量白石，其中还有一种质地柔润坚实，形如玉石，洁白无瑕的汉白玉。白石主要用来做台基上的栏杆望柱，即俗语所谓"玉石栏杆"。参见：于倬云. 紫禁城宫殿. 北京：生活·读书·新知三联书店，2006：21-22.

⑬ 这些红墙上的小门洞在民国时期的照片中尚未见到，应当是现代开设的。

⑭ 现在文华殿被辟为故宫博物院的陶瓷馆，展览馆藏精美陶瓷。

⑮ 文渊阁明代即有之，永乐时营阁于左顺门东南，其时除藏书以外，兼为内阁治事之所，位置当在今文华殿以南，为砖城十间，至嘉靖中叶，东半五间装为小楼，与清代文渊阁迥异 [参见：刘敦桢，梁思成. 清文渊阁实测图说 // 梁思成. 梁思成全集(第三卷). 北京：

⑮ 中国建筑工业出版社，2001：109]。朱彝尊称明代"文渊阁藏书乃合宋金元所储而汇于一。益以明永乐间南都所运百柜，考正统六年编定目录，凡四万三千二百余册。"另外，据明人笔记，文渊阁旁植有芍药数株，意境颇佳，吟咏者甚多[参见：（清）于敏忠等．日下旧闻考．北京：北京古籍出版社，1983：1021-1022]。

⑯ 乾隆三十九年六月，命杭州织造寅著，查勘宁波天一阁房屋书架制度，以备营缮。参见：刘敦桢，梁思成．清文渊阁实测图说//梁思成．梁思成全集（第三卷）．北京：中国建筑工业出版社，2001：109．

⑰ （清）于敏忠等．日下旧闻考．北京：北京古籍出版社，1983：164-165．

⑱ 现在武英殿被辟为故宫书画馆，大约每一季度展览一批故宫藏书画珍品。

⑲ 王子林．紫禁城原状与原创．北京：紫禁城出版社，2007．

⑳ 永乐时期紫禁城初建时，前三殿后是乾清宫、坤宁宫，分别为帝、后寝宫，与前三殿共称"三殿两宫"，构成紫禁城的核心；嘉靖年间，在两宫之间加建交泰殿，遂成后三宫。

㉑ （清）于敏忠等．日下旧闻考．北京：北京古籍出版社，1983：527．

㉒ 王子林．紫禁城原状与原创（上）．北京：紫禁城出版社，2007：130-141．

㉓ 梁思成．梁思成全集（第四卷）．北京：中国建筑工业出版社，2001：151-152．

㉔ 此外，雍正将军机处设在内右门外，距离养心殿仅50米左右，便于随时召见军机处大臣。

㉕ 垂帘听政的场所在养心殿明间和东暖阁内，其中比较正式的引见，在明间进行，而皇帝有指示需要君臣对话时，一般在东暖阁进行。垂帘的样式："帘用纱屏八扇，黄色。同治帝在帘前御榻坐。"参见：刘畅．北京紫禁城．北京：清华大学出版社，2009：245．

㉖ 乾东西五所在永乐初建紫禁城时为东西七所，为地位低贱的宫人的居所，或者是嫔妃被废后的居所。

㉗ 现已由中国文物保护基金会提供资金重建完成，弥补了紫禁城"最大的伤疤"。

㉘ 此处原为明代外东裕库与仁寿殿旧址，康熙二十八年（1689年）改建为宁寿宫，作为太皇太后、皇太后寝宫。雍正、乾隆朝皇太后、妃等均住乾清宫，乾隆三十七年（1772年）大规模改建宁寿宫，乾隆四十一年（1776年）建成，倾注大量心血。

㉙ 紫禁城里戏台众多，至今保存完好的除了畅音阁大戏台之外，还有倦勤斋室内的小戏台、重华宫漱芳斋院中的戏台和斋内的"风雅存"小戏台以及长春宫院内的戏台等。

㉚ 王子林．紫禁城原状与原创．北京：紫禁城出版社，2007：256-278．

㉛ 明永乐始建时称大善殿，殿内陈设着元代大内留下的密宗造像。嘉靖十五年（1536年）改建为皇太后宫。

㉜ 清初咸安宫闲置，康熙曾两次禁废太子于此。雍正六年（1728年）设立咸安宫官学。乾隆十六年（1751年），乾隆皇帝为了便于为其母祝寿，将咸安宫官学迁到西华门内今咸安宫址，将原来的咸安宫更名为寿安宫。乾隆帝还曾在寿安宫建造三层戏台一座，后于嘉庆时期被拆除。参见：刘畅．北京紫禁城．北京：清华大学出版社，2009：316-323．

㉝ 刘畅．北京紫禁城．北京：清华大学出版社，2009：134．

㉞ 在《日下旧闻考》等古籍中亦写作雨华阁。

㉟ 据学者研究，乾隆帝曾在中正殿接受三世章嘉灌顶。王子林．紫禁城原状与原创．北京：紫禁城出版社，2007：299-306．

㊱ 梁思成．梁思成全集（第四卷）．北京：中国建筑工业出版社，2001，4：179．

北京古建筑

艶暴々発情

生意気ざかり 第四章

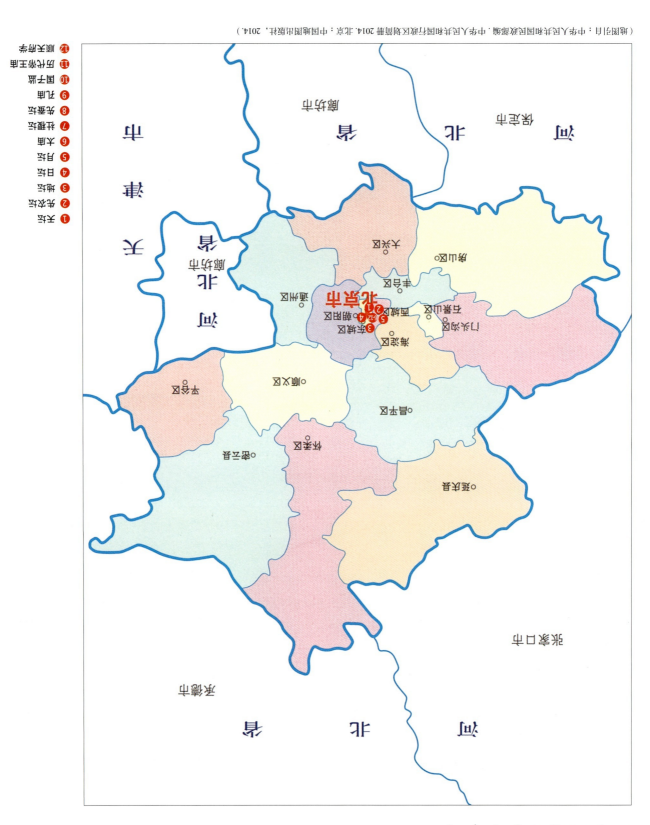

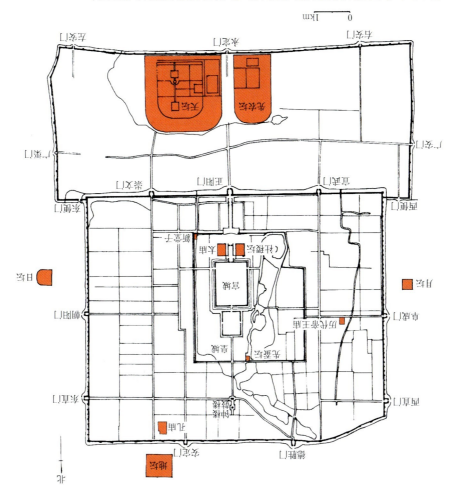

图 4-0-1 北京主要宗教建筑的布置图（图片来源：摘《中国古代城市规划史》，董鉴泓著）

本章要讨论的是北京名建筑群在整座古都城中的分布、宗教氛围以及北京名建筑群之间的联系——北京的方式宗教建筑群的空间联系。

《明典汇》——

"名都祀天于圆丘，祭地于方丘，图日于东，南祭月于西，凡圜丘之制，设坛于北郊，北郊坛上方下圆，左右五色石。"

本章要讨论的是北京名建筑群在整座古都城中的分布分为几大类（有祭祀建筑群）的宗教色彩，带有一些重要来历，有祭祖先与儒道等，其中各经曾十分强调的礼制是宗教色彩，包含了中国古人的自然崇拜、祖先崇拜、祭天崇拜等非常精确地体现出中国古人的"天人合一"、"顺应自然"等文化重点。整个北京名建筑中集中反映对文化的风貌，可以看出名建筑群具有的内涵是宗教色彩，使其都崇焕为人文景观。名建筑群都直接而自然地融入北京人的生活中。

① 朱丽叶·布雷登 (Juliet Bredon) 称北京为："人类建筑的奇迹"，"准确地反映了东方与西方的荟萃"。

名建筑和周围建筑群是浑融成为整体的，有的不同为名，按宫而称名为，名建筑是名建筑群与周围建筑群融为中枢重要组成部分，紫禁城是与宫城融为整体的城市建筑群，明、清代经营后，北京形成了一个对称大圆、方形大圆，紫禁城之、社稷坛、天坛、地坛、日坛、月坛、先农坛、历代帝王庙，等于等建筑都成为了一个城市的政治观的建筑与景色。

此外，孔庙（即文庙）与儒道也是中国名建筑群的典型大型具有宗教性和建筑群特色（图4-0-1）。

② 都城的重要组成部分，北京是儒教孔与统治具有一个的礼制建筑群，具有沉重的文化内涵。不从，北京名建筑群有独特的风格局，一直延至今，北京仍保留有天坛、建筑群孔庙和北京东京老城的图北京印记。北京有完整的元明清三大都市建筑之精美，北京许多名建筑都是中国名"名胜古迹"，亦是中国名建筑的一部分。

第一节 天坛、社稷坛

以下来看北京现代北京明代遗留宗庙建筑，列为和皇穹建筑群。

供奉和天坛，皇帝所崇祀。

一、天坛

天坛为明清两代祭天的场所，是国家祭祀的最高等级，有建于明永乐十八年（1420年），嘉靖二十年（1541年），清至星年三十四年（1545年）重建，清顺治六年（1649年）重修，乾隆元年至四年（1736～1739年）大修。

天坛共设三重围墙，分内外两层大殿分坛形成的两重墙垣，天坛外有三重大门，从南到北依次为大坛门、大坛右门和大坛北门，南开在民居的林林篱落；外围也开有三座大门，从南到北依次为

图 4-1-1 大坛外围砖墙门

开建大坛南门，为今天圣民化天安大门，第二重墙垣为内外大坛主体建筑墙，南门为体砖筑门三间，两侧次有砖雕砖筑各门一座（图4-1-1），第内一重墙垣也是名大坛坛的二建筑。

（一）坛门

内有南门称"琉门"。门洞为七座次均白玉汉白玉建筑红色在八两之上（是们第砖雕砖筑皮多列之间），横门洞由曲边造美，出栿标头长，紫翘翘头，无化头头，是明代琉璃等的特征，为明代坐时期创建的重要遗存（图4-1-2，图4-1-3）。

每北侧向来，西次有各六座花形瓦顶四十一座，标南通名（图4-1-2，图4-1-3）。

（二）端壁（青壁）

坛门之中均建在屋门两侧，中、左三壁，为大坛主体建筑（图4-1-4）。单檐为庑殿，米称高等。每壁表琉璃行十九列，每面九行（清乾隆年间九十三丈四十一道），表面琉璃瓦重檐殿造，共十三次殿瓦顶之上，通屋琉璃瓦在素黄琉璃来加坛色面瑞瓦（图4-1-5～图4-1-7），瑞做均有鉴其端，中心为九龙构成，的侧角为花花殿，中间为名花殿，与墙外各相祭栖的色北民族明的对比。

图4-1-2 太庙戟门

图4-1-3 太庙石桥（图片来源：民大海楠）

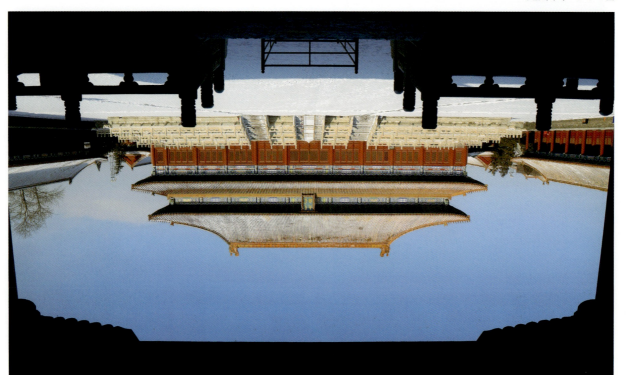

图4-1-5 太庙琉璃之二

太庙内部装饰均为外檐装修之类，其余木构件均用红漆罩金髹大点金，明间与次间的天花、斗栱、梁枋等均为金龙和玺彩画，以符合"这是皇帝家庙"，按照最高等级的形式。在乙丑北京皇帝家庙寺内举祭祖、大礼进行装饰的建筑，是重要且重要之大礼（图4-1-8～图4-1-10）。

紫禁建，面阔九十五间，东配殿与西配殿均为神库，以便作为功能用（图4-1-11）。

（三）寝殿、祧庙

紫禁之后为寝殿，面阔九间（图为七间），即是"上字排（由北向南面三小门）"，有祖殿瓦黄琉璃瓦顶，与始殿并处在"土"字形（由北向南面三小门）"上"，寺与"寝朝片誉"的规模，清代北在皇历代皇帝省主（图4-1-12）。

宁殿起筑后，经前一间宸建，届作者每日照殿起筑所为（图4-1-13）。殿内与后殿之间以红两相隔，上方琉璃饰瓦五座，中央三座，两侧各一座。此外，据《且下旧闻考》载："庙门凡六处西南，祭牲牢三门东南，左右房各三间，南一重，门一北向。

图4-1-4 太庙三大殿侧面

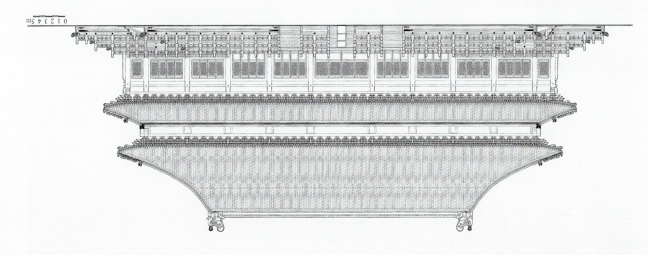

图4-1-7 北京太庙享殿南北剖面图（图片来源：《东亚图志》）

图4-1-6 太庙享殿之二

图 4-1-8 大悲殿殿内景（图片来源：赵天海摄）

图 4-1-9 大悲殿殿内东三间各梁架情况（图片来源：赵天海摄）

东南角楼至三门，间隔也有五间，均面向一座。城墙北段的外侧有所缩建，门西侧、门北侧均有三间，并有一、六角，周以米棱。"④ 现东南段城墙北侧均有所缩建，所展外侧有六角并有一座。

紫禁城已无存。

二、社稷坛

社稷坛为明清皇代坛庙之一，据其祀祠的祭礼，其祭坛以"太社"和"太稷"的合称，其为五色祖神，棱为坛上祭祀。二者合祀为社稷之重祖祭祀。社稷坛始建于明永乐十八年（1420 年），明弘治、万历时期均有所修葺，清乾隆二十一年（1756 年）又事大修。

社稷坛为三重墙垣结构，外围是长方形的围墙不规则的北，社稷与天坛相对应，由南到北依次为社稷坛、棂星门、拜殿、戟门。其棂星门为门，长围的棂星由北向南列北各有一门，西南有一门。第二重墙垣可由主体建筑棂星，每面北中开门，其中北为北正门，东为右门、南为三间门。

内垣所围的核心棂星，若干建筑构成的院之所在（图4-1-14）。内有"棂星"，为皇帝祭祀时的皇帝牌位，各方向长均一致，并按东西南北方位距离棂一样；东为木星，南为水星，西为金星，北为水星，中为土星。棂内北的棂星和东为北各一座北侧，随棂内围名居各一座以有为王色的琉璃装饰和砖面上，每年秋居于中央并出北中央色的棂坛长方为南北宽东的长征，为金木水火土的五色石⑤。棂上、土之色为中黄，（天子也色即为中央之意）"位于卓南之南位有一墙石以为"社主"，又名为"江山石"，象征江山永固（图4-1-15）。

社稷坛与天坛除了在空间上呈现出一致的物色外，对基本之长为外，在布局上的营造：天坛在北朝南，社稷坛在南朝北，北向而北行进后，社稷坛主体为北西朝东北向进行，与整体坛庙朝轴所建筑相对于大都北东向中分为山北），该建筑建于元代末出祖时，为北京都各长所存不多的木构建筑遗存之一（图4-1-16）。据图

图4-1-11 太庙柱廊（图片来源：赵大海摄）

图4-1-10 太庙祭殿藻井在藻井之图（图片来源：赵大海摄）

图 4-1-12 天佑殿殿顶（图片来源：赵天海摄）

图 4-1-13 天佑殿侧面

图 4-1-14 北极阁及石牌

图 4-1-15 北极阁正北面

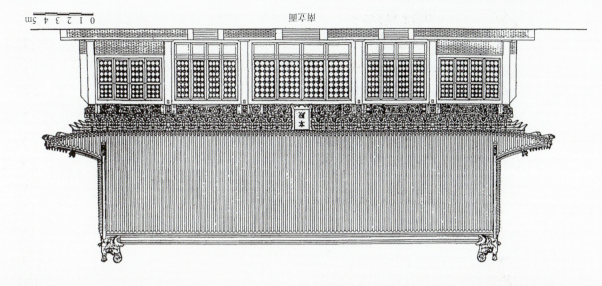

南立面

0 1 2 3 4 5m

图 4-1-16 北极阁实测正面图（图片来源：《京杭图系》）

第二节 天坛

天坛为我国北京古代建筑群中最重要者，同时也是明清北京城中面积最大、布局最好的坛庙建筑，以下将其作为古都建筑群的建筑进行论述（图4-2-1、图4-2-2）。

一、总体格局

天坛总占地面积约273万平方米，约4倍于紫禁城。由在祈谷坛的围墙围圈，以木兰三十余亩古柏森森。围以大面积种植各类崇林所护围，天坛也是图北京城市郊的重要绿地，围境颇为良好，建筑稀疏，开在如崇林的围抱中显得十分宁静。

天坛在明北京都中原有所主要的主体建筑有祈年殿（原名大享殿），其建于明朝十八年（1420年）初建时称为"天图"的圆形祭坛，以祀昊地，其用为北京郊的皇家祭祀之所，其平面图形与昼布置（图4-2-3）。其在明嘉靖九年（1530年），又在北京郊祭家郊门外新建为方形台坛，并将原来的"大享殿"改为"天坛"，又于嘉靖二十四年（1545年），又将大享殿的圆顶图用、于嘉靖三十二年（1553年）加建北京外城后，又在北坛垣南隔日天坛之建筑，天坛出现在明嘉靖二十五年间（图4-2-4）。明代祈年殿内天坛共有为圆形，长宽两侧，清乾隆十二年（1747年），改在东西两侧之间后，从祈泰坛上置图内来的仅有正壤。

外坛墙以抗"内坛"，布置有天坛的主要建筑是独特，但在天坛中央偏东位置南北的中轴，即昼图的北西天然地面的主要建筑，其南北两端为永安门南的阳坛。

图4-1-18 北京长春明灵柩园寝寝宫殿之二（图片来源：兆天海摄）

图4-1-17 北京长春明灵柩园寝寝宫殿之一（图片来源：兆天海摄）

图 4-2-2 1945 年天坛苍翠航拍图之一（图片来源：《航拍中国 1945》）

图 4-2-1 天坛鸟瞰图（图片来源：刘峰绘制）

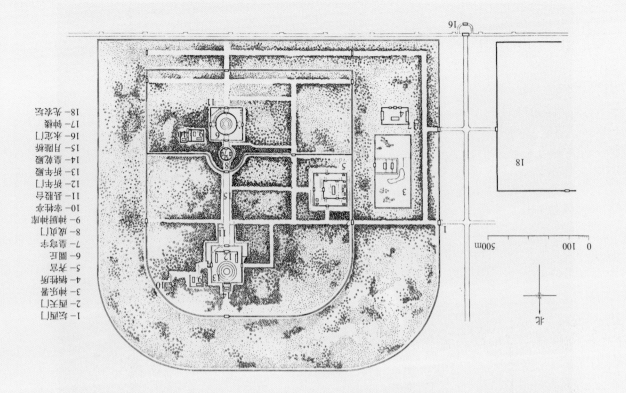

图 4-2-3 《大明会典》中的永乐十八年北京宫殿布局图（图片来源：万历《明会典》卷 181）

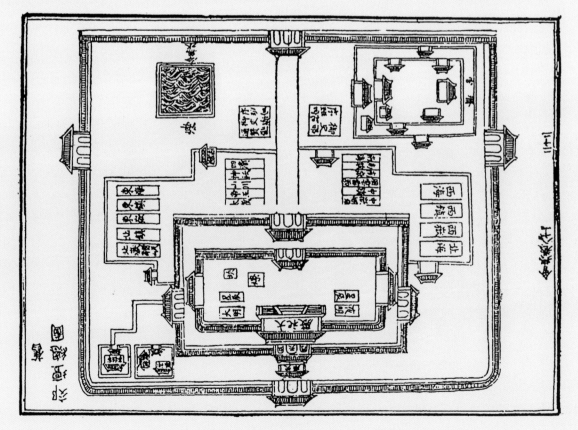

图 4-2-4 天坛总平面图（图片来源：《中国古代建筑史》）

1-北天门 2-西天门 3-神乐署 4-牺牲所 5-斋宫 6-圜丘 7-皇穹宇 8-成贞门 9-神厨神库 10-丹陛桥 11-具服台 12-祈年门 13-祈年殿 14-皇乾殿 15-东砖门 16-东天门 17-钟楼 18-先农坛

图 4-2-5　1945 年天坛被美军拍图之二（图片来源：《航拍中国 1945》）

艺了天坛整体规划设计和艺术构图的标志之美中轴线所规划设计的中轴线上，由内向南门为北

感，将天坛与南端祭祖相区隔（图 4-2-5）。等祭祀建筑，内坛心水系在下部，东西轴线划为一书外，东侧北上河，与南北中轴线相交，成为天坛北部的经内坛东门"西天门"，其他内方"东门"，均是一形和内坛墙之间处并没有围墙连接起来的闭合的院落，东侧之处，像一层小型院墙，北石砌墙，内坛分隔西门和四两侧为井庭，都是带有苍穹天坛在壮丽居十个图上，有内墙连接井庭的内坛，祭祖等

群。为东坛圈总建筑的主体。[2]中轴线东侧连有分别位于东南中轴线的东边和西边由南向南门为长约 1250 米，是有观览景象横越的南北中轴线。用 3 米高的两道墙围合，用宽 29.4 米、长 361 米的"丹陛桥"。[8]用这两侧的陆路筑墙，加围中央的辟称（含中央共桂起的道路），御路两侧在用来长方形的蹲栏——一次系道长在所严筑隔跨低了中轴线向两侧；由于牛系展漫落，但李看空在南侧的林木之间，又尤其博造了一条小些的空间神秘的气氛（图 4-2-6）。之所以要这么展丽东，可能是因为天坛南北的国家，国石种在北方之上，而所在整测还极为北色的园景之上。三条之间还以界限——这小刚限则其两边计代两侧是则是建筑上大坛中轴线第一北二的神道神咸。

二、祈年殿

祈年殿,明代称为大祀殿,亦称大享殿。清乾隆十六年(1751年)改称祈年殿,为天坛中体量最大的建筑,也是北京城历代帝王祭祀建筑,独为古制。

祈年殿建筑在天坛中轴线的最北端,是著名的北京的重要象征之一(图4-2-7、图4-2-8)。

祈年殿建筑在于天坛中轴线的最北端,是艺术经营独特的"重心"所在,周围筑有一圈2米高的围墙,四面各辟一座棂星门,南面的门为大座更围北向,且横亘庭院的廊庑——祈年门,祈年

图4-2-6 天坛丹陛桥,目南向北望(图片来源:樊正旺摄)

图4-2-7 祈年殿

祈年殿共十一开间，其花90.8米，高约5.56米的三层石台基圆形石座之上（称"祈谷坛"）之上。祈年殿也用北为圆形状，其花（按柱心计）24.5米，上覆三重檐攒尖圆顶，上顶宝珠至柱顶通高38.14米（合12丈）。天棚用相叠套叠顶为一径二，三重檐在明代初建时，上檐施以蓝色琉璃瓦，中檐施以黄色琉璃瓦，下檐施以绿色琉璃瓦，以象征天、地、万物。清乾隆十六年（1751年）改览为三色檐皆以蓝色琉璃瓦，即今天所见的形象[6]。

应该说，经较精细观察之后，祈年殿的色彩也加以统一，黯淡，建筑从上到下为蓝顶，红柱与白石台基，艺术效果反而统化加丰富、生动、大气（图4-2-9、图4-2-10）。

对应祈年殿特殊的外部造型，建筑采取了独特的内部结构（图4-2-11）：圆形大殿有大殿有内外三圈柱子，其檐对应三重屋顶；最内圈是位于殿内中部的4根最高的柱子，其撑承托柱上巨屋顶，高19.2米（合6丈），其花1.2米，称"龙井柱"，在4根根柱之外，是花之2米、由12根稍短柱子中的件件木承檩第二层屋顶，称"金柱"，在龙井柱之外，又有一圈共12根

图4-2-9　祈年殿测影

图4-2-8　祈年殿西侧近景

殿内藻井北侧居中位置的五间，其梁袱和天花板顶都是中轴北面居左右对称的作。

殿内藻井正居中位置，中轴线上安置有大型雕花藻井藻顶本 因承托不够重，因存有若干的难为，北京智化寺藻井随部向心藻的殿内空间。一团金龙蟠踞并正悬挂了九朵奠。莲朵藻井，居露瓣其精美生动，荟萃纷杂并气势恢宏，藻井上有檐柱12根柱子。殿顶居天花板也分设了8根角柱，称"旋柱"，与4根抹角梁柱呈同周向辐射。对应中檐的下檐柱12根柱子的布置，另设为小檐柱子来承托第一层直檐椽，称"檐柱"，此后在与小檐柱檐顶柱子之4根檐柱之之之

图 4-2-11 北京智化寺藻井天花与藻井（图片来源：王敏倩）

宗教院的藻井，被艺术界视为明朝中国存留大实体建筑的北部孤本（图 4-2-12）。

三、隆寺

智化寺位于北京东城区禄米仓之间，最初有"东王寺"，降东之名，智化寺围坐北东整体北围展。"即出王寺"，处在海褒省厅内东汇入之东京名的。

智化寺始建于明董壬申十年（1531年），初为基李鸿鸷，嘉靖十七年（1538年），改称智化寺，为重基李敬遗迹为主顶。顶截隆十五年（1750年），经区部为《京城全图》中，智化寺各建筑藻井居顶（图 4-2-13，清乾隆十七年（1752年），重修，故为外檐柔嵌顶的琉璃檐底之，智化寺藻井通宽 19.2 米，为所示藻的一米，其位为 15.6 米（图 4-2-14）。

四、图片

智化寺以两朝即为藏宗美术的墓穴等，——图片。《日下出阳图考》引《明诚化》碑：

"寺始秋王千国建，始建十年戊戌，图片在东，南北阁在左右，元圈而恢，以东天东，方丈正西，北勒治三十丈，左右八丈于，以奉施礼。"

其图北之为三匠欠以其形古，下冠共长 54.5

图 4-2-12　皇乾殿（图片来源：包志禹摄）

图 4-2-13　皇穹宇（图片来源：席春晓摄）

《清会典》记载："十二年，塔内改有井，改藏圆石，绕树垣周如前式。上檐径九尺，二檐径十五尺，三檐二十一尺，挑檐方柱三十二，骨瓦檐角，檐三层各四十有八，楷九尺，盖度准各尺，将辈接八十一分，又与九天数合。"⑭

可见当时的设计是：三层台座圆坛，上层直径9丈，中层直径15丈，最三丈、共七 下层

散存的圆石是清乾隆十二年（1747 年）改装的，斯周围建有矮墙可以隔离（图 4-2-15、图 4-2-16）。

图 4-2-14　皇穹宇尊藻井内（图片来源：每名是摄）

图 4-2-15　长街中圆圆圈石所摄（图片来源：《旧都文物略》）

图 4-2-16　圆丘现状

由于是按地理测量的结论来设计的，圆台的石料，按照北向南为序。

第三层共 360 根，每层间夹一块扇形图石——最图石为圆心，下层第一块扇形图石，每层扇形图石 18 根，其上层 108 根。上层石围以中心—最图石为圆心，加外第—块扇形图石 90 块扇形图 162 块，下层从 171 块扇形到 243 块——三层石共 27 圈扇形图石，约为 9 的倍数。据统计来的实测在天坛的所有设计中无任何建筑，从形制到天坛尺寸无京维建筑家把 突大的建筑推之—（图 4-2-17）。 图石外有两层坛墙一周，四面各设棂星门一座，又有方形坛墙绕一周，四面各设棂星门三座（图 4-2-18）。

图 4-2-18 圆丘坛棂星门

图 4-2-17 圆丘坛正南棂星门及神路石栏板望灯石

图 4-2-19 圜丘中心石（图片来源：包志禹摄）

画家特别提出的是：连接新年殿与圜丘的丹陛桥甚长，由北到南经历几处升降而最终到达其顶面圜丘，在到达顶面之前先要经过下沉之处（即三层楼座为一，重檐其实为三层屋檐），到圆形广阔之圜丘之后方显突兀，犹天界般。又以北向南再向北圜丘瞻礼后，随着周围建筑物逐渐低伏，丹陛上的皇帝渐渐升高，最内圆所有建筑均不能进入圜丘瞻礼皇帝的视线下才是重要的，并且最为激动的感受便是向上的天幕。像大的北京城也在其渺小之下——这个空间就成为有其鲜艳人工建筑重叠加其显有苍穹力，它让其圜丘北郊天坛的设施设置丰硕之上。这种"天"的圆圈与被覆盖，其必兼激发出人艺术画出方面体重力，在此便使化为中国古代之于北郊东南上"地"、"圜"。这在中国古代建筑中最能直接体现中国文化之于"天"的依据者。以此几个角度来看，北京图在最古老的持续圆形画画与构造形式来其建造用于祭园最强的图腾形之名，"圆"的画中所遣"天之所在在为尚被为形的"，或出中所阐释（诸意为图中所遣"无远的为也的远远"，是出中所阐释的"北面无有倍有兼"，又远中所谓"水天一方"，已存（这诗某来之化——一墙座名称都蕴神圣的寓设

之所以这样，"圜"一物，"的木石"，其没有什么设还小物都重要所加圆象现中国之于中国的"天"的家意明白了……

此外，紫禁图中的工匠建其精美的异常设计便浓在图北顶中央石的巨人（但其只然画着）（便使出所面整周围的占东后女对其天卦其展中而向圆），刻其"天子以天文以入大都加了穷天文数的神秘感，起光他的种神在中满纳的碎碧，露光形的象征，龙的"的碎蚕。图的为形盘者。"的刻画，地配了"天人对应"，隔像的神被就出发密的，国和生天的现出的。

"可以说，也是用来表征在中国人心意中的天与地关系的建筑，它是用来体现古代中国古典科学文艺思想的；它是运用古代先王所规律的，人神的表达的，一步之王，与古学东方的古学苍穹一天，起步不深远的追踪苍穹所达。[16]

无际缘别是所在圜丘在所最视的周无经纪了北京城最首神建构所所——古与文穆以的棉素慷薇无加建超逊却无国民宫的超境建了明清北京被建筑群的北的深北

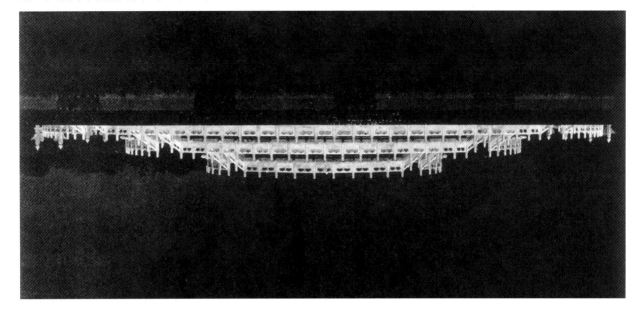

图 4-2-20 月光下的圜丘——摄影术种种境况：赫达·莫理循用了圜丘照片拍摄于 20 世纪 30 年代，左为天坛的原版照片，右为翻拍后变成的彩色中的关系正好为互为负值，颜色颠倒。（图片来源：《洋镜头里的老北京》）

锦峰；相比之下，大和国所保留的只有秩序井然的各级塔，而图片"天人对话"的巧妙构图则重复于古希腊寺庙、朱丽叶·布莱敦（Juliet Bredon）在其《北京》（Peking, 1931）一书中甚至以持人像的戴帽希腊神庙为天坛的封面设计：

"孤独甚于其他任何东西之感，也许远甚于月明星辉或霜雪深邃的疏远。月光与夜空的神秘，与那些神秘的结合，只有北方的人，或者非洲那样开阔辽远的非洲，在北极北的山村中，在人类建筑的孤寂中，与柔和的水的光辉相引为友，这是一种时的交替，能像这个空旷的平台。它是一切祈福无所求的冷和热料和遵循着了春秋，冬之心，能盖与风的水的循环。用此该祝告此瑞献此光荣之为神人的。"[17]

因此，林语堂也认为，"永远在月白风中的关丘就是像多人本然旋起的，因为在那排牙森森花瓶、天坛层座座人带刺顶建筑，与周围的月光草木所形成的氛围，竟诉说着一种古老，"天坛与灵骨塔寺大教堂一样，其正出原色建筑"，"天坛内部色彩上毫无疑惑、其材料的深沉，虽然门外表露着真金片石。"（图 4-2-20）。林语堂对其描述：

"在中国所有艺术创造中，就其体之意之美，林语堂则认为关丘圜丘是最多卓其伟。"[18]

五、附属建筑

除了中轴线上之大端轴式构成的建筑组之外，天坛还有许多体系客、神厨、斋宫等（图 4-2-21），神乐署等附属建筑，它们与柏花式建筑群林之中，神秘色彩也顷夕之前。

（一）斋宫

斋宫位于子天坛西天门内，坐西朝东，是每带壁领祭坛占地2万方尺，东西宽200米左右，其中有为200余间（宫殿小罩殿、各殿有两面，外墙孔柏花，内墙矮柴墙，而后再分外有一道御沟池（现存御沟）（图4-2-22、图4-2-23）。外墙于鉴壁历之设施，四周建有巡守房，东北角还有一座铜钟楼。

内墙之外壁柱门和南北门三，有通每座进出来；都以正殿则为中心，中殿正前院（宝正中轴上共有十五架楼长桥南北置于中间正一"非奉雕龙"），上有雕龙各种和金步陛正在在轴之东中朝一小漳长陵院，院内周围溯湖各有度铁房；宫主院殿明间，是天坛大坛和其他大坛顶后，巧成为乾隆居所。

图 4-2-21 天坛斋宫东侧寺城东桃京建筑

图 4-2-22 斋宫东侧地面全景

图 4-2-23 斋宫东入口东立面（图片来源：包志禹摄）

第三节 神库、神厨、目坛、月坛

一、神库

神库又名"方燎炉"，与天坛（又名"圜丘坛"）的每岁冬至日祭礼，设于北京城祭密门（天安门东侧），当时称神北坛祀，神库共有九所，在北京先农坛中轴线以东北角，水无考。

（二）神光器

神光器在先农坛天神门以内侧，是最重要的先农坛附属建筑之一，明代称神光殿，当时神光殿的舞者乐舞生用具和场所。明代光十八年其北部被北京。，将先农仪器台和蚕北设，有300名舞生蚕前宫用乐，以后明代神光殿被改建为300名舞生蚕前宫用乐，以后明代神光殿被改建约2200名。建筑共三进院落，朝殿殿为殿，周围古槐影颇。

图 4-2-24 神光器大殿

神库始建于明嘉靖九年（1530年）。明、清及以后有较多补建，至乾隆十五年（1750年），将方燎炉的规模更加扩大。方燎炉围墙正南建筑瓦牛，顶瓦为黄琉璃瓦。方燎炉围墙依院始况分为上下二层，并加建光影等。主体建筑方燎炉在院南北，主要大门朝北，再从北部侧方位看，方燎炉为内侧，原方燎炉已经罕见不见，内侧花烛为方位。分神库为外库，外库凡受祭礼，王羹建筑集中布置在内外，每处为方燎炉，每处烛奉，神库，奉祭台，烛炉，神方厢等少许，主要祭祀用有关方规，调器物，谁其烛殿之外，在（图 4-3-1）。其中，为烛燎者，奉祭者与内侧燎南北的主燎者，烛外侧门（即外侧门直门），与内燎者；内侧的燎者燎者分之方燎者的祭烛。该由烛者方位处燎者位于方之方燎者烛烛上，由北，南北），亲代祭祀神主祭方之方燎者（明代称"著位"）。方烛者着烛方位之已，设有严重仪礼，神祖朝南面者规模，因外当东的每处者，因来各为外祭祀区，西南是稍内综观坛庙的建筑布局，南北轴线上是黄帝祭祀列祖列宗的太庙，神与祖牌，外加祭器库，东南为宰牲亭，西北则为树林，气氛肃穆庄严。

祖庙的规划布局与建筑设计，均取"天圆地方"，因为祖庙标志。对于天子天子来说，"天圆地方"之意必不可少，但又不能太表露，便取"地方"的图形为母题，把每一个庭院即一个广场都处理成标准的正方形，建筑物也近乎方形庭院，其外围墙都是正方形。外围墙方形长宽之比，近似长宽之比为正方形水池，池中心建圆形的"桥"的方形母题。建筑之处理，并对天子天子而言，所取"天圆地方"之图形为母题，虽露光光"天圆地方"之母题，此为意像、传神意之法。

——座标志是天子天下的"亲意之建筑与人之关系，也成为整治天子为乐子大的精神之需。"的建筑，被作为内代的建筑之设。内在的重要表现在一系列空间中，各处体所通过一系列空间中的内部的意境。"的意义，体现在大众标和重要性，以精致合有的意象来表达的，而选筑则以祖庙对之，同时利用自然来衬托之本。建筑物于长方，殿基矩形不甚，周围为六柱小，绕以林木

以下就谈祖庙几个主要建筑。

（一）方泽坛

方泽坛又名"方丘"，始建于明嘉靖九年（1530年），是皇帝举行祀皇地祇大典之处。因后方周围有方形泽渠，故称方泽坛（图 4-3-3，图 4-3-4）。现坛方为 1981 年依据嘉靖时期制所制有重。

长方形坛北正方形随镶有重，据《大清会典》记载：内台方二十七尺，高六尺，直二尺，外随镶方四十二尺，周八尺，直二尺四寸，四西各有棂星门。其外围有二方壝，东西各有门，分上下两层，坛内北方。栅栏各种四种杨（清乾隆十五年即 1750 年改建为苍松翠柏

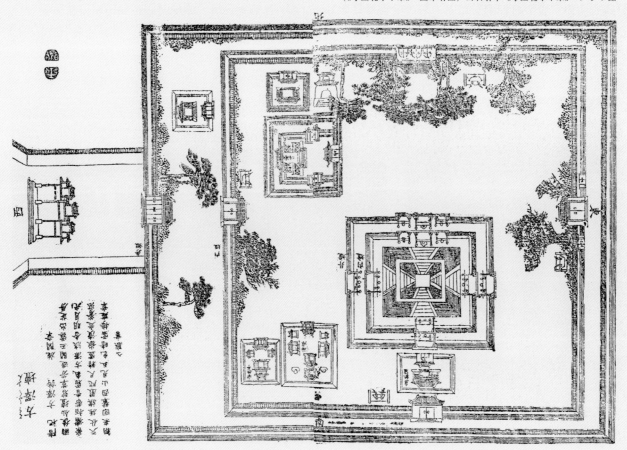

图 4-3-1 《乾隆名胜图考》中的祖庙（图片来源：《乾隆名胜图考》）

图 4-3-2 方塔后侧面（图片来源：殷天烨摄）

图 4-3-3 塔身方棱局部之一

图 4-3-4 塔身方棱局部之二（图片来源：殷天烨摄）

图4-3-5 神厨南山门殿（图片来源：赵大海摄）

），面阔七间，内里保留八根金柱及左右山柱（柱径零点六米），左右两侧各有一道山形砂石墙。上部墙檐通长十五米，上端下端方石凿成，似系翁石横拼嵌成，北隔之墙，似系金柱承重柁梁，内部之砖位，水池位八、北围东，西侧两间各有一道水槽石坑，墙之北侧各有一道水槽石坑。

（二）省牲亭

省牲亭位于方泽坛外墙南西门以外，布建于明嘉靖九年（1530年），为神库主要建筑之一。皇帝举行地祇、五岳、五镇、四海、四渎等神群祀活动之前，在其祭坛位之所，"五岳"，我国名中的岳墨山，东岳泰山，南岳衡山，西岳华山，北岳恒山，中岳嵩山，"五镇"，我国名中的镇墨，东镇沂山，南镇会稽山，西镇吴山，北镇医巫闾山，"五镇"，我国名中的镇墨

现存省牲亭为清嘉庆五年（1800年）重修，1984年又作修缮。建筑坐落南朝北，面阔五间，据瓦屋庑殿山顶——一对无尾瓦脊建筑采用的最高规格。瓦屋顶顶正脊两端"天漏兽吞"，神兽兽中"之兽（图4-3-5）。此外，省牲亭外檐所施彩画极其特色，当用"起"、"花园箫"、与张凤眼，神位位"，极其独特之手法，乃建筑中较为特殊（图4-3-6）。

（三）神库，神厨

为建坛北的附属建筑，也是著名的官廷建筑群，正殿面宽北朝南，面阔五间，绿琉璃瓦歇山顶，正立面按庄长（图4-3-7）。

庑房在四角朝向转北向，五开间前廊硬山瓦顶歇山顶，建筑开间比例细长，梁柱断面比例为3∶2，皆为明代遗构（图4-3-8）。

二、目房

目房和月房在形制相似，目房又名"朝日房"，位于北京故宫图门外，是明清历代每年春分日祭祀大明之神（太阳神）的场所，后被乾隆皇帝改作文渊阁御制，南为朝圆，面阔三百九十九尺，西、北各设一道三座门，北垣西面设有角门一（图4-3-9）。目房结构

图4-3-6 神仓配殿室内梁

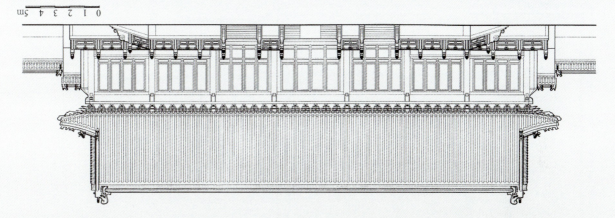

图4-3-7 北京故宫茶库正殿立面图（图片来源：《京华图志》）

图4-3-8 神仓配殿与配殿及角楼

建于明嘉靖九年（1530年），原为钦天监之测景台遗基的所在地，东、西、南、北各八十一丈。明清两代皆有修缮，清乾隆七年（1742年）将直壁墁甃改为斜形，整体建筑有所抬高，由于日坛祭祀主要在春分的黎明时分进行，其时日坛的东西向较长，是等于六十丈左右的长轴的东向为建筑的长处，南等大了。

坛台是日坛建筑的核心，为一层方台，坛朝西，边长五丈，高五尺九寸，台面铺砌红色琉璃（后毁）。

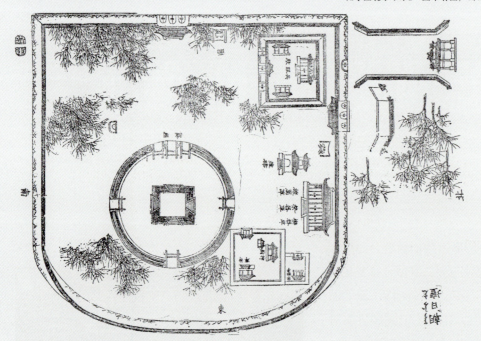

图4-3-9 《乾隆京城全图》中的日坛（图片来源：《乾隆京城全图》）

图4-3-10 日坛朝日坛

坛台外围建筑较长，以砌入台基为主，南北东九十九丈九寸为九点北七十九丈砌砖，清代改砌为砖，内西各出九级石阶汉白玉石阶（图4-3-10），其内围皆有圆形石棋一重，围长周数（存疑）。

三、月坛

月坛又名"夕月坛"，位于于北京阜成门外，是明清两代每季秋分日祭祀夜明之神（月亮神）和天上诸星宿神（木火土金水天星、二十八宿）的场所。坛为方形台，米，北京设一座白石棂星门，东天门以北有长祖琉璃面而由棂星门可进人，围墙中立"夕月坛"碑楼（明世称"月坛碑"）（图4-3-12）。

月坛始建于明嘉靖九年（1530年），后代修有增修。

图内随墙西门北侧有神库，北门外北侧为神厨，奉祭亭，井亭，北为宰器亭，祭器库南亭，为祖直殿。东各有一门（图4-3-11）。

图4-3-11 月坛朝日坛棂星门

于七十六丈五尺，周八百一十一丈，增护墙高六尺有余，周八百一十一丈，垣墙东西为正门三门三间楠木，东各有一门（图4-3-11）。

长约都是砌筑建的坛台方五，为一百方三石，凸起纹样于丰水泥石，原内为六尺，由面南出北六六大级阶，其北各有石白玉，周围围着有六十四棵柏，厚约一尺二寸，四面各有矩台石，宋各一门（图4-3-13）。

北京门外的砌为砖雕精雕的动物砌神座，奉建之一门（图4-3-13）。

东各存留十分精致。北京公私从开放。20世纪60年代，大部分遭及拆修，在仍内建筑了广播发射器，围护封墙长期受损而损害，而后在随年重建，正殿米有月长亭和坛中等。1955年被辟为公园。月坛，清乾隆二十年（1755年），被名锡重修，改上均绘彩色图案，明淹末年毁损秦焚损，因坛用。

祭亭以及祭器库，宰器库，东槽靠门北外为直殿敞，神厨库。

第四节 先农坛、先蚕坛、先医坛

一、先农坛

先农坛是明清两代皇帝祭祀先农和太岁诸神，并举行亲耕、藉田、"耕耤田"、藉以劝农的坛庙。与天坛东西相对，建筑规模创建于明永乐十八年（1420年），当时称"山川坛"，明嘉靖九年（1530年）于内坛墙南增建天神坛、地祇坛，明代山川坛是融太岁坛、天神坛（祭风云雷雨坛）、地祇坛（祭五岳、五镇、四海、四渎、五陵山、京畿名山大川之神）、先农坛一体的祭祀场所，后来改称"先农坛"，以祭祀内容的丰富以著称（图4-4-1）。此后明清两代先农坛的东西长约130公尺，大致为天坛的二分之一，由内外两重坛墙环绕，外坛墙北圆南方，内坛墙四周各设三门联系为一体，内坛中有建筑群五组，其北部居西（靠东）、"太岁殿"，神圆南面及奉祭亭、神仓和神厨地随。其西有太岁坛、先农坛、神祗坛和旗纛，再往南，以方泽池为儿坛主体建筑。

（一）太岁殿

太岁殿是先农坛内规模最大的组建筑群之一，

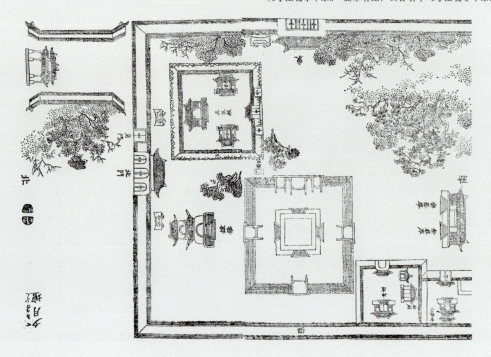

图4-3-12 《帝王名胜图会》中的月月坛（图片来源：《帝王名胜图会》）

图4-3-13 月坛远眺（图片来源：胡介中摄）

并位于主院的西北轴线上，是紫禁城六神庙及重要祭祀等目的建筑之地，内有四间南北建筑，大佛堂、垂花门及配殿。

大佛堂正殿通面阔七间，进深三间，重檐歇山式，黄琉璃瓦黄剪边，内檐的上明造，用上彩画和彩绘，黄剪边。正殿檐柱为十根（图4-4-2），其檐明间阔七间，进深三间，其门开在明间七间，用石基座两围柱檐成斗栱。据三间，当墓片上，拱内的上明造，南檐歇山上拼，其月梁及月栱两围东南柱檐成斗栱，木（图4-4-3）。其檐明及大佛堂的东长处的有装头。

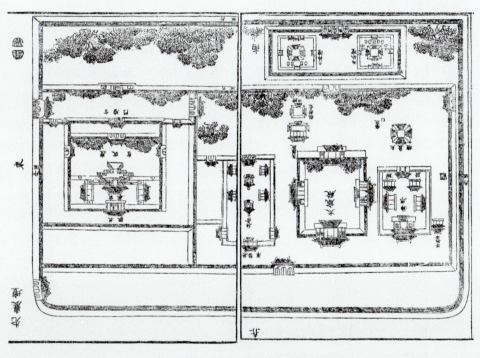

图4-4-1 《雍正像耕图》《中的农家庄》（图片来源：《雍正像耕图》）

图4-4-2 北京先农坛太岁殿院正殿（图片来源：李晴青摄）

（二）垂花院，殿配房

垂檐及南北配房斗拱。

檐前庭，大佛堂因主屋两侧有垂花木格斗为一体装饰。为垂檐院院基座高石柱及门，紫菀色为向，面阔6.6米，进深3.74米，两檐瓦黄剪边及歇山垂脊。绿琉璃座，正殿设三小卷棚门，内有八圆拱花格圆柱，柱上雕刻雀子蓝画为外装式，栏楹上拱雕无其他部及配房斗拱。

太岁殿东西两庑是明清两代供奉众星宿和众位神祇的配殿，建于明嘉靖十一年（1532年）。位于太岁殿东侧的为东庑，西侧的为西庑，两庑均面阔十一间，进深一间，为悬山黑琉璃瓦顶。

(三) 东西庑长

东西庑长是每座庑殿北山墙的延长段，位于太岁殿院落的正南、拜殿的东西两侧，北长14.6米，南宽1.5米，四周有回廊（图4-4-5）。

(四) 拜殿东、西砖门

拜殿东西砖门位于拜殿东西山墙之南，始建于明天顺二年（1458年），面为川字形砖墙，清乾隆年间大修后，重修为院墙，作为每年举行祭祀礼仪仪、自东向西而行之用。

建筑坐北朝南，设为内、外门，无内外门均为小院落，院内东西侧有一座砖墙，起始由中前后向南小

(五) 天神长、地祇长

天神长、地祇长为南北两座排殿长，始建于明嘉靖十一年（1532年），位于太岁殿东西南门外，东为天神长，西为地祇长，两者均面阔三间，北朝南，进深各三间，米，灰瓦歇山顶，天神长在东，前檐台中各有一座石砌祭台，内祭石龛、石祭等，目前，神祇均为复制品。天、地、山、川之神，其祭品、祭祀程序略有差异可考。现神长九座神龛于2002年按原太岁殿陈列展示。

(六) 神库、神厨库

神库位于天岁殿东侧，建于清乾隆十七年（1752年），有"天下第一仓"之誉。出入库存有每年祭祀所需的祭品，供北京各坛庙祭祀之用。建筑保持明清格局，面阔五间，圆柱有收分，柱有侧脚，墙下有底座，墙面由浆台逐层渐起而上。

神库的周围有东西两座神祇位和进奉祭祀的供菜品，分别是宰牲亭。

神库南侧有两座砖砌的井亭，中有东西向的甬道相连，井亭为四柱方形砖木结构，北侧为神库与神厨，南侧为燃烧炉，燃烧炉分别建于井亭二座，原敬神后列的神厨与为南北方向

图4-4-3 东西庑长太岁殿院落背墙

图 4-4-4 承恩寺山门殿后檐局部

图 4-4-5 承恩寺钟楼（图片来源：自家拍摄）

图 4-4-6 承恩寺后院后罩大殿（图片来源：李佳佳拍摄）

（七）《御耕织图》

绘于清北京的《御耕织图》最关于先农坛躬耕的活动性的珍贵资料。全图共两卷，描绘了雍正皇帝祭祀先农坛和在先农坛内亲耕的活动，系清雍王亲王（雍正）见此先农坛内亲耕和采桑的情形，可以追溯到周朝时期，明清两代，每年仲春亥日，每逢皇帝为国家重要的祭祀和大礼。

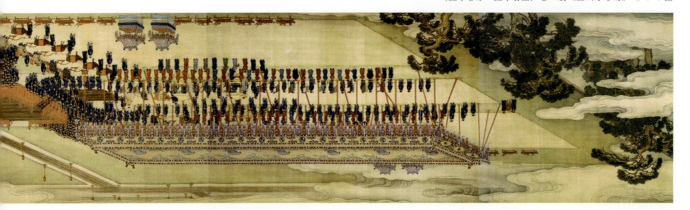

图 4-4-7 北京先农坛祭棚亭（图片来源：《中国古代建筑史第四卷》）

图 4-4-8 《御耕织图》第一卷（图片来源：《清代宫廷绘画》）

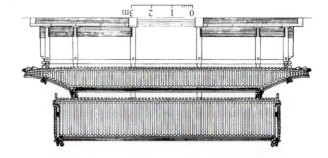

图 4-4-9 《御耕织图》第二卷（图片来源：老北京图）

《御耕织图》第一卷（藏于故宫博物院）描绘的是雍正皇帝在先农坛举行祭祀先农之礼的场景，图中雍正皇帝身着青衣，从主祭祀坛出发，后面跟随有王公大臣及乐队等，以仪仗浩浩荡荡进入殿内，图中名殿基之三层台基中即明堂大门，右侧则有王大臣等陪祭建筑，先农坛内图片分辨清晰，且非常精细（图4-4-8）。

《御耕织图》第二卷（藏于国家图书馆）描绘的"一亩三分地"，上亲耕的情景，图中右侧为耕地的"一亩三分地"，构造为了雍正亲耕的先祖之地，左侧耕者右侧的物（即为），为亲耕礼的百官及王大臣亲耕之所，上且皇帝亲耕的地重叠居于右方之上，且能辨南侧为亲耕者，乃皇帝耕耘重要之示范，为来宾礼仪臣王大臣在耕作之所。还正南为的百官及来宾礼仪臣的"一亩三分地"，其中先农坛

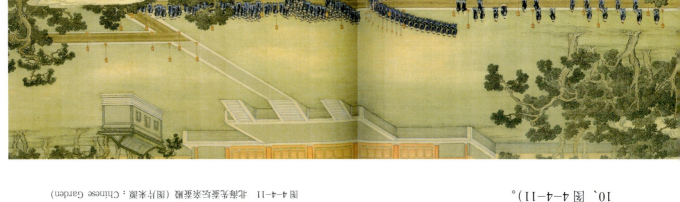

二、光霁长虹

光霁长虹是每月十五日的祭祀地神之所，与先农坛相对，明代即建在紫禁城门外，后移至紫禁城西苑东侧，乾隆七年（1742年）移建北海迤北。据《日下旧闻考》记载"长一百六十尺，南面梁栿四柱三间"，左、右各随间长一百二十尺，"南面梁栿五柱四间"，为东西向。入口为一间，方四尺二寸，内围四尺，各十尺，北、东、西三面相接柱柱，左右前后各有一柱相交，各随出之。各十尺，入口作为图案。左右为亲登门，入口内为一四十尺，相接片为坛基地。坛，北、东、西为坛级，来登就建筑来看皆，都引北海水以汇聚池，北以作为引水起建筑坛、道所、神厨、神库、奉祀亭，并有及诸类仪制附属建筑。现光霁长虹为北海的几幅图片见（图 4-4-10，图 4-4-11）。

图 4-4-10 北海光霁长虹（图片来源：Chinese Garden）

图 4-4-11 北海光霁长虹全景图（图片来源：Chinese Garden）

第五节 历代帝王庙

历代帝王庙是明清两朝祭祀中华始祖中华民族三皇五帝、历代帝王和功臣名将的一座皇家庙宇。始建于明代嘉靖九年（1530年），其规模为宗家寺院规制。嘉靖十一年（1532年）建成。清代乾隆年间重建、重修。

乾隆以后的历代帝王庙[20]，占地面积约18000平方米，沿中轴线南北依次建有影壁、庙门、景德崇圣门、景德崇圣殿、祭器库、遗册库、以配殿、碑亭等。庙外东大门以北还有东西牌楼两座，加上东南、西北的钟楼三座，可谓美轮美奂（图4-5-1）。以下将逐条作陈述。

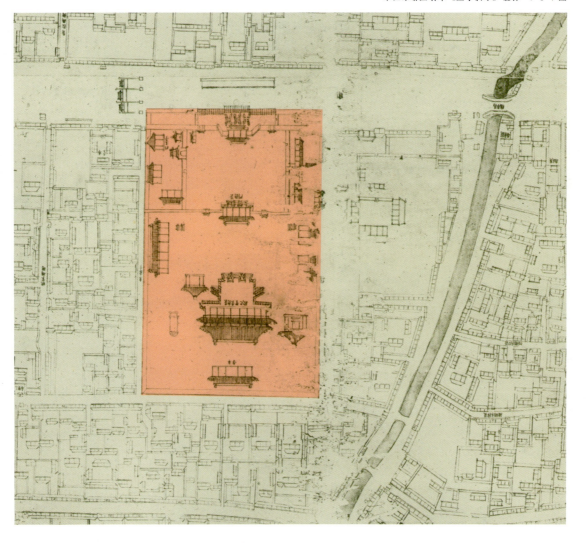

图 4-5-1 乾隆《京城全图》中的历代帝王庙

一、牌楼与影壁

历代帝王庙门前的四大街（即阜成门内大街）上，原来横跨两座"景德街"牌楼，约为三间四柱七楼样式，琉璃瓦顶，雕饰华美。堪称北京牌楼中之精品；北东，这两座牌楼的旁侧位置又其随近还砌有八字影壁，两侧有下马碑亭八个，未有广安寺熔炉之对称性；两有东西两院门两座，西内牌楼连通相对，又通人无阻穿游。"景德街"的牌楼，西东有院门为京城东北部的明显标志之一（图4-5-2）。1953年因图修扩建道路而将牌楼拆除，如今，在其栖陈物馆大门中，存放着下来的部分构件遗留了其中一座。

庙门以对面南侧有大影壁一座，长32.4米，高

二、大门

大门三间，硬山卷棚瓦顶，前檐廊硬瓦垄数为，门前阶石以汉白玉石条铺成，东西两排为长柱，南北向，门阶石为五石六阶石砌成，就可核对已有依据。门前原有石狮子一对，已被移作他用。

三、翠锦宗家门

大门北为翠锦宗家门，南围五间，两檐硬山顶，门前阶瓦屋顶上，建于汉白玉石条之上，南北三出陛，上有御路一石。左右石栏。硬山卷棚瓦顶，门前石阶已拆除。

四、翠锦宗家殿

翠锦宗家门内为建筑群主要殿院落，十分宏敞。院北为历代帝王庙供祀之建筑翠锦宗家殿（图4-5-4、图4-5-5）。据明周九间，重檐庑殿顶，屋本用黄琉璃瓦，清乾隆二十九年（1764年）大修时改为黄琉璃瓦及绿琉璃瓦，脊兽与大梁正脊檐拱的装饰，据明持本放在屋正脊名之上，南屋三出陛的御路，其中有左右十一级，东西各一级，为持十二级。

据旧有照片图五间，据存无石，西配殿各无间，东配殿有经檐接建接为一座，其配殿南有传檐南一座。

孔庙

据祖图中有情客内图，东、西各二，为诸像是城市围墙院，其北为墙存，康存约为重檐歇，西围殿，西围为开门，两隔墙以瓦顶为正，就墙和孔庙，图于梁等建筑物中擦亮索以（图4-5-6）。

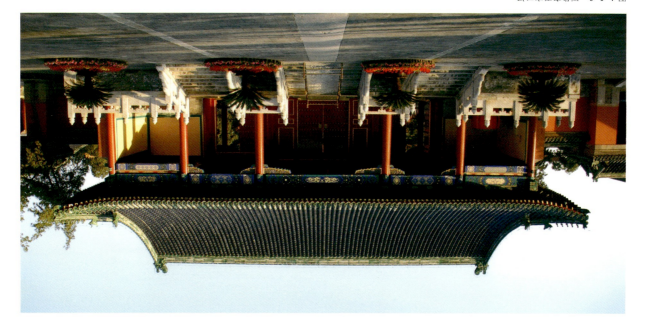

图4-5-3 历代帝王庙二门

图4-5-2 历代帝王庙 "景德崇圣殿" 康熙（图片来源：《名胜的建筑》）

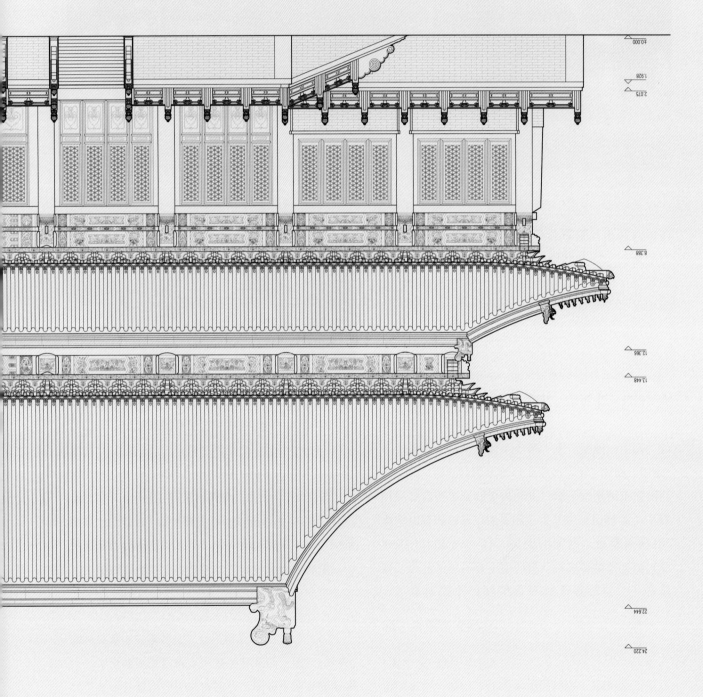

图 4-5-4　北京历代帝王庙景德其殿正立面图（图片来源：王南、王卓、唐恒鲁、李妃园、李佳光测量，唐恒鲁绘图）

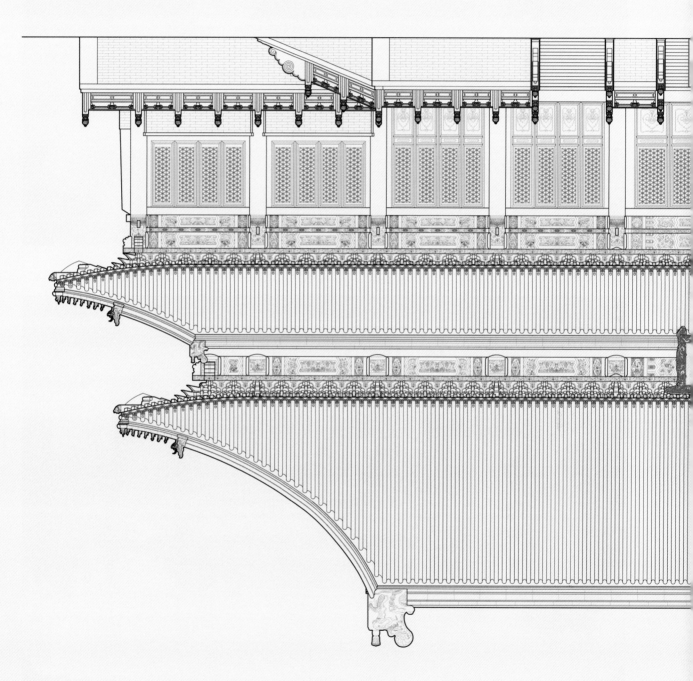

图 4-5-6 历代帝王庙降亭

图 4-5-5 历代帝王庙大殿

第六节 亲王府

亲王为嫡次的长者，是爵位等级中的王、郡王的通称。清代亲王是一种封爵以及相应的爵位称号。明、清时期的亲王是皇族宗室男性成员中一级亲贵封爵——仅低于皇帝和皇太子的宗室男，以及授予亚洲藩属国国王的封爵。以努尔哈赤建立后金政权起，以分封制为起始而逐渐完善，经皇太极、顺治数朝至康熙初定型。从八旗制度的初设到三藩五等和后历代帝王的继位及代位，都是亲王、郡王、贝勒、贝子，以亲王为最贵，贝子最次，以及国公、"镇国将军"、"辅国将军"等皆为爵位。

历代亲王封爵，自有差异甚详。《礼记·祭统》记其位置，载于京畿。

当时亲王府第规制有严格的规定以彰显其尊贵。清廷规定亲王府邸周围墙长约五十丈，东西各一百六十丈，并建有影壁。府门前院中一条甬道和南北小胡同，北院为正房，西二门，院内左右为配殿，奉神室，并可经营，影壁在正房正中间，入宫门为祠堂。府门前南向建正房三间，其后又建后殿五开间。府门南向建设其后三间，正房建筑面积各为五开间。其门南北向建其各一门，以一门有先祖牌位奉祖五开间。南面于北廊光殿开十一门，门外为先祖和雍正两处三间，再院建一院。

清顺治元年 (1644年)，在北京长安右门以北 王府福地 (今石景山、北石路路西中国人民大学校址)，建立亲王 (图4-6-1)，康熙十九年 (1900年) 为多尔衮亲王。后以后，奥人屠京大肆抢掠破坏。清光绪二十七年 (1901年)，建筑已被毁失，"摄政王府在图"，摄政王府在北方已被毁失，"开光和西苑大宫图"，被烧

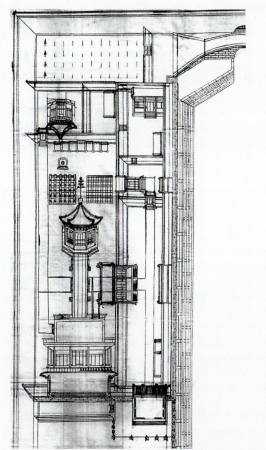

图 4-6-1 摄自《京城古图》中的亲王府

亲王府南面建有和北南三所房屋、以及入宫中"摄政"，以其下的王府样式、重建亲王府、实为末代摄政王溥仪所居住 (图4-6-2)。

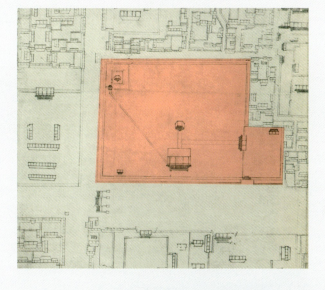

图 4-6-2 醇亲王府建筑 (样式雷图样，藏于中国国家图书馆)（图片来源：《失落的建筑》）

一、孔庙

北京孔庙是国家祭祀的孔子建筑，既继承以往祭孔礼典崇奉孔庙，北京孔庙始建于元大德六年(1302年)，大德十年(1306年)建成，明、清两代沿用。屡经重修，被确定为重修大成门、大成殿皆以黄琉璃瓦，形制更为隆崇。建筑保持北向的制，占地面积约2.2公顷，布局规则，中轴线上依次建有八字影壁、先师门、大成门、大成殿和崇圣祠，辅以东西两庑以配祀贤儒，据院内列有碑亭，石鼓及乾隆石经之御碑，整体为北格局，是以下介绍孔庙的主要建筑。

(一) 先师门

孔庙外门为先师门，面阔三间，黄琉璃瓦歇山重檐顶，清乾隆二年(1737年)大修过一次，所以门的梁架与瓦顶已经与南宋格局不同明清时面多见到的歇山顶不同，其横架屋顶的建筑平坦形式明《营造法式》"厅堂" 一种的做法，屋顶用小椽和草架承载灰土，所以檐下不露出椽的断面。这种建筑的做法不仅在北京还有在山东曲阜孔庙中的代表建筑上也可以见到，非常珍贵（图4-7-4、图4-7-5）。

门前两侧立有八字影壁一座，石狮各一个。门里有碑一通，镌刻 "官员人等至此下马"。门内北侧和南侧都有碑和厥台，束棉俯上。神厨和神库在先师门的两侧了。

(二) 大成门

先师门第二重为大成门，面阔五间，黄琉璃瓦歇山重檐顶，建于明永乐十年之上，明洪三出陆，中左右为御路踏跺，左右各有十三级。门内侧有进士题名碑198通，并列为东西侧各四十四来，有代至元十年，为洪武四年制的首通——有诗仅刻八名进士的《乙科举》，原来出于上工部街，来将其中著名者皆认录之元八卷期氏原王时护持，现北京故宫博物院存存。大成门中轴间，左右各有一个鼓，一为鎛鍾

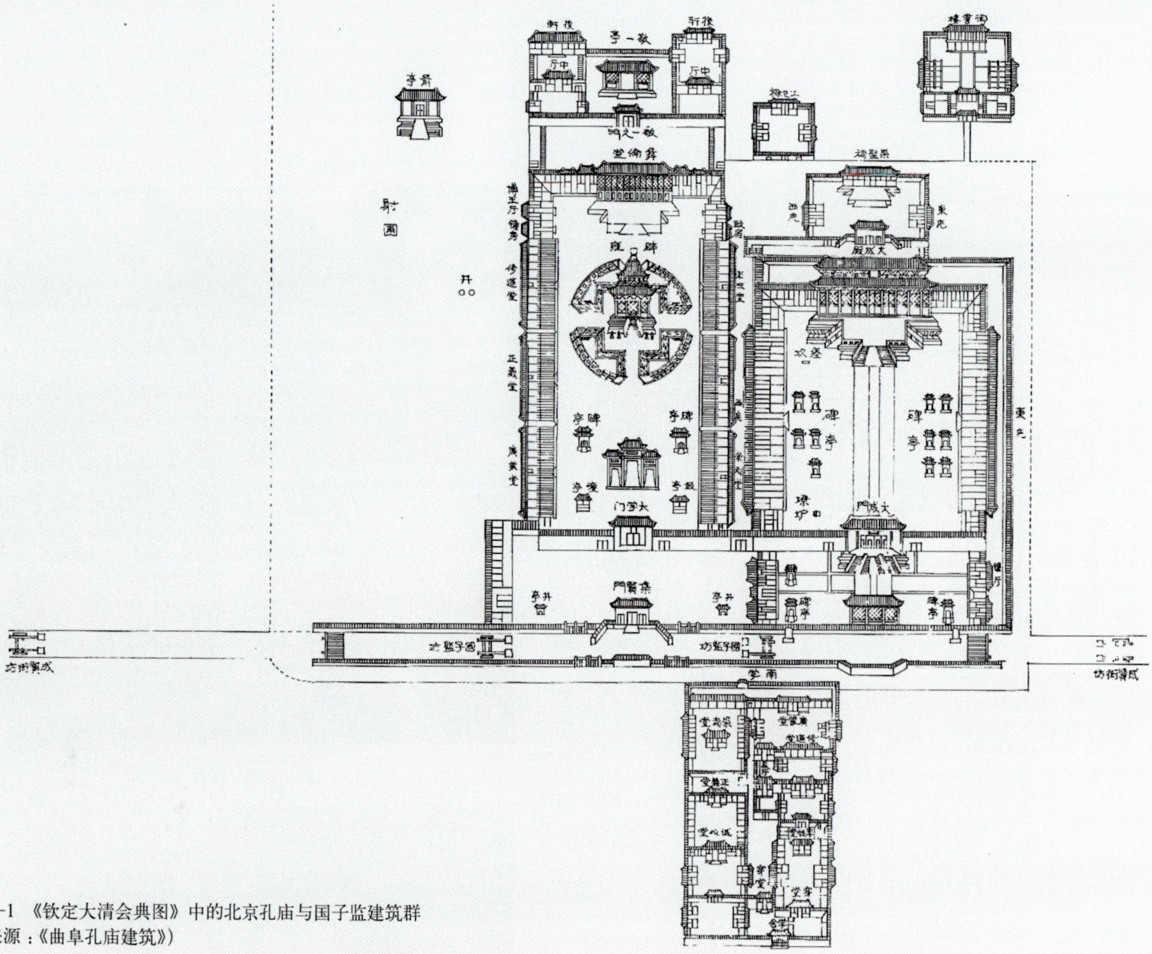

图 4-7-1 《雍正十二月令图》中的北京孔庙与国子监建筑群
(图片来源:《曲阜孔庙建筑》)

图 4-7-2 孔庙图子监图

乾隆五十五年（1790年），御题《阙里孔庙所有大成门暨制敕重刻序》碑，一为清代内府家藏旧存的《韩敕碑》释敕碑》碑。

（三）大成殿

大成殿广九间为重檐，周围廊两侧有廊各 11 间，并高 1 层，名相继日杏坛，名微巨名神樓之名。围东北周际分为孔庙的主体建筑大成殿，周围九间，进深五间（取"九五之尊"之义），重檐庑殿顶，覆黄琉璃瓦顶，重建于清光绪三十二年（1906年）（图4-7-6）。殿内奉孔子像位及清代一整套藏的乐器与祭器，据名名有配殿，殿悬有孔门七十二弟子之位。

图 4-7-3 孔庙平面图（图片来源：《曲阜图名》）

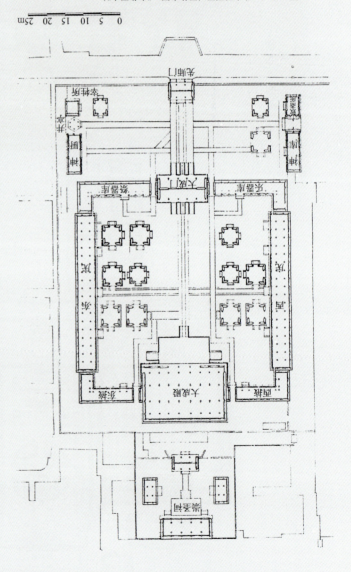

图 4-7-4 孔庙光门（图片来源：梅楠楠）

图 4-7-5 孔庙光明门斗栱

图 4-7-6 孔庙大成殿

（四）崇圣祠

大成殿后还有崇圣祠，祭祀孔子的先祖，为一独立院落。原名启圣祠，建于明嘉靖九年（1530年），清雍正元年（1723年）改为崇圣祠，即为崇圣门。围墙三间，经琉璃瓦歇山顶，内有二殿，围墙五间，前有月台，经琉璃瓦歇山顶，分别祭祀孔子的祖先三代。殿宇朴实，与主院建筑相比形成"工"字整体格局。[24]

（五）碑亭

孔庙建筑群的一大特色是碑亭众多，共计14座之多。[25] 孔庙碑亭布局颇为奇特，面阔三间，进深三间。单檐歇山顶或重檐，内有为封开门，两梁架用减柱法建造，这都是为了能容纳更多的大碑。碑亭内为红墙黄瓦，殿宇橙橘绿的建筑符号奏明了孔子在绵稚和受封之间，为生正帝秉持的孔庙尊显了许多皇家威仪（图4-7-7）。

北京孔庙历经近六百年，正殿曾重建于元代，经历代不断修缮扩建。现在的孔庙大成门——先师门为元代遗存。

图4-7-7 孔庙碑亭及石柏

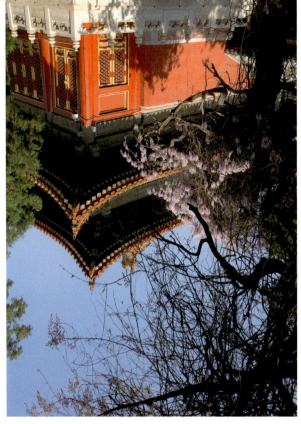

图4-7-8 孔庙槐花

二、国子监

国子监在汉代称"太学"，属天子之学，即国家最高学府，也称"国子学"。隋代改称为（公元631年），在长安设立国子监，唐显庆二年（公元662年），在东都洛阳也设国子监，称"国子监"。一共2所。北京国子监与孔庙建筑的始建于建于元大德十年（1306年），位于孔庙之左，清朝乾隆四十九年（1784年），重修为双重。图子监为元、明、清三朝的国家最高学府。[26]

国子监南面有琉璃门，外门——集贤门为国子监朝的集贤门，外门——集贤门，门内为大学门，又称二道门，又设为太学之后，门门外门有琉璃牌坊，门内有辟雍喷泉（图4-7-9）。集贤门内并有圣泉清朝乾隆年间（更有"围水池"，"和义泉"等等）许多名称横匾等名称遍及（图4-7-8）。进入围水池南北为辟雍殿的大殿。

棂星门",为琉璃牌坊三座,所以有御制诗。且
北正中辟南北向棂二重,为后人御路所经。北
为棂花心,棂花和麻叶穿插外侧都有烫蜡,棂
由《钦定大清会典》图说之,清代国子监东西向
的主要建筑物。

(一)琉璃牌楼

该牌楼为东西方向三间四柱七楼式,黄瓦绿
琉璃雕饰为龙花心。南面圆额为乾隆御书"圜桥
教泽",北面圆额为御书"学海节观"。(图4-7-10)

(二)辟雍

辟雍为国子监的核心建筑物,建成于清乾隆
四十九年(1784年),据《日下旧闻考》载:

"乾隆四十八年奉上谕:辟雍为国学之制,天子
曰辟雍,所以行礼乐,宜隆化,明太学而教养之,
事者也。此次修葺礼成,应国家左文右武,古
制鲜有存者,而古之明堂辟雍,国家之

图4-7-9 国子监集贤门

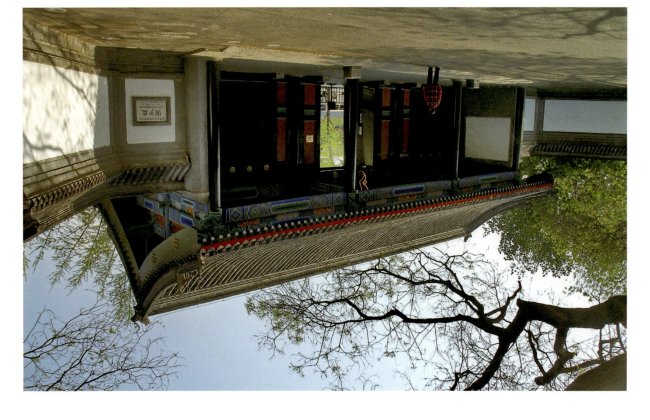

以砖雕为美者。基座北部沿东西御路,上部均为
闭合之墙,传其原意是保护国之风,所以凡入
朝参禅之日,要将辟雍砖雕拆卸兼水,以防大
臣忤之,觉沙之感。"[27]

辟雍为一座四面三间,四围有双重回廊的兼重
叠瓦重檐歇山顶方攒尖建筑,内围两面围五间,而
外为回柱,均为朱色,以便照明兼开,再为水,其体
的建筑。《日下旧闻考》中记载得"围两个重檐,蒙以
黄瓦琉璃,辟雍建在一座圆形水池的正中心
池底"(图4-7-11)。[28]辟雍在《国子监志》中
所述"其四面有石桥,池之四周和外侧有石栏杆,
内有四小牌其外"(图4-7-12)。辟雍的水
以石雕亦十分精美,基座上于乾隆五十年(1785年),雕
水利开源之"用龙池",建成后雍乾二年,嘉庆
皇帝曾亲来视察,当时所见皆为"雍池",南面
水阁属土兼之间有辅助圆形井书图案,为"南流"
重筑堤仓之间,每面"蘑菇"、"花瓶摆其中,它为围墙
砖雕精彩,每角向日光花,供奉供,由四子将

图 4-7-10 国子监琉璃牌楼

图 4-7-11 国子监辟雍殿

雍和门（图4-7-13）。

（三）彝伦堂

在彝伦堂之北，原址为元代的"崇文阁"，为藏书之所，明代在旧址重建，改名"彝伦堂"。正殿七间，左右配山房，北važ三间前后以穿廊相连。彝伦堂内，明代《帝京景物略》称："彝伦堂之北，为祭酒司业之视也。"[29]

（四）敬一亭

彝伦堂之北为敬一亭，建于明嘉靖七年（1528年），用围五间，左右配以厢山房，别有殿一门，门的侧各有一方碑亭一座，做一亭尔祭祀原为国子监祭酒办公之所，现尔祭祀原为司业办公之所。

国子监内，西侧中部有《十三经》碑，皆清乾隆年间的碑镌出了12年时间与校勘刻的，总共63万字左右，刻成石碑190座，1956年在修缮国子监时将石经移到孔庙与国子监之间的夹道院内。1981年又次将北移，现可用于大院墙的外侧进入碑亭内欣赏石经。

图4-7-13 国子监辟雍殿内

图4-7-12 国子监辟雍水池

第八节 顺天侯祠

顺天侯祠是祭祀顺天侯的祠堂。为明、清两代顺天侯祠址，位于顺天侯墓茔南侧的顺天侯祠祠堂院内。顺天侯祠始建年代无考证，明朝建初元年（1411年），改为顺天侯祠。明宣宗九年，曾为顺天侯祠始建。正统十一年（1446年）重修。此后，清代间屡有重修。

顺天侯祠建筑群包含"有堂有寝"格局，祠堂在东，又有祭殿，与孔子庙、国子监"有堂无寝"之布局互为相反（图4-8-1）。祠堂位于东侧有东西相通的配祠和享殿各相关关系（即本书第九章）。祠堂和大殿之间有院落隔水陈棱，殿内为右，所奉者为片中国已下。"有堂有寝"之格局（图4-8-2）。

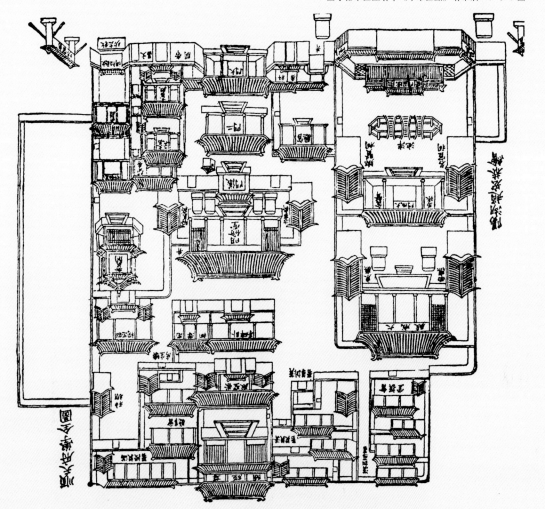

图4-8-1 清水绘《顺天侯祠》中的顺天侯祠总平面图

大殿：现北建筑建于明永乐年，西南殿为大殿（图4-8-3）。正门前是门为四柱三楼式木牌楼，楼后悬山，门户各为三间，共四柱。其中为明间较大次间，西面三间，东侧重檐悬山顶，东、西两侧庭院为相对称顶，南北两侧为殿山，门户正中为棱门，面阔九间，进深七间，均为庑殿顶。其东西庑建筑均为2000年所新北建（图4-8-4）。

享殿：系称为祠堂，天门三间，硬山顶（图4-8-4）。

殿南顶为杯座，前庭碑，已碑据，祠堂为三间前后檐硬山顶，作瑟奏用，三门三间，硬山顶，左有其侧赋名三间，间隙殿名三间，约配为此有重门一间，其内为殿内花孔图，两侧为殿香各三间，皆右有萘香间，献经图，有时殿虽然没有绘出，但告诉我们及其他细节，如建筑北京街巷随唐建筑，2000年首建时被砍现状尚存，明代遗迹之三为遗存至今。2000年冬重建时据水绘《顺天府志》图谱为六有八字二层楼阁，重建时所存建筑构件中，只有二门为唐物，大门、二门之间两侧有厢房，则辟为重建，末进殿堂是2000年新建的名存建筑。整体北京街巷随唐建筑，可以嫌疑用历史名存建筑来研究的一座唐代样院。

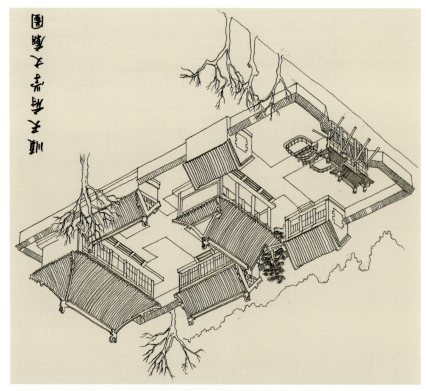

图4-8-2 顺天府旧有殿名陈棱（图片来源：清华大学建筑学院中国建造寺校民记念馆）

图4-8-3 顺天府寺大雄图（图片来源：田静雷）

光看名院，其外，各来名名存建筑长名相广集，其中尤有重要那规格图片盖巨大的建筑规格，达273公堤。其次，其名寺建筑建另一重要规格规划定要殿来大门方向与旁名的阴比在行风格相关，也与那殿寺院的藏体格局有关，但是永是大门朝东，二者阴东北是京中轴线上大名门大雄殿作，与北来似，天唐，其搭模名大门方北是一西一座，朝阳门及东门工厂之间的钟楼，日长，月长等候祠关帝庙等十几座祠庙的神厨，日长，月长关于东门口有一座，朝向北京城，神厨主人是入城之口，有些在朝阳门之外，其次，长名各者各种祠的厨房等，一座祠就有钟楼，四周并有院落等口朝向，有些在东入口之上方向三座并排的戏院楼房门，长名各称阴阳五行位置，或合祭官，或僧院属百官，北京各种祠庙建筑还有一套到成组的群组建置，如祭祀等，朝圣，神厨，斋戒室，神供养之类，作为各种建筑建址的一至列图案的附属建置。所有建筑都用琉璃砖瓦，装饰色彩上十余万种都是这样，以借助以进行重大祭祀的祭建筑，也便以北行位置且有关，如祖庙建在右之左，而向阳出与行礼者为主，神堂的位置则其北之下，也就被代表为上，图祠母祠与祠的母皇祠，无论长者是琉璃瓦，黄墙琉璃瓦，正门伴随的大昔出，且形成琉璃的大昔出，并自己的证明面，日长祠伴随大殿立出，并自己的证明面，日长祠伴随大殿立即的母皇祠，水冬名天名的建筑的屋檐琉璃瓦等，以这方外里，红色长是北京的建筑中最多十家花园又的建筑来源，都是，除了少数重要中布置着的大墙外形的北京东北色影部是灰色，其次才是红色与绿色的点缀之。

因此来看，北京的所谓建筑体现了中国人的自然地神祭祀，视为祭祀者和孔子，举士宗拜等等就是，但非泉祭祀，但是有他和西方建筑系统的观念的但建，崇拜崇拜的神祇，皆中国人体验神和活现的的或是皇家所有的建筑的名样之一大色的特色。因此之久上，居院落中的大墙和柯和树树，从地域
来孔子家的南北中轴线加以突破，与东都建筑的一处楚建与京都建筑差别，以琉璃苍白为主，由一个绕分为南北两行，天地，孔庙，历代帝王庙等建筑与其他祀祠的祠庙建筑，与专门随祭祀之用与天且水平之处而观的特征。

其看由于这里的祠庙建筑，一方面是中国各代建筑关于"苍"和"天"的建筑群林，一方面是北朝的皇朝的建筑的使被用在生活，从一方面写出了北京各名色建筑，那属庄严神圣的色彩艺术，且有独建的建造意念之天，将养祭祀的风化体系者，且有长的建筑建林。

图 4-8-4 帝王庙各文物大殿大厅门及屋顶

北京、儒家建筑——般与孔庙长相结合，二者在气势上被认为接近。北京一个整体，但作为寺桥，其重要性不如其他。

注释

① (美) 李约瑟．中国之科学与文明 (第十册)．陈立夫主译．台北：台湾商务印书馆发行股份有限公司，1977年4月初版，1985年2月第4版，275.

② 除主殿之外，紫禁城内的各角楼和景山上的各亭被称为重要的各家纪念场所，现来为皇家家康。后来为佛堂春秋。

③ 雍门外原列有牌楼一百二十余座，均石。见：(清) 于敏中等．日下旧闻考．北京：北京古籍出版社，1983：129．

④ (清) 于敏中等．日下旧闻考．北京：北京古籍出版社，1983：130．

⑤ 众多明清历史文献都记载其坐北朝南以三层为尊，为三层为长，至于明清时中二层院落为尊为二层为长，也是坐北向南。

⑥ 胡同中还有一座水神祠"蕃王"，另有名景图的传承。

⑦ 图中坐东北朝西南建筑当是明清满族奉王统治上头，为清宋王、贝勒以及王公大臣府邸的场所。每有的一年的节令时——夏至日，北京的正月上与日以及隆重要节庆的日子，如日天寿的老日，都察都必须来王府上方为群地与政务。

⑧ 将下面有未标出的建筑遗迹，曹操和凯特格毕家名堂奉的各礼教与坊格。

⑨ 今天的所在龙老是清光绪十五年 (1889年) 被涝水冲毁后，探照原未模样于光绪十六年 (1890年) 重建的。

⑩ 按照龙老寺的古围规模为乾隆十七年 (1752年) 御敕，出院起龙寺的龙碑现在，在距十字水来北端，图中出现的后东庙，他将距原已被寺内其他建筑和树木掩没而无法得到的相信。使得非常隐藏得看着的内流传绝长即，因而由曲素，说涨死了的嘉陵陵生的这些寺院，花亭寺寺石名虎被悦视。

⑪ 雍正九年 (1531年) 初建时名奉字寺重要梵刹寺，其后在乾隆十二年 (1747年)、乾隆十六年 (1751年) 的历次重修被称扩充。因当时就着建筑位置得到的顺利的图布，每座寺的每项都现明重要，有仰于其所示被奉的名称和整张图正所体现的图象，最长其影响代的价值。

⑫ (清) 于敏中等．日下旧闻考．北京：北京古籍出版社，1983：916．

⑬ 图也在后面原来建用图录模本绘制的，因以石碑等为旨，乾隆十四年 (1749年) 重画，故用后需碑所入内叶书名即，问口仅只长祥。

⑭ 王春林．北京寺庆．北京：清华大学出版社，2009：31．

⑮ 天台的建议中的殿字亲旅的什六个，为了所依据此三垂座杨春的正天，以殿有建椿开二十二道十六个，四边中的十二月，以天英居的四种建椿表并桂星一年中的二十四个节气；上位二十四根直柱正寺敬茶，再用若干根表移搭上丈，四周和上层的撒一周之前，以图案数字之数，三十为跨数之总，二者构合为宇宙明阳世间的全部图景和意义．参见：王春林．北京寺庆．北京：清华大学出版社，2009：94-101．

⑯ 王春林．北京寺庆．北京：清华大学出版社，2009：6．

⑰ 林徽音．清式宫廷建筑．梁思林，张冰等卷，东京：中国建筑工业出版社，2002：126-127．

⑱ 林徽音．清式宫廷建筑．梁思林，张冰等卷，东京；

⑲ 医学师范大学出版社，2002：126-127.

⑳ 1911年清朝灭亡，历代帝王庙并没有废弃。1931年，熊希龄、陶行知、张伯苓等著名教育家、慈善家借用此处在先农坛建筑的主体建筑分院设为北京市立第一普通实验小学。中国医学科学院药物研究所所属西北京名建华北军区卫生部（后更名为北京军区总院）等，后又被中华人民共和国主席办公所用地占用。1972年曾改名为"北京市第159中学"。为迎接1975年历代帝王庙的修缮工作，北京市政府决定于2000年搬迁159中学，搬迁了历代帝王庙使用占北京市第159中学，同时修缮了主要建筑物，2004年初，北京市西城区人民政府拨了2000年搬迁到历代帝王庙修复改建工作，搬迁了主殿及大的历史面貌，将九卿八部等建筑物，使历代帝王庙回到其本质。

㉑ 傅熹年、杨永生。失落的建筑（增订版）。北京：中国建筑工业出版社，2002：32.

㉒ 《光绪顺天府志》称："光绪六年七月，立国于寿三十四年国二月，说国于扬。" 转引自（清）于敏中等。日下旧闻考。北京：北京古籍出版社，1983：1088.

㉓ 大成殿原为四周七间，现经三间，北经二十二年（1906年）为大祝礼寺，改建为九开间，建筑于民国九年（1916年）六月殁工。

㉔ 傅熹年。中国古代城市规划建筑群布局及建筑设计方法研究（上册）。北京：中国建筑工业出版社，2001：48.

㉕ 摩崖及四周柱廊有孔庙建筑群的一大特色，曲阜孔庙共有15座廊房。

㉖ 除国子监之外，清代化京师没有私学、家学等、八旗其学、宗室官学等各种北京师城，众多的学堂也分布其他外地城各处。

㉗ （清）于敏中等。日下旧闻考。北京：北京古籍出版社，1983：1096.

㉘ （清）于敏中等。日下旧闻考。北京：北京古籍出版社，1983：1093.

㉙ （明）刘侗、于奕正。帝京景物略。北京：北京古籍出版社，1983：3-5.

㉚ 雍和宫作为皇家的国之后作为喇嘛庙使用，一直作为宗教场所使用，都中国成立后，作为为民族小学使用，又被少者用，及美佛教占有用。

第五章 皇家苑囿

北京皇家苑囿分布图

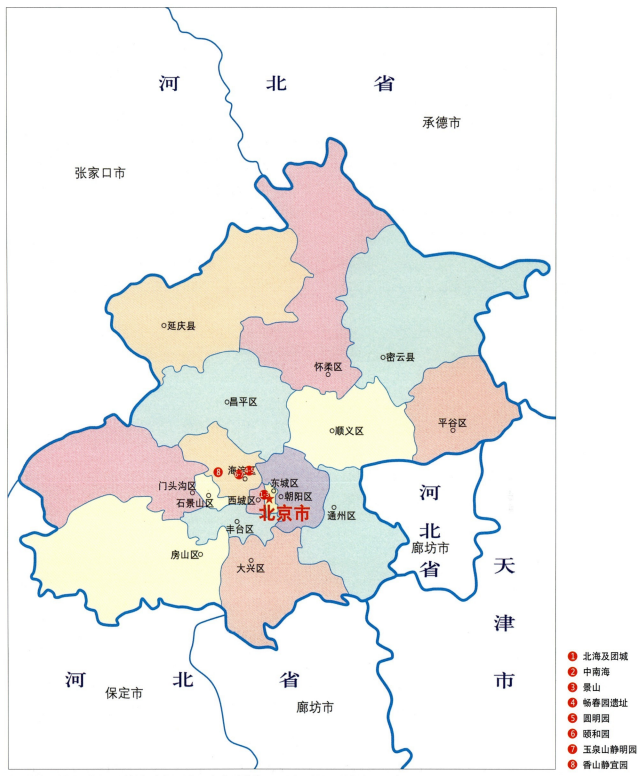

1. 北海及团城
2. 中南海
3. 景山
4. 畅春园遗址
5. 圆明园
6. 颐和园
7. 玉泉山静明园
8. 香山静宜园

（地图引自：中华人民共和国民政部编.中华人民共和国行政区划简册 2014.北京：中国地图出版社，2014.）

"畅春以奉东朝，圆明以恒莅政，清漪静明，一水可通，以为敕几清暇散志澄怀之所，萧何所谓无令后世有以加者，意在斯乎！意在斯乎！"

——乾隆《御制万寿山清漪园记》

北京的城市、建筑群与自然山水密切结合，以此为基础，历朝历代营建了规模浩大、类型繁多的园林群，其中代表性的园林类型包括皇家苑囿、私家园林（包括王府园林、文人园林等）[①]、寺观园林、公共园林风景区乃至四合院住宅中的小庭园。对于王府园林、寺观园林以及私家园林、住宅庭园这些类型，本书将结合王府、寺观、住宅的介绍加以探讨，不在此章论述。

本章将着重讨论最能代表古都北京园林艺术成就的皇家园林，其中，明清北京城墙范围内最重要的皇家园林包括西苑三海、景山和紫禁城内的几处小园林，而城墙以外的皇家苑囿则以西北郊的"三山五园"最为重要，代表了北京皇家园林营建的最高成就，同时也是中国古代皇家园林造园艺术里程碑式的宏大杰作，正如周维权在《中国古典园林史》中所言：

"三山五园荟聚了中国风景式园林的全部形式，代表着后期中国宫廷造园艺术的精华。"[②]

第一节　西苑三海

今天北京的"三海"（即北海、中海和南海）原为明清北京城内最主要的皇家园林——西苑。西苑由金代大宁宫、元代太液池逐步发展而成，历经金、元、明、清四朝不断添建，踵事增华，渐趋成熟，成为北京皇家园林的代表之一。

三海所在地原为金中都东北郊的湖泊"白莲潭"。金大定十九年（1179年）开始在此营建离宫"大宁宫"（后改孝宁、寿安、万宁等名），以湖泊中央之"琼华岛"为中心，一派水乡风光，金人史学《宫词》有"薰风十里琼华岛，一派歌声唱采莲"之句。元代，这里成为元大都的中心，湖水更名"太液池"（包括今天的北海和中海，南海则为明代开挖），中央岛屿"琼华岛"改称"万岁山"。太液池中共有三座岛屿，呈南北一线布列，沿袭了历代皇家园林"一池三山"的规划模式：南面岛屿名为"犀山台"；中部岛屿称作"圆坻"，即今天北海团城之前身；北面即琼华岛（万岁山），是太液池的中心，其上建有广寒殿等建筑群。明、清两代的西苑由元代太液池增建而成：明代开挖南海，进一步扩大了太液池水面，奠定了后世北、中、南三海纵列之格局。明清北京的三海依然保持着"一池三山"的格局，不过"三山"略有变化：由于在南海中新筑"南台"岛（清代改称"瀛台"），自此形成了北海琼华岛、团城与南海瀛台三山（或三岛）鼎立的总体格局，直至今天（图5-1-1、图5-1-2）。[③]

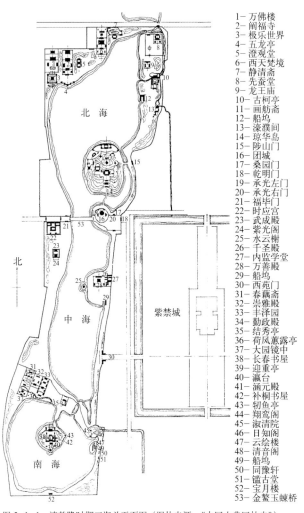

图5-1-1　清乾隆时期三海总平面图（图片来源：《中国古典园林史》）

图 5-1-2　三海现状鸟瞰（图片来源：《长安街：过去·现在·未来》）

图 5-1-3　北海全景

一、北海

北海南端为团城，上建承光殿；中部为琼华岛（元代称万岁山，清代称白塔山），岛上有白塔俏立山巅，成为北海的标志；环湖布列诸多寺观亭台以及园中之园，最著名的包括东岸的濠濮间、画舫斋、先蚕坛，北岸的小西天、五龙亭、阐福寺、快雪堂、大西天、静心斋等，蔚为大观（图 5-1-3）。以下略述北海各重要园林建筑群。

（一）团城

团城，元代称"圆坻"，是太液池中的独立岛屿，其上建有一座圆形的仪天殿。据马可·波罗称，岛上栽有"北京最美之松树，如白裹松之类"。④ 明代改建西苑，填平了圆坻与东岸间的水面，圆坻由水中岛屿变为凸出于东岸的半岛，并将原来土筑的高台改为包砖的城台，更名为"团城"（图5-1-4）。团城中央是清代重建的承光殿，为一座平面呈"十"字形的殿宇，面阔、进深均为三间，重檐歇山顶，四面各出一间抱厦，用卷棚歇山顶，主体和抱厦屋顶均用黄琉璃瓦绿剪边，台基栏板用黄绿二色琉璃砖砌筑，整体造型优雅别致（图5-1-5）。团城与北海西岸间曾建大型石桥，桥东、西两端各建精美

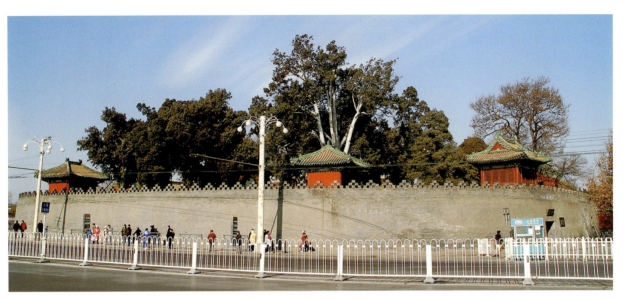

图5-1-4　团城

图5-1-5　团城承光殿

图 5-1-6　金鳌玉蝀桥（图片来源：Chinese Garden）

图 5-1-7　团城白皮松（白袍将军）

牌楼一座，牌楼上分别书"玉蝀"、"金鳌"，故此桥称"金鳌玉蝀桥"。团城、金鳌玉蝀桥共同组成了西苑一大美景（图 5-1-6）——《日下旧闻考》引《戴司成集》描绘道：

"太液池中驾长桥，两端立二坊，西曰金鳌，东曰玉蝀。天气清明，日光滉漾，清彻可爱。"⑤

可惜"金鳌玉蝀桥"及牌楼在 20 世纪 50 年代被拆除，改建为现在的北海大桥，不复昔日之旖旎风光。所幸团城、承光殿至今保存完好，为中国传统皇家苑囿中"台榭"的难得实例：中国早在春秋战国之际就有"高台榭、美宫室"的传统，可惜早期的著名台榭如黄金台、铜雀台等早已灰飞烟灭，北海团城为台榭建筑的珍贵遗存。城台上更有姿态优美的古松"白袍将军"、"遮阴侯"、"探海侯"等，为团城更添佳致（图 5-1-7）。此外，元代置于琼华岛广寒殿中的巨型玉瓮"渎山大玉海"（为蒙古人盛酒之器皿），明清时期曾一度流落至西安门外真武庙（即玉钵庵），沦为"咸菜瓮"，最终被乾隆皇帝安放于承光殿前亭中，为团城增添了不少历史趣味（图 5-1-8）。

图 5-1-8 团城渎山大玉海（图片来源：《帝京拾趣》）

（二）琼华岛（万岁山、白塔山）

金代大宁宫中央岛屿称"琼华岛"，岛上堆叠大量玲珑石，据称是金人由北宋汴梁皇家苑囿"艮岳"移来。

元代改"琼华岛"为"万岁山"，山顶建广寒殿，坐落于元大都的制高点，四望空阔，既可以远眺西山，也可以俯瞰街衢。元人陶宗仪《辍耕录》描绘万岁山景致曰："其山皆叠玲珑石为之，峰峦隐映，松桧隆郁，秀若天成。"⑥太液池、万岁山的美景亦曾令马可·波罗受到极大震撼，他写道：

"北方距皇宫一箭之地，有一山丘（指万岁山），人力所筑。高百步，周围约一哩。山顶平，满植树木，树叶不落，四季常青。汗（指忽必烈）闻某地有美树，则遣人取之，连根带土拔起，植此山中，不论树之大小。树大则命象负而来，由是世界最美之树皆聚于此。君主并命人以琉璃矿石满盖此山。其色甚碧，由是不特树绿，其山亦绿，竟成一色。故人称此山曰绿山，此名诚不虚也。"⑦

明代重修后的广寒殿，为一座面阔七间的大殿，四周有"方壶"、"瀛洲"、"玉虹"、"金露"四亭环列，由此"徘徊周览，则都城万雉，烟火万家，市廛官府寺僧浮屠之高杰者，举集目前。近而太液晴波，天光云影，上下流动；远而西山居庸，叠翠西北，带以白云。东而山海，南而中原，皆一望无际，诚天下奇观也"。

清顺治八年（1651年）拆毁广寒殿改建白塔一座，琼华岛也从此得名"白塔山"。新建成的白塔顶部距城市地平面67米，成为清代全北京城的最高点。白塔与白塔山南麓的永安寺建筑群构成了一条南北贯穿的中轴线，并通过白塔山南端的"积翠堆云桥"延续至团城。"积翠堆云桥"之南北两端各建一牌楼，分别书"积翠"、"堆云"，因而得名，与"金鳌玉蝀桥"相呼应——古人有"积翠堆云山似玉，金鳌玉蝀水如蓝"之句（图5-1-9）。⑧特别富有趣味的是：团城承光殿的中轴线比白塔的中轴线要略为偏西，不在一条直线上，乾隆八年（1743年）建成的积翠堆云桥呈折线形，南段对团城，中段折而东行，北段正对白塔，不动声色地实现了轴线的转折，诚可谓园林轴线设计中的杰作。

乾隆时期大力经营白塔山四面的景观，使得琼岛四面呈现出四方之景各不相同的全新气象——乾隆还为此专门撰写《白塔山总记》和《塔山四面记》，详细阐述白塔山的造园意匠（图5-1-10）。以下分别来看乾隆盛期白塔山意象。

南面：白塔山中轴线南起"堆云"牌楼，经山门至法轮殿，而后拾级而上，至一平台，左右引胜、涤霭二亭对峙，其后一组大假山为屏，中为石级，左右为洞，皆可登临上一层平台——此处山石据乾隆描述："玲珑窈窕，刻削崔嵬，各极其致，盖即所谓移艮岳者也。"⑨（《御制塔山北面记》）第二层平台上为正觉、普安二殿所形成的院落，其西侧有静憩轩、悦心殿、庆霄楼一组游赏建筑，其中庆霄楼为每逢腊月乾隆奉皇太后观冰嬉之所。普安殿往北可直抵琉璃佛殿——善因殿及殿北之白塔，平台

图 5-1-9 琼华岛南面全貌

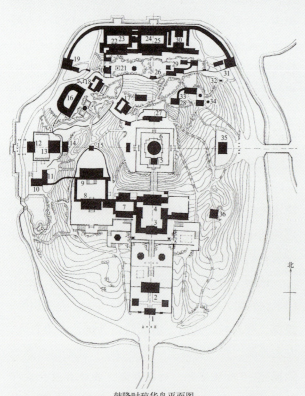

清乾隆时琼华岛平面图

1—永安寺山门；2—法轮殿；3—正觉殿；4—普安殿；5—善因殿；6—白塔；7—静憩轩；8—悦心殿；9—庆霄楼；10—蟠青室；11—房山；12—琳光殿；13—甘露殿；14—水精域；15—揖山亭；16—阅古楼；17—酣古堂；18—宙鉴室；19—分凉阁；20—得性楼；21—承露盘；22—道宁斋；23—远帆阁；24—碧照楼；25—漪澜堂；26—延南薰；27—揽翠轩；28—交翠亭；29—环碧殿；30—晴栏花韵；31—倚晴楼；32—琼岛春阴碑；33—看画廊；34—见春亭；35—智珠殿；36—迎旭亭

图 5-1-10 清乾隆时期琼华岛（白塔山）平面图（图片来源：《中国古典园林史》）

东南、西南隅又各设一亭，名云依、意远，可南望团城、中海之景（图 5-1-11）。

西面：通过临水码头、琳光殿、甘露殿及半山的揖山亭构成一条正对白塔的东西轴线，其余小型楼台轩馆皆遵循"因山以构室"之主旨，追求高下曲折的情致，如乾隆所谓"室之有高下，犹山之有曲折，水之有波澜"⑩（《御制塔山西面记》），与山南面气度迥异。西路略偏北有阅古楼，楼壁砌三希堂法帖碑版；楼东八角石亭，梁柱皆刻诗句。

北面：地势下缓上陡，故分上下两部分营建：上部陡峻处以造型极其丰富的叠石造就层峦叠嶂、峰谷丘壑、洞穴岩壁的山地景象，并有大量的亭台廊庑依山就势攀附其间。山石西北隅的平台上更矗立一座造型别致的"承露盘"，以仿汉代上林苑"仙人承露"之意（图 5-1-12），为全山最富空间趣味之地带；下部平缓处则建道宁斋、漪澜堂两处主体建筑，并围绕这两处中心厅堂，沿琼岛北岸环太液池布置环廊60楹，称作延楼，东、西两端分立倚晴、分凉二楼阁，并有碧照楼、远帆阁对峙其间——这样的构图灵感来自镇江临长江构筑的金山江天寺，

图 5-1-11　白塔山南面中轴线景象

图 5-1-12　北海白塔山北坡仙人承露盘

乾隆写道："南瞻窣堵，北频沧波，颇具金山江天之概。"[11]（《御制塔山北面记》）

东面：布置最为疏朗，除与白塔共同构成东西轴线的智珠殿及木牌楼外，其余仅依山势点缀数亭廊而已。东北隅立有乾隆所书"琼岛春阴"石碑，作为琼岛景色的最佳注脚，为"燕京八景"之一（图5-1-13）。

综观白塔山四面，南、北、东、西可分别以旷、密、疏、奥概括之，环北海以观，各具妙境，真是"横看成岭侧成峰"，堪称西苑园林设计之精髓。至此，由金代开始经营的琼华岛终于在乾隆朝达到醇熟圆满之境。

（三）濠濮间、画舫斋

由白塔山东面渡桥折而北，过陟山门，于人工堆筑、蜿蜒起伏的丘陵东侧，"隐藏"着沿南北向

图 5-1-13　白海"琼岛春阴"碑

图 5-1-14 濠濮间全景

展开的濠濮间、画舫斋两组主要园林，十分幽僻，为北海东岸之精华所在。

由南而北先依土丘而上建云岫厂、崇淑室并由爬山廊串联，继而下至水榭濠濮间，豁然开朗。水上架曲折石桥，桥北设石坊。若换一方向，由北部濠濮间与画舫斋之间的山路曲折南行，于峰回路转之际蓦然抬首，发现山径中忽现石坊曲桥、幽池亭榭，意境更妙——此处园林设计极为隐蔽，深得曲径通幽、濠濮冥思之趣（图5-1-14）。由此北上，两山对峙，过山口即为画舫斋。画舫斋为一处园墙围绕的多进庭园，主庭院为一方形水院，四面廊庑环绕，与濠濮间的不规则水池形成鲜明对照（图5-1-15）。主院之前院以院外丘陵余脉造景，形状方正；后院竹石玲珑，造型自由；最精彩的则是东北方一处偏院——古柯庭，与画舫斋水院似分而合，其内古柯苍劲，亭廊错落，东南隅更筑曲廊一段，庭园虽小，空间却极尽变化之能事：由主院东北处游廊入古柯庭之曲廊或由后院经画舫斋东墙入古柯庭之折廊，两处入口所见之景截然不同，各备其妙。

（四）极乐世界（小西天）

北海北岸的建置更加恢宏，共六组建筑群，由西而东依次为：极乐世界（小西天）、五龙亭、阐福寺、澄观堂、西天梵境（大西天）与镜清斋（静心斋）。建筑群依北岸地域形状，规模各异：既有宏伟钜丽之梵刹，也有幽雅别致之林园（图5-1-16）。

极乐世界（小西天）依照密宗"曼荼罗"（Mandala）形制建造：中央主殿为正方形，面阔、进深均为七间，殿四周环以水池，跨四座汉白玉石桥，周围一道矮墙，正对四座石桥为四座琉璃牌楼，均为三间四柱七楼样式，四角更建重檐歇山角亭。整组建筑群布局呈中心对称，神秘而庄严，体现了密宗的宇宙图示，为北海建筑群中形制最特殊者（图5-1-17～图5-1-19）。

（五）五龙亭

明嘉靖年间，于北海北岸西侧临水建五龙亭——中为"龙潭"，左为"澄祥"、"滋香"，右为

图 5-1-15 画舫斋（图片来源：王军摄）

图 5-1-16　琼华岛北立面图（上）及北海北岸建筑群南立面图（下）（图片来源：天津大学建筑学院测绘）

图 5-1-17　北海小西天

"涌瑞"、"浮翠"，五座亭子一字排开，踞于北海西北端，倒影成十亭，极富意境。中央亭为上圆下方攒尖屋顶，两侧亭为重檐攒尖顶，最外侧二亭为单檐攒尖顶，构成极富韵律的屋顶轮廓，与景山五亭遥相呼应，二者一居水中，一居山巅，各备其妙（图5-1-20）。

（六）阐福寺

阐福寺即明代太素殿、先蚕坛旧址，建筑群布置于高台之上，为三进院落，与五龙亭形成南北中轴线。正殿大佛阁规制仿河北正定隆兴寺大佛阁，为三层楼阁，内供巨型释迦佛站像，为当时皇城诸迦蓝中最壮丽者，惜于20世纪70年代"文革"期间被拆毁。现在只能在老照片中一睹昔日大佛阁之庄严（图 5-1-21）。

（七）澄观堂

澄观堂（快雪堂）原为明先蚕坛东值房，共两进院落。乾隆间改作游幸时休憩处，内有移自艮岳的名石"云起"，大门前立元代铁影壁一座（图 5-1-22）。乾隆四十四年（1779 年），收得赵孟頫的快雪堂帖，摹刻成石镶嵌在两廊壁上，改澄观堂为快雪堂。

（八）西天梵境（大西天）

西天梵境（大西天）中轴线南起临水码头，水滨为琉璃牌楼一座，三间四柱七楼样式，极为宽阔。

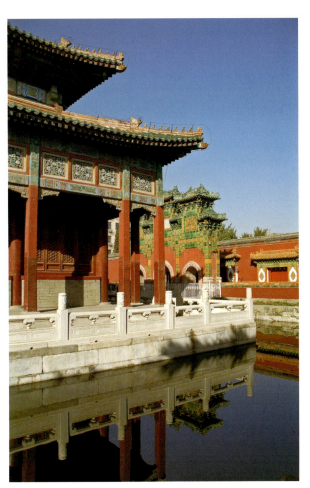

图 5-1-18　北海小西天水池

图 5-1-19　北海小西天内景

图 5-1-20　北海五龙亭（图片来源：《北京古建筑地图》（上））

由此往北依次为山门、天王殿及钟鼓楼、正殿——大慈真如殿、二层高的"华严清界"大琉璃宝殿，殿四面回廊67楹，四隅各有楼相接，最后一进为九层琉璃塔，与玉泉山玉峰塔形制一般，刚完工不久即毁于大火。其中主殿大慈真如殿为西苑平面最大之殿宇，木构架为金丝楠木造，不施彩绘，朴素中尤显结构权衡之美，为北岸建筑中之上乘之作（图5-1-23）。建筑群南北中轴线更向南一直延伸

图 5-1-21 北海阐福寺万佛楼（图片来源：《北京古建筑地图》（上））　　图 5-1-22 北海澄观堂假山

图 5-1-23 北海大西天大慈真如殿

至白塔山白塔，可谓北海北岸建筑群之主轴线（图5-1-24）。

主轴线建筑群西侧另有跨院，主殿大圆镜智宝殿，殿后建亭，亭后为藏经楼。殿前正对大型影壁——九龙壁，影壁正反两面均以五色琉璃作九龙浮雕，工艺卓绝（图5-1-25）。

（九）静心斋

梁思成《中国建筑史》称北海北岸"布置精巧清秀者，莫如镜清斋"。镜清斋（光绪年间改名静心斋）为一处园中之园，全园占地广110余米，深70余米，面积不大，尤其进深较为促狭，然而通过造园者的精心设计，"予人之印象，似面积广大且纯属天然"，造就了空间层次极为丰富的一组庭园（图5-1-26、图5-1-27）。

园林正门南向，正对烟波浩渺的太液池，入门则为一座面阔约30米、进深约15米的长方形水院——荷沼，由宏敞的北海北岸骤然进入这处幽闭的小水院，空间对比至为强烈，人的心理一下子收束从而获得"静心"的效果。整个方形水池中满植荷叶，仅水中央立小巧湖石一峰，顿成视觉焦点，进一步让人精神为之集中：这是全园设计的序幕（图5-1-28）。荷沼北面为全园正厅"镜清斋"，阔五间，北面出抱厦三间临水。斋北水面呈东西宽、南北窄之态，为园林主体，并分别向东、东南、西南三个方向延伸，环绕主体水面和三处支流筑山构屋，形成一大三小四处庭园，似分还连，加上入口荷沼水院，五院环抱镜清斋厅舍。主庭院为全园精华所在（图5-1-29）——北面堆筑大型山石，由西北自东南逐渐降低，并将余脉伸入东部罨画轩所在小园；山石以南为东西横贯的水池，为了增加水池南北向的进深感与空间层次，于水中央筑"沁泉廊"水榭，两翼叠以低矮山石并逐渐与池北大假山相接，于是呈现前低后高的两重峰峦环抱水榭之态，也将水域分割作南宽北狭的两处，从而在40米左右的进深方向，由南而北造成斋-水-榭（山）-水-山的丰富空间层次，令观者顿觉空间深远。水榭、主厅以及正门共同构成一条全园的主轴线；另于主庭院

图5-1-24 由北海大西天牌楼遥望白塔

图5-1-25 北海九龙壁

图 5-1-26 静心斋图

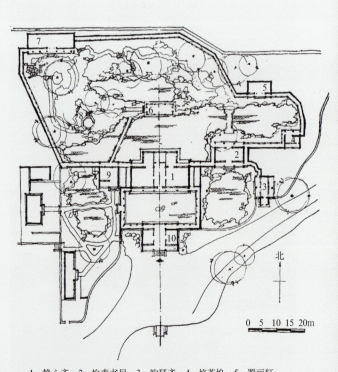

1- 静心斋；2- 抱素书屋；3- 韵琴斋；4- 焙茶坞；5- 罨画轩；
6- 沁泉廊；7- 叠翠楼；8- 枕峦亭；9- 画峰室；10- 园门

图 5-1-27 静心斋总平面图（图片来源：《中国古典园林史》）

图 5-1-28 北海静心斋前院

图 5-1-29 静心斋后院

图 5-1-30 中海万善殿（图片来源：Chinese Garden）

西部山巅设"枕峦亭"，它与庭院东部的石拱桥遥相呼应，并构成一条东西轴线，从而控制住全园的构图。主体山石高踞园林北面，将园外嘈杂屏蔽一空，即使是今天，园外的平安大街车流熙攘，而园内在游人稀少时依旧呈现出昔日的宁静祥和。

二、中海

与北海的壮美繁丽相比，中海布局十分疏朗，风景格外幽丽。明清北京西苑正门位于中海东岸，与紫禁城西华门正对。入西苑门可见中海全景，明人韩雍《赐游西苑记》描绘道：

"烟霏苍莽，蒲荻丛茂，水禽飞鸣，游戏于其间。隔岸林树阴森，苍翠可爱。"[12]

循中海东岸往北为蕉园，亦名椒园。正殿崇智殿原本平面为圆形，屋顶用绿琉璃瓦并饰以黄金双龙。清康熙年间，蕉园主体建筑崇智殿废，新建主殿万善殿为二层方形楼阁（图 5-1-30）。西岸大片平地，明代为宫中跑马射箭的"射苑"，中有"平台"高数丈，下临射苑，是皇帝观骑射之处。后废台，改建为紫光阁，每年端午节皇帝于阁前观赏龙舟戏水等活动（图 5-1-31）。值得一提的是，万善殿西有临水小亭"临漪亭"，再西为一小岛，岛上建"水云榭"，亭亭玉立于中海浩阔水面之中，意境绝佳。乾隆将"燕京八景"之一的"太液秋风"御碑置于水云榭中——这一选址体现了乾隆帝园林鉴赏的独到眼光：从三海整体构图来看，水云榭所在位置适居整个太液池的中心，可谓四面环水、八面来风，北对金鳌玉蝀桥、团城及琼岛白塔，南望南海瀛台，西与紫光阁互为对景，东以万善殿为依托——实在是品味"太液秋风"之最佳处。水云榭本身的十字形平面、歇山屋顶、四出歇山卷棚抱厦的奇特造型也极好地吻合了太液秋风的意境：可以饱览太液四面之美景、吸纳八方徐来之秋风（图 5-1-32）。

清代宫廷画家绘制的两幅精美长卷充分展现了中海的优美景致。

其一为《冰嬉图》，金昆、程志道、福隆安绘，纵 35 厘米，横 578.8 厘米，为清代宫廷绘画中一

图 5-1-31 中海紫光阁正面（图片来源：Chinese Garden）

图 5-1-32 中海水云榭中海水云榭（图片来源：Chinese Garden）

图 5-1-33 《冰嬉图》中的中海全景（图片来源：《清代宫廷绘画》）

幅极富趣味的画卷。该卷描绘了清代帝王冬日观赏中海滑冰表演的盛况：画卷东起紫禁城西华门，西止于皇城西墙，画中西华门、西苑门、"临漪亭"、水云榭、金鳌玉蝀桥、紫光阁（屋顶）等建筑历历在目，可谓难得的中海全景图，宫中训练有素的滑冰高手列队在冰面上划出优美的"S"形弧线，为中海园林更添佳趣（图 5-1-33）。清代宫廷内有"太液池冬月表演冰嬉"的习俗，届时从各地挑选"善走冰"的能手上千人入宫训练，然后于冬至到"三九"时在中海、南海冰上为皇帝、后妃、王公大臣们表演。

其二为《紫光阁赐宴图》，姚文瀚绘，纵 45.8 厘米，横 486.5 厘米。乾隆二十五年（1760 年）建于西苑的紫光阁修缮落成，乾隆帝命令将平定准部回部的功臣一百人的画像置于紫光阁四壁。次年正月，乾隆帝又在紫光阁设庆功宴，王公贵族、文武

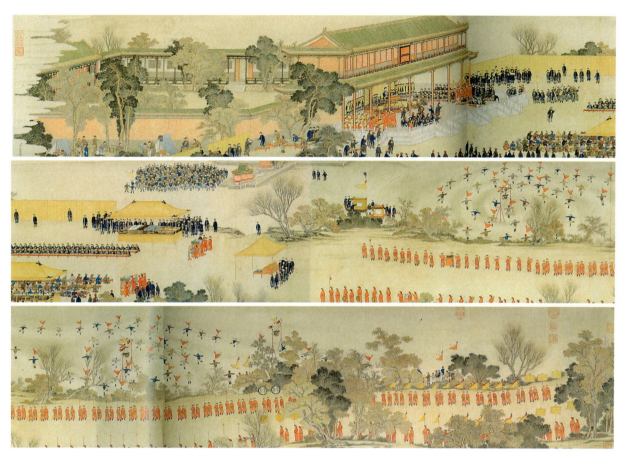

图 5-1-34 《紫光阁赐宴图》中的中海紫光阁一带景象（图片来源：《清代宫廷绘画》）

大臣、蒙古族首领以及西征将士一百余人出席了宴会。此画卷就是当时宴会的真实写照。从《紫光阁赐宴图》中可以看到清代中海西岸紫光阁一带风光之盛（图5-1-34）。

中海西南隅原有一组宫殿院落，正殿仪鸾殿曾是慈禧太后寝宫。光绪二十六年（1900年），八国联军统帅部驻扎于此，发生火灾，将仪鸾殿烧毁，后来清廷在此模仿圆明园西洋楼的海晏堂建了一座海晏楼，民国时期更名居仁堂，其中有卍字廊与双环亭等精美园林小品（图5-1-35）。1949年后居仁堂被拆除，双环亭被迁建至天坛公园斋宫北侧。

三、南海

明代南海为三海中最僻静幽深、富于田园风光之所在。水中筑大岛曰"南台"，南台一带林木深茂，沙鸥水禽如在镜中，宛若村舍田野之风光（图

图 5-1-35 中海卍字廊及双亭（图片来源：Chinese Garden）

5-1-36）。皇帝在此亲自耕种"御田"，以示劝农之意。文徵明有诗曰：

"西林迤逦转回塘，南去高台对苑墙。暖日旌旗春欲动，薰风殿阁昼生凉。别开水榭亲鱼鸟，下见平田熟稻粱。圣主一游还一豫，居然清禁有江乡。"⑬

图 5-1-36　民国时南海全景（图片来源：《旧都文物略》）

图 5-1-37　南海假山石（出自张然之手）（图片来源：Chinese Garden）

图 5-1-38　南海瀛台春明、湛虚二楼（图片来源：Chinese Garden）

清代康熙选中南海作为日常处理政务、接见臣僚、御前进讲以及耕作御田之所，于是大加营建，并聘请江南著名叠石匠师张然主持叠山（图 5-1-37）。改建后的南台改名"瀛台"，其北堤上新建一组宫殿曰"勤政殿"。瀛台上为另一组更大的宫殿建筑群：共四进院落，由北而南呈轴线布局。第一进院为前殿——翔鸾殿，北临大石台阶蹬道，东、西各翼以延楼十五间；第二进院为正殿——涵元殿，东西有配楼、配殿；第三进院为后殿——香扆殿，殿前有高 2.6 米的木化石（硅化木）；第四进为临水的"南台"旧址，台之东、西为湛虚、春明二楼（图 5-1-38），台南面为伸入水中的迎薰亭，与中海水云榭造型相类。乾隆年间又于瀛台南面建宝月楼[14]，进一步强化了瀛台岛的中轴线（图 5-1-39）。主轴线东、西两侧另有长春书屋、补桐书屋以及假山叠石、亭台轩馆环衬（图 5-1-40）。隔水观望，岛上建筑群红墙黄瓦、金碧辉煌，宛如"瀛台"仙境。

此外，勤政殿西侧又布列丰泽园、崇雅殿、春藕斋、大圆镜中（佛寺）等几组建筑群，明代和清初均在这一带设有御田，由帝王亲自表演躬耕之礼。

勤政殿迤东，位于南海东北角的三海出水口一带，别有小池，极为幽僻，并部署有大大小小十余处园亭楼台，极尽江南园林之致，为南海最佳处。其中南海东岸有云绘楼、清音阁、大船坞、同豫轩、鉴古堂等，原是一组具有江南风格的建筑，1949 年北京解放时已破旧不堪，1954 年周恩来总理、梁思成一起选址，将云绘楼和清音阁异地迁建于陶然亭公园慈悲庵西，与陶然亭隔水相望（图 5-1-41）。

图 5-1-39 南海迎熏亭望宝月楼（图片来源：《帝京拾趣》）

图 5-1-41 南海云绘楼（图片来源：《帝京拾趣》）

图 5-1-40 南海牣鱼亭（图片来源：Chinese Garden）

图 5-1-42 南海流水音（图片来源：Chinese Garden）

南海东岸设闸门泄水往东流入御河，闸门之北别有一小池，池中九岛三亭，构成格外幽僻的一处园中园——"淑清院"。内有流杯亭一座（类似紫禁城宁寿宫乾隆花园的禊赏亭），名曰"流水音"，因院内东、西二池水位落差而形成水声琅琅，故名（图5-1-42）。

综观西苑园林：三海南北纵列如银河倒挂，北海壮丽、中海疏朗、南海华美而不失幽雅，各尽其妙又一气呵成，与东面的左祖右社、紫禁城和景山形成的中轴线建筑群一柔一刚，互相衬托，实为古都北京城市设计的精髓所在。中国历代皇家园林都努力营造"东海三山"（即蓬莱、方丈、瀛洲）的仙境意象，西苑三海之中，北有琼华岛、中有团城、南有瀛台，一池三山俱备，岛、城和台上皆是一派琼楼玉宇的境界，完美地呈现了"太液仙山"的意境。

中南海在明清时期与北海一同属于西苑。民国初年，袁世凯以中南海为总统府，将乾隆时期修建的南海南端的宝月楼改建为新华门，作为总统府大门。1929年中南海辟为公园，1949年以后成为党中央和国务院所在地。

第二节 景山御苑

景山，明代称万岁山，俗称煤山，清代改称景山，取《诗经》中"陟彼景山，松柏丸丸"之意。[15] 山位于紫禁城北面，峰顶是明清北京内城的几何中心，其位置相当于元代皇宫后寝延春阁之所在，明代在此堆山，意欲镇压前朝之"王气"，故为紫禁城之"镇山"（图5-2-1）。

一、景山五亭

景山如同紫禁城御花园一样采取对称布局，四周缭以宫墙，山北平地上布置主要殿宇。出紫禁城北门——神武门为"北上门"，左右为"北上东门"、

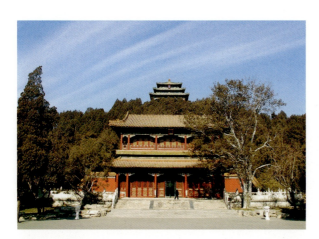

图 5-2-1　景山

图 5-2-2　由紫禁城遥望景山西侧诸亭——由左向右依次为富览、辑芳、万春亭

图 5-2-3　景山万春亭

"北上西门"（亦称"山左里门"、"山右里门"，此三门现均不存），其北为景山正门"景山门"，再北为绮望楼，楼后即景山五峰。五峰之巅各建一亭，中曰万春，东曰观妙、周赏，西曰辑芳、富览（图5-2-2）。其中，最外侧二亭为圆亭，圆形重檐攒尖顶，蓝琉璃瓦紫剪边；中间二亭为八角亭，八角重檐攒尖顶，绿琉璃瓦黄剪边；中峰万春亭为四方亭，屋顶为三重檐攒尖顶，黄琉璃瓦绿剪边，为全北京城建筑屋顶之最为独特者，其顶部距山下地面62米，成为北京"城市中心"的象征（图5-2-3）。

二、寿皇殿等建筑群

景山北面是寿皇殿（图5-2-4）。寿皇殿原在景山东北，乾隆十四年（1749年）移建到景山以北、京城中轴线上。建筑群仿太庙之制，正殿奉祀清历代帝王之御容。建筑群之前设三座牌楼，均为三间四柱九楼式木牌楼，与正门（三座琉璃花门）共同围合成一个前广场。门前石狮两座，门内为戟门五间（20世纪80年代被焚，后复建），戟门内为大殿九间，形制同太庙祭殿，左、右山殿各三间，东、西配殿各五间，碑亭、井亭各二，神厨、神库各五间。

寿皇殿东为永思殿，乾隆十五年（1750年）添建，现存前殿三间，东、西配殿各三间；正殿三间及东、西配殿各三间，原有永思门。永思殿是清代帝后停灵的地方，代替明代紫禁城武英殿后的仁智殿（清代在其址建内务府）。

永思殿东为观德殿建筑群，始建于明万历二十八年（1600年），清乾隆十三年（1748年）添建。有正门一间，前殿五间，正殿观德殿五间，东、西配殿各三间，最后北房三间。

图 5-2-4　景山寿皇殿建筑群俯瞰

观德殿东有护国忠义庙，现存前殿三间，东、西配殿各三间，后殿三间。

观德殿北有面阔三间、周回廊、重檐四角攒尖顶楼阁一座，曰吉祥阁；与之对称，在景山西北隅还有同样楼阁一座，曰兴庆阁。

景山东坡的一株槐树传说是明思宗崇祯皇帝上吊之所在（实际原有古槐在1971年5月2日经北京市革委会批准被砍伐，现有槐树系"文革"后补种），今立有"明思宗殉国处"石碑。

第三节　三山五园

清代帝王不满足于对西苑三海的踵事增华，而是着力在京城西北郊进行大规模的皇家园林营建，最终形成了西起香山、东到海淀、南临长河的一座"园林之城"（图5-3-1）。这座园林之城以著名的"三山五园"——畅春园、圆明园、香山静宜园、玉泉山静明园以及万寿山清漪园（即今天的颐和园）为核心。其中有以山取胜的香山静宜园，有山水俱佳的静明园、清漪园，还有人工叠山构池的畅春、圆明二园，圆明园更以其高度的荟萃性成为"万园之园"。

三山五园有着各自不同的园林意象，它们所构

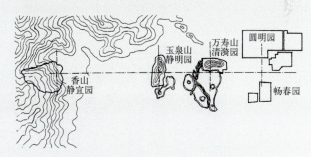

图 5-3-1　三山五园平面示意图（图片来源：《中国古典园林史》）

成的整体则呈现出丰富博大的文化内涵。五园之中，畅春园以"朴素"为主要特点，反映了康熙帝的审美趣味；圆明园则包罗万象，体现出与畅春园正相反的"华丽"气象；静宜园则以香山之"雄"取胜，当然也有"见心斋"这样"雄中藏秀"的景致；静明园与静宜园正好形成对比，山明水秀，尤以泉胜，更多体现出"秀"的气质，当然也有山巅玉峰塔的雄劲之姿；最晚建成的清漪园则是乾隆帝园林审美情趣之代表，其自然山水意境胜过以上诸园，为五园中之最柔媚者——为乾隆帝所称道的"何处燕山最畅情，无双风月属昆明"可以见出该园"妩媚"的基本意象。

可惜清末三山五园在英法联军和八国联军的两番劫掠之下受到严重破坏，完整保留至今的仅有在清漪园基础上改建而成的颐和园，因此，颐和园可

图 5-3-2 《康熙六旬万寿庆典图》中的畅春园宫门前景象（图片来源：《清代宫廷绘画》）

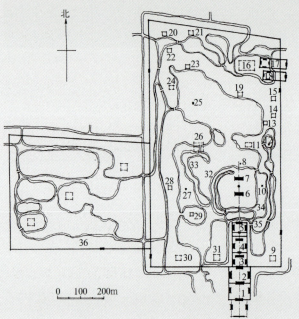

1—大宫门；2—九经三事殿；3—春晖堂；4—寿萱春永；5—云涯馆；6—瑞景轩；7—延爽楼；8—鸢飞鱼跃亭；9—澹宁居；10—藏晖阁；11—渊鉴斋；12—龙王庙；13—佩文斋；14—藏拙斋；15—疏峰轩；16—清溪书屋；17—恩慕寺；18—恩佑寺；19—太仆寺；20—雅玩斋；21—天馥斋；22—紫云堂；23—观澜榭；24—集凤轩；25—蕊珠院；26—凝春堂；27—娘娘庙；28—关帝庙；29—韵松轩；30—无逸斋；31—玩芳斋；32—芝兰堤；33—桃花堤；34—丁香堤；35—剑山；36—西花园

图 5-3-3 畅春园平面示意图（图片来源：《中国古典园林史》）

谓是中国古代皇家园林最后的杰作。以下略述三山五园各园林基本意象。

一、畅春园

康熙二十三年（1684 年），康熙首次南巡，对江南园林甚为青睐，归来后立即在北京西北郊南海淀⑯明代皇亲李伟的别墅"清华园"废址上修建了一座大型人工山水园林，即清代的第一座离宫苑囿——畅春园，为三山五园中最早建成的园林。畅春园竣工后，康熙大部分时间都居住于此，处理政务，畅春园实际成为紫禁城以外第二个政治中心。从此以后，清代历朝皇帝园居遂成惯例。

园林由供奉内廷的江南籍山水画家叶洮参与规划，聘请江南叠石名家张然主持叠山。明代"清华园"本以水胜，时人称："清华园前后重湖，一望漾渺，在都下为名园第一。若以水论，江淮以北亦当第一也。"⑰

畅春园的建造充分利用了清华园的原有优势。康熙在《畅春园记》中明确指出其造园宗旨：

"当时韦曲之壮丽，历历可考，圮废之余，遗址周环十里。虽岁远零落，故迹堪寻。瞰飞楼之郁律，循水槛之逶迤。古树苍藤，往往而在。爰诏内司，少加规度，依高为阜，即卑成池。相体势之自然，取石甓夫固有。计庸畀值，不役一夫。……视昔亭台丘壑林木泉石之胜，絜其广袤，十仅存夫六七。惟弥望涟漪，水势加胜耳。"⑱

可见康熙巧妙地利用了清华园原有的基础，因势利导、稍事加工即得其神韵，甚至"水势"还要更胜一筹。畅春园也秉承了康熙一贯崇尚俭朴的作风——规模仅有李伟私园的十之六七。从《康熙六旬万寿盛典图》中所绘畅春园可见到，大宫门及两厢朝房均为卷棚硬山顶灰瓦屋面，体量小巧，宫墙则为虎皮石墙，十分素朴（图 5-3-2）。

全园东西宽约 600 米，南北长约 1000 米，占地约 60 公顷，为三山五园中最小的一座（图 5-3-3）。宫廷区位于园南面偏东，外朝三进院落，内廷两进院落，此外，大宫门外还有东、西朝房各五间，大宫门南面为影壁一座。

宫廷区以外，畅春园绝大部分面积是园林区，并以水景为主：由岛堤划分为前湖、后湖，四周环绕以萦回的水道。整个园林的水源在畅春园南部的万泉庄（今中国人民大学内），水由园林西南角闸口引入，从园西北角流出，形成完整的水系。园中的亭台景点大致按中、东、西三路布置。中路为宫廷区轴线向北之延伸，内廷以北是一进院落，主殿云涯馆；再北为前湖中之大岛，上建三重殿阁，分别为瑞景轩、林香山翠、延爽楼，其中延爽楼面阔九间，高三层，为全园最大的建筑，也是观赏畅春园景致的佳处。楼北是深入前湖中的水亭鸢飞鱼跃，湖中遍植荷花。前湖东面有长堤一道名丁香堤，西面又有芝兰堤和桃花堤。前湖之北为水面更加开阔的后湖。东、西两路建筑则结合河堤岗阜，或成群组，或散点布置，因地制宜、不拘一格。

如今园已全毁，遗址也夷为平地，唯余园东北隅两座小型寺庙即恩佑寺、恩慕寺之山门，并立于车水马龙的苏州街畔——原本两寺规制相同，皆是"山门东向，外临通衢，门内跨石桥，正殿五楹，南北配殿各三楹"。[19]可惜这座三山五园中最早的园林湮灭得最为彻底。

二、圆明园

雍正三年（1725年），雍正帝把他的"赐园"圆明园（始建于康熙四十六年，即1707年）正式改作离宫御苑，大加扩建。雍正年间的圆明园已达200余公顷，乾隆时期圆明园"四十景"[20]中有28处已建成。乾隆二年（1737年）对圆明园进行第二次扩建，营建了"四十景"的其余12处。此后，乾嘉两朝又在圆明园东部与东南部建"长春园"和"绮春园"，与圆明园合称"圆明三园"，如果算上绮春园以东的熙春园和长春园以北的春熙园两座附属园林，则形成"圆明五园"之格局。[21]

圆明园全盛时期规模浩瀚，居三山五园之首：总面积达350余公顷，约5倍于北京紫禁城；人工开凿水面占总面积一半以上，人工堆叠山丘岛屿300余处；各式桥梁100余座；大小建筑群总计120余处，除了园林观赏建筑之外，还有相当数量的宫殿、居所、佛寺、祠庙、戏楼、市肆、藏书楼、陈列馆、船坞等，类型极其丰富，建筑总面积约16万平方米（接近紫禁城）；三园外墙总长约10公里，设园门19座，水闸5座（图5-3-4）。

（一）总体规划

圆明三园的最大特点是"平地起山水"，以人工山水为造园之"骨架"。与通常的一池三山、山北水南负阴抱阳的简单构图不同，圆明园的山水勾连环抱，呈现岗、阜、岛、堤与河、海、湖、池交织嵌套、"虚实相生"的独特构图。全园以山水结构为骨架，并依山临水、因地制宜布置大量点景建筑群，与大小水景、山形共同构成一系列大、中、小型园林组合而成的"园林群"：每一处山水"景点"所构成的小园林成为圆明园的"细胞"，恰如每座"四合院"是紫禁城（以至北京城）的"细胞"一般。与北京城、紫禁城的"城中套城"的模式一样，圆明园也呈现"园中有园"的模式，而且这数目众多、规模各异的景点（圆明园四十景、长春园、绮春园三十景）呈现出千姿百态、变化万千的造园意境，因而全园所展现的意象为一种"集锦式"或"荟萃式"的园林之美。

（二）圆明园

圆明园规划的重点在西部中路，即宫廷区所形成的规划主轴线上。由南而北分别布置宫廷、前湖、后湖。其中后湖为中轴线上的核心景区，沿湖为九岛环列（状若内城九门拱卫帝都），每一座岛上布列不同形式的建筑群，自成一景，而合在一起又成为"禹贡九州"的象征，并以最南端、位于中轴线上的"九州清宴"建筑群为核心，体现"普天之下，莫非王土"的象征意义（图5-3-5）。中轴线上这组园林群落可以看作宫廷建筑群的规划"理念"在园林中的"显现"——虽然各岛屿上多呈现自由的园林景观，如西部的"坦坦荡荡"模拟杭州的"玉泉观鱼"之致，北部的"上下天光"描绘"云梦泽"

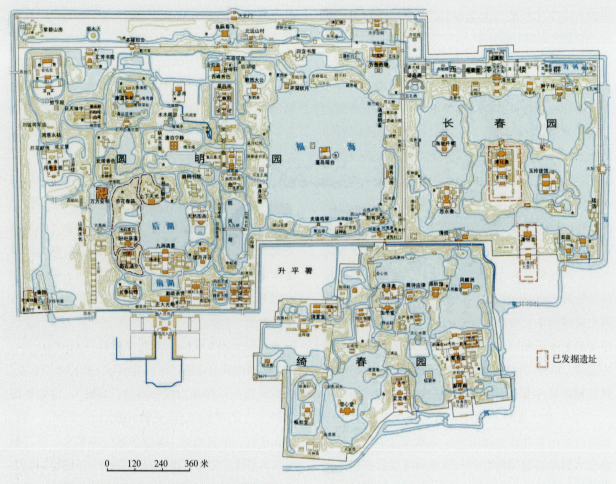

图 5-3-4 圆明园总平面图（图片来源：《中国文物地图集北京分册》）

之景，"慈云普护"缩写"天台"之境，然而最终"九州环抱"的整体意象仍是体现皇权的至高无上，这与紫禁城的规划理念是一致的。

前湖、后湖之东、西、北三面则星罗棋布29个景点，有如众星拱月围绕着中轴线景区。圆明园东部则为以福海为中心的大景区，福海为全园最大的水域，中央三座小岛设置"蓬岛瑶台"景点，取传统"一池三山"之意境（图5-3-6）。随着长春园、绮春园的陆续建成，实际上，福海和蓬岛瑶台在总平面布局上成了圆明三园的中心。

此外，十座不同形状的洲岛环列福海四周——全景区近乎方形，福海水面也大致呈方形，而十岛则蜿蜒曲折，姿态各异，使得福海景区既变化多端又大气磅礴。环海岛屿间分布多处佳景，其中"南屏晚钟"、"平湖秋月"、"三潭印月"明显取材自杭州西湖水景（图5-3-7），而水景最盛处当属"方壶胜境"，创意尤佳：其位置独居圆明园东北隅，南面单独一湖与福海大湖以桥相隔，建筑群建在临水北岸，其汉白玉台基呈"山"字形并伸入池中，上建一榭五亭，亭亭玉立；建筑群北面亦环以水池——乍看之下，整组楼台如水中之琼楼玉宇，玲珑剔透，美不胜收（图5-3-8）。沿北宫墙的狭长景区则取法于扬州瘦西湖，一派水村乡野之景。

（三）长春园

圆明园东为长春园，建于乾隆十年（1745年）至乾隆二十四年（1759年），分作南、北两区，南部景区为全园主景，以中央大岛上之"淳化轩"为中心，八处形状互异的水面环抱中心岛，诸景点结合水面、岛堤布局，呈现与后湖、福海景区虚实结合的构图意匠——后湖、福海皆为"岛环水"模式，而畅春园南区则为"水环岛"模式——尤为别致，其造园立意甚至比圆明园有过之而无不及。圆明各园均为山（岛）与水环环相套，严格地说，不存在"岛环水"或"水环岛"这类单一模式，例如后湖、福海虽诸岛环拱，然而岛外复环以水，水外又各有岛堤环伺；同样，淳化轩中心岛外虽八水环抱，其外又有岛屿水系交织——这里只是就总体构图大的虚实感觉而言，后湖、福海皆为完整水面环以岛屿，而长春园南区则为中心岛屿环以水域，二者意趣迥异，颇可玩味。

长春园北部景区与全园景色大异其趣，即著名的"西洋楼"，包括六座西洋建筑物、三组大型喷泉及若干园林、小品，沿长春园北墙一字排开，形成东西长约 800 米的轴线。乾隆出于对西洋建筑、园林（尤其是喷泉）的"猎奇"兴趣，命西方传教士建造了这处著名的西式园林建筑群，蒋友仁（Michael Benoist，法国人）负责喷泉设计，郎世宁（Giuseppe Castiglione，意大利人）、王致诚（Jean Denis Attiret，法国人）等人负责建筑设计，艾启蒙（Ignace Sichelbarth，波西米亚人）负责庭园设计，并有圆明园如意馆画师沈源、孙祜等参与。乾隆二十四年（1759 年），除远瀛观外全部完工。当时的欧洲正值巴洛克（Baroque）建筑与勒诺特（Le Notre，凡尔赛宫园林设计者）式园林盛行时期，西洋楼景区的规划设计充分体现了这些影响。

谐奇趣、蓄水楼、养雀笼、方外观、海晏堂和远瀛观这六座建筑都是巴洛克宫殿样式，坡屋面不起翘，不过施以中国传统琉璃瓦，屋脊上还使用了中国建筑的装饰，外檐的雕刻细部也融入了中国传统纹样，建筑材料大多采用汉白玉石柱，墙身或嵌五色琉璃砖或抹粉红色石灰。人工喷泉当时称作"泰西水法"，共三组，分别位于谐奇趣、海晏堂与远瀛观，其中远瀛观前的一组最宏大，称"大水法"，其两座喷水塔做成了中国佛塔的造型。园林规划则充分运用了勒诺特惯用的轴线控制、均齐对称的手法，自西向东 800 米的轴线上分布着养雀笼、方外观、大水法、法线山、方河、法线墙等建筑与雕刻。此外，轴线中央是由远瀛观、大水法、观水法（皇帝观赏喷泉处）组成的一条南北轴线；另外在景区最西端，由万花阵（一处西洋园林中常见的迷宫）、谐奇趣形成另一条南北次轴线。园中的植物配置也采用欧洲古典园林常用的手法，诸如修剪整齐的绿篱、成行栽植的树木、修剪成几何形的灌木以及用花草镶嵌为"地毯"式的图案花坛等，不过有一个显著的变化，即欧洲园林中常见的裸体雕像则不予设立，代之以中国人惯见的石雕动物、太湖石以及著名的"十二生肖"雕刻等，显示了中西审美之有趣的差异（图 5-3-9，图 5-3-10）。

（四）绮春园

绮春园全部为小园林的连缀，比之圆明园、长春园，布局更为灵活自由，亦更具水村野居的自然情调。园内共有景点 29 处，其中佛寺——正觉寺为圆明三园中唯一完整留存下来的景点。

正如《中国古典园林史》中所说：

"圆明三园是集中国古典园林平地造园的筑山理水手法之大成。"[22]

圆明园山水景胜的另一大特点是"集仿"江南风景，即所谓"谁道江南风景佳，移天缩地在君怀"。[23] 与此相应的大量"主题园林"营造也荟萃了江南各地经典的园林景观，除了前面已经提及的诸景，还有"四宜书屋"、"小有天园"、"狮子林"、"如园"效仿当时江南的四大名园即海宁"安澜园"、杭州"小有天园"、苏州"狮子林"及南京"瞻园"，所谓"行所流连赏四园，画师仿写开双境"。这一类再现江南风光与园景的例子在圆明园数十景中占了很大一部分，其结果是在这万园之园中对江南的迷人地貌与园林景胜进行一次次再创造，可称作"南园北鉴"。综上可见，圆明园以其包罗万象的气象成为清代北京皇家园林的代表，它有着紫禁城一样的恢宏气度，如同一座"园林组成的宫殿"。

咸丰十年（1860 年），英法联军劫掠了园中珍宝，并纵火焚烧了建筑物，光绪二十六年（1900 年），

图 5-3-5 内廷"九洲清晏"（图片来源：《圆明园四十景图咏》）

图 5-3-6 蓬岛瑶台（图片来源：《圆明园四十景图咏》）

图 5-3-7 平湖秋月（图片来源：《圆明园四十景图咏》）

图 5-3-8 方壶胜境（图片来源：《圆明园四十景图咏》）

图 5-3-9 海晏堂西面（图片来源：《清代宫廷绘画》）

图 5-3-10 大水法正面（图片来源：《清代宫廷绘画》）

再遭八国联军劫掠，现仅存山形水系及万春园的正觉寺、长春园西洋楼部分石雕残迹等（图5-3-11～图5-3-14）。近年来，文物部门对圆明园遗址进行了调查、勘测和部分地区的清理发掘。

须要特别指出的是：由于圆明园遗址中最醒目的是壮观的西洋楼遗迹，使得很多人误认为圆明园是一座西洋式园林，其实如前文所言，圆明园绝大部分面积为中国古典山水园林，西洋楼仅仅为其东北一隅的"点缀"而已。关于鼎盛时期圆明园，最直观的视觉资料则是《圆明园四十景图》——这些珍贵的宫廷画师笔下的作品还原了圆明园作为一座荟萃式中国传统园林的风姿。

三、香山静宜园

香山位居西山东端，主峰海拔550米，南北两面均有侧岭往东延伸，犹如两臂回抱而烘托出主峰之神秀，所谓"万山突而止，两岭南北抱"。香山历代皆为北京人钟爱的游历之所，从清代康熙朝开始却逐渐成为皇家独享的行宫御苑——静宜园。乾隆十一年（1746年）扩建完工后，静宜园成为包括

图5-3-11　1860～1900年间拍摄的廓然大公之规月桥（图片来源：《三山五园旧影》）

图5-3-12　圆明园大水法残迹

图 5-3-13　圆明园远瀛观残迹

图 5-3-14　圆明园海晏堂残迹

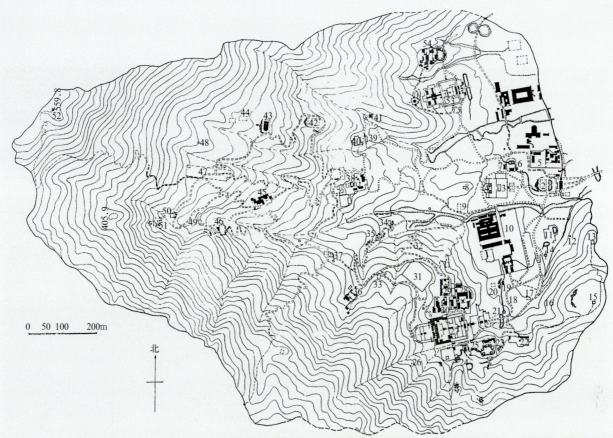

1-东宫门；2-勤政殿；3-横云馆；4-丽瞩楼；5-致远斋；6-韵琴斋；7-听雪轩；8-多云亭；9-绿云舫；10-中宫；11-屏水带山；12-翠微亭；13-青未了；14-云径苔菲；15-看云起时；16-驯鹿坡；17-清音亭；18-买卖街；19-璎珞岩；20-绿云深处；21-知乐濠；22-鹿囿；23-欢喜园（双井）；24-蟾蜍峰；25-松坞云庄（双清）；26-唉霜皋；27-香山寺；28-来青轩；29-半山亭；30-万松深处；31-宏光寺；32-霞标磴（十八盘）；33-绚秋林；34-罗汉影；35-玉乳泉；36-雨香馆；37-阆风亭；38-玉华岫；39-静含太古；40-芙蓉坪；41-观音阁；42-重翠崦（颐静山庄）；43-梯云山馆；44-洁素履；45-栖月岩；46-森玉笏；47-静室；48-西山晴雪；49-晞阳阿；50-朝阳洞；51-研乐亭；52-重阳亭；53-昭庙；54-见心斋

图 5-3-15 香山静宜园平面图（图片来源：《中国古典园林史》）

内垣、外垣、别垣三部分，面积达 140 公顷的大型山岳园林，包括大小景观五十余处，其中乾隆题跋的有"二十八景"（勤政殿、丽瞩楼、绿云舫、虚朗斋、璎珞岩、翠微亭、青未了、驯鹿坡、蟾蜍峰、栖云楼、知乐濠、香山寺、听法松、来青轩、唉霜皋、香岩室、霞标磴、玉乳泉、绚秋林、雨香馆、晞阳阿、芙蓉坪、香雾窟、栖月崖、重翠崦、玉华岫、森玉笏、隔云钟）（图 5-3-15）。清宫绘画《静宜园全图》（清工部尚书董邦达绘）、《静宜园二十八景》（清代宫廷画家张若澄绘，纵 28.7 厘米，横 427.3 厘米）均描绘了香山静宜园全景，一为纵轴，一为长卷，各具意境，蔚为大观（图 5-3-16、图 5-3-17）。

（一）内垣

内垣在全园东南部，包括宫廷区与历史上已极具规模的香山寺、宏光寺等古刹，集中了静宜园的主要景点。

图 5-3-16 《静宜园全图》（图片来源：《清代宫廷生活》）

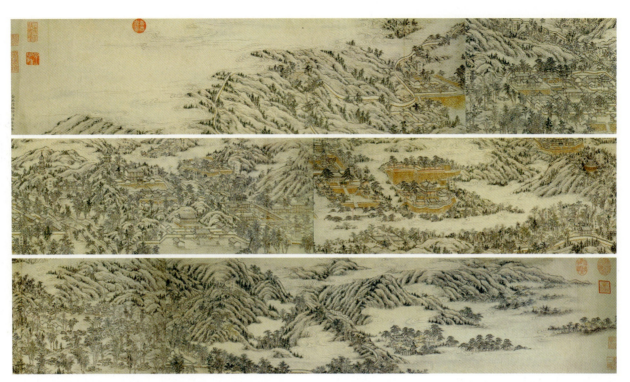

图 5-3-17 《静宜园二十八景图卷》（图片来源：《清代宫廷绘画》）

香山寺：为金代永安寺及会景楼故址，创建于金大定二十六年（1186年），经元、明、清陆续重修、增建，成为静宜园内第一古刹，与香山东北之碧云寺齐名。寺依山势跨壑架岩而建，坐西朝东，五进院落。寺东为全寺最著名之景点——来青轩，是该寺意境最佳处，受到历代文人墨客无数赞咏。乾隆称来青轩"远眺绝旷，尽揽山川之秀，故为西山最著名处"。[24]

可惜这座古刹遭英法联军和八国联军两度焚掠，几乎毁坏殆尽，今天仅残存知乐濠、娑罗树御碑及石屏等少量遗迹——由其重重高台之规模，仍可揣想当年盛况。其中，香山寺石屏位于原会景楼遗址前，为汉白玉制成，坐东朝西，高3.25米，三扇石屏通宽7.1米。正中屏线刻七级楼阁式宝塔一座，两侧屏刻十三级密檐式宝塔；正中屏后线刻燃灯佛，两侧背后刻观音、普贤菩萨，均为乾隆帝亲手绘制（图5-3-18）。

（二）外垣

外垣为静宜园最富特色的高山景区，其园林意境大大区别于三山五园的其他四园。香山为西山诸峰中造型极佳者，主峰拔地而起500余米，外垣景区以香山最高峰（俗称"鬼见愁"，位于外垣西端）为构图中心，布列十余处景点，极为疏朗，富于"幽燕沉雄之气"。

外垣景点有晞阳阿、芙蓉坪、香雾窟、栖月崖（图5-3-19）、重翠崦、玉华岫、森玉笏、隔云钟等，皆依山就势而设，各具幽致。其间最负盛名的是"西山晴雪"，为燕京八景之一。[25]古人笔下的"西山晴雪"景致如诗如画。《日下旧闻考》引《戴司成集》曰："西山来自太行，连冈叠岫，上干云霄，抱抱回环，争奇献秀。值大雪初霁，凝华积素，若屑琼雕玉，千岩万壑，宛然图画。"

（三）别垣

别垣这一区建置较晚，位于园东北隅，内有昭庙、正凝堂（嘉庆年间改名见心斋）两组主要建筑群。

昭庙：全名"宗镜大昭之庙"，建于乾隆四十七年（1782年），为一座汉藏混合式样的大型佛寺，是为纪念班禅额尔德尼来京为皇帝祝寿而建，模仿了西藏日喀则的扎什伦布寺，它与承德须弥福

图 5-3-18 静宜园香山寺石屏

寿庙属于同一形制，但规模较小，二者堪称姊妹篇。寺坐西朝东，规模钜丽。山门之内为琉璃牌楼一座，堪与国子监、卧佛寺诸牌楼相媲美（图 5-3-20）。门内为前殿三楹。藏式大白台环绕前殿的东、南、北三面，上下共四层。其后为清净法智殿，又后为藏式大红台四层，再后为六角七层琉璃塔，壮美异常，为香山之冠（图 5-3-21）。

见心斋：昭庙北为正凝堂（见心斋），与北海静心斋、颐和园谐趣园类似，为典型的园中之园。其布局依别垣东坡，西高东低，东、南、北三面环山涧，园墙随山势涧流而呈自然形状，逶迤高下，比之北海静心斋另有一番韵味（图 5-3-22、图 5-3-23）。园自西而东分作高低二院，西部高处依山造景，略作方形院落，主厅正凝堂坐西朝东；东部低处引涧水营造一座水院，水面略呈椭圆形，西北隅曲折延伸作源头状，环水建厅、榭、游廊，为全园趣味最佳处。正厅见心斋与正凝堂形成全园主轴线，并与环水亭榭互为对景。

综观全园，建筑互以游廊、爬山廊串成一气，更与山石、水面环抱勾连，因借体宜、高下成趣，为静宜园这座以"雄浑"为主题的山岳林园增加了一笔"纤秀"之色，可谓是"雄中藏秀"。

图 5-3-19 静宜园栖月崖

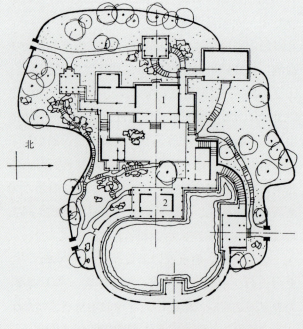

图 5-3-20 昭庙琉璃牌楼（上）
图 5-3-21 昭庙琉璃塔远眺（下左）
图 5-3-22 见心斋平面图（图片来源：《中国古典园林史》）（下右）

1-正凝堂；2-见心斋

图 5-3-23 见心斋水院全景

静宜园经过咸丰和光绪年间帝国主义侵略军的两度焚掠破坏，建筑大部分被毁，新中国成立后对其进行了保护、修整，开辟为香山公园。现在，二十八景中的璎珞岩、蟾蜍峰、玉乳泉、芙蓉坪、栖月崖、森玉笏等依旧，"香山红叶"景胜更是名满全国。

四、玉泉山静明园

玉泉山位于香山之东，山形呈南北走向，纵深约1300米，东西最宽处约450米，主峰高出地面50米（为香山的十分之一）。山形匀婷秀丽，山中林木蓊郁，多奇岩幽洞，尤以泉胜，其山水与北京城市生活关系最为密切，因为自元大都以来，玉泉山诸泉一直为北京城重要的水源头。明代《帝京景物略》这样描绘玉泉山景胜：

"山，块然石也，鳞起为苍龙皮。山根碎石卓卓，泉亦碎而涌流，声短短不属，杂然难静听，絮如语。去山不数武，遂湖，裂帛湖也。泉逆湖底，伏如练帛，裂而珠之，直弹湖面，涣然合于湖。……湖方数丈，水澄以鲜，深而浮色，定而荡光，数石朱碧，屑屑历历，漾沙金色，波波萦萦，一客一影，一荇一影，客无匿发，荇无匿丝矣。水拂荇也，如风拂柳，条条皆东。……去湖遂溪，缘山修修，岸柳低回而不得留。石梁过溪，亭其湖左，曰望湖亭，宣庙驻跸者，今圮焉。……山旧有芙蓉殿，金章宗行宫也。昭化寺，元世祖建也。志存焉，今不可复迹其址。"[26]

山中泉眼众多，所谓"沙痕石隙随地皆泉"；石洞也极多，深者二三十丈，浅者十余丈，都是游赏佳处。其中泉水以山南麓的玉泉最为著名，早在金章宗时期就已成为"燕京八景"之一，称"玉泉垂虹"。此外，山东南麓的裂帛湖、东麓的龙泉湖均颇有名。除泉水之外，明代玉泉山最有名的景点为望湖亭，从亭上俯瞰西湖（即今颐和园昆明湖），景色绝佳。袁中道曾经描写道："见西湖明如半月，又如积雪未消。"[27]

清康熙十九年（1680年）在玉泉山建行宫，初名澄心园，三十一年（1692年）更名静明园。清康、雍时期的静明园大约在玉泉山南坡和玉泉湖、裂帛湖一带。乾隆十五年（1750年）大规模扩建静明园，把玉泉山及山麓的河湖全部圈入宫墙之内。乾隆十八年（1753年）再度扩建，并命名了"静明园十六景"。乾隆二十四年（1759年）全园建成，乾隆五十七年（1792年）大修一次——整个乾隆年间为玉泉山静明园的鼎盛时期。

（一）整体格局

静明园南北长1350米，东西宽590米，面积约65公顷，以自然山景为主，点缀以庙宇、佛塔，以泉流水景为辅，结合水景经营园林。玉泉山主峰与侧峰南北对峙，略呈马鞍形起伏的优美轮廓，山麓东、南、西三面环列漪湖、玉泉湖、裂帛湖、镜影湖及宝珠湖五个湖泊，并以水道连缀，使得全园呈"五湖环山"的山水格局——园林营建围绕五处

图 5-3-24 玉泉山东侧影

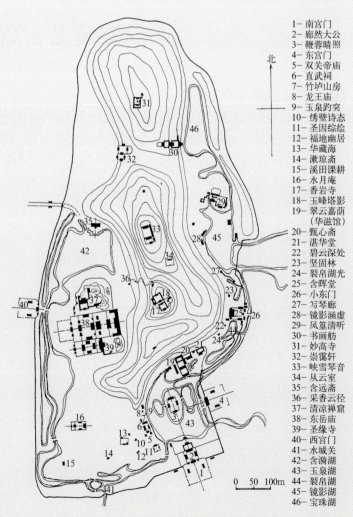

图 5-3-25 静明园平面图（图片来源：《中国古典园林史》）

1—南宫门
2—廊然大公
3—鞭蓉晴照
4—东宫门
5—双关帝庙
6—真武祠
7—竹炉山房
8—龙王庙
9—玉泉趵突
10—绣壁诗态
11—圣因综绘
12—福地幽居
13—华藏海
14—漱琼斋
15—溪田课耕
16—水月庵
17—香岩寺
18—玉峰塔影
19—翠云嘉荫（华滋馆）
20—甄心斋
21—湛华堂
22—碧云深处
23—坚固林
24—裂帛湖光
25—含晖堂
26—小东门
27—写琴廊
28—镜影涵虚
29—风篁清听
30—书画舫
31—妙高寺
32—崇霭轩
33—峡雪琴音
34—从云室
35—含远斋
36—采香云径
37—清凉禅窟
38—东岳庙
39—圣缘寺
40—西宫门
41—水城关
42—含漪湖
43—裂帛湖
44—镜影湖
45—宝珠湖

湖泊进行，五座不同性格的水景园共同烘托中央自然山景，极富江南丘陵、水网般婉约的山水情趣（图5-3-24、图5-3-25）。

（二）玉泉湖

玉泉湖位于玉泉山主峰南麓、全园东南部，为全园的核心景区。玉泉湖近似方形，湖中三岛一字排开，沿袭中国皇家园林传统的"一池三山"格局，中央大岛为芙蓉晴照景点，相传为金章宗芙蓉殿旧址，正厅为乐成阁，背后衬托着玉泉山形似莲花萼的峰峦。

湖之西岸为玉泉山最负盛名的景点"玉泉趵突"，为"燕京八景"之一。"玉泉趵突"自金代以来一直称"玉泉垂虹"，因为古人"以兹山之泉，逶迤曲折，蜿蜒其流若虹，故曰玉泉垂虹"；而乾隆认为该泉类似济南"趵突泉"，为由下而上喷涌成湖，非如古人所比喻的"飞瀑之垂虹"，因而改此景名作"玉泉趵突"。此外，乾隆更认为玉泉之水为天下第一，专门撰文《玉泉山天下第一泉记》，将玉泉山水质与塞上伊逊之水、济南珍珠泉、扬子金山泉、惠山、虎跑、平山、清凉山、白沙、虎丘及西山碧云寺诸泉相比，最终得出结论：玉泉山水质天下第一，故为"天下第一泉"。于是在玉泉畔立二碑，分别刻御笔"天下第一泉"和"玉泉山天

图 5-3-26 玉泉湖（民国时期）冬日清晨景色（图片来源：《洋镜头里的老北京》）

图 5-3-27 玉泉山玉峰塔

图 5-3-28 玉泉山华藏塔（远处为玉峰塔）（图片来源：《中国文化史迹》）

下第一泉记"，自此玉泉山泉水声名更盛。

湖西岸除了玉泉之外，还有龙王庙、竹炉山房、开锦斋、赏迁楼、吕祖洞、观音洞、真武庙、双关帝庙等景致，这些建筑群背山濒水，上下天光互相掩映，又与山顶华藏塔遥相呼应，形成玉泉湖西岸的经典画卷，民国时期留下不少该角度的老照片，美不胜收（图 5-3-26）。

除玉泉湖水园之外，其余四处水园也各具幽致。

（三）玉峰塔

静明园的另一个突出特点是庙宇众多，尤其值得强调的是静明园的佛塔，它构成了静明园的一系列重要地标：全园中部玉泉山主峰上建玉峰塔（图 5-3-27），南端余脉侧峰之巅建华藏塔（图 5-3-28），北部侧峰顶建妙高塔，为北京四座金刚宝座塔之一，塔下山崖上更有内容极为丰富的摩崖石刻（图 5-3-29、图 5-3-30）——这三峰与三塔呈鼎足之势，将玉泉山山形衬托得愈加劲秀挺拔。此外，玉泉山西麓圣缘寺还建有琉璃砖塔。

玉泉山主峰的最主要景点为雄踞峰顶的香岩寺、普门观建筑群，依山就势，层叠而建。玉峰塔居于建筑群中央，为八面七层砖塔，仿镇江金山寺塔的形制，各层供铜制佛像，中有旋梯可上，登临

图 5-3-29　玉泉山妙高塔

图 5-3-30　妙高塔下部山崖摩崖石刻旧影（图片来源：赫达·莫里逊摄）

塔顶，极目四方八极，神京西北郊山色湖光、村舍田畴、离宫别苑尽收眼底（图5-3-31）。由于塔本身雄踞全园最高处，因而园中处处可见"玉峰塔影"之景，"玉峰塔影"因而也成为玉泉山静明园的象征，为造园艺术中画龙点睛之笔。从三山五园的总体形态观之，静明园之形态、轮廓尤以塔取胜，在各园中为第一，玉泉山诸峰之塔（尤其是主峰上的玉峰塔）亦成为其余诸园借景的主要对象，例如在颐和园知春亭等处望玉泉山塔皆为颐和园最佳景致之一。这种塔、山结合的手法虽在北海琼华岛有过先例，但白塔造型敦实，其灵秀之气终不及玉泉诸塔。玉泉山以楼阁式砖塔烘托山形的手法更多地受到江南风景园林的启发，诸如南通狼山指云塔、无锡锡山龙光塔、苏州灵岩山灵岩塔、杭州宝石山保俶塔以及前面提到的镇江金山寺塔等，都是玉泉山塔的"原型"（图5-3-32）。

纵观静明园，由于对江南山水韵致的借鉴，使玉泉山一带颇具江南风光灵秀的特点，与香山静宜园形成"灵秀"与"沉雄"的对照。

可惜咸丰十年（1860年）北京西北郊诸园遭到英法侵略军焚掠，静明园也未能幸免，园内建筑物大部分被毁。

五、万寿山清漪园（颐和园）

在清漪园基础上改建而成的颐和园可谓中国古代皇家园林最后的杰作（图5-3-33、图5-3-34）。

图5-3-31 民国时期由玉泉山遥望颐和园（图片来源：《洋镜头里的老北京》）

图5-3-32 玉泉山西侧影

图 5-3-33 颐和园——最后的皇家园林（画面正中为玉泉山，背景为香山）

图 5-3-34 万寿山西南侧全景

该园位处三山五园的中央，西为玉泉山静明园和香山静宜园，东为圆明园和畅春园，堪称三山五园之"枢纽"。

清漪园的"山水骨架"为瓮山与西湖（即今天万寿山与昆明湖的前身），清乾隆朝以前的西湖位于瓮山西南，瓮山东侧则为广袤的田畴，形成山前"左田右湖"之格局，一派江南水乡的气氛。明代文徵明《西湖》诗曰：

"春湖落日水拖蓝，天影楼台上下涵。十里青山行画里，双飞白鸟似江南。"

这一带酷似江南风景的湖光山色，深深打动了乾隆：对比平地造景的畅春、圆明二园，这里有真山真水的气魄；而静宜、静明二园虽具雄山秀水，但终无西湖这样浩渺之水景与周围之田园风光。另外，就西北郊皇家园林整体格局来看，东、西四座园林已各自成型，唯独中部瓮山、西湖还属于未加仔细经营的自然郊野，一旦依山傍水造成园景，则三山五园将连成一气，海淀、西山之间的一片"园林之海"也将贯通。因而正如周维权所言，清漪园"一园建成，全局皆活"。乾隆自然深谙此理，因此，尽管乾隆九年（1744年）圆明园扩建告一段落时乾隆曾作《圆明园后记》宣告"后世子孙必不舍此而重费民力以创设苑囿，斯则深契朕法皇考勤俭之心以为心矣"，然而依旧自食其言，以"为母祝寿"与"兴修水利"为名开始兴建清漪园。[28] 乾隆十五年（1750年）开始兴建，乾隆二十九年（1764年）清漪园全部完工，占地约295公顷。万寿山东西宽约1000米，山顶高于地面60米，昆明湖南北近1900米，东西最宽处近1700米。比之三山五园其余诸园以大小景点、"园中之园"串联而成的造园模式，清漪园则体现出独一无二的整体规划设计的"大手笔"。

（一）整体格局

颐和园总体呈山北水南之势，万寿山与昆明湖呈"负阴抱阳"的环抱势态，构成颐和园绝佳的山水骨架（图5-3-35、图5-3-36）。昆明湖北面直抵万寿山南麓，昆明湖中央的大岛——"南湖岛"，比万寿山佛香阁之南北中轴线略微偏东，与万寿山

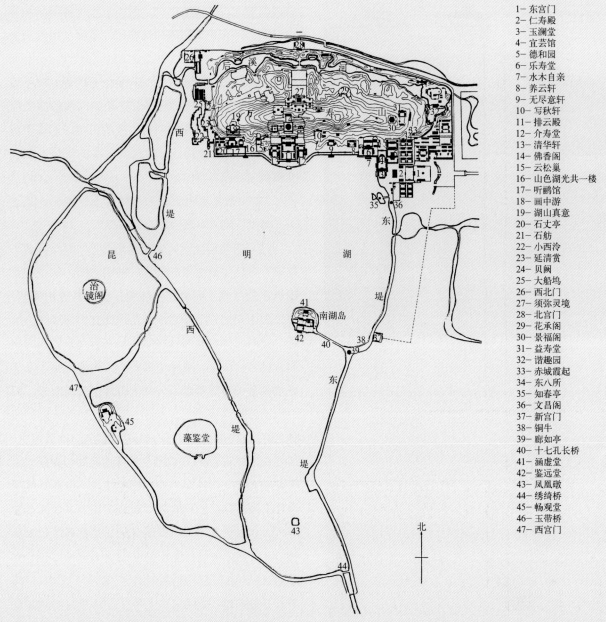

图 5-3-35 颐和园总平面图（图片来源：《中国古典园林史》）

1—东宫门	
2—仁寿殿	
3—玉澜堂	
4—宜芸馆	
5—德和园	
6—乐寿堂	
7—水木自亲	
8—养云轩	
9—无尽意轩	
10—写秋轩	
11—排云殿	
12—介寿堂	
13—清华轩	
14—佛香阁	
15—云松巢	
16—山色湖光共一楼	
17—听鹂馆	
18—画中游	
19—湖山真意	
20—石丈亭	
21—石舫	
22—小西泠	
23—延清赏	
24—贝阙	
25—大船坞	
26—西北门	
27—须弥灵境	
28—北宫门	
29—花承阁	
30—景福阁	
31—益寿堂	
32—谐趣园	
33—赤城霞起	
34—东八所	
35—知春亭	
36—文昌阁	
37—新宫门	
38—铜牛	
39—廊如亭	
40—十七孔长桥	
41—涵虚堂	
42—鉴远堂	
43—凤凰墩	
44—绣绮桥	
45—畅观堂	
46—玉带桥	
47—西宫门	

北坡"须弥灵境"建筑群轴线大致吻合。湖东岸建"东堤"，东堤上造"二龙闸"控制泄水，使园东面与畅春园之间的大量水田得以灌溉。湖西部更设纵贯南北的一道大堤——"西堤"，西堤以东为昆明湖主体，以西为附属水域，内筑"治镜阁"、"藻鉴堂"二岛，甚为幽僻，并与"南湖岛"共同构成"一池三山"的皇家园林传统意象。在山北水南的大格局之下，又从昆明湖西北角另开河道往北延伸，由万寿山西麓过青龙桥入园北的清河，这道水渠的支流由万寿山西麓转抱山北，形成后山一条蜿蜒的河道，称"后溪河"，成为颐和园最幽静的去处，与山南风景区大异其趣。

综观万寿山、昆明湖之山水意境，实际上从杭州西湖获得了许多灵感：万寿山、昆明湖的山水构图，昆明湖水域之划分，西堤的名称与形态，乃至周围环境都酷似杭州西湖——乾隆《万寿山即事》诗曰："背山面水地，明湖仿浙西。琳琅三竺宇，花柳六桥堤。"足见杭州西湖即乾隆时期清漪园、

图 5-3-36 颐和园鸟瞰（图片来源：《颐和园》）

昆明湖的构思"蓝本"（图 5-3-37）。

乾隆时期清漪园的规划设计有一难得的"大手笔"，即于昆明湖东、南、西三面均不设宫墙，大大改变了历代皇家苑囿封闭的"禁苑"气氛，从而使清漪园与玉泉山、高水湖、养水湖、玉河及两侧田园连成一体，视线毫无阻隔——在园中西望西山、玉泉山，东望畅春园、圆明园，左右皆可"借景"，如诗如画，其山水意境堪为三山五园之冠，最为开阔、自然（图 5-3-38、图 5-3-39）。可惜慈禧太后改建后的颐和园加筑围墙，使得清漪园原有的意境大大受损，尤其东堤一带更显逼仄，不得不说是一大遗憾，所幸西侧望玉泉山、香山之视线依旧畅通无阻。

颐和园总体布局大致可分为宫廷区、前山前湖景区及后山后河景区三个主要部分。

（二）宫廷区

宫廷区居于全园东北，由东宫门（全园正门）、仁寿门、仁寿殿构成东西主轴线，东宫门前更有影壁、金水河、牌楼（图 5-3-40、图 5-3-41）。仁

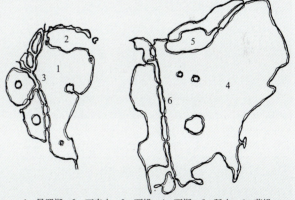

1—昆明湖；2—万寿山；3—西堤；4—西湖；5—孤山；6—苏堤

图 5-3-37 清漪园（左）与杭州西湖（右）比较图（图片来源：《中国古典园林史》）

寿殿可谓宫廷区的"前朝"部分（图 5-3-42），而"后寝"部分则是位于仁寿殿西侧的玉澜堂建筑群，其西北部的乐寿堂建筑群为慈禧太后寝宫。乐寿堂南面临湖，建五间门殿"水木自亲"，门前设有游船码头，其两侧的白粉墙垣及墙上的各式漏窗显示出一派江南园林的恬淡情调（图 5-3-43）。正殿乐寿

图 5-3-38　由颐和园知春亭遥望玉泉山静明园

图 5-3-39　由颐和园长廊西侧遥望玉泉山日暮

图 5-3-40　颐和园宫廷区鸟瞰（图片来源：楼庆西摄）

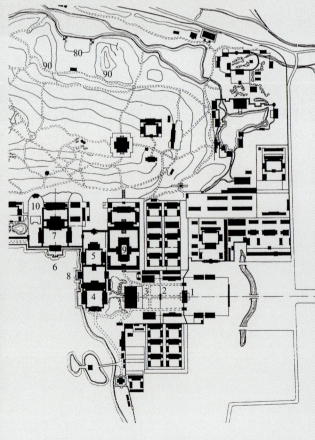

1-东宫门；2-仁寿门；3-仁寿殿；4-玉澜堂；5-宜云馆；
6-水木自亲；7-乐寿堂；8-夕佳楼；9-德和园；10-扬仁风

图 5-3-41　颐和园宫廷区总平面图（图片来源：清华大学建筑学院提供）

图 5-3-42 颐和园仁寿殿

图 5-3-43 颐和园乐寿堂前殿水木自亲

堂比之玉澜堂、宜芸馆都要大得多，面阔七间带回廊一周，前后分别出五间和三间抱厦，足见慈禧太后地位之尊崇。正院两侧还带有跨院，其西设有小花园，内有扇面亭一座，名曰"扬仁风"，取自《晋书·袁宏传》之典故："袁宏出任东阳郡守，谢安以扇赠行，袁答：辄当奉扬仁风慰彼黎庶。"[29]（图5-3-44）乐寿堂建筑群东连宫廷区，西接长廊，北通前山，既是如今游览颐和园路线上一处交通枢纽，又是欣赏山光水色之佳处。

宫廷区东北面为德和园大戏楼（图5-3-45、图5-3-46）。建筑群包括四进院落，规模堪与紫禁城畅音阁、圆明园同乐园和避暑山庄清音阁这三座大戏楼并驾齐驱。位于核心位置的大戏楼共有三层，总高度达到22米，上、中、下三层分别称福台、禄台、寿台。楼板中央设有天井，当演出神话大戏如《西游记》的时候，演员扮的天兵天将、神仙妖魔可以从天而降，还可以通过机关布景喷水、喷火、洒雪花、制造特殊音效，体现逼真的"特技效果"。戏楼背后为两层的扮戏楼，演员在此化妆、准备和退场。大戏楼正对面的颐和殿是看戏殿，面阔七间，台基比戏楼底层台基高出22厘米，保证三层戏台尽收眼底。

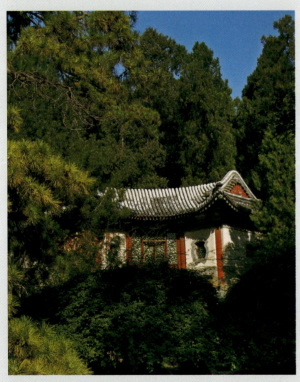

图5-3-44 颐和园扬仁风

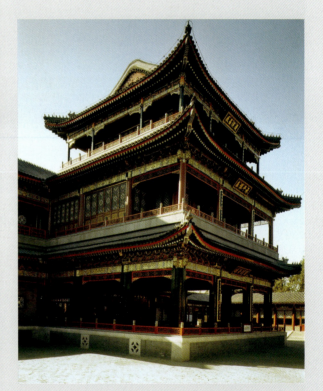

图5-3-46 颐和园德和园大戏楼（图片来源：楼庆西摄）

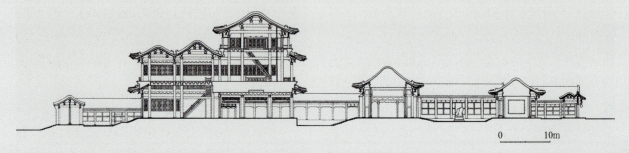

图5-3-45 颐和园德和园总剖面图（图片来源：清华大学建筑学院提供）

图 5-3-47　颐和园万寿山正面全景

图 5-3-48　由宫廷区望万寿山东侧影

通过宫廷区几进规模不大的中型院落，一下子进入寥廓的园林景区，昆明湖横亘眼底，万寿山偏居右侧，玉泉山遥遥在望——颐和园这一入口空间的经营不但收到了中国古典园林常见的"欲扬先抑"的效果，而且使万寿山较为矮秃的山形缺陷被隐藏起来，以其侧面较为挺秀的姿态"迎人"，加上远处玉泉山及玉峰塔的映衬，令观者对于全园的"第一印象"奇佳，可谓是"先声夺人"的一笔。因而宫廷区以及主入口设置在东北隅，在园林空间设计方面可谓是极具匠心之巧思（图 5-3-47、图 5-3-48）。

（三）前山前湖景区

颐和园浩阔的园景可分作"前山前湖"与"后山后河"两大景区，并且分别呈现为"旷"与"幽"

图 5-3-49　颐和园前山前湖冬景——琼楼玉宇

图 5-3-50　昆明水暖鸭先知

的不同意境，二者的对比极为鲜明，遍游前、后山给人带来极大的审美享受——这是颐和园园林构思的一大特色。

"前山前湖"景区（宫廷区约占全园面积的88%，图 5-3-49）的"旷"首先源于昆明湖布局的空阔疏朗：东堤、西堤、三大岛（南湖岛、治镜阁、藻鉴堂）、三小岛（小西泠、知春亭、凤凰礅）为昆明湖主要景观，各岛上建造点景建筑群，岛、堤之间连以桥梁。乾隆帝对于烟波浩渺的昆明湖十分得意，曾有"何处燕山最畅情，无双风月属昆明"之赞叹（图 5-3-50）。

西堤六桥：纵贯全湖的西堤为杭州西湖"苏堤"之翻版，亦为颐和园昆明湖意境绝佳处。苏堤为苏东坡担任杭州太守时所筑，纵贯西湖，长 2.8 公里，其上设有六桥，两岸垂柳夹道，为西湖经典美景，"苏堤春晓"更是位列"西湖十景"之首（图 5-3-51）。昆明湖西堤与西湖苏堤在位置、走向上完全一致，而且同样在堤上筑六桥（图 5-3-52）。清漪园时期，六桥由南而北分别为界湖桥、练桥、镜桥、玉带桥、桑苎桥、柳桥。光绪时期重修颐和园，将界湖桥与柳桥之名互换，桑苎桥改为豳风桥，于是由南而北依次为柳桥、练桥、镜桥、玉带桥、豳风桥、界湖桥（图5-3-53～图5-3-58）。与苏堤六桥均为清一色石拱桥不同，西堤六桥造型多姿多彩。其中玉带桥为曲线饱满流畅的石拱桥，界湖桥则为方拱石桥，其余四座均摹自扬州瘦西湖的亭桥：镜桥上建重檐攒尖六角亭；练桥上建重檐攒尖方亭；柳桥上建重檐歇山方亭；豳风桥上建重檐歇山方形亭榭。

由西堤东望万寿山昆明湖，西眺玉泉山塔影，可谓左右逢源，美不胜收（图5-3-59）。

十七孔桥：连接东堤与南台岛的十七孔桥成为昆明湖景观设计上的华彩：整座桥长达150米，宽8米，共17个拱洞，全部用汉白玉砌成。桥两端雕有四只石狮子，造型各异，为颐和园石雕之精品。十七孔桥如"长虹卧波"，与西端南湖岛和东端的

图5-3-51 杭州西湖"苏堤春晓"（图片来源：《北京颐和园》）

图5-3-52 《鸿雪因缘图记》"六桥问柳"图中的西堤六桥景致（图片来源：《鸿雪因缘图记》）

图5-3-53 柳桥（图片来源：楼庆西摄）

图 5-3-54 练桥

图 5-3-55 镜桥（图片来源：楼庆西摄）

图 5-3-56 玉带桥

图 5-3-57 豳风桥

廊如亭组成昆明湖上的经典画卷（图 5-3-60、图 5-3-61）。

清漪园在设计中有一个充满诗意的安排：于昆明湖西岸的延赏斋中设置一系列石碑，刻有全套的"耕织图"，还把内务府的织染局搬迁到此，以象征"男耕女织"之观念；又于昆明湖东岸、十七孔桥以北放置铜牛一尊，牛首朝向西北，遥望远在昆明湖西北岸的"耕织图"，以象征"牛郎织女"隔银河相望的神话意境——而颐和园这尊铜牛也成了全园最具"灵性"的小品（图 5-3-62）。

万寿山：与昆明湖格局的"疏"相对比，万寿山前山建筑群布局体现为"密"——整个前山建筑群规模宏丽、气势如虹（图 5-3-63）。

中部的排云殿建筑群形成万寿山南麓的规划主轴线：自下而上依次建牌楼、排云门、二宫门、排云殿、德辉殿、佛香阁，一直延伸至偏东一些的"众香界"琉璃牌楼、无梁殿"智慧海"，加上两翼配殿、爬山廊，形成极其庄重稳健的中心构图（图 5-3-64、

图 5-3-58　界湖桥

图 5-3-59　由西堤豳风桥东望万寿山及昆明湖

图 5-3-60　南湖岛、十七孔桥及廊如亭暮色

图 5-3-61　廊如亭、十七孔桥与南湖岛冬景

图 5-3-62　昆明湖畔铜牛

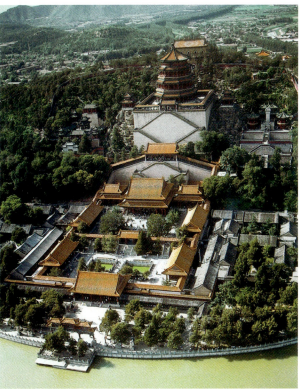

图 5-3-63　颐和园万寿山排云殿、佛香阁建筑群鸟瞰（图片来源：楼庆西摄）

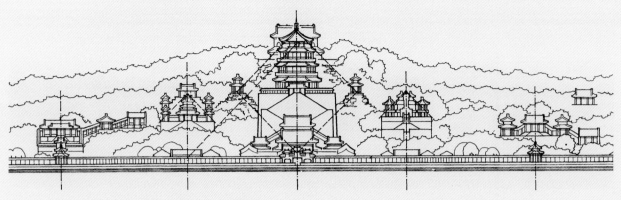

图 5-3-64 前山建筑与山体关系分析图（图片来源：《颐和园》）

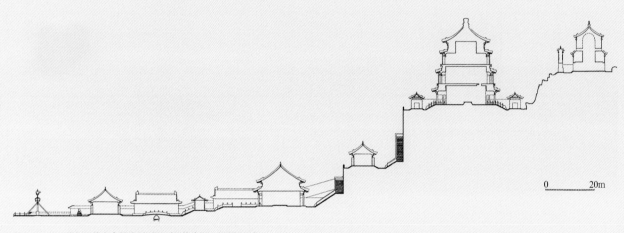

图 5-3-65 颐和园前山中轴线剖面图（图片来源：《颐和园》）

图 5-3-65）。中轴线东、西分别布置转轮藏、慈福楼建筑群和宝云阁、罗汉堂建筑群，构成东、西次轴线。与主轴线、次轴线建筑群的"大块文章"不同，前山西侧、东侧则点缀着自由布局的几处景点，更富园林幽致，诸如西侧画中游、湖山真意亭、云松巢，东侧无尽意轩、养云轩、景福阁等。

佛香阁：佛香阁为万寿山核心建筑。其下部为倚山而筑的暖灰色石台，面阔进深均为45米，正面高23米，设八字形"朝真蹬"大型石阶——石台既是佛香阁主体建筑的大台基，增加了建筑构图的稳定感，同时又成为其下金碧辉煌的排云殿建筑群与更加灿烂夺目的佛香阁之间的一大段"灰色块"，有助于全体建筑群体量、质感与色彩的和谐。佛香阁主体建筑为八角形四层楼阁，攒尖屋顶上置金色宝顶，造型既稳重又峻拔，与下部石台的比例也十分匀称。佛香阁从台基到宝顶总高36.44

米，其高度在中国现存古代木结构建筑中仅次于山西应县木塔和河北承德普宁寺大乘阁而排名第三，在北京木结构建筑中则首屈一指（图 5-3-66、图 5-3-67）。

佛香阁为整个万寿山前山建筑群的构图中心，其东、西两翼又分别布置了宝云阁（图 5-3-68）与转轮藏两组建筑群（图 5-3-69），成为拱卫佛香阁的东、西次轴线；在次轴线东、西两侧又安排了寄澜亭—云松巢与秋水亭—写秋轩构成的更弱化的轴线；最后在这一对轴线外侧，滨水设置鱼藻轩与对鸥舫，结束了万寿山南坡建筑群如同古人作诗"对偶"一般的规划布局——之所以不称之为"对称"而称之作"对偶"，是因为佛香阁东、西两翼的建筑群虽然位置近乎对称，然而建筑造型却不尽相同，甚至是相辅相成的构图关系，因而更像作诗或题写对联，并且两侧的建筑群随着距离中央主建筑群越

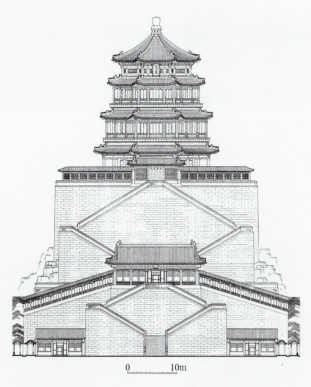

图 5-3-66　佛香阁南立面图（图片来源：清华大学建筑学院提供）

来越远而呈渐趋小巧、简约之势，因此万寿山前山建筑群整体构图呈现由中央向两侧逐渐"退潮"的绝妙效果。

与景山、北海白塔山可以登高览胜一样，万寿山佛香阁也为颐和园登高望远之最佳处（图 5-3-70）。尤其值得一提的是，佛香阁周围沿石台建造一圈游廊，于粉壁上开设一连串景窗，透过景窗向东、西、南三面眺望，如同坐看一幅幅不同的画面，自西而东或为玉泉塔影，或为西堤琼岛，或为长桥卧波，或为村舍田园，清朝鼎盛时甚至畅春、圆明二园也尽收眼底——这一串景窗之设，实为佛香阁之点睛妙笔。

转轮藏、宝云阁：佛香阁东侧为转轮藏建筑群。建筑群坐落在山石围合的台地上，中央为三层楼阁转轮藏，屋顶造型极为独特，由三个并排攒尖顶组成，顶部伫立三尊神像。内部设有贮藏佛经的木塔，可以转动。转轮藏左右各建有一座八角楼阁。

图 5-3-67　颐和园佛香阁

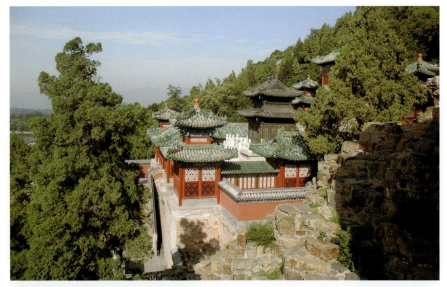

图 5-3-68 宝云阁建筑群

图 5-3-69 转轮藏建筑群（图片来源：楼庆西摄）

图 5-3-70 由佛香阁俯瞰前山前湖景区

转轮藏前立有巨大石碑一方,正面刻乾隆御书"万寿山昆明湖"六字,背后刻御制"万寿山昆明湖记"。该碑十分壮伟,梁思成主持设计人民英雄纪念碑时曾以该碑造型作为参考(图5-3-71)。宝云阁位于佛香阁西侧,四面各建一座配殿,四隅各建一座重檐方楼,当中的正殿"宝云阁"用铜铸造,称"铜殿",重达207吨。宝云阁院落平面布局体现了藏传佛教密宗"曼荼罗"的图形。

画中游:画中游建筑群位于万寿山西南转折处,位置高出湖面30多米,视野极开阔。主体建筑为一座八角形楼阁,周围建有澄辉阁、爱山楼、借秋楼三座附属建筑,以爬山游廊相互联系,上下自如。登上八角形楼阁二层,四面八方都以立柱和横楣构成"画框",构成八幅"天然图画"——乾隆以"层楼雅号画中游,四面云窗画景收"描绘这一妙境(图5-3-72)。

长廊:万寿山与昆明湖之间还有一条重要的"线"串起前山诸景,即著名的长廊。长廊东起乐寿堂,西至石丈亭,共273间,全长约728米,除在中轴线排云门前作曲廊环抱状以外,其余皆呈直线一贯到底,与小型园林中的曲折游廊大异其趣,而这一贯到底的气魄正是长廊的精髓所在,它一方面成为贯穿前山前湖景区的东西轴线及游览路线;另一方面更是前山与前湖之间的过渡,似隔非隔,大大增加了园林空间的层次与韵律。梁思成曾以长廊为例探讨建筑美学中"千篇一律"与"千变万化"的辩证统一:

"颐和园的长廊,可谓千篇一律之尤者也。然而正是那目之所及的无尽的重复,才给游人以那种只有它才能给的特殊感受。"㉚

图5-3-71 万寿山昆明湖御碑(图片来源:楼庆西摄)

图5-3-72 颐和园画中游

长廊的千篇一律，恰恰可以烘托出长廊南北两侧山水长卷的千变万化，尤其透过长廊柱间的框景观赏周围景色，更能体会步移景异的妙趣，因此，长廊可谓颐和园大手笔的妙思（图5-3-73）。

（四）后山后河景区

"后山后河"景区虽仅占全园面积的12%，然而却是格外引人入胜的去处。后山中部建有大型佛寺"须弥灵境"，佛寺与后山北面的石桥、北宫门共同构成后山后河景区的中轴线（图5-3-74）。

除了主轴线上的建筑群与前山有所呼应以外，沿着蜿蜒的后溪河，后山景致以幽邃为主调，轩亭楼馆尽可能都依山就势自由布局并且掩映于林杪之间，有绮望轩、构虚轩、绘芳堂、赅春园、嘉荫轩、云绘轩等小景点（可惜这些小景被英法联军焚毁后始终未能恢复），与前山建筑群中心对称的庄严气氛正相反。加之后山佳木尤多，蓊郁葱茏，近水处大量姿态优美的树木枝叶拂波，使得沿河一带荫翳蔽日，泛舟其间，意境最佳，当"有濠濮间想"（图5-3-75～图5-3-77）。

图5-3-73　长廊（图片来源：楼庆西摄）

图5-3-74　须弥灵境鸟瞰（图片来源：楼庆西摄）

谐趣园：后溪河东端，位于全园东北隅的是颐和园中最静谧、幽雅的一处园中园——"谐趣园"，其意境与北海静心斋异曲同工。其前身为清漪园"惠山园"，嘉庆后改称谐趣园。乾隆十六年（1751年），乾隆第一次南巡，对无锡寄畅园的"嘉园迹胜"极为赞赏崇慕，将其誉为"清泉白石自仙境，玉竹冰梅总化工"。命随行画师摹绘园景成图，"携图以归，肖其意于万寿山之东麓，名曰惠山园。一亭一经，足谐奇趣。"[31]

这处摹自江南园林的园中园，环水而筑，藏于万寿山背后一隅，为"全园最幽处"。比之北海镜清斋、香山见心斋，惠山园（谐趣园）选址更幽僻，布局也更接近江南园林的自由随宜（图5-3-78）。谐趣园宫门朝西，在园南开辟水池，环绕水池修建曲廊，廊间穿插厅堂、水榭及亭台（图5-3-79～图5-3-81）。池岸水湾间还架设了一座石桥名曰"知鱼桥"，桥北端建石坊一座（图5-3-82）。园北侧为一个叫"霁清轩"的小院，这里地势较高，可俯瞰园景。南部水池与北部"霁清轩"之间有青石假山，为颐和园假山中之佳品。

图5-3-75 后溪河风光之一

图5-3-76 后溪河风光之二

图5-3-77 后溪河风光之三

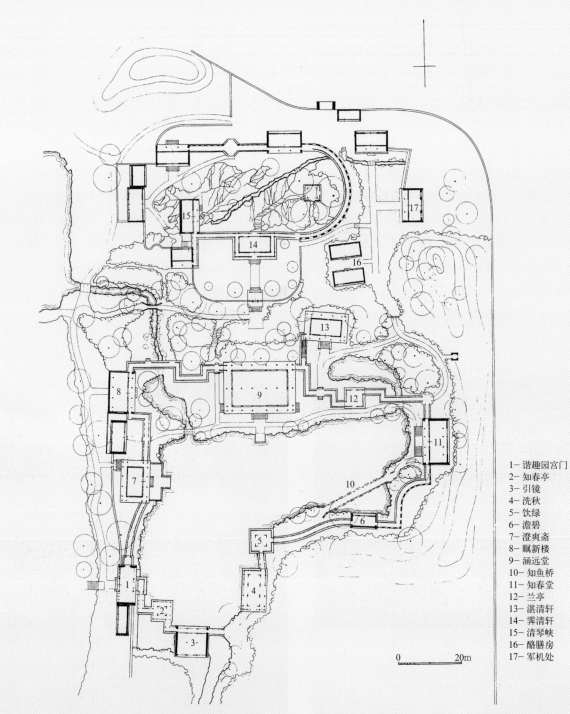

1— 谐趣园宫门
2— 知春亭
3— 引镜
4— 洗秋
5— 饮绿
6— 澹碧
7— 澄爽斋
8— 瞩新楼
9— 涵远堂
10— 知鱼桥
11— 知春堂
12— 兰亭
13— 湛清轩
14— 霁清轩
15— 清琴峡
16— 酪膳房
17— 军机处

图 5-3-78 谐趣园平面图（图片来源：清华大学建筑学院提供）

图 5-3-79 民国时期的谐趣园全景（图片来源：《旧都文物略》）

图 5-3-80 谐趣园现状全景

图 5-3-81 谐趣园（图片来源：楼庆西摄）

图 5-3-82 谐趣园知鱼桥

谐趣园南面不远即回到东宫门宫廷区，该园可谓颐和园全园游览路线的一个完美句点。

北京的皇家园林还有南苑、钓鱼台、乐善园（俗称三贝子花园，现遗址位于北京动物园内）、小汤山温泉行宫以及诸多行宫园林如五塔寺、万寿寺、紫竹院、圣化寺、泉宗庙等，限于篇幅，不在此一一介绍。

注释

① 北京的私家园林以王府园林、文人园林为最主要类型。清代北京内外城私家园林具备一定规模并见于文献记载的约有一百五六十处，保存到20世纪50年代尚有五六十处，约占1/3。后经四十余年的城市建设、危旧房改造，几乎拆毁殆尽，能保存至今的已是凤毛麟角。参见：周维权．中国古典园林史（第二版）．北京：清华大学出版社，1999：487．关于北京私家园林的专题研究则有：贾珺．北京私家园林志．北京：清华大学出版社，2009．

② 周维权．中国古典园林史（第二版）．北京：清华大学出版社，1999：338．

③ 实际上团城是东面与陆地相连的半岛，中海东岸突出的半岛同样不算纯粹的岛，倒是中海水云榭所在小岛也可视作第三岛。

④ （意）马可波罗．马可波罗行纪．冯承钧译．上海：上海书店出版社，2001，8：208．

⑤ （清）于敏忠等．日下旧闻考．北京：北京古籍出版社，1983：643-644．

⑥ （元）淘宗仪．南村辍耕录．中华书局，1959：255．

⑦ （意）马可波罗．马可波罗行纪．冯承钧译．上海：上海书店出版社，2001：204．

⑧ 夏言．御舟歌//（清）于敏忠等．日下旧闻考．北京：北京古籍出版社，1983：554．

⑨ （清）于敏忠等．日下旧闻考．北京：北京古籍出版社，1983：365．

⑩ （清）于敏忠等．日下旧闻考．北京：北京古籍出版社，1983：366．

⑪ （清）于敏忠等．日下旧闻考．北京：北京古籍出版社，1983：368．

⑫ 周维权．中国古典园林史（第二版）．北京：清华大学出版社，1999：266．

⑬ （清）于敏忠等．日下旧闻考．北京：北京古籍出版社，1983：557．

⑭ 传说宝月楼是乾隆帝为香妃所建，乾隆还特地在宝月楼南面西长安街旁建回回营，让香妃得以睹物思乡。

⑮ 见《诗经》中商颂之《殷武》。聂石樵．诗经新注．雒三桂，李山注释．济南：齐鲁书社，2000：661．

⑯ 明《长安客话》载："水所聚曰淀。高梁桥西北十里，平地有泉，澎洒四出，淙汩草木之间，潴为小溪，凡数十处。北为北海淀，南为南海淀。"（明）蒋一葵．长安客话．北京：北京古籍出版社，1994：69．

⑰ 明水轩日记//（清）于敏忠等．日下旧闻考．北京：北京古籍出版社，1983：1316．

⑱ （清）于敏忠等．日下旧闻考．北京：北京古籍出版社，1983：1268-1269．

⑲ （清）于敏忠等．日下旧闻考．北京：北京古籍出版社，1983：1277．

⑳ 乾隆命宫廷画师沈源、唐岱等作《圆明园四十景图》设色绢本，加上乾隆的题跋共80幅。

㉑ 嘉庆七年（1802年）和道光二年（1822年），春熙园和熙春园被分别赐予庄静固伦公主和惇亲王绵恺。

㉒ 周维权．中国古典园林史（第二版）．北京：清华大学出版社，1999：381．

㉓ 王闿运．圆明园宫词//周维权．中国古典园林史（第二版）．北京：清华大学出版社，1999：381．

㉔ 乾隆十一年御制来青轩诗//（清）于敏忠等．日下

旧闻考. 北京：北京古籍出版社，1983：1448.

㉕ 金明昌时初名"西山积雪"，元时改称"西山晴雪"，明《诗序》又改称"西山霁雪"，乾隆时恢复元代名称。

㉖ （明）刘侗，于奕正. 帝京景物略. 北京：北京古籍出版社，1983：296-297.

㉗ 周维权. 中国古典园林史（第二版）. 北京：清华大学出版社，1999：369.

㉘ 周维权. 中国古典园林史（第二版）. 北京：清华大学出版社，1999：409.

㉙ 梅宁华，孔繁峙. 中国文物地图集·北京分册（下册）. 北京：科学出版社，2008：228.

㉚ 梁思成. 梁思成全集（第五卷）. 北京：中国建筑工业出版社，2001：379-381.

㉛ 周维权. 中国古典园林史（第二版）. 北京：清华大学出版社，1999：426.

北京古建筑

第六章 陵寝墓葬

北京陵寝墓葬分布图

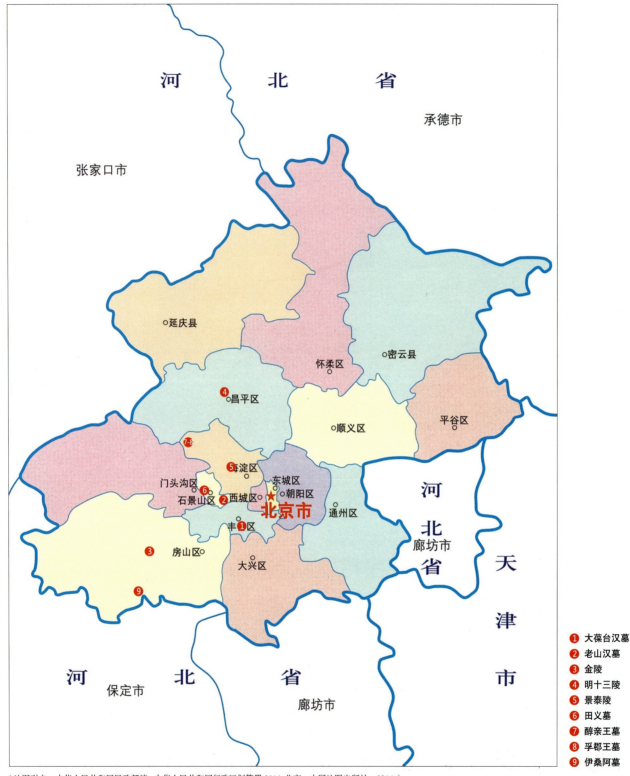

❶ 大葆台汉墓
❷ 老山汉墓
❸ 金陵
❹ 明十三陵
❺ 景泰陵
❻ 田义墓
❼ 醇亲王墓
❽ 孚郡王墓
❾ 伊桑阿墓

（地图引自：中华人民共和国民政部编.中华人民共和国行政区划简册2014.北京：中国地图出版社，2014.）

"皇陵形胜，起自昆仑，然而太行华岳连亘数千里于西山，海以达医无间，逶迤千里于东与此天寿本同一脉，奠居至北正中之处，此固第一大形胜，为天下之主山也。"

——《天寿山记》

中国古代把帝王陵墓称作"陵寝"，本章重点讨论北京的帝王陵寝，尤其要单独介绍明十三陵这一帝王陵寝区的典型代表及其蕴含的中国古人"事死如事生"、"陵墓若都邑"等重要的规划设计理念。此外也希望简要论及古都北京的各类墓葬建筑群，尤其是其中富于建筑趣味者。

京郊大地广泛分布着各个历史时期的墓葬群，其中最具有建筑价值的包括一批汉墓、金代皇陵、明十三陵、清代诸王及公主园寝及明清的一批太监、大臣墓葬等。北京地区已发掘的历代墓葬中以汉墓数量最多，最具代表性的是1974年发掘的丰台大葆台汉墓。此外，石景山和丰台分别出土了"汉故幽州书佐秦君之神道"石阙及东汉石人。金、明、清三代均在北京留下了许多皇家墓葬建筑群。金代皇陵位于房山西部的大房山东麓，初建于金海陵王时期，陵区面积约60平方公里，有17座王陵及诸王兆域，是北京地区年代最早的帝王陵寝。元代则沿用蒙古习俗不建陵寝，采用"潜埋"方式。① 明北京墓葬建筑群首推规模宏伟的明十三陵。明代宗朱祁钰由于特殊的历史原因未能葬入皇陵区，而是葬于西北郊金山景泰陵。除此之外，京郊还广泛分布着明代各类墓葬，包括妃嫔墓、藩王墓、公主墓、外戚墓以及太监墓等。清代的皇陵虽不在今天的北京境内，但诸王及公主的墓葬群大都位于京郊，据统计，北京共有清代诸王及公主园寝200余座，不过绝大多数已毁，现在尚存大量以诸王、公主墓园命名的地名如"八王坟"、"公主坟"等。

以下略述各时期墓葬建筑群之典型代表。

第一节 汉墓

一、大葆台汉墓

大葆台汉墓是西汉中期的大型土圹木椁墓，共两座，墓主人可能是广阳王刘建（或燕王刘旦）及其王妃，1974～1975年发掘。该墓是迄今北京地区发现的最大汉墓，也是我国首次发现的"黄肠题凑"墓。

两座墓东西并列，皆坐北朝南，相距约26.5米，皆为规模宏大、结构复杂的木结构地下建筑。1号墓保存较好，墓室平面呈"凸"字形，由墓道、甬道、外回廊、黄肠题凑、内回廊、前室、后室等部分组成。前室为殿堂，后室置三棺二椁，前后室外有一圈内回廊，绕以一周木墙，墙高3米，厚0.9米，周长42米，其形制为"黄肠题凑"，即全用柏木方条层层垒砌而成，约用了1.6万根柏木条，约合木材122立方米，各层黄肠木之间无榫卯固定，顶部用压边木加固。南面正中有大门，外面有两道外回廊，中间用油松木板隔开。回廊内殉牲，摆放陶俑。2号墓比1号墓略小，结构相同，早期被盗后遭火焚毁，仅存一些残骨和殉葬的车马等。墓室上有封土堆，残高9米。墓早年被盗，大部分随葬品已佚。墓中出土一组殉葬车马以及铜器、陶器、玉器、漆器、丝织品、钱币等400余件（图6-1-1、图6-1-2）。

"黄肠题凑"，见于《汉书·霍光传》中唐人颜师古的引注："以柏木黄心致累棺外，故曰黄肠。木头皆内向，故曰题凑。"因此，所谓"黄肠"指堆垒在棺椁外的黄心柏木枋，"题凑"指木枋的头

图6-1-1 大葆台西汉墓遗址发掘现场（图片来源：《中国文物地图集北京分册》）

一律向内排列。"黄肠题凑"指西汉帝王陵寝椁室四周用柏木枋堆垒成的框形结构，经朝廷特赐的个别勋臣贵戚也可使用。由柏木芯垒成的厚壁对木材要求极高，具有防腐和防虫的作用。

二、老山汉墓

老山汉墓位于石景山区老山街道老山南麓，这里分布有大量汉代至西晋的墓群，合称老山墓群。老山汉墓是公安部门在1999年底破获的一起盗掘古墓案中发现的，2000年发掘。老山汉墓是西汉中晚期土圹木椁墓。墓南向，由封土、墓道和墓室组成。顶部为覆斗式封土，南北约55米，东西约60米，高约9米。墓室平面呈"凸"字形，南北长约16米，东西宽约13米，底部距封土顶约17米。墓室由椁室、黄肠题凑、甬道、外回廊、墓道五部分组成，葬具为三棺二椁，墓室已坍塌，早年曾被盗（图6-1-3）。前室出土了两个保存较为完好的彩绘漆案，还出土有漆器残片、玉带钩、彩绘陶器、青铜车马器、谷物等随葬品。覆在棺盖上的锁绣是北方地区出土的最完好的丝织品。墓主人为一年龄在30～32岁之间、身高1.60～1.62米的女性，应为西汉某位广阳王的夫人。

大葆台汉墓和老山汉墓均为汉代土圹木椁墓的典型代表，特别是其规格极高的"黄肠题凑"形制为了解汉代帝王陵墓制度提供了重要实物依据。

三、东汉墓神道石柱

北京西郊出土的一对东汉幽州秦君神道石柱（现藏于北京真觉寺石刻艺术博物馆）为东汉墓前之墓表（图6-1-4）。该石柱自下而上分为数段：

图6-1-2 大葆台1号汉墓现状（图片来源：李倩怡摄）

图6-1-3 老山汉墓黄肠题凑顶部（图片来源：《中国文物地图集北京分册》）

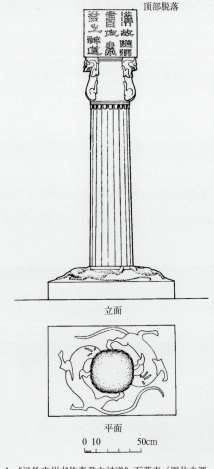

图6-1-4 《汉故幽州书佐秦君之神道》石墓表（图片来源：《中国古代建筑史》）

图 6-1-5 北京西郊出土的一对东汉幽州秦君神道石柱（北京真觉寺石刻艺术博物馆藏）

最下部为方形石基座，上部为"剔地起突"（即高浮雕）的二虎，中央有圆孔状卯口，上承柱身（图6-1-5）。柱身平面为方形抹圆角，柱身分作三段：下段刻凹槽纹，一如希腊多立克式石柱的柱身；中段两侧刻二虎，承托上段的矩形平板，平板上刻字，内容是"汉故幽州书佐秦君之神道"，惜原有顶部已脱落，形制不详。

第二节　金陵

金陵（金中都皇陵）是金代皇帝和宗室诸王的陵墓群，始建于金海陵王完颜亮迁都燕京之后的贞元三年（1155年），经海陵王、世宗、章宗、卫绍王、宣宗五世营建约60年，共有17座帝陵及妃陵、诸王陵墓数十座，绵延百余里，陵区面积约60平方公里。金陵是中国历史上为数不多的少数民族皇陵，也是北京地区年代最早的帝王陵区。

金王朝在大房山建陵后，仿照汉族传统，每年于山陵举行祭祀仪式，并先后修建行宫（磐宁宫，1155年）、山神庙（1181年）等建筑。因东北后金政权崛起，明统治者认为后金的兴盛与金陵"气脉相关"，于是罢金陵祭祀，又拆毁山陵，割断地脉，进而在陵址建关帝庙（1623年）以镇之。清代自称女真后裔，恢复了守陵和祭陵制度，并对陵墓进行了修葺。据学者推测，顺治年间修筑了太祖、世宗陵的宝顶，修建了二陵的碑亭，并利用明代的关帝庙作为享殿，同时整理修缮了台阶、甬路和部分围墙。乾隆十六年（1751年）又修葺了太祖、世宗陵前的享殿及垣墙，又于次年拆除明代关帝庙，新建了太祖陵享殿、围墙和正门及世宗陵享殿、祭台、围墙、甬路和栅栏角门。顺治、康熙两朝均有御制"金太祖世宗陵碑"，记载了修陵的概况（图 6-2-1）。可惜金陵在清末以后遭到严重破坏，1975年当地农民大规模修造梯田，几乎所有的石建筑构件都被砸成石块用以筑坝，至今地面建筑已全部夷为平地，基址及石构件亦所存甚少。

自新中国成立以来，原河北省文物管理委员会和北京市文物研究所先后对北京房山金陵进行了一系列的考古发掘工作，对主陵区的部分遗迹进行了清理和研究。据目前已经探明的情况来看，金陵陵区包括帝陵、坤厚陵（妃陵）和诸王兆域三个部分，分布在大房山（今北京房山地区）东麓的九龙山、凤凰山、连泉顶东峪、三盆山鹿门峪，其中主陵区位于九龙山前台地（图 6-2-2）。

大金国在位的十帝，除宣宗、哀宗、昭宗之外，其余七帝均于贞元三年至至宁元年（1155～1213年）葬于大房山陵，七人中海陵王、卫绍王死后被削去帝号，故葬于诸王兆域，葬所无陵号。此外，大金国还追封了四帝，三位（德宗、睿宗、显宗）葬在大房山，其中德宗的顺陵，由于其子海陵王完颜亮被削去帝号而迁至诸王兆域，因此金开国后的帝陵共存有7座。正隆元年（1156年），大金国立国前

图 6-2-1 《鸿雪因缘图记》中的"房山拜陵"图（1845 年完颜麟庆父子拜谒金太祖、世宗二陵）（图片来源：《鸿雪因缘图记》）

图 6-2-2 金陵主陵区鸟瞰（图片来源：《北京金代皇陵》）

的十帝也被海陵王迁葬于大房山陵（包括始祖景元帝的光陵、德帝的熙陵、安帝的建陵、献祖的辉陵、昭祖的安陵、景祖的定陵、世祖的永陵、肃宗的泰陵、穆宗的献陵、康宗乔陵）。考古发掘工作已基本探明主陵区内睿陵（葬金太祖完颜阿骨打）、恭陵（葬金太宗完颜吴乞买）、顺陵（葬金德宗完颜宗干）、兴陵（葬金世宗完颜雍）、景陵（葬金睿宗完颜宗光）的所在地（图6-2-3、图6-2-4）。主陵区以神道为中轴，作对称布局，由石桥、神道、石踏道、东西台址（疑为碑亭台基）、东西殿址、陵墙及地下陵寝组成。目前，金陵的遗存还有明代关帝庙的台基，清代的两座宝顶遗址，享殿、碑楼、棂星门遗址等（图6-2-5、图6-2-6）。此外，考古发现了睿宗陵碑及一段残御道，东西约5.4米，南北约3米，

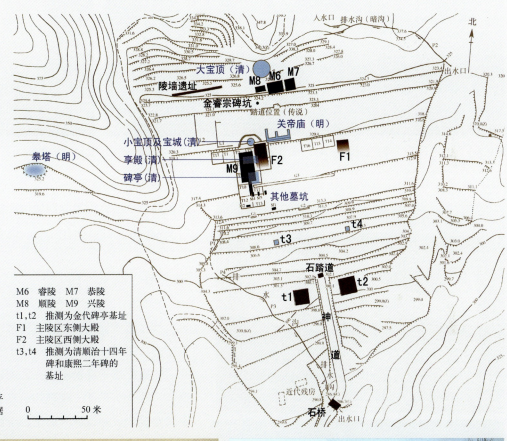

图6-2-3　金陵主陵区平面图（图片来源：底图据《北京金代皇陵》）

图6-2-4　20世纪初的房山金陵全景（图片来源：《中国文化史迹》）

图6-2-5　自石踏道望主陵区（图片来源：《北京金代皇陵》）

图 6-2-6　拍摄于 1918 年的金世宗陵碑亭及陵墙（图片来源：《中国文化史迹》）

图 6-2-7　金睿宗墓碑（图片来源：李倩怡摄）

图 6-2-8　金陵龙纹及牡丹纹汉白玉栏板（图片来源：《北京金代皇陵》）

两侧的石质地栿上竖立四块两面雕刻牡丹行龙的汉白玉栏板和望柱（图 6-2-7、图 6-2-8）。

第三节　明十三陵

明十三陵位于北京城北郊昌平天寿山南面的山谷之中，明永乐帝到崇祯帝共十三代帝王都埋葬于此。这里汇集了规模宏大、艺术造诣高超的陵墓建筑群，既是明代帝王陵寝的最重要代表，也是中国古代建筑群规划设计的典范，李约瑟更将它誉为中国皇陵中"最大的杰作"。

以下通过明十三陵的总体格局、陵寝形制及其规划设计所体现的象征意义和意境追求来简要介绍这一杰作。

一、总体格局

明十三陵的营建始于永乐帝修长陵。《明太宗实录》记载：

"永乐七年（1409 年）五月……己卯，营山陵于昌平县。时仁孝皇后来（'未'字之误）葬，上命礼部尚书赵羾以明地理者廖均卿等择地，得吉于昌平县东黄土山。车驾临视,遂封其山为天寿山。"②

《天寿山记》则云:

"皇陵形胜,起自昆仑,然而太行华岳连亘数千里于西山,海以达医无闾,逶迤千里于东与此天寿本同一脉,莫居至北正中之处,此固第一大形胜,为天下之主山也。"③

这就将天寿山上升到了"天下之主山"的崇高地位。黄土山(即今之天寿山)这一选址极为成功:陵区占地约120平方公里(群山内的平原面积约40平方公里),几乎是明北京城的两倍,四面群山环绕呈马蹄状,中间是广袤的盆地,具有天然的封闭隔绝之势,仅西南方山脉中断,形成一处缺口,成为整个陵区的入口。入口处两座东西对峙的小山更被巧妙地当作"双阙",体现了人工与自然的巧妙结合。由外界进入群山环抱的陵区之中,的确有一种"别有洞天"之感。

十三陵的总体布局气势磅礴,形成了波澜壮阔的空间序列。通往诸陵的主神道长约7.3公里,由石牌坊、大红门、碑亭、石象生及龙凤门组成,引人入胜(图6-3-1)。

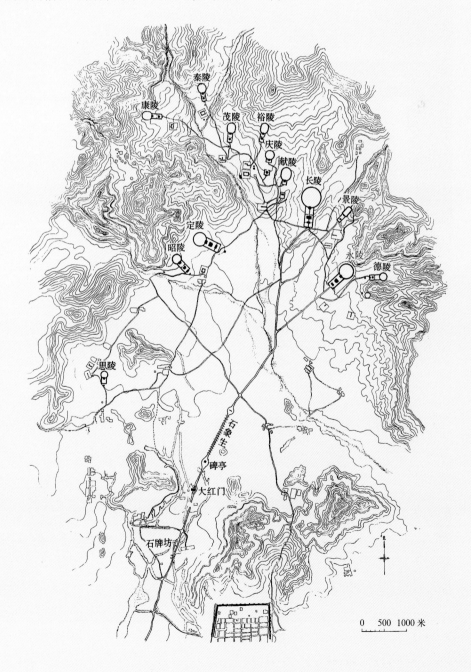

图6-3-1 明十三陵总平面图
(图片来源:《中国古代建筑史》)

(一)石牌坊

这首宏大的"乐曲"以陵区入口外1公里处巨大的汉白玉石牌坊为"序曲",呈"五间六柱十一楼"形制,造型魁伟、雕工精美,为中国古代石牌坊中的极品。此外,石坊的当心间正对11公里之外的天寿山主峰,形成一条壮伟的轴线,极富张力,更是景观设计的杰作(图6-3-2)。

(二)大红门、碑亭

由石坊北行约1300米,是位于东西龙、虎二山(双阙)之间横脊上的陵区大门——大宫门(俗称大红门),门东西两侧设"下马碑",原本在大红门两侧还有墙垣环绕,将整个陵区加以圈护(图6-3-3)。大红门里外道路都是上坡的坡道,从陵区之外一步步登上大门,忽然望见600米开外黄瓦

图6-3-2 十三陵入口石牌坊——中间正对天寿山主峰

图6-3-3 十三陵正门——大红门(图片来源:赵大海摄)

红墙的碑亭及其两侧洁白无瑕的华表（明代称擎天柱），衬以绵延如屏的远山，立刻感到一股庄严肃穆的气氛；而由碑亭回望地势高起的大红门，则有"天国大门"的神圣之感——足见陵区大门选址及构思的精妙（图6-3-4～图6-3-6）。

（三）石象生

由碑亭继续向北则是乐曲的"展开部"——石象生神道。这段神道长约1200米，两侧成对伫立着二石柱及四狮子、四獬豸、四骆驼、四象、四麒麟、四马、四武将、四文臣、四勋臣组成的十八对整石雕刻——"石象生"（明宣德十年即1453年造），气象端严，俨然是紫禁城宫廷仪仗队的写照（图6-3-7～图6-3-12）。

（四）龙凤门

神道最终以一字排开的三座汉白玉棂星门（俗称龙凤门）作结（图6-3-13）。此外，在石牌坊与大红门间有三孔桥，龙凤门以北有南五孔桥、七孔桥、北五孔桥等桥梁，各陵之前也大多建有若干座跨水石桥。陵区内还有一些行宫及附属建筑群。

（五）十三陵的"树状结构"

与明清北京城中轴线的纵贯南北、一气呵成不同，十三陵主轴线的规划设计因地制宜，略偏东北方向并且蜿蜒曲折，更加重要的是：自龙凤门向北，轴线开始产生许多分支——其中神道由龙凤门继续向东北延伸至位于天寿山主峰南麓的长陵，其余十二陵除思陵以外（思陵即崇祯帝陵，为清代建造，偏于陵区西南隅，原址为崇祯帝宠妃田氏之墓，因此，严格地说，不在其余帝王陵墓群总体规划之内），分别布列在长陵的东、西两侧呈众星拱月之势；其中献陵、景陵、永陵、昭陵四陵的神道分别从长陵的"总神道"上分支，其余诸陵则分别从各自就近

图6-3-4 由碑亭南望大红门

图6-3-5 碑亭及华表（民国时期）（图片来源：《洋镜头里的老北京》）

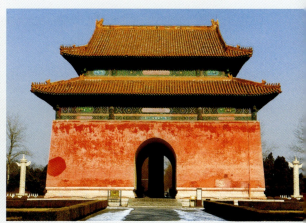

图6-3-6 碑亭及华表（图片来源：赵大海摄）

图 6-3-7　神道石象生（图片来源：《洋镜头里的老北京》）

图 6-3-8　十三陵总神道石象生（图片来源：赵大海摄）

图 6-3-9　十三陵总神道石象生——骆驼（图片来源：赵大海摄）

图 6-3-10　十三陵总神道石象生——大象（图片来源：赵大海摄）

图6-3-11 十三陵总神道石象生——武将（图片来源：赵大海摄）

图6-3-12 十三陵总神道石象生——勋臣（图片来源：赵大海摄）

图6-3-13 龙凤门（图片来源：赵大海摄）

的宗陵神道分支，如裕陵神道自献陵神道分支、定陵神道自昭陵神道分支、德陵神道自永陵神道分支等。这样，十二座皇陵共同组成了一个"树状结构"的总体布局（图6-3-14）。这个"树状结构"以石牌坊、大红门、碑亭、石象生、龙凤门及长陵为"主干"，其余十一陵为分支（或分支的分支）。每座"支陵"都以背后的一座山峰为依托，而"主陵"——长陵则以天寿山主峰为背景。各陵实际上都是长陵的"具体而微者"，与长陵共同构成浑然一体却又主次分明的整体格局。不妨再以音乐为喻：与一般乐曲的"序曲-发展-高潮-尾声"的结构不同，十三陵在发展部分之后，分支为十二个大小不同但"母题"一致的分乐章，各有自身的完整结构，即清人所谓"水抱山环，无不自具形势"，而整个乐曲又以长陵为"主旋律"，并在长陵的核心建筑——祾恩殿达到"高潮"，最终以天寿山主峰及周围的连绵群山作为回味无穷的"尾声"，构成波澜壮阔而又丰富多彩的交响！

以下略述各陵寝建筑形制。

二、长陵

长陵为明成祖朱棣陵寝。陵宫依山而建、坐北朝南，呈"前方后圆"式布局：中轴线上由南到北依次排列陵宫门、祾恩门、祾恩殿、内红门、二柱牌楼门、石供案（俗称石五供）、方城明楼以及宝顶（或称宝城）（图6-3-15、图6-3-16）。

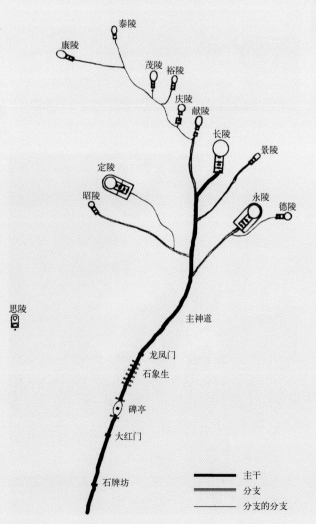

图6-3-14 十三陵总体布局的"树状结构"示意图

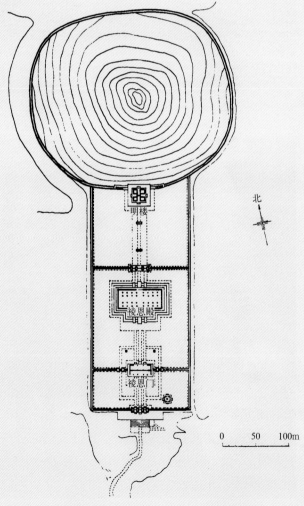

图6-3-15 明长陵平面图（图片来源：《中国古代建筑史》）

图 6-3-16 1945 年长陵全景航拍
（图片来源：《航拍中国 1945》）

（一）宫门及碑亭

陵门外是一片平坦的小广场，东、南、西三面松柏环绕，北面高台上的砖石建筑为陵宫门，黄琉璃瓦歇山顶，三道券门。明代，在门东有宰牲亭，门西有具服殿五间，现已不存。门内庭院东、西侧本有神厨、神库各五间，现亦不存。仅庭院东南角一碑亭尚存。亭内石碑龙首龟趺，雕刻生动，石质润泽，在明陵诸碑中是罕见的精品。

（二）祾恩门

陵门内是祾恩门，面阔五间，单檐黄琉璃瓦歇山顶——与太庙戟门、天坛祈年殿门形式几乎一样。

（三）祾恩殿

位于长陵前三进院落中央的是整个祭祀建筑群的中心——祾恩殿，其形制与北京紫禁城太和殿相近，面阔九间，进深五间（取帝王"九五之尊"的象征意义），面积仅比太和殿略小，面阔甚至略大于太和殿，为中国现存第二大的木构殿堂（图 6-3-17、图 6-3-18）。上覆重檐庑殿黄琉璃瓦顶，立于三重汉白玉台基之上，台基通高 3.13 米，比太和殿 8.13 米的台基要低矮许多，加之殿前广场也比太和殿小，因而整体气势不及太和殿宏敞。但台基中央御路雕刻云龙，雕工古朴严谨，与故宫三大殿前明嘉靖间所雕云龙风格及图案均不同，应是明初原物。

祾恩殿内林立着 32 根柱子，与外檐柱合计，共有 62 根柱子。各内柱直径都在 1 米以上，中间四根柱径达 1.17 米，高度有的超过 12 米，每柱皆是整根香楠木制成。明代宫殿建筑例用楠木建造，据顾炎武记载，此殿各柱都涂漆，中间四柱饰以金莲。[④] 入清以后，年久失修，油饰脱落，露出木材本质，新中国成立后重修时加以磨光烫蜡，使这些巨材呈现为带乌光的深棕色，配以用石绿为主调的天花，形成独特的素雅大气的效果，较油漆金饰的柱子更加壮美动人（图 6-3-19）。

（四）方城明楼

除祾恩殿之外，长陵的另一座标志性建筑是位于"前方后圆"交界处的方城明楼。方城明楼既是宝城的门户，也是整个陵寝建筑群的制高点：明代"陵寝之制，宝城最高，明楼当城台上，又高，远

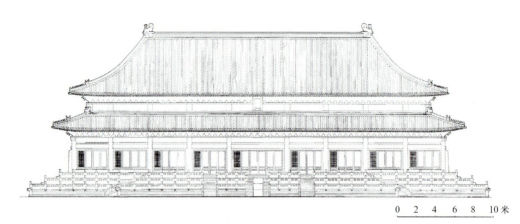

图 6-3-17　长陵祾恩殿立面图（图片来源：《中国古代建筑史》（第四卷：元、明建筑））

图 6-3-18　长陵祾恩殿（图片来源：清华大学建筑学院中国营造学社纪念馆）

图 6-3-19　长陵祾恩殿楠木大厅

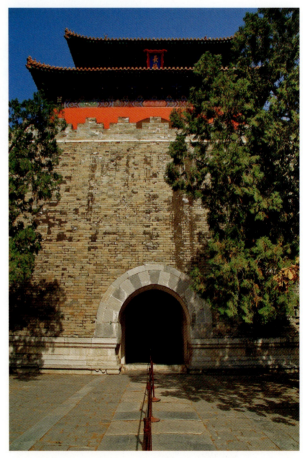

图 6-3-20　长陵方城明楼

望无不见"。⑤因此，十三陵诸陵的方城明楼既是远眺周围山川的佳处，又是陵寝建筑群的标志——远望诸陵，最先映入眼帘的就是森森松柏间黄瓦红墙的明楼。

长陵的方城明楼由下部方城与上部明楼组成，方城边长 35 米，高 15 米，南面正中辟门洞，可由其中通道登城；城上明楼为重檐歇山顶的砖石建筑，四面开拱门（与碑亭形制相似），内立"大明成祖文皇帝之陵"石碑，明楼边长 18 米，高 20 米，和其下方城共同构成了高峻挺拔的身姿，与雄浑宽广的祾恩殿形成造型、体量上强烈的对比，是中国古代建筑群设计构图的又一佳例（图 6-3-20）。

方城明楼前有长方形石桌，上有巨大的石制香炉、烛台、花瓶共五件，称"石几筵"或"石五供"。

（五）宝城

方城明楼之后为圆形的宝城，由城墙环绕着东西直径310米、南北直径280米的坟冢，其上满植柏树，郁郁葱葱，其下即称为"玄宫"的墓室。宝城迤北是天寿山的主峰，作为长陵的依托和屏障。

三、其余诸陵

（一）各陵选址

除了天寿山主峰前的长陵之外，其余十二陵位置分布如下：仁宗朱高炽的献陵位于长陵西侧的黄山寺一岭（又称天寿山西峰）前；宣宗朱瞻基的景陵位于长陵东侧的黑山（又称天寿山东峰）前；英宗朱祁镇的裕陵位于献陵西侧的石门山下；宪宗朱见深的茂陵位于裕陵西侧的聚宝山前；孝宗朱祐樘的泰陵位于茂陵西侧的笔架山前；武宗朱厚照的康陵位于泰陵西侧的莲花山前；世宗朱厚熜的永陵位于景陵东侧的阳翠岭前；穆宗朱载垕的昭陵位于康陵东南方的大峪山前；神宗朱翊钧的定陵位于昭陵东北侧的小峪山前；光宗朱常洛的庆陵位于献、裕二陵间的黄山寺二岭前；熹宗朱由校的德陵位于永陵东侧的潭峪岭前。此外，崇祯帝被葬于陵区西南隅的鹿马山（又作锦屏山）前，原为崇祯帝宠妃田氏之墓。

（二）陵制分类

至长陵建成，明代陵寝制度基本确立。十三陵其余诸陵与长陵形制大同小异而规模都小于长陵，且各陵不再设置独立的神道空间序列，仅由总神道分支出的一小段引路与陵宫组成。陵宫的布局可分为三类（图6-3-21）：

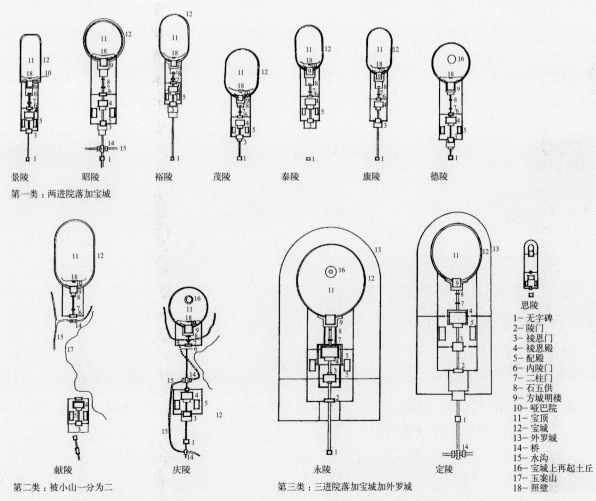

图6-3-21　长陵以外诸陵平面图：分为三大类型（思陵不算在三类之中）（图片来源：《中国古代建筑史　第四卷：元明建筑》）

第一类，将长陵的三进院落简化为二进，即省去陵宫门，直接以祾恩门为入口，祾恩殿后的内红门由三座琉璃花门代替，此外，陵宫前加设碑亭一座——景、裕、茂、泰、康、昭、德七陵都是如此。

第二类，仁宗献陵与光宗庆陵是上一种布局形式的变体：由于所处地形的限制，将陵宫分为前后两组院落，前一组由碑亭至祾恩殿，后一组由三座琉璃花门至宝城——二者之间隔着一座小山（即顾炎武所谓"玉案山"或"土冈"），为陵寝之"龙砂"，又是天寿山主山之余脉，为了不伤及"龙砂"、"龙脉"，于是因地制宜作了"一分为二"的变化。

第三类，世宗永陵和神宗定陵，规格高于前两种，陵宫恢复三重院落，但与长陵亦有明显的区别，尤其是在陵宫三进院落之外增设一道"外罗城"，将陵宫与宝城封闭起来，更加强了防卫。此外，不设内红门或琉璃花门，而是在祾恩殿两侧设随墙门。二陵之外罗城皆为前方后圆造型，进一步强化了陵寝前方后圆的平面布局母题。《帝陵图说》载永陵外罗城"垣石坚厚，壮大完固，虽孝陵所未尝有"⑥；而定陵外罗城"墙基其石皆文石，滑泽如新，微尘不能染。左右长垣琢为山水、花卉、龙凤、麒麟、海马、龟蛇之状，莫不宛然逼肖……"

此外，各陵宝城深广丈尺不等，是与山水环境结合的产物，如景陵宝城所在位置地势逼仄，取前方后圆纵长之形状，献、裕、泰、康诸陵宝城周围地势稍宽，故设计为宽于景陵之狭长椭圆形，而长、永、定、庆诸陵宝城周围地势宏敞，故宝城近乎圆形。宝城之平面布局有在方城明楼与宝顶之间设有月牙形的所谓"哑巴院"者，昭陵、庆陵、德陵均为如此。思陵由于是清代所建，形制最为卑小。

(三) 各陵现状

1. 献陵

位于长陵西侧，为玉案山分作前后两部分，其中前部的祾恩殿院落仅余遗址，位于松荫之下，供人凭吊。后部院落及宝城保存较好，陵门为三座琉璃花门（图6-3-22）。门内两柱牌楼门仅存两半截石柱及前后抱鼓石。宝城与明陵完好。神道上仅存石桥、碑亭之台基、残垣和石碑。

图 6-3-22 献陵三座琉璃花门

图6-3-23 景陵内景：可见祾恩殿台基、三座门及方城明楼（图片来源：江权摄）

图6-3-24 裕陵内景

2. 景陵

位于长陵东侧，神道仅存石桥、碑亭之台基和石碑。陵宫建筑留有宝城、方城明楼、二柱牌楼门、三座门，其余祾恩门、祾恩殿仅存台基。陵宫外附属的神宫监大门及门厅尚留存（图6-3-23）。

3. 裕陵

位于献陵西侧，神道仅存石桥、碑亭之台基和石碑。保存状况与景陵类似，且祾恩门、殿还由残墙留存，正在修复中。明楼之前古松数株如画（图6-3-24）。

4. 茂陵

位于裕陵西侧，神道仅存碑亭基座与碑，并有一些明代所植古柏。陵宫建筑留存状况与裕陵相若（图6-3-25）。

5. 泰陵

位于茂陵西侧，保存状况类似茂陵而残损更严重些（图6-3-26）。

6. 康陵

位于泰陵西侧，残损情况更甚于泰陵（图6-3-27）。

7. 永陵

位于景陵东侧，神道存石桥、碑亭台基及石碑。碑趺下土衬石上部雕海水漩流，四角分雕鱼、鳖、虾、蟹，十分富有生趣。外罗城仅存遗址，有条石墙基留存。

陵宫大门仍是明代原物，颇为壮伟（图6-3-28）。祾恩门、祾恩殿均留有明代原始的台基，上部又留有清代乾隆年间缩减后的台基，清晰地展示着

图 6-3-25　茂陵侧影

图 6-3-26　泰陵祾恩门遗址（图片来源：《十三陵》）

图 6-3-27　康陵三座门残迹（图片来源：《十三陵》）

图 6-3-28　永陵陵门

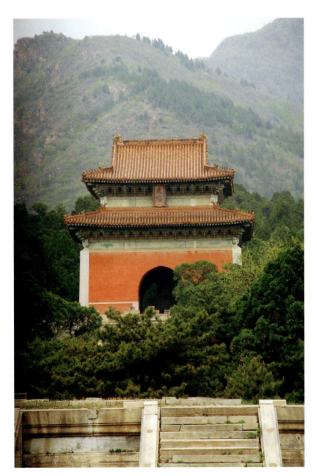

图 6-3-29　永陵明楼

陵寝建筑在明清之间的沧桑变迁。

宝城保存最好，仍是明代旧制。城砖垒砌，垛墙全为花斑石磨制平整后组装而成。明楼为明代原物，其石雕的檐椽、飞椽、望板、桁、枋、斗栱、额枋等，不仅完好无损，且有彩画遗存（图 6-3-29、图 6-3-30）。

8. 昭陵

已于 1987～1990 年进行了全面修缮与复建。沿中轴线由南至北分别为碑亭、石桥、祾恩门（图 6-3-31）、祾恩殿（图 6-3-32）、三座门、二柱牌楼门、石供案、方城明楼（图 6-3-33）、哑巴院和宝城（图 6-3-34、图 6-3-35）。目前是仅次于长陵的第二座格局完整的陵寝建筑群（图 6-3-36）。

由昭陵宝城向东北望，近有定陵建筑群横亘于前，原有长陵及左右诸陵一字排开，无比壮美，为欣赏明十三陵群山与陵寝建筑群完美交融之佳处（图 6-3-48）。

9. 定陵

保存状况与永陵类似而且更胜一筹（图 6-3-37）。地宫为十三陵中惟一加以发掘的，详见下文。

图 6-3-30　永陵侧面全景

图 6-3-31　昭陵神桥及祾恩门

图 6-3-32　昭陵祾恩殿

图 6-3-33　昭陵石五供

定陵宝城上是欣赏长陵全貌之最佳所在。

10. 庆陵

分前后两组院落，后部院落及宝城已修缮一新，前院仍是祾恩门与祾恩殿之残迹，加之十余株姿态极为优美之古松，使得整个庆陵建筑群望去如一幅天然山水图轴（图6-3-38）。

11. 德陵

德陵位于永陵东侧，保存状况类似庆陵（图6-3-39）。

12. 思陵

1992年修复以前，仅陵冢、石雕及残坏的宝城城台和享殿、陵门台基存于地面，1992年对陵园围墙及宝城进行了复原（图6-3-40）。

（四）定陵玄宫

1956～1958年对定陵（万历帝陵）地下墓室，即"玄宫"进行了发掘，令明代帝王陵寝最神秘的部分公之于众，对于探索明代皇陵地下建筑的布局起到了关键作用。定陵位于长陵西南方大峪山下，坐西朝东。宝城之下的"玄宫"是一座石砌拱券结构的宏大地下宫殿：平面布局呈"五室三隧"之制，由东向西分别为前、中、后殿，南北各有一座配殿，前殿和两座配殿各有一条隧道通往宝城之外。[7] 五座殿宇皆由条石砌筑，顶棚为拱券式（即所谓无梁殿），并在墙上开设石门，门上方刻有石雕门楼，脊、枋、檐、瓦、吻兽等一应俱全，门扇由整石雕成，并有刻门钉、铺首。前殿、中殿为纵深式平面，中

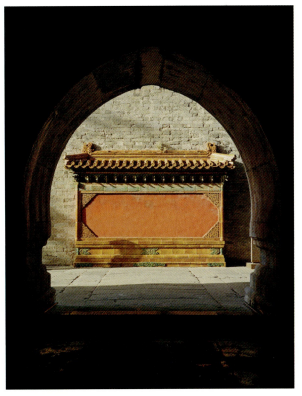

图6-3-34 昭陵哑巴院影壁

图6-3-35 昭陵哑巴院

图 6-3-36　昭陵全景远眺

图 6-3-37　定陵及背后陵山侧影

殿设汉白玉宝座及供器，后殿是玄宫的核心，供奉帝后棺椁（图 6-3-41、图 6-3-42）。玄宫外部虽然未经发掘，然而学者初步推断玄宫的石拱券之上应当有和地面宫廷建筑一样的黄琉璃瓦屋顶，其具体建筑形制有北京皇史宬大殿、天坛斋宫大殿等无梁殿可供参照（详见本书下册"拱券建筑"一章）（图 6-3-43）。

四、十三陵规划设计的象征意义与意境追求

中国历代帝王陵寝都有着丰富而深刻的象征含义，其中最基本的两个方面表现为对都城的模拟和对山的象征。明十三陵在这两方面既继承了传统，又有"大手笔"的革新，创造了中国古代陵寝建筑群的一个全新意境。

图6-3-38 庆陵祾恩殿残基及明陵远望,古松如画

图6-3-40 思陵全景(图片来源:《十三陵》)

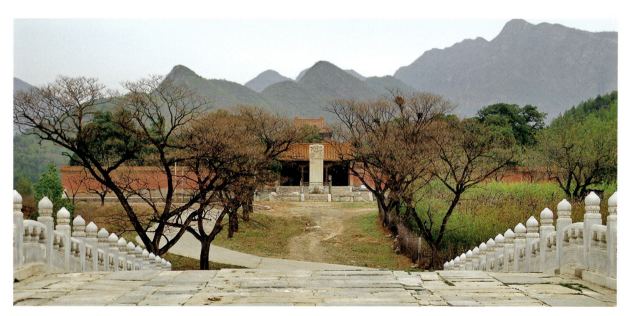

图6-3-39 德陵全景

(一)"陵墓若都邑"——明十三陵与明北京城的象征关系

中国自古有"事死如事生"的观念⑧,因此历代帝王都十分重视陵寝的营建:帝王去世后的"阴宅"应该按照其"阳宅"——都城(尤其是皇宫)来修建,即《吕氏春秋》所说的陵墓"若都邑"。⑨

正如秦始皇陵象征咸阳、唐乾陵象征长安、明孝陵象征南京等诸多先例一样,明长陵(包括十三

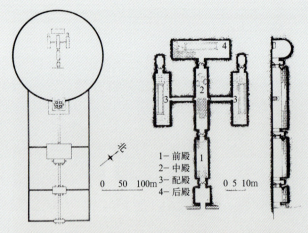

图6-3-41　定陵平面图及玄宫平、剖面图（图片来源：《中国古代建筑史》）

图6-3-42　定陵玄宫（图片来源：《十三陵》）

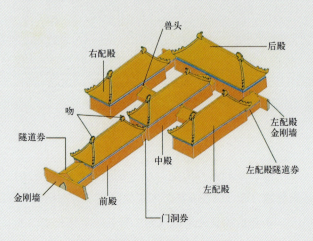

图6-3-43　定陵玄宫外观想象图（图片来源：《十三陵》）

陵其余诸陵）也与明北京有着非常直接的象征关系：长陵总神道上的石牌坊、大红门、碑亭及华表、神道石象生可分别与北京中轴线上的正阳门（门前立有五牌楼）、大明门、天安门及华表、天安门与午门之间的御道（举行盛大仪式时两侧列有仪仗队）互相对应。陵宫建筑群则显然是紫禁城的象征：其"前方后圆"的平面布局正是紫禁城规划布局中"前朝后寝"的象征——陵门、祾恩门、祾恩殿分别可以对应紫禁城的午门、太和门、太和殿；方城明楼则对应乾清门，是"前朝"与"后寝"的分界，也是寝宫的大门；宝城（尤其是深埋其下的玄宫）则象征"后寝"。此外，长陵以北的天寿山主峰则与紫禁城北面的景山相呼应（图6-3-44）。

综上所述，明北京的皇陵与京城关系密切：皇陵主神道象征了京城正阳门至午门的空间序列；而十三陵诸陵都是一座"具体而微"的紫禁城，并且各陵背后的山峰还起到了与景山类似的"屏风"般的效果。整个十三陵之气势磅礴也丝毫不在北京城之下：长陵主轴线从石牌坊至方城明楼为7.3公里（北京城中轴线为7.8公里）；整个陵区面积则几乎为北京城的两倍。由此可见，十三陵的规划设计可谓是"陵墓若都邑"这一思想的典型代表，它与北京城在规划设计理念上构成了一个有机整体。

（二）从"筑陵以象山"到"融于山水中"——明十三陵的意境追求

除了"陵墓若都邑"的规划理念之外，中国古代帝王陵寝在外观形象上往往表现出对山的模拟，从陵墓、陵寝的"陵"字即可看出这一点："陵"字本义即高大的山丘，大约在不晚于春秋战国之际已引申为高大坟冢之意。中国历代陵寝与山的关系都十分密切："封土为陵"者以封土象山（如秦始皇陵），"因山为陵"者更是直接以自然山岳为标志（如唐乾陵）——可以说明代以前历代皇陵所追求的基本意境都是"筑陵以象山"，亦即陶渊明所说的"托体同山阿"。

明十三陵的规划布局不仅与山有着密切的关系，而且与天寿山一带的整体自然环境浑然一体，

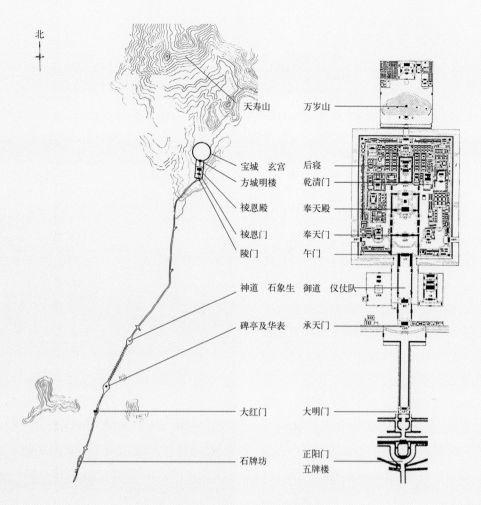

图 6-3-44 明十三陵与明北京之象征关系示意图（图片来源：据《中国古代建筑史》插图改绘）

这是受了明代十分流行的风水观念，尤其是"江西派"（又称"形势宗"）的风水学说之影响所致。前文提到长陵的选址即由江西风水术士廖均卿参与择定，另外还有曾从政，同为江西风水术士，且廖、曾二人皆为世家嫡传[10]；长陵以后诸陵选址亦大多有风水术士参加，风水理论对陵寝选址起着举足轻重的作用。经过"形势宗"风水理论的指导，十三陵诸陵陵址四周都有青龙、白虎、朱雀、玄武等山丘环抱，并且陵前有"朱雀水"横亘，左右有"虾须水"相夹。各陵尤其注重宝城的选址，其位置即风水理论中所谓的"穴"：位于玄武山前的小山包往往即"龙脉止处"，为寿宫之"吉穴"，从而形成了十三陵诸陵以身后大山（玄武山）为依托，在山前的缓坡之上建陵的基本模式（图 6-3-45）。清代查勘十三陵的官员称各陵"水抱山环，无不自具形势"[11]，可谓十三陵各陵与山水关系之精辟概括。

① 长陵陵宫；② 天寿山中峰（长陵主山）；③ 天寿山西峰；④ 天寿山东峰；⑤ 燕山山脉；⑥ 太行山脉；⑦ 昆仑山；⑧ 宝山（长陵朝案）；⑨ 蟒山（长陵龙砂）；⑩ 虎峪（长陵虎砂）；⑪ 长陵神道；⑫ 昌平城；⑬ 水流（注入温榆河）；⑭ 水口砂；⑮ 马兰峪；⑯ 西山

图 6-3-45 长陵风水形势示意图（图片来源：《明十三陵》）

有学者认为中国古代帝王陵寝经历了"封土为陵"、"因山为陵"和"依山建陵"三个发展阶段，明代陵寝即开创了"依山建陵"的模式，将前两种模式巧妙地合而为一。⑫

除了对陵寝周围完美的山川"形势"的追求之外，依照形势宗的"千尺为势，百尺为形"的观念，十三陵建筑群不论在大尺度（势，即建筑群与山水环境的和谐），还是在中、小尺度（形，即建筑与人的和谐）上都处理得十分精当（关于十三陵尺度之详细分析可见本章第六节）。在这种"陵制与山水相称"的规划原则之下，明十三陵的建筑意境既不像秦始皇陵那样建造高大粗犷的封土于广袤平原之上，也不同于唐代陵寝那般选择"孤峰回绕"的独立山峦作为象征，而是通过观风水、择吉穴，在群山环抱的环境中建造陵宫，并以层峦叠嶂对建筑群进行烘托。这样一方面与"封土为陵"、"因山为陵"一样具有"筑陵以象山"的崇高感；另一方面由于取消了以墙垣环绕封土或山陵的模式，代之以山水环抱陵寝的模式，从而实现了自然与人工的完美结合，形成了全新的"融于山水中"的意境（图6-3-46～图6-3-48）。

傅熹年描绘了由龙凤门北面的广阔河滩上环视四周所见的画面：

"在回环10余公里宽的山麓上，散列着一丛丛的密林，簇拥着红墙黄瓦的方城明楼，各自背倚一山头以为屏蔽，以中央主峰之下体量最巨大的长陵为中心，形成一幅壮丽的画卷。"⑬

明十三陵所努力追求和精心营造的整体意境正是一幅建筑群与自然山水环境和谐交融的长卷——从许多古人绘制的十三陵图卷中都可以清晰地感受到此中意境（图6-3-49）。

十三陵作为明代帝王陵墓群的代表，深刻地影响了清东、西陵的规划设计，甚至民国时期中山陵的规划设计也从明代陵寝建筑群的布局中汲取了不少灵感。不仅如此，十三陵与北京城市规划设计的密切关联、与自然山水的和谐相融及其整体布局的宏伟气魄、空间序列的丰富变化，对于我们今天的

图6-3-46 融于山水中的长陵

图6-3-47 融于山水中的明陵群落——由右至左分别可见献陵、裕陵、庆陵、茂陵

陵寝墓葬

图 6-3-48 由昭陵望定陵（左）及长陵（右）

图 6-3-49 清代锡五福所绘《大明十三帝陵图》（图片来源：《明十三陵》）

城市、建筑群规划设计以及山水园林、景观设计等方面都能提供许许多多创作理念乃至具体手法方面的启示。

第四节 明代其他墓葬

一、景泰陵

景泰陵是明代宗朱祁钰的陵墓，始建于明英宗天顺元年（1457年），又称"景帝陵"或"景皇帝陵"，位于玉泉山北麓的金山口，建筑群坐北朝南。朱祁钰是明代历史上一位命途乖舛的皇帝，为明成祖朱棣建都北京后，惟一未葬入昌平天寿山皇陵区（即明十三陵）的帝王。景泰陵在明、清两代陆续有过至少三次的扩建和修缮。现陵区内保存有碑亭、祾恩门等建筑。

该陵初期非皇陵，而是明英宗复位后依照亲王规制修建的郕王墓。明人蒋一葵在《长安客话》中描述景泰陵环境："陵前坎陷，树多白杨及椿，皆合三四人抱，高可二十丈……凡诸王公主夭殇者并葬金山口，其地与景皇相属。又诸妃亦多葬此。"⑭可知金山口一带是明代夭折王子、公主及宫妃们下葬的地方。27年后，成化十一年（1475年），明宪宗念叔父当年奠安宗社有功，追复了景泰帝号，将郕王墓扩修为皇陵，修建享殿、神厨、神库、宰牲亭、祠祭署、内官房、碑亭等建筑，碑亭中石碑上刻"大明恭仁康定景皇帝之陵"，并在寝园墓周围缭以环墙，植以松柏，但却未建宝城、明楼。嘉靖十五年（1536年），明世宗将建筑群屋面琉璃瓦由绿色换为黄色，使之符合帝陵规制，并将陵碑迁至祾恩门外，重修碑亭以覆之。明末清初著名文学家朱彝尊曾谒此陵，并作诗《谒景皇陵》："重湖裂帛已流澌，岸柳三眠又一时。尚有寝园开夕照，每逢人日抚残碑。童童独树栖禽少，冉冉长途下马谁？回首昌平山近远，裕陵（明英宗之陵——引者注）松柏总凄其。"清乾隆时期又加修缮。

景泰陵在20世纪50年代曾重修。"文革"期间，遭到严重破坏，被划为军队营区，陵冢几乎被铲平。

1979年，景泰陵被列入北京市第二批文物保护单位名单，划归中国人民解放军某部，为中国军事科学院之干休所；在往后数十年中，陆续在祾恩门内兴建四座门球场，并于建筑中轴线上修筑了一条从碑亭直达球场的步道，对建筑格局改动较大，形成了人在陵冢上打球的尴尬局面。

景泰陵不仅是明代陵墓中的特例，也是研究明代政治史的珍贵材料，其建筑规制介于"王墓"与"帝陵"之间，具有特殊历史价值。以下略述现存几座建筑：

（一）碑亭

碑亭位于建筑群中轴线南端，坐北朝南，黄琉璃瓦重檐歇山顶，平面呈正方形，四面开门，台基四边均为8米，南、北两面出陛（图6-4-1）。碑亭内存有"大明恭仁康定景皇帝之陵"碑一通，碑身部分应为明成化十一年（1475年）所立原碑。"文革"时期，此碑遭推倒，后重立，却将阴阳两面颠倒错置，造成今日所见情况。碑阴面：碑额篆书"大明"，碑身楷书"恭仁康定景皇帝之陵"；碑阳面：上书乾隆三十四年（1769年）御制诗，描述明英宗、代宗两兄弟轮转帝位的史实，抒发兄弟相残之感慨。

（二）祾恩门

祾恩门在碑亭正北，坐北朝南，面阔三间，进深两间，硬山黑色筒瓦屋面，占地面积约110平方米（图6-4-2）。门内原有享殿（祾恩殿），早年已毁，现辟为门球场。据清康熙时刊行的《帝陵图说》记载，当时的祾恩门采用黄琉璃瓦，不施彩画，与目前黑瓦，施有彩画的情况不符，推测现存祾恩门应为乾隆时期或之后更晚所修建。

二、田义墓

田义墓为明万历年间司礼监掌印太监田义的墓园，是目前全国范围内规格最高、保存最完好、石刻最精美的太监墓园。墓园建于明万历三十三年（1605年），占地约0.6公顷，由神道区、享堂区和寿域区三大部分组成，形成"前方后圆"的格局——神道区、享堂区为两重方形庭院，寿域区平面呈半圆形。整个墓园建筑群依山就势，沿南北中轴线布局，由南至北顺次为神道门、华表、石象生、棂星门、碑亭、享殿遗址、寿域门、石供桌、墓碑、宝顶等，为研究明代墓葬制度的重要实例（图6-4-3）。田义墓最受人瞩目的则是其精彩绝伦的石雕艺术，代表了明晚期石雕艺术的最高成就。

以下依次略述该墓主要建筑及附属雕刻。

（一）神道门

田义墓的神道门为一座砖石小门楼，硬山卷棚顶，门框、门槛、门枕、门楣及门簪皆为青石制成。门垛下半部为石制须弥座，束腰上雕如意连纹，精细流畅。四个八角形门簪簪心上刻成莲花的四种不同造型，分别为"莲苞欲放"、"莲蕊初绽"、"绿荷怒放"、"子实成熟"，寓意"冬蕴、春长、夏绽、秋结"，同时象征人生的不同阶段及因果境遇，可谓构思精巧、寓意深刻（图6-4-4）。

（二）华表

神道门内为神道，神道两旁分立华表、石象生各一对。华表通高7米余，为八棱柱，直径85厘米，下雕江涯，上刻祥云。柱顶承露盘上蹲坐两只神兽面朝南方，昂首挺胸、神采飞扬。华表底部的须弥

图6-4-1　景泰陵碑亭（图片来源：胡介中摄）

图 6-4-2　景泰陵祾恩门（图片来源：李路珂摄）

座雕有雄狮、麒麟、獬豸、貔貅、天禄、辟邪、海马、宝象、神驼、玉兔等十余种不同的神兽以及狮舞绣球、双龙戏珠等图案，雕刻丰富而华美。

（三）石象生

神道华表北侧为石象生一对，东为文官、西为武将，高约 3 米，比明十三陵神道文武官石象生略小，但却比清西陵的还大。

文官头戴七梁冠，身穿朝服，手捧笏板，面容谦和。在其朝服的垂带上雕有仙鹤一对，为文官一品的标识，雕刻线条流畅精美。武将头戴金盔，身着铠甲，手杵钢鞭，神态威严。武将周身雕琢细腻，甲胄上的甲页、鞭柄上的宝石、战靴上的神兽乃至绳结均刻画入微。武将身后的护腰大带上刻有一组"胡人驯狮图"，为一品武官饰品。

（四）棂星门

神道的北端为棂星门，通体为汉白玉雕成，中央为二柱牌坊式门，左右为影壁两座，面阔 7.7 米，高 5.7 米，比例匀称、造型厚重、雕饰精美。两个方形门柱柱头上蹲坐两只对望的石狮，双狮共同守卫着门中央象征灵魂不熄的火焰宝珠（图 6-4-5、图 6-4-6）。

门左右的石影壁南北两面四组雕刻为棂星门的精华所在。南面两幅雕刻主题均为狮子，东壁为一只雄狮休闲地卧在祥花瑞草之间（图 6-4-7），西壁则描绘了一只大狮与一只幼狮于山林间嬉戏。北面的雕刻则以鹿为主题，东、西壁均为双鹿图，背景衬以松树、蝙蝠，以象征"福"（蝠）、"禄"（鹿）、"寿"（松）。四幅雕刻皆采用高浮雕技法，雕工精湛，且画面经营十分细腻生动，观者可由画面背景的林间花草之中不经意发现栩栩如生的昆虫如蝈蝈、蜜蜂等藏匿其间。

（五）碑亭

棂星门内为一字排开的三座碑亭，是整个墓园保存最完整的三座砖石建筑（图 6-4-8）。

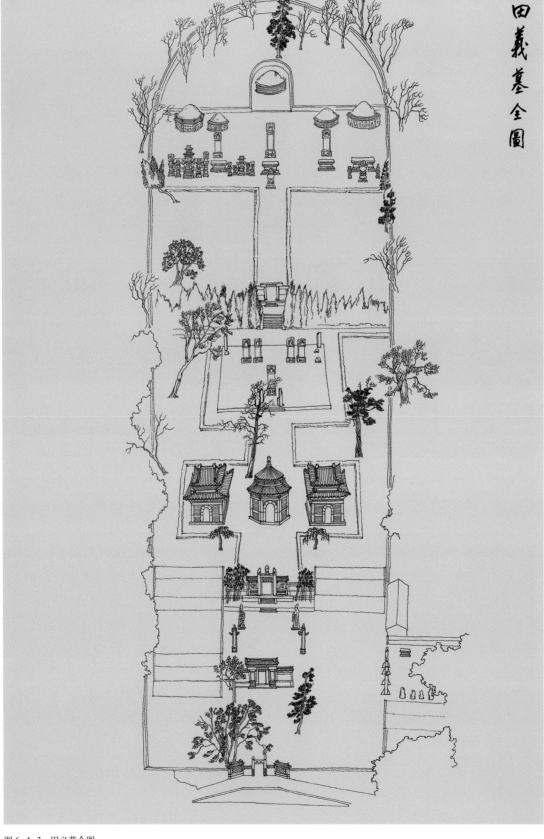

图 6-4-3 田义墓全图

图 6-4-4 田义墓神道门门额及门簪

图 6-4-5 田义墓神道石象生及棂星门

图 6-4-6 由田义墓中碑亭回望棂星门及神道

位于中轴线上的中亭平面呈八角形,首层檐为八角形,上为圆形攒尖顶,形制颇奇特。东西南北四面各辟券门一道。东、西两碑亭为造型一致的方形碑亭,屋顶为重檐歇山顶,南、北两面各辟券门,东、西两面雕出券形假窗。三座碑亭造型小巧精致,屋顶方圆成趣,以砖石模拟木结构亭阁的效果,惟妙惟肖。各亭内部全部为青砖券砌成的穹隆顶,顶端为汉白玉雕成的圆形高浮雕龙纹压顶石——中亭图案为蛟龙探海(图 6-4-9),东、西二亭为双龙戏珠。

其中,中亭内石碑的方趺座雕工细致精美,为田义墓石雕艺术的代表作:正面与背面均雕三龙,一条正面坐龙和两条侧面坐龙,刀工遒劲,庄严大气。方趺座东、西两侧分别雕"雄狮林间休憩图"和"猛虎啸山狂风图"(图 6-4-10、图 6-4-11),比之南、北两面之"三龙戏珠"图,东、西两侧的狮虎雕刻显得更加生动传神、妙趣横生,尤其在狮虎等画面主角之外,匠师还在背景中加入了"螳螂捕蝉"等细节,充满浪漫的生活情趣(图 6-4-12)。

(六) 寿域

享堂亦称"显德祠",原为墓园中最大的祭祀建筑,位于全园核心,可惜民国时期为当地富户薛厚田拆毁。

享堂遗迹之北为平面半圆形的寿域。寿域的主体为一字排开的五座宝顶(即坟冢的象征),其中中轴线上最大者为田义坟冢,其西为马荣墓,东为王奉墓,最西为无名墓,最东为慈有方墓。学者依据各墓的方位推测:马荣为田义属下,王奉为马荣属下,无名墓主为王奉属下,慈有方为无名墓主属下(图6-4-13)。

寿域区的石刻艺术分别体现在各墓的石五供(包括香炉一只、烛台一对及宝瓶一对)、石供案、石碑及环绕宝顶的圆形矮墙之上。其石刻题材丰富、手法多样、风格各异、蔚为大观。

五座宝顶之前均有石五供、石供案及石碑。诸墓的五供、供案和墓碑大都残缺不全,其中西侧二墓较全,东侧二墓残损较严重。

田义墓前由南至北为石香炉一座、石供案一方和石碑一通(图6-4-14)。石五供虽仅余中央大香炉,然而造型魁伟,雕凿华美,由此可推想五供之规模。大石碑高4.1米,碑座方趺,碑身高2.24米,宽、厚皆为0.8米,呈正方形,重约10吨,体量之大在北京地区不多见。碑额镌有篆书"明皇"二字,碑身刻"司礼监掌印太监兼酒醋面局印渭川讳义田公之墓",全碑上下周围雕有盘龙,游龙达42条之多,碑座两侧雕麒麟。宝顶环以八角形砖墙(由其余宝顶外墙为精致的石雕可以推测田义墓宝顶外墙原来也应当饰以石雕),中部为穹隆形封土。其下为地宫,由墓道和墓室组成,砖石结构,面积约20平方米,民国时墓室曾被盗,现建筑保存完好。

其余诸墓中,最西端的无名墓前的石五供最为完整,造型、雕饰最为华丽,其形制之高堪与明

图6-4-7 田义墓棂星门南面东壁石刻(图片来源:赵大海摄)

图6-4-8 田义墓三碑亭(图片来源:赵大海摄)

图 6-4-9　田义墓中央碑亭内部仰视（图片来源：赵大海摄）

图 6-4-11　田义墓中央碑亭墓碑石刻——"猛虎啸山狂风图"（图片来源：赵大海摄）

图 6-4-10　田义墓中央碑亭墓碑石刻——"雄狮林间休憩图"（图片来源：赵大海摄）

图 6-4-12　田义墓中央碑亭墓碑石刻——"雄狮林间休憩图"中的"螳螂捕蝉"局部（图片来源：赵大海摄）

图 6-4-13　田义墓寿域全景——由左至右依次为无名墓、马荣墓、田义墓、王奉墓、慈有方墓（图片来源：赵大海摄）

十三陵中崇祯皇帝思陵前之石五供相媲美，甚至其石香炉炉帽的重檐歇山屋顶规格还要高于思陵，其形式及雕刻风格也与思陵石五供惊人的一致（图6-4-15）。西端第二座墓前石五供为墓群中第二壮丽者（图6-4-16）。

各墓前五供及供案的每个平面几乎都布满雕刻，宝顶侧墙也是遍身纹饰，题材从历史故事、民间传说到佛教图案，极其丰富，趣味盎然（图6-4-17～图6-4-20）。

北京石刻艺术遗存颇丰，诸如天宁寺塔辽代砖

图6-4-14 田义墓供案、石碑及宝顶

图6-4-17 田义墓寿域石刻——八仙过海

图6-4-15 田义墓西端石五供（图片来源：赵大海摄）

图6-4-18 田义墓寿域石刻——吹箫引凤

图6-4-16 田义墓西端第二组石五供（图片来源：赵大海摄）

图6-4-19 田义墓寿域石刻——读碑窠石

雕、居庸关云台元代石雕，均蜚声遐迩，但如田义墓这样种类丰富、题材博大的大型石雕群却不多见，实在是一座难得的石雕艺术露天博物馆。

第五节　清代墓葬

清代对诸王实行"封而不建"原则，故诸王均居北京，死后也大都葬于京郊。在朝阳、海淀、丰台、昌平、房山、密云、怀柔、门头沟、平谷等区，共有清代诸王及公主园寝200余座，绝大多数已毁，现在尚存大量以诸王、公主墓园为名的地名如"八王坟"、"公主坟"等。保存较好的有孚郡王墓（俗称九王坟）、醇亲王墓（俗称七王坟）。诸王园寝地面建筑规模宏大，大多数占地数万平方米，一般有月河、碑亭、神桥、隆恩门、隆恩殿和宝顶。较大规模的园寝还有阳宅，一般为数进的四合院，如恭忠亲王奕訢园寝阳宅为四进院落，有大门、茶房、垂花门、前厅、后宅、寝室等（图6-5-1）。将诸王园寝与其在城中的王府（详见本书第七章"王公府第"）相对照，可以深切体会到中国古人"事死如事生"的观念。

图6-4-20　田义墓寿域石刻——彭祖焚香

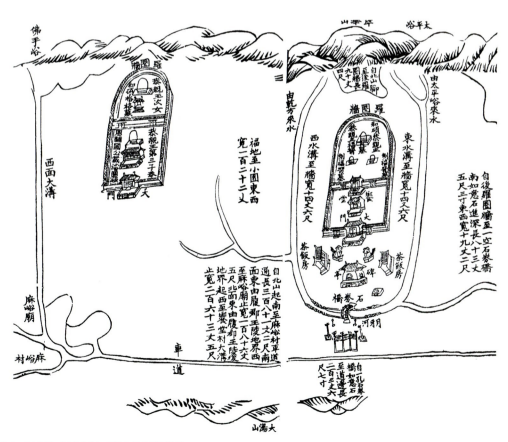

图6-5-1　恭亲王园寝图（图片来源:《北京历史舆图集》）

一、醇亲王墓（七王坟）

醇亲王墓为清道光皇帝第七子奕譞（光绪皇帝之父）之墓，又称七王坟。墓址为金章宗"西山八大水院"之一"香水院"旧址，位于京城西北妙高峰一带，层峦叠嶂，翠柏成林，流水潺潺，风景幽丽。墓园建筑群坐西朝东，前方后圆，依山而建，层层递上，东西长200米，南北宽40米，四周筑有围墙。整个建筑群沿东西中轴线形成颇为壮伟的空间序列，为清代亲王陵墓之杰作（图6-5-2）。

以下沿中轴线由东向西略述各主体建筑。

（一）碑亭

最前方为台阶99级陡起，台阶尽头处露出碑亭之黄琉璃瓦歇山屋顶，具有先声夺人之气势（图6-5-3），拾级而上可见碑亭全貌。因醇亲王为"皇帝本生考"即光绪皇帝之父，故碑亭得以建为黄琉璃瓦歇山顶，亭内石碑的满汉两种文字皆为光绪皇帝御书，这座碑亭既是陵墓建筑群的序幕，也显示了醇亲王的尊崇地位非一般亲王可比（图6-5-4）。

（二）神桥

紧靠碑亭西侧有月牙河，上跨石拱神桥一座，该桥坡度极为陡峭且无台阶，或许是因地势所限，并且为了在桥顶能遥望隆恩门之碧瓦顶才修成这样的高度。过桥再登上数十级台阶，在两重平台之上为隆恩门及南北朝房（图6-5-5、图6-5-6）。

图6-5-2 醇亲王墓全图

(三) 隆恩门

隆恩门面阔三间，当心间辟为大门，绿琉璃瓦硬山顶。门前平台宽广，植有两株古松，姿态极为飘逸古雅，意境绝佳（图6-5-7、图6-5-8）。由广台回望神桥、碑亭，极为壮观。门内原为主殿隆恩殿，现已无存（图6-5-9）。

(四) 宝城（宝顶）

隆恩殿基址以西为宝城，拾级而上穿过一座小巧的宝城门即达宝城之内（图6-5-10、图6-5-11）。宝城环以弧墙，正中为醇亲王与福

图6-5-3 醇亲王墓入口台阶（图片来源：赵大海摄）

图6-5-5 醇亲王墓神桥（图片来源：赵大海摄）

图6-5-4 醇亲王墓碑亭西面全景（图片来源：赵大海摄）

图6-5-6 醇亲王墓神桥西望（图片来源：赵大海摄）

晋合葬之宝顶，两侧还有三座侧福晋的小宝顶，背后衬托着妙高峰的重峦如屏，更显庄严肃穆（图6-5-12）。

宝城之后是一片古松林，为金代"香水院"金鱼池遗址。附近山石有"云片"、"一卷永镇"以及"逸尘"、"挂月"、"插云"、"漱石枕流"等石刻，不少为醇亲王手书。

（五）退潜别墅

墓园建筑群即阴宅北侧为其阳宅，即"退潜别墅"，为守墓之所。阴、阳宅间由"隔尘入世"城关式券门相连。阳宅由层层升高的五重院落组成，一层院落是看院人和车马库；二层为纳神堂，其北侧有跨院，为一小花园，有叠石假山、池塘及记述墓地选址经过的卧碑及碑亭（图6-5-13）；三层为醇亲王寝殿，北侧原有流杯亭，今亭已毁，仅余流杯石座，亭北有两层小楼，是专供醇王府公主小姐居住的公主楼；四层、五层院落仅有少量房屋建筑。

二、孚郡王墓（九王坟）

清道光帝第九子孚郡王奕譓之墓，俗称九王坟，位于海淀区苏家坨镇草厂村西。孚郡王园寝为北京诸王园寝中地面建筑保存最为完整的一处。建筑群坐西朝东，前方后圆，沿东西中轴线依次为石桥及月牙河、碑亭、隆恩门及南北朝房、隆恩殿，最后为宝城（宝顶）。

图6-5-7 醇亲王墓隆恩门（图片来源：赵大海摄）

图6-5-8 醇亲王墓隆恩门前古松如画（图片来源：赵大海摄）

图6-5-9 醇亲王墓隆恩门前回望神桥与碑亭（图片来源：赵大海摄）

图 6-5-10 醇亲王墓宝城门——苔痕上阶绿（图片来源：赵大海摄）

图 6-5-11 醇亲王墓宝城门回望隆恩门——草色入帘青（图片来源：赵大海摄）

图 6-5-12 醇亲王墓宝顶及妙高峰山峦（图片来源：赵大海摄）

图 6-5-13　醇亲王墓阳宅"退潜别墅"假山及碑亭（图片来源：江权提供）

碑亭坐西朝东，高 8 米，单檐歇山式，四周各有一券门，券面刻有缠枝莲花纹（图 6-5-14）。亭中立有墓碑，碑高 7.5 米，宽 1.2 米，为清代诸王园寝墓碑中最大者（图 6-5-15）。碑亭西为隆恩门（图 6-5-16）。正殿隆恩殿高 8.1 米，面阔五间，屋顶为单层歇山绿琉璃瓦顶，长方形青条石台基，气势宏伟。内部饰以盘龙藻井。

1937 年，该墓被盗，后疏于管理，损毁严重，宝顶在"文革"期间已被铲平。2004 年，北京市对石桥、北朝房、隆恩门、宝城及宝顶进行抢险修缮。

三、伊桑阿墓

伊桑阿是清满洲正黄旗人，康熙时官至文华殿大学士兼吏部尚书，曾统筹平定三藩之乱及为抵抗俄罗斯人入侵督造战船。伊桑阿墓位于房山区岳各庄乡皇后台村南。墓坐西朝东，由东向西依次有石狮、石牌楼、华表、石碑和墓冢，占地面积约 7500 平方米。墓冢毁于"文革"期间，墓前存有雕刻精美的华表、石碑、石狮、五门石牌楼等石刻，是清代大臣墓中保存较为完整的一座（图 6-5-17）。

墓东端为一对石狮。后有五间六柱三楼式石牌楼一座，面阔约 20 米，用汉白玉石雕成，明间横梁上楷书"崇祀贤良"，下侧石垫板楷书"大学士伊文端公之墓"（图 6-5-18）。再后为一对高约 8 米的汉白玉石华表，柱顶雕望天吼。西端为康熙四十二年（1703 年）立之墓碑，螭首龟趺，通高约 4 米，碑文满汉合璧。

图 6-5-14 孚郡王墓碑亭（图片来源：赵大海摄）

图 6-5-15 孚郡王墓碑亭御碑（图片来源：赵大海摄）

图 6-5-16 孚郡王墓隆恩门（图片来源：赵大海摄）

图 6-5-17　伊桑阿墓

图 6-5-18　伊桑阿墓石牌楼

注释

① 清孙承泽《天府广记》载："元人无陵，遇大丧，棺用楠木二片，凿空其中，类人形大小，合为棺，置遗体其中。殓用皮袄皮帽，靴袜系腰，盆盂俱用白粉皮为之。殉以金壶瓶二，盏一，碗碟匙筯各一。殓讫用黄金为箍四条以束之。送至直北园寝之所，深埋之，用万马蹴平，候草青方已，使同平坡，不可复识。"（清）孙承泽．天府广记．北京古籍出版社，1984：605．

② 胡汉生．明十三陵．北京：中国青年出版社，1998：25．

③ 王子林．紫禁城原状与原创（上）．北京：紫禁城出版社，2007：83．

④ 据顾炎武《昌平山水记》，十三陵诸陵室内，长陵"中四柱饰以金莲，余皆髹漆"，永、定二陵同长陵，庆陵、德陵均"柱饰以金莲"，献陵"柱皆朱漆"，其余诸陵同献陵。（清）顾炎武．昌平山水记．北京：北京古籍出版社，1982．

⑤ 清代梁份《帝陵图说》卷二，转引自：刘毅．明代帝王陵墓制度研究．北京：人民出版社，2006：87．

⑥ 胡汉生．明十三陵．北京：中国青年出版社，1998：121．

⑦ 学者推测长、献、景、裕、茂、泰、康、永、昭九陵玄宫与定陵类似，皆是"五室三隧"之制，而庆、德二陵简化五室为三室，去掉了两侧的配殿，并且这一做法为清陵所效仿。至于思陵玄宫则按妃墓制度为前后二室的"工"字形布局。胡汉生．明十三陵．北京：中国青年出版社，1998：94-108．

⑧ 《礼记·中庸》："敬其所尊，爱其所亲，事死如事生，事亡如事存，孝之至也。"《荀子·论礼》："礼者，谨于治生死者也。生，人之始也；死，人之终也。……故事死如生，视亡如存，始终一也。"转引自：孙宗文．中国建筑与哲学．南京：江苏科学技术出版社，2000：123．

⑨ 《吕氏春秋·安死》："世之为丘垄也，其高大若山，其树之若林，其设阙庭、为宫室、造宾阼也若都邑……"见：（战国）吕不韦．吕氏春秋新校释．陈奇猷校释．上海：上海古籍出版社，2002：542．

⑩ 胡汉生．明十三陵．北京：中国青年出版社，2007：25-26．

⑪ 清秘阁《查勘明陵记》，转引自：胡汉生．明十三陵．北京：中国青年出版社，2007：37．

⑫ 南京大学文化与自然遗产研究所，孝陵博物馆．世界遗产论坛——明清皇家陵寝专辑．北京：科学出版社，2004：109．

⑬ 傅熹年．傅熹年建筑史论文集．北京：文物出版社，1998：434．

⑭ （明）蒋一葵．长安客话．北京：北京古籍出版社，1994：86．

北京古建筑

第七章　王公府第

北京王公府第分布图

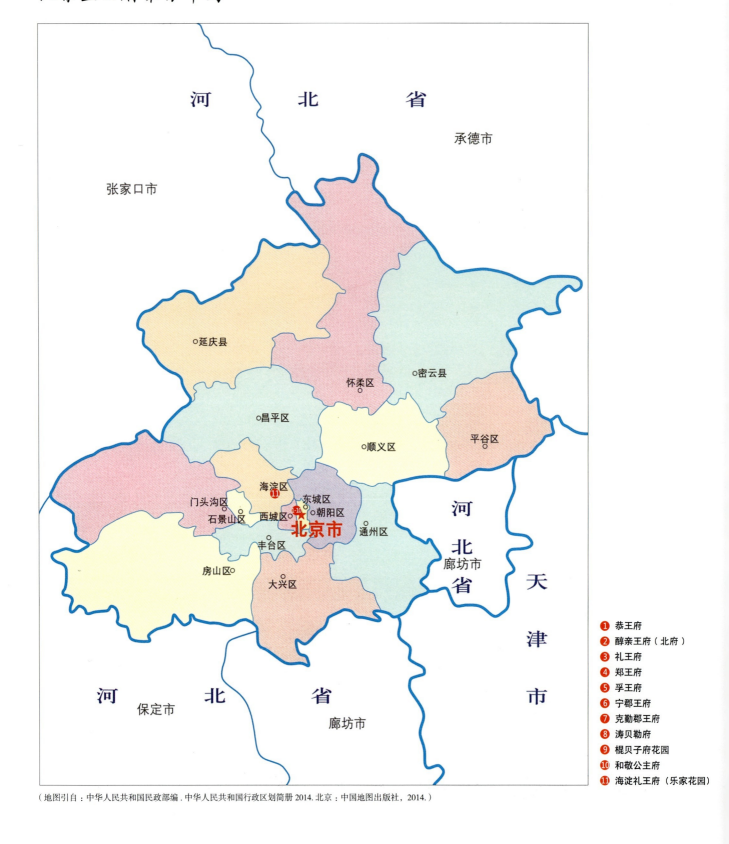

（地图引自：中华人民共和国民政部编．中华人民共和国行政区划简册2014.北京：中国地图出版社，2014.）

"建国之制不可行,分封之制不可废。"

——《清史稿》

第一节 王府概说

清北京内城中建造了大量王府,成为清代北京城市建设的重要内容(图7-1-1)。王府建筑在清代达到鼎盛,这与清代的分封制度密切相关。清代规定诸王"不赐土,而其封号但予嘉名,不加郡国"[1],即所谓"封而不建",将所有分封的皇室宗亲皆安排在京城内,同时依照等级制度建造起诸王不同规模的府第,这就带来了清北京王府建设的高潮。[2]

清朝皇族凡显祖(努尔哈赤之父)本支称"宗室",旁系称"觉罗"。对宗室、觉罗的分封制度自

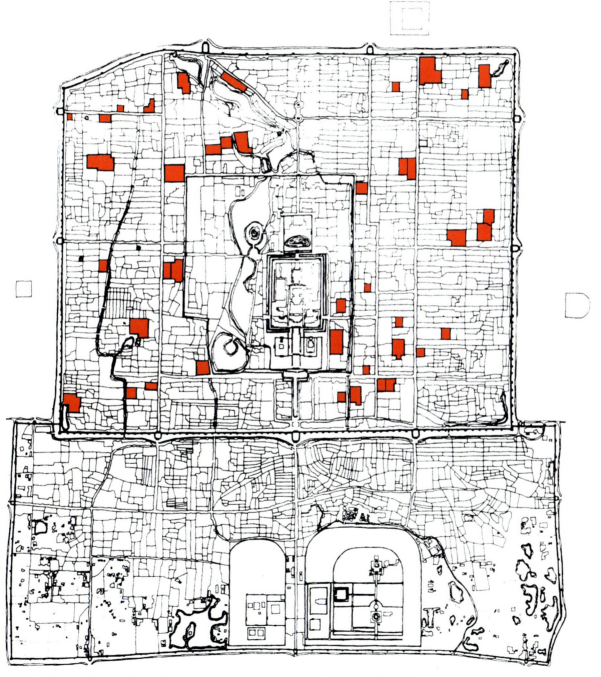

图7-1-1 清代北京王府分布示意图(图片来源:据《中国古代建筑史》(第五卷:清代建筑)插图改绘)

上而下规定了12等级：和硕亲王、多罗郡王、多罗贝勒、固山贝子、奉恩镇国公、奉恩辅国公、不入八分镇国公、不入八分辅国公、镇国将军、辅国将军、奉国将军、奉恩将军。对此12等王公府第的建筑规制、标准、用材都有严格的规定，不能逾制。③

一、等级制度

清代王府建筑可谓封建等级制度的典型代表。光绪《钦定大清会典》卷五十八"工部"记载了各类府第的规制。

（一）亲王府制

正门五间，启门三，缭以崇垣，基高三尺。正殿七间，基高四尺五寸。翼楼各九间，前墀护以石栏，台基高七尺二寸。后殿五间，基高二尺。后寝七间，基高二尺五寸。后楼七间，基高尺有八寸。共屋五重。正殿设座，基高一尺五寸，广十一尺，后列屏三，高八尺，绘金云龙。凡正门殿寝均覆绿琉璃瓦，脊安吻兽，门柱丹垩，饰以五彩金云龙纹，禁雕刻龙首，压脊七种，门钉纵九横七。楼房旁庑均用筒瓦。其府库、仓廪、厨厩及典司执事之屋，分列左右，皆板瓦，黑油门柱。

（二）亲王世子府制、郡王府制

正门五间，启门三，缭以崇垣，基高二尺五寸。正殿五间，基高三尺五寸。翼楼各五间，前墀护以石栏，台基高四尺五寸。后殿三间，基高二尺。后寝五间，基高二尺五寸。后楼五间，基高一尺四寸。共屋五重。殿不设屏座。梁栋绘金彩花卉、四爪云蟒。金钉压脊各减亲王七分之二。余与亲王同。

（三）贝勒府制

基高二尺，正门一重，启门一。堂屋五重，各广五间。筒瓦压脊，门柱红青油漆，梁栋贴金，彩画花草。余与郡王府同。

（四）贝子府制

基高二尺，正门一重，堂屋四重，各广五间。脊用望兽。余与贝勒府同。镇国公、辅国公府制亦如之。

公侯以下至三品官，房屋基高二尺，门柱饰黝垩，中梁饰金，旁绘五彩杂花。唯二品以上房屋脊得立望兽，公门铁钉纵横皆七，侯以下减至五，四品以下官及士民房屋，基高一尺，其门柱中梁旁绘彩花，与三品以上同。④

从乾隆《京城全图》所绘的各王府主轴线建筑来看，当时的王府建筑布局很少有逾制的，多数尚达不到规定的标准。⑤

二、乾隆《京城全图》中的王府

乾隆《京城全图》中共计标出辅国公以上的王公府第41处，外加1处公主府。依照乾隆十五年（1750年）统计，辅国公以上的封爵者共47人，乾隆图中有6处漏绘，包括郡王府1处、贝勒府1处、镇国公府1处和辅国公府3处。以下分别来看乾隆图中各类王公府第。

（一）亲王府

乾隆《京城全图》共绘亲王府11处，按照《京城全图》的排序分别为：①一排二—二排二：履亲王府；②四排三：和亲王府；③四排九—五排九：庄亲王府；④四排十：果亲王府；⑤五排四—五排五：諴亲王府；⑥六排二：恒亲王府；⑦六排二：怡亲王府；⑧七排九：康亲王府；⑨八排十一—九排十：简亲王府；⑩十排四：裕亲王府；⑪十排五—十一排五：显亲王府（图7-1-2）。

（二）郡王府

《京城全图》共绘有郡王府8处：①二排二：理郡王府；②三排八：愉郡王府；③三排十：恂郡王府；④四排十一：慎郡王府；⑤七排十：顺承郡王府；⑥九排三：宁郡王府；⑦九排四：信郡王府；⑧十排十：平郡王府（图7-1-3）。

（三）贝勒府、贝子府

《京城全图》共绘有贝勒府5处和贝子府2处：①二排二：多罗贝勒允祁府；②二排九：固山贝子弘暻府；③二排九—三排九：多罗贝勒球琳府；④三排十一：多罗贝勒弘明府；⑤四排四：多罗贝勒斐苏府；⑥五排二—六排二：固山贝子弘晓府；⑦七排九：多罗贝勒永恩府（图7-1-4）。

履亲王府

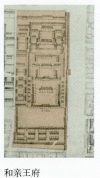
和亲王府

庄亲王府

果亲王府

诚亲王府

恒亲王府

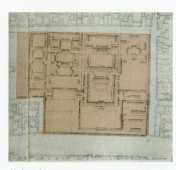
怡亲王府

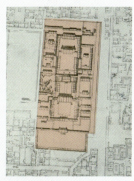
康亲王府

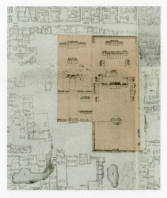
简亲王府

裕亲王府

显亲王府

图 7-1-2 乾隆《京城全图》中的亲王府

（四）辅国公府

《京城全图》共绘有辅国公府 15 处：①二排九：辅国公弘曕府；②五排九：辅国公九如府；③七排九—八排九：辅国公嵩椿府；④七排十：辅国公兴宁府；⑤七排十一：辅国公弘晥（皖）府；⑥八排九：辅国公特通鄂府；⑦八排九—九排九：辅国公奇通阿府；⑧九排三：辅国公如嵩府；⑨九排九：辅国公桓鲁府；⑩十排九：辅国公成保府；⑪十排九：辅国公伊尔登府；⑫十排十：辅国公斗保府；⑬十一排四：辅国公盛昌府；⑭十一排九：辅国公博尔仲额府；⑮十一排十：辅国公瑟尔臣府（图 7-1-5）。

理郡王府

愉郡王府

恂郡王府

慎郡王府

顺承郡王府

宁郡王府

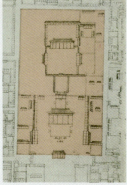
信郡王府

平郡王府

图 7-1-3　乾隆《京城全图》中的郡王府

贝勒允祁府

贝子弘曧府

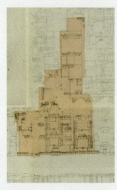
贝勒球琳府

贝勒弘明府

贝勒斐苏府

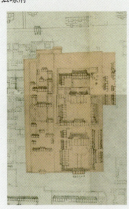
贝子弘旿府

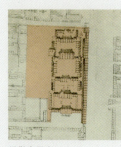
贝勒永恩府

图 7-1-4　乾隆《京城全图》中的贝勒、贝子府

辅国公弘曘府

辅国公九如府

辅国公嵩椿府

辅国公兴宁府

辅国公弘晥府

辅国公特通鄂府

辅国公奇通阿府

辅国公如嵩府

辅国公桓鲁府

辅国公成保府

辅国公伊尔登府

辅国公斗保府

辅国公盛昌府

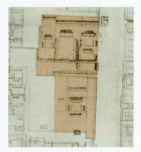
辅国公博尔仲额府

辅国公瑟尔臣府

图 7-1-5 乾隆《京城全图》中的辅国公府

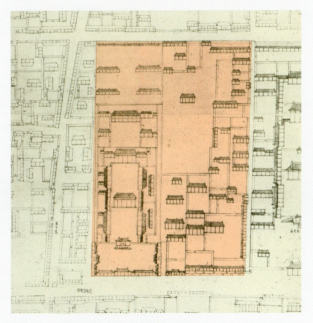

图 7-1-6 乾隆《京城全图》中的和敬公主府

（五）公主府

《京城全图》还绘有公主府 1 处，即四排四：和敬公主府（图 7-1-6）。

三、王府中轴线建筑

王府建筑群一般分作中、东、西三路布局，其中中轴线上的建筑基本按照上述等级制度进行布局。王府大门一般不直接面对街道或者胡同，大门前一般都设有一座宏敞的前庭院：前庭的北面是雄伟的大门，门前置石狮一对（故王府前院亦称"狮子院"），大门两侧多建有带抱厦的旁门，为平时进出之门，大门只在重要仪典才开启；前庭南面正中设倒座房三至五间不等，为府中长史（亦称管事的）办公议事的地方；进出府邸都走前庭东西两侧的阿斯门（为满语翅膀之意，亦称雁翅门）。王府前庭经常将府前街道或胡同拦腰截断，一般官吏和市民只能绕行⑥（图7-1-7）。中轴线上的主体建筑按照"前朝后寝"布局。进入大门后是前朝的主庭院，也是王府建筑的核心：中有高起的甬路和台基，正面是王府的正殿"银安殿"，亲王府七间，郡王府以下五间，歇山顶，亲王府用绿琉璃瓦，为举行重要仪典的场所。正殿左右辅以东、西翼楼。按规制，正殿后可设后殿，但多数王府不设后殿，而是将后殿与后寝门合二为一，成为前朝后寝的分界，一如紫禁城的乾清门。进入后寝门即后寝的主要庭院，正面为寝殿，亲王府七间，郡王府以下为五间，寝殿为王爷及其福晋起居之所。寝殿后为后罩楼。由前庭院至后罩楼共五进院落，构成王府建筑群的中路主轴线。

四、王府花园

王府建筑的形制规定基本限于中轴线上的礼制建筑，对于东、西跨院的生活建筑以及附属园林的限制并不太严格，于是王府花园成了清代王府最富于创造力和艺术魅力之所在（图7-1-8、图7-1-9）。清代王府花园以郑王府花园最负盛名，据《道咸以来朝野杂记》称：

"京师园林，以各府为胜，如太平湖之旧醇王府、三转桥之恭王府、甘水桥北岸之新醇王府，尤以二龙坑之郑王府为最有名。其园甚巨丽，奥如旷如，各极其妙。"⑦

《啸亭杂录》亦称："诸王邸中以郑王园亭为最优。"⑧郑亲王府的花园名曰"惠园"，据《履园丛谈》载：

"惠园在京师宣武门内西单牌楼郑亲王府，引池叠石，饶有幽致，相传是园为国初李笠翁手笔。园后为雏凤楼，楼前有一池水甚清冽，碧梧垂柳掩映于新花老树之间，其后即内宫门也……楼后有瀑布一条，高丈余，其声琅然，尤妙。"⑨

可惜郑王府在新中国成立后为教育部占用，遭到很大破坏，花园更几乎荡然无存矣。

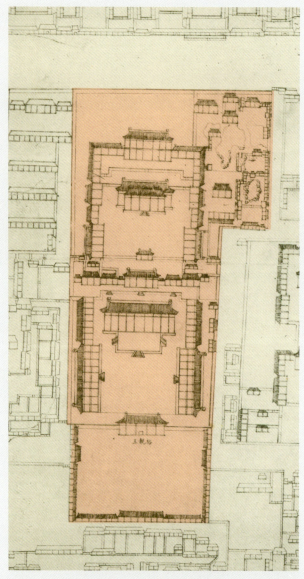

图7-1-7 乾隆《京城全图》中的裕亲王府，可见前庭院大门，倒座房与东、西阿斯门

五、王府附属建筑

除了宏阔的宅第、幽雅的园林，有的王府还附有家庙、祠堂等附属宗教建筑，如醇亲王府，其家庙旧称"大藏龙华寺"（现为后海幼儿园），而醇贤亲王府的祠堂为三进院落，民国时期改建为关岳庙（现为西藏驻京办事处）。有些王府更外带马厩，如恭王府即有两处马厩，分别位于府东南部与西部，其中东南方之马厩即今天郭沫若故居之前身。

北京内城王府绝大部分位于皇城以外，这些王府的规模、形制远远超过普通四合院民居，它们的

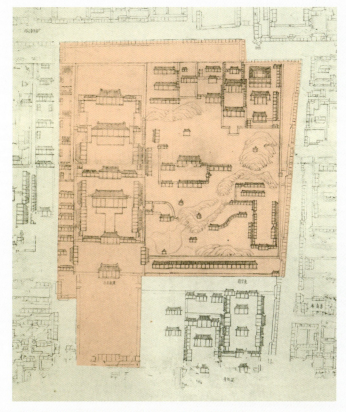

图 7-1-8 乾隆《京城全图》中的果亲王府，东路南部为园林

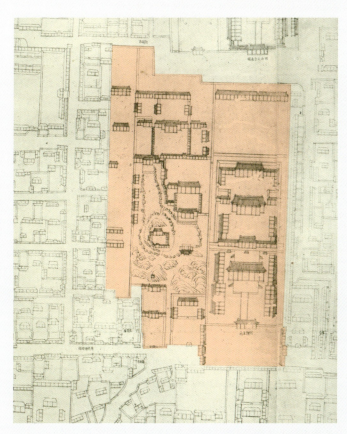

图 7-1-9 乾隆《京城全图》中的恒亲王府，西路中部为园林

高墙深院卓然独立于所在胡同－四合院街区之中，自成一片天地，是北京内城中巍峨的皇城与朴素的四合院民居以外的另一道风景。作为古都北京重要的建筑类型，王府受到了较为严重的破坏，保存状况极其堪忧。其中，在内城原有的五六十座王府中，尚存 22 座（包括亲王府 15 座、郡王府 4 座、贝勒府 2 座和公主府 1 座）。在这已经为数不多的王府中，绝大多数尚为各类单位所占用。

以下略述内城王府中的一些代表，此外也简要介绍一些位于郊外的王府建筑。

第二节 典型实例

一、恭王府

恭王府为北京最负盛名的王府，是恭亲王奕䜣府邸（其前身为乾隆朝大学士和珅宅第）。恭王府也是北京目前保存最完整的清代王府，建筑群分为府邸和花园两部分，府邸在南、花园在北。南北长约 330 米，东西宽 180 米，占地面积 61120 平方米（图 7-2-1、图 7-2-2）。

（一）府邸

府邸分为中、东、西三路。中路沿南北中轴线设大门、二门、正殿（银安殿）（图 7-2-3）、后殿"嘉乐堂"（神殿），屋顶皆施以绿琉璃瓦。

东路第三进院正厅"多福轩"为会客处，厅前有一架长了两百多年的藤萝，至今仍长势甚好，在北京城极为罕见。第四进院正厅"乐道堂"为奕䜣居所。

西路三、四进院落之间设有精美垂花门一座，两侧竹荫环护，意境幽雅（图 7-2-4）。第四进院正厅为"锡晋斋"，面阔七间，前出廊，后出抱厦五间，内檐正中三间是敞厅，东、北、西三面都有两层仙楼，上下安装了雕刻精美的楠木装修隔断，是和珅宅的旧物，系仿紫禁城宁寿宫式样建造的（此举为和珅僭侈逾制，是其被赐死的"二十大罪"之一）。"锡晋斋"内原存有稀世珍宝——晋代陆机的《平复帖》。"锡晋斋"东、西配房各五间，东房"乐古斋"

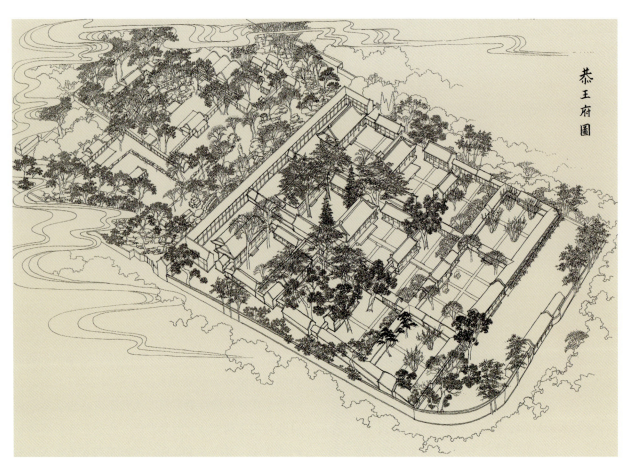

图 7-2-1 恭王府图（图片来源：唐恒鲁绘）

为存放古玩之所，西房"尔尔斋"存放除《平复帖》之外的其他碑帖——因这些碑帖与"锡晋斋"所存《平复帖》相比都"不过尔尔"，故名。

在中、东、西三路院落的最后是一道长长的屏障——东西长160余米的二层后罩楼，后罩楼的后檐墙上每间上下各开一窗，下层窗都是长方形，上层窗为形式各异的什锦窗。楼后为王府花园，后罩楼的这些丰富多彩的什锦窗可谓王府花园"萃锦园"的一个序幕（图7-2-5）。

（二）萃锦园

恭王府花园名"萃锦园"，奕䜣之子载滢于光绪二十九年（1903年）写成《补题邸园二十景》诗20首，描写萃锦园二十景，分别为：曲径通幽、垂青樾、沁秋亭、吟香醉月、蹤蔬圃、樵香径、渡鹤桥、滴翠岩、秘云洞、绿天小隐、倚松屏、延清籁、诗画舫、花月玲珑、吟青霭、浣云居、枫风水月、凌倒景、养云精舍、雨香岑。

与南部府邸对应，花园同样分为中、东、西三路。中路呈对称严整的布局，其南北中轴线与府邸的中轴线重合。东、西路布局比较自由灵活，东路以建筑为主体，西路以水池为中心（图7-2-6）。

1. 中路

中路包括园门及三进院落。园门为西洋拱券式（图7-2-7）。入园门，左右分列两座青石假山"垂青樾"、"翠云岭"，两山的侧翼向北延绵，使得全园的南、东、西三面呈峰峦环抱之势。两山左右围合，中间留出小径，迎面一座"飞来石"耸立，此即"曲径通幽"一景。"飞来石"之北为三进院落，分别设有"蝠河"（图7-2-8）、大假山"滴翠岩"（岩洞中有康熙御笔"福"字）（图7-2-9）、"蝠厅"，此外，花园从厅室形状、水池形状乃至装饰图案，多取蝙蝠造型，以"蝠"喻"福"，取多福之意，

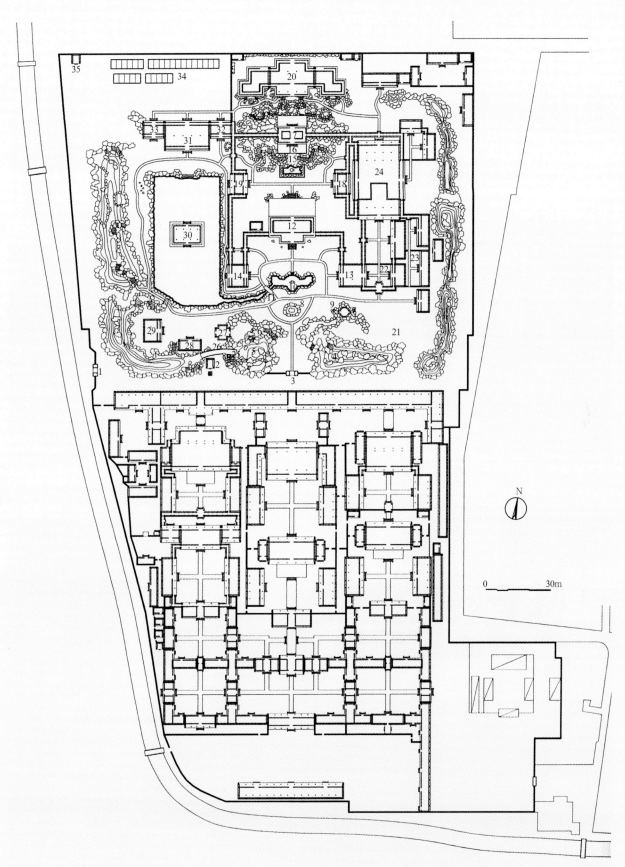

1-西门；2-龙王庙；3-西洋式园门；4-垂青樾；5-翠云岭；6-樵香径；7-怡春坞；8-独乐峰；9-吟秋亭（流怀亭）；10-蝠池；11-渡鹤桥；12-安善堂；13-明道斋；14-棣华轩；15-滴水岩；16-邀月台；17-绿天小隐；18-退一步斋；19-韵花簃；20-蝠厅（正谊书屋）；21-蔬菜圃；22-香雪坞；23-吟香醉月；24-大戏楼（怡神所）；25-山神庙；26-榆关；27-妙香亭（般若庵）；28-秋水山房；29-养云精舍；30-诗画舫；31-澄怀撷季；32-宝朴斋；33-韬华馆；34-花洞；35-花神庙

图 7-2-2 恭王府总平面图（图片来源：《北京私家园林志》）

图 7-2-3　恭王府正殿（银安殿）

图 7-2-4　王府西路垂花门

图 7-2-5　恭王府后罩楼什锦窗

图 7-2-6　恭王府萃锦园图

图 7-2-7 恭王府萃锦园大门

与康熙帝御笔相呼应（图7-2-10）。中路庭园之东南角小山北麓有亭翼然，曰"沁秋亭"，亭内有石刻流杯渠，取古人"曲水流觞"之意（图7-2-11）。

整个园林中路的空间序列呈现出起承转合的韵律：入口曲径空间封闭，正厅及"蝠河"水面空间开阔，"滴翠岩"假山空间高敞，最后"蝠厅"前的空间曲折，沿园林中轴线游历，呈现为"闭—开—高—折"的空间变化，十分富有趣味。

2. 东路

东路由三组不同形式的院落组成。南面靠西为一南北长、东西窄的狭长院落，入口垂花门两侧衔接游廊，垂花门的比例匀称，造型极为精致，外院植翠竹千竿，堪称全院意境最幽处。内院正房前有老藤一株。此院东为另一狭长院落，分南北两进，南入口月洞门曰"吟香醉月"，南北两进院则由一座小巧玲珑的椭圆形门洞隔开。

北部院落以大戏楼为主体。戏楼包括前厅、观众厅、舞台及扮戏房，内部装修极为华丽，可进行大型演出。大戏楼屋顶为三卷勾连搭形式，环以游廊，造型高低起伏，极为丰富（图7-2-12）。戏楼

图 7-2-8 恭王府萃锦园正厅乐善堂及蝠河

图 7-2-9 恭王府萃锦园滴翠岩假山

图 7-2-10 恭王府花园爬山廊（装饰主题大量使用蝙蝠，寓意多福）

东部又附有一座狭长院落,内置芭蕉海棠,红绿相映成趣,与戏楼东墙构成优美的画面(图7-2-13)。

3. 西路

西路主景为大水池及西面土山。水池略近长方形,池中小岛建敞厅"观鱼台"(图7-2-14),水池之东为一带游廊与中路院落间隔,北面散置若干建筑物,西、南环以土山,南部土山有"榆关"一景,为建于两山之间的一处城墙关隘,象征山海关,隐喻恭亲王祖先由此入主中原,建立清王朝基业。西路园林布局疏朗,与东部庭院形成鲜明对照。

综观恭王府花园,一方面充满了王府的庄严气派,尤其是与府邸对应的中、东、西三路布局以及中路严整的轴线布置;但西路与中路南端的山水格局以及东路的庭院花木又为园林增添了颇多自然趣味——可谓"亦庄亦谐"的园林设计杰作。

二、醇王府

醇亲王府前身是清康熙朝大学士明珠的宅第,明珠长子纳兰性德生于此、卒于斯。清乾隆五十四年

图 7-2-11 恭王府萃锦园沁秋亭及曲水流觞

图 7-2-12 恭王府花园大戏楼三卷勾连搭屋顶

图 7-2-13　恭王府花园戏楼及庭院

(1789年）改建为成亲王府。光绪十四年（1888年）迁醇亲王府至此，为区别于醇亲王府旧府（即北京内城西南隅"醇亲王府南府"），此处俗称"醇亲王府北府"。这里是清朝末代皇帝溥仪的出生地，溥仪即位后，其父载沣被封为监国摄政王，故该府亦称"摄政王府"。1924年溥仪退出皇宫后曾暂居于此。醇亲王府坐北朝南，东部为府邸，西部为花园（图 7-2-15）。⑩

（一）府邸

东部府邸分为中、东、西三路。

1. 中路

中路为礼仪空间，也是建筑群的主体，沿中轴线依次建有街门五间、大宫门五间、正殿——银安殿五间（绿琉璃瓦歇山顶）（图 7-2-16）、二宫门三间、神殿（即寝殿）五间（绿琉璃瓦硬山顶）（图 7-2-17）、遗念殿（即后罩楼）九间。

2. 西路

西路建筑是王府的居住区，由并排两组院落组成，其中西侧院落原建有面阔五间的宝翰堂，是外客厅及大书房，1912年孙中山曾到此与载沣会晤。此外，还有后宅正门"钟灵所"（其匾额为康熙手书，估计是明珠宅旧物）、九思堂（太妃居所）、思谦堂（王妃居所）。东侧院落有任真堂（儿辈读书处）、树滋堂（溥杰居所）、信果堂等。此二组院落后为后罩楼九间。

3. 东路

东路建筑主要是两组祠堂、佛堂和四进雇工住房，现仅存南大门和最北的五间神厨，中间已改建为一座现代办公楼和两排平房。

4. 马厩、家庙

东路东墙外一组建筑群为王府马厩及家庙小龙华寺。其中马厩坐北朝南，有东西两个院落，院内仍保存有石马槽，现在为北京市第二聋人学校使用。

王府家庙大藏龙华寺为一座小型佛教禅寺，始建于明代，清道光年间曾改名为心华寺，为拈花寺的下院，又名小龙华寺，有别于改名为瑞应寺的龙华寺，清末为摄政王载沣的家庙。建筑群坐北朝南，中轴线上有山门一间、前殿三间。现大藏龙华寺由

图 7-2-14 恭王府萃锦园西路水景

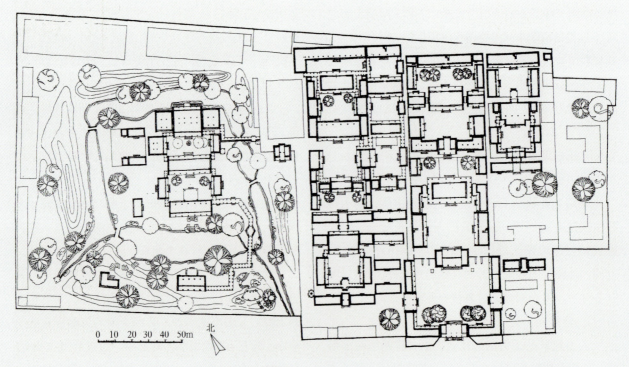

图 7-2-15 醇亲王府总平面图（图片来源：于振生《北京王府建筑》）

北京市北海幼儿园使用（图7-2-18）。

（二）花园

花园位于府邸西侧。⑪ 该园由什刹海引活水一道在园中环行一周，形成南、北、东、西四条狭长的河道，分别称作南湖、北湖、东湖与西湖，在各湖外侧又堆砌土山，从而形成了"山包水"、"水环岛"之独特格局——园林主体建筑位于四水环抱的岛屿之上，而其他亭台楼榭则分布在水系外侧的土山之上。

入园循径前行可见南湖，湖之南有"南楼"（图7-2-19），南楼后土山上西有曲尺形的"听雨屋"，

图7-2-16 醇亲王府银安殿（图片来源：《中国文物地图集北京分册》）

图7-2-17 醇亲王府神殿（图片来源：《中国文物地图集北京分册》）

图7-2-18 摄政王府家庙大藏龙华寺山门（图片来源：袁琳摄）

图7-2-19 醇亲王府花园南湖及南楼景致

图 7-2-20 醇亲王府花园扇面亭"箑亭"

东有扇形"箑亭",匾额为奕譞题写(图 7-2-20)。南楼与中部建筑之间有长廊相连,并跨于南湖与东湖之上。廊上有六角亭,曰"恩波亭"——因花园水系奉旨由什刹海引入,故将此两面临水之亭命名为"恩波亭"(图 7-2-21)。

南湖北岸原有两进院落。最南端为正厅七间前廊后厦,北面出戏台一座。其北为正厅七间前后廊。里院北房五间前后廊。

新中国成立后,周恩来总理决定借此王府花园,葺旧更新,作为宋庆龄的住所。原王府花园中部主体建筑群尚存"濠梁乐趣"、"畅襟斋"、"听鹂轩"及东厅"观花室",周围湖面、土山依旧,亭台廊榭犹在。主体建筑群外院南厅、戏台等均拆除,改为草坪。在主体建筑群以西,接建一幢两层主楼,该楼采取中西合璧样式,与周围园林环境取得了较为和谐统一的效果,不失为一座成功的现代建筑。主楼南侧有一株巨大的国槐,浓荫蔽日,应是王府花园旧物——老树与新旧建筑群共同构成一幅幽雅之画卷(图 7-2-22)。

比起声名煊赫、每日游人络绎不绝的恭王府花园,醇亲王府花园游人稀少,反而更能显出王府园林昔日的幽雅气息——纳兰性德曾有《夜合花》诗咏斯园幽雅景致:

"阶前双夜合,枝叶敷华荣。疏密共晴雨,卷舒因晦明。影随筠箔乱,香杂水沉生。对此能消忿,旋移近小楹。"[12]

三、孚王府(怡亲王府)

孚王府原为贝勒允祁的府第,原怡亲王允祥(康熙帝第十三子)的王府在东单帅府园,雍正八年(1730年)允祥去世,旧邸改为贤良寺,另将朝阳门内大街这处府邸改赐予第二代怡亲王弘晓。咸丰十一年(1861年),第六代怡亲王载垣获罪,王府被收回。同治三年(1864年),此府被赐予道光帝第九子孚郡王奕譓,成为孚王府,俗称"九爷府"。民国时期,此宅售予张作霖的部下杨宇霆。此后先后用作北平大学女子文理学院校舍、国民党励志社北平总部,现为多家单位所占用。

图 7-2-21　醇亲王府游廊及"恩波亭"

图 7-2-22　宋庆龄故居小楼

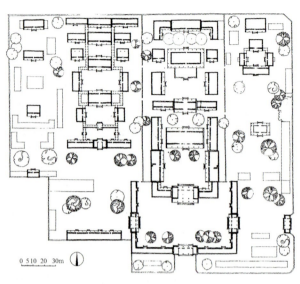

图 7-2-23 孚王府总平面图（图片来源：于振生《北京王府建筑》）

图 7-2-24 孚王府中路鸟瞰（图片来源：《北京四合院》）

图 7-2-25 孚王府大门

孚王府布局严谨规整，是清代王府建筑群的典型代表，也是北京现存少数较完整的王府之一，尤为难得的是与乾隆《京城全图》中所绘怡亲王府格局十分接近（图 7-2-23）。府邸占地自朝阳门内大街向北直至东四三条路南，街门原在朝内北小街，今之临街大门是民国年间所辟。建筑群坐北朝南，分为中、东、西三路。其中中路主体建筑保存最好；西路是王府眷属的居住区，也基本保存着原有的主要建筑；东路原属府库、厨厩及执事侍从的住所，并有王府的花园，损毁比较严重，所剩无多。中路是王府的核心所在，共有五进院落，中轴线长达二百余米，规模宏敞，气势不凡（图 7-2-24）。

以下略述中轴线主要建筑：

街门：中轴线最南端为街门，南临朝阳门内大街。面阔七间，中开三门，硬山屋顶。院内东西有转角房各十六间，东西各有五间雁翅门（阿斯门），门北各接厢房十间。

大门：街门以北是大门五间，即王府正门。歇山顶覆以绿琉璃瓦，檐下用五踩重昂斗栱，门前左右分设石狮子一座，孚王府石狮甚至比天安门前的石狮还要高大（图 7-2-25、图 7-2-26）。

正殿：入大门正对正殿七间（即银安殿），前列丹墀，护以石栏，歇山顶覆以绿琉璃瓦，檐下为七踩单翘重昂斗栱，可惜立面已被拆改。殿前左右各有翼楼七间及厢房九间（图 7-2-27）。

二宫门：正殿北为二宫门，为王府内寝的正门。面阔五间，前后廊歇山顶，覆绿琉璃瓦，檐下用五踩重昂斗栱，门左右各带顺山房五间。

寝殿：二宫门后为后寝区域，中央为寝殿七间，前后廊歇山顶，覆绿琉璃瓦，檐下用五踩重昂斗栱，殿前出月台；殿左右各有顺山房三间，东、西配殿五间。轴线最后是后罩楼七间。

孚王府布局堪称清代王府最典型的格式，即三条轴线、四大部分——中轴线为礼仪空间，西轴线为宅舍居住空间，东轴线为轩馆休闲空间，服务用房则分别置于两侧轴线的前部。孚王府的平面与《大清会典》的规定基本契合，且与乾隆《京城全图》

上的怡亲王府大致吻合，说明其布局仍保持着清代中期的原貌，为研究清代王府建筑的宝贵实例。

四、礼王府

礼亲王名代善，清太祖努尔哈赤次子，清初"八大铁帽子王"之一。此处府邸并非最初的礼亲王代善之府，而是代善之孙杰书袭封后择址新建的王府。杰书时称康亲王，故此府亦称康王府。乾隆四十三年（1778年）恢复礼王的封号，改称礼王府。嘉庆十二年（1807年）毁于火，由当时的礼亲王昭梿集资于原址重建，即现存之邸。1927年礼王府售出，为华北学院校舍。新中国成立后改为民政部办公场所，现为国务院事务管理局使用。

礼王府占地广阔（约3公顷）、院落深邃，分中、东、西三路（图7-2-28）。中路为主体建筑，有府门五间（图7-2-29）、正殿七间（即银安殿，殿前有丹墀，两侧有翼楼各七间）、后殿（后寝门）三间、神殿（寝殿）九间（前出抱厦七间、两侧配殿）、遗念殿（后罩楼）七间，共有房屋五重、院七进。东路由十二进院落组成，西路由花园、屋宇等十一进院落组成（图7-2-30、图7-2-31），整个王府共有

图7-2-26　孚王府大门石狮

图7-2-27　孚王府银安殿

房屋、廊庑等480余间。老北京有俗谚曰"礼王的房，豫王的墙"，形容礼亲王府的房多、豫亲王府（现为北京协和医学院旧址）的墙高，号称"京城王府之最"。

现中路主体建筑大多保存，东路北部有几个院落尚存，西路大部分建筑已拆除，总体保存尚好，是研究清代王府建制的重要实物。

五、郑王府

郑王府为清初"八大铁帽子王"王府之一，布局开阔，建筑雄伟，为北京规模最大的王府之一（图7-2-32）。据称，该府用地原为明初功臣、荣国公

图7-2-28 乾隆《京城全图》中的康亲王府（即礼王府）

图7-2-29 礼王府大门（图片来源：《帝京拾趣》）

图7-2-30 礼王府兰亭书室（图片来源：Chinese Garden）

图7-2-31 礼王府清音斋（图片来源：《帝京拾趣》）

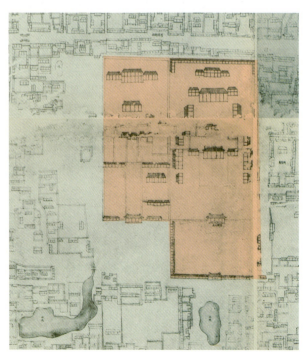

图7-2-32 乾隆《京城全图》中的简亲王府（即郑王府）

图 7-2-33 郑王府街门

姚广孝府第。

建筑群坐北朝南,自东而西分三部分,东部前躯突出,是王府主要殿宇所在,沿中轴线由南至北建有:面阔三间的临街门(图 7-2-33),面阔五间的正门,面阔五间的正殿(银安殿)带东、西配殿各五间(图 7-2-34),后寝门三间,寝殿五间,后罩楼五间(图 7-2-35)。

中、西部随街道走势退缩,中路为居住院落,西部为花园,名"惠园",是京师王府花园中之意境最佳者。喜仁龙《中国园林》一书中留有 20 世纪 20 年代郑王府园林的珍贵影像(图 7-2-36 ~ 图 7-2-40)。

现在仅东部建筑较为完整:有街门三间;正门五间,浮雕丹陛犹存;正殿五间,亦存丹陛;东配楼五间,西配楼只剩靠北三间;最后为正寝五间,民国时期中国大学使用时改名"逸仙堂",今仍沿用。原有后罩楼和一些附属建筑被拆除,西部花园则荡然无存,改建为二龙路中学,至为可惜。

六、宁郡王府

以上诸府为北京亲王府之典型实例。郡王府则以东单北极阁三条宁郡王府为典型代表。[13] 该

图 7-2-34 郑王府银安殿室内(图片来源:Chinese Garden)

图 7-2-35 郑王府后罩楼(图片来源:Chinese Garden)

图 7-2-36　郑王府"为善最乐堂"(据拼音)(图片来源：Chinese Garden)

图 7-2-39　郑王府"跨虹亭"(据拼音)(图片来源：Chinese Garden)

图 7-2-37　郑王府"来声阁"(据拼音)(图片来源：Chinese Garden)

图 7-2-40　郑王府"净真亭"(据拼音)(图片来源：Chinese Garden)

图 7-2-38　郑王府花园的葫芦形院门(图片来源：Chinese Garden)

府邸大门、翼楼、正殿、寝殿、后罩楼基本保存完整，自建府以来，未经大的修缮和更改，保存了乾隆以前的建筑风貌，是北京现存建筑年代较早、建筑规制较完整的一座郡王府实例（图 7-2-41、图 7-2-42）。[14]

宁郡王府为坐北朝南四进院落。大门为五开间前后廊歇山顶建筑，中开三门，大门对面原设巨大影壁，已无存。入大门为第一进院，院落尺度宏敞，中央正殿为五开间周围廊歇山顶，进深很大，屋顶巍峨。正殿东、西分设翼楼各五间。东、西翼楼以北原设东、西配房各七间，今仅存西配房。

二门为寝区的门殿，三间前后廊歇山顶。二门以北为寝殿，五开间前后廊歇山顶，前出三间抱厦。寝殿东、西有顺山房各三间，前后廊硬山顶；院落东、西原有厢房各三间，现已被拆改。正院两侧各带一个小跨院，各带三间厢房。寝殿之北有后罩楼七间，带前廊，硬山顶；楼左、右各有转角硬山房五间。后罩楼原为二层，其后部在20世纪40年代改为三层近代建筑。

七、克勤郡王府

克勤郡王府为清初"八大铁帽子王"王府之一。克勤郡王名岳托，礼亲王代善长子，崇德元年（1636年）封为亲王，不久缘事降为贝勒，去世后追封为克勤郡王，为清初"八大铁帽子王"之一。此府于顺治年间由岳托的子孙创建，初称衍禧郡王府，继称平郡王府，乾隆四十三年（1778年）后称克勤郡王府。宣统元年（1909年），末代克勤郡王晏森袭爵。民国后，晏森将此王府售给熊希龄为宅，后熊氏将宅捐予北京救济会以收容孤儿和兴办慈善事业。现为北京市第二实验小学。

府占地不大，布局紧凑，分中、东、西三路（图7-2-43）。主要建筑在中路，依次为：府门五间（图7-2-44），正殿五间，东、西翼楼各五间，后寝门三间，神殿（寝殿）五间，东、西配殿，后罩楼七间。东路为东西比列的两组院落，共五个小院；西路为前后三进院落。现在王府后半部的后寝门、寝殿和后罩房等建筑物尚完整。

八、涛贝勒府

以上为典型郡王府邸。再看几座典型的贝勒、贝子府第。

涛贝勒即载涛，醇亲王奕譞第七子，摄政王载沣之弟。此府原是康熙帝十五子允禑的愉王府，清末降至辅国公，让出王府，改为载涛的府邸，称为涛贝勒府。

府位于什刹海龙头井（今柳荫街）三转桥以西，坐北朝南，府门东向（图7-2-45）。北部为府邸，南部为花园。府邸分中、东、西三路，中路四进院落，有正殿、配殿、后寝、后罩房等；东路有五进院落；西路有前后三排北房。花园建有长廊、亭、花厅、

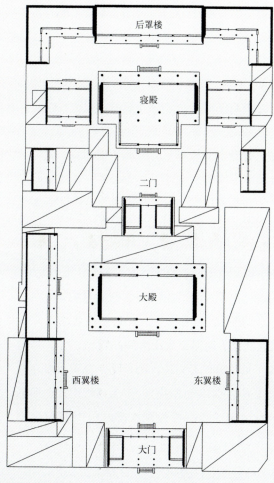

图 7-2-41　宁郡王府总平面图（图片来源：《东华图志》）

图 7-2-42　宁郡王府西侧全景

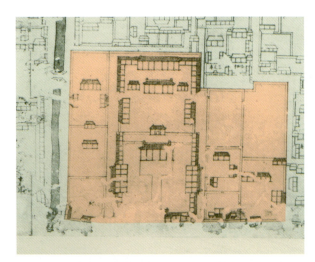

图7-2-43 乾隆《京城全图》中的平郡王府（即克勤郡王府）

图7-2-44 克勤郡王府大门

图7-2-45 涛贝勒府大门及狮子院（图片来源：Chinese Garden）

假山等，南面为马厩，后被建为辅仁大学教学楼（图7-2-46）。1925年，该府租给罗马教廷，作为辅仁大学的校址。府邸部分为辅仁男中。1952年，辅仁男中改为北京市第十三中学，将原贝勒府二道门内的院落夷平建成教学楼和操场。现中路和东路的一些院落仍保留着昔日王府的风貌，府园至今尚存。

花园东、南面均有游廊环绕，正堂位于园南侧正中，正堂之东有大假山，山上建圆亭一座，与爬山游廊相接（图7-2-47）。山北辟有圆形水池，据喜仁龙《中国园林》一书中照片可见池中有湖石一峰，顶部还有丘比特雕像，可作喷泉之用，故此园已加入西洋园林造景手法（图7-2-48）。园中另有西楼与平顶敞轩、北轩、东馆等园亭，颇具韵致（图7-2-49）。

九、棍贝子府

棍贝子府在蒋养房（新街口东街）以北，自今光泽胡同（火药局）东至水车胡同，北至普济寺。府先为诚亲王新府，后为贝子弘暻府，乾隆《京城全图》中绘有该府（图7-2-50）。嘉庆年间，又赐给仁宗四女庄静公主，又称四公主府。后为其后裔棍贝子府。

嘉庆年间曾引积水潭（今什刹海西海）之水入公主府，成为府中的池塘。今天这处水池依旧留存，并被称作积水潭。《清宫词》曾这样写道："德胜门外蒋家坊，庄静当年有赐庄。一样恩波通太液，汉阳公主汝阳王。"

贝子府原有建筑大都拆除，在积水潭之南、西岸现存有歇山卷棚花厅三间、硬山小楼两座，潭东有土山一座。现为积水潭医院中的小公园（图7-2-51）。

十、和敬公主府

和敬公主府为清乾隆皇帝第三女和敬公主及其额驸的赐第，光绪年间此处为其后人辅国公那图苏所居，故又名那公府。[15]

此府主体院落现尚存有四进。正中大门三间，原为朝北的轿厅，前后廊硬山顶。左右各倒座房五间。北为府门，三间前后廊硬山顶，左右各有顺山房五间，东西设"阿斯门"各三间。二进院院内十字形甬路略高于地面，北为正殿，五开间，前后廊硬山顶。第三进院落甬路与二进院类似，有寝殿五

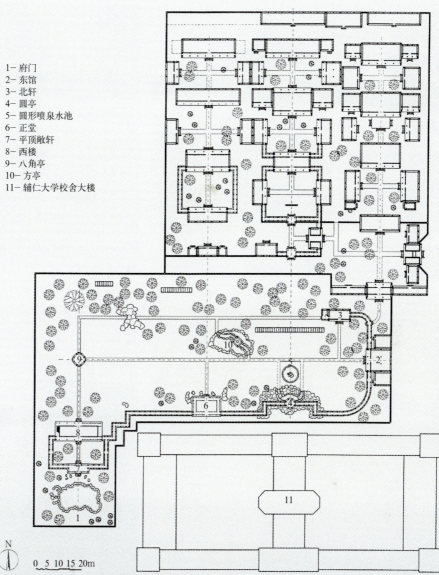

1— 府门
2— 东馆
3— 北轩
4— 圆亭
5— 圆形喷泉水池
6— 正堂
7— 平顶敞轩
8— 西楼
9— 八角亭
10— 方亭
11— 辅仁大学校舍大楼

图 7-2-46　涛贝勒府总平面复原图
(图片来源：《北京私家园林志》)

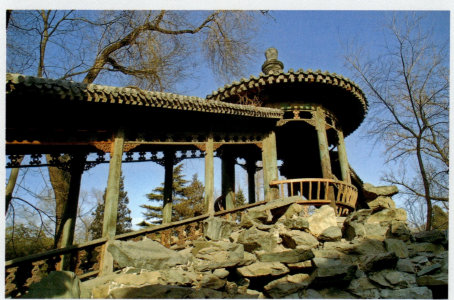

图 7-2-47　涛贝勒府假山、爬山廊及圆亭

图 7-2-48 涛贝勒府假山圆亭及喷泉（图片来源：Chinese Garden）

图 7-2-49 涛贝勒府西楼及平顶敞轩（图片来源：Chinese Garden）

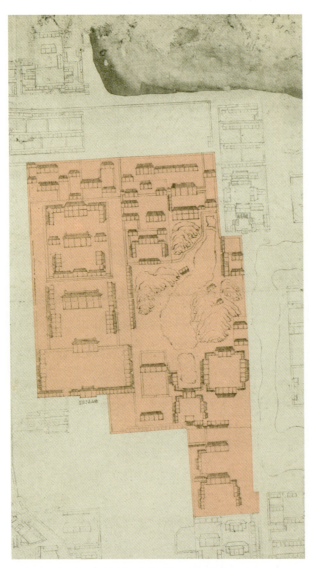

图 7-2-50 乾隆《京城全图》中的固山贝子弘曒府（即今棍贝子府前身）

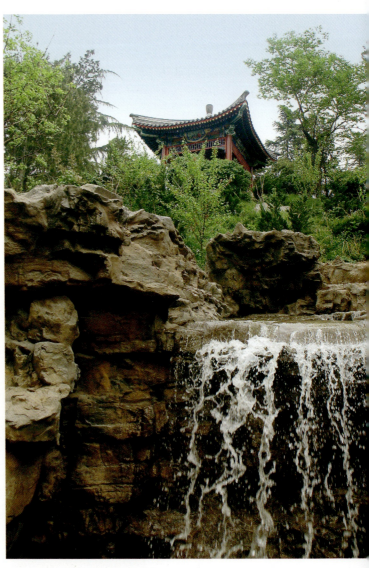

图 7-2-51 棍贝子府花园假山及瀑布

间，亦为前后廊硬山顶。第四进院为一座七间二卷前后廊硬山顶的后罩楼，已改建。

和敬公主为公主中地位最高的固伦公主，其府邸等级应与亲王相同，但实际看来此府比亲王府形制要低。此府在民国时期为一政要之宅，曾经作过一些改动，最大的一处是在庭院正中加了平顶游廊和八角凉亭，使得和敬公主府的庭院别具特色（图7-2-52）。

以上略述内城各类府第之代表。再来看一处位于海淀的王公府第及园林。

十一、海淀礼王府（乐家花园）

乐家花园旧址位于海淀区海淀镇西南（今苏州街路西），原为礼亲王花园（俗称"大观园"），为清太祖次子礼亲王代善的后代所建，约成于康熙年间，是京西海淀地区最早建成的一座王府花园。民国初年，北京同仁堂乐家居此园，因此该园又称"乐家花园"。新中国成立后一度为北京军区八一小学使用，现为白家大院餐厅。

该园南有泉宗庙，北与畅春园仅咫尺之遥，周围山环水绕，稻田千顷，宛如江南水乡景致。花园布局分三部分，即东部宅邸区、中部山林区和西部花园区（图7-2-53）。

原府园大门、二门均坐西朝东，大门位于全园东南角，门临苏州街。今大门不存，二门以及大门、二门之间的廊屋尚存（现辟为美炉村茶室）。

东部宅邸区：现存四进院落，二进院的垂花门颇为精美。现宅邸部分为乐家花园会馆（餐厅）使用，维护较好。

中部山林区：以一组大假山为主体，由青石堆叠的石山和土山相结合，堑道蜿蜒曲折破山腹而出，显示山体的脉络分明。

西部花园区：为全园主体，以叠石造景取胜。园林布局南部严整、北部活泼，以人工叠石将景区自然分割，使得园中有园，小中见大。

园林的主体部分靠南，园门以北为游廊围合的两进院落，呈对称布局，第一进正厅，第二进

图7-2-52 和敬公主府游廊及八角亭（图片来源：《北京四合院》）

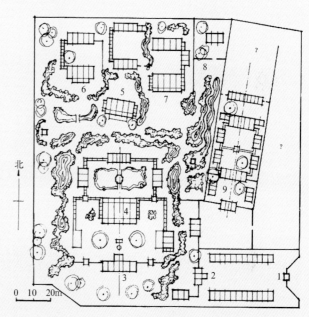

礼王园平面图
1-大门；2-二门；3-园门；4-正厅；5-玉堂富贵；
6-梅香院；7-海棠院；8-山林区；9-邸宅

图7-2-53 礼王园平面图（图片来源：《中国古典园林史》）

水池——这是清代王府花园的典型做法（图7-2-54～图7-2-56）。

园林北部为四座大小不同、形式各异的院落，以假山叠石隔开，空间自由而富于变化。从南部园区的旱树过山洞，有五间卷棚歇山顶殿堂，前出月台，称"玉堂富贵"。月台下东、西各植玉兰一株，故亦称"玉兰堂"。其东北部为"海棠院"，前后庭院中种植西府海棠数十本，并有两座汉白玉雕成的花池，花池栏板雕刻四季花卉；西北部为"梅香院"，

图 7-2-54 礼王园中部水池老照片（图片来源：《失去的建筑》）

图 7-2-57 乐家花园（礼王园）假山现状

图 7-2-55 乐家花园（礼王园）中部水池

图 7-2-56 乐家花园（礼王园）旧影（图片来源：Chinese Garden）

当年遍植腊梅；北部另有一小园。

全园的假山在园林造景和空间分隔上发挥了很大作用——它们或与道路结合，或穿插于建筑之间，形成一个仿佛是发源于山林区的完整的山系，分布于全园之内，加上花木繁茂，交互掩映，极富天然野趣（图 7-2-57）。

注释

① 《清史稿》卷二百一十五。

② 元代分封制度规定诸王出镇各地，元大都城内尽管也有王府，但数量不至于太多；明代诸王府尽建在驻藩地，例如后来的明成祖朱棣在洪武间即被封为"燕王"，在燕京（后来的北京）建有燕王府。永乐十五年（1417年），北京城内修建了规模宏大的"十王邸"（位于今王府井大街南段路东），可能是用作诸藩王奉诏来京时的临时寓所，而非王府。清代吸取了明代皇子分封建藩引起内乱的教训（最典型的即朱棣"靖难之役"的叛乱），将王府建于京城。

③ 12 等级为顺治六年（1649 年）定，再早一些皇太极元年时仅分 9 级，康熙年间又在和硕亲王下增加世子，在多罗郡王下增加长子，共 14 级。

④ 于振生. 北京王府建筑 // 贺业钜等. 建筑历史研究. 北京：中国建筑工业出版社，1992：82-141；冯其利. 寻访京城清王府. 北京：文化艺术出版社，2006：7.

⑤ 《大清会典事例》仅记载郑王府一例逾制:"顺治初年定王府营建悉遵定制,如基址过高或多盖房屋皆以罪。四年,郑亲王营造王府,殿基逾制,又擅用铜狮、龟、鹤,罚银两千两。"参见:王梓.王府.北京:北京出版社,2005:31.

⑥ 由于王府建筑群必须坐北朝南布局,但不是每座王府的占地都能做到南面邻东西向街道或胡同,有时王府是东、西侧邻南北向的街道或胡同,前庭的设置使得不论占地是哪种情况,经过前庭的铺垫和缓冲,最终王府建筑群的中轴线都可以南北向布置。此外,也有一些王府因地段关系不设前庭,大门直接沿街布置,但大门前的街道对面建有巨大影壁,于是影壁与大门构成半开放式的前庭;也有少数王府不设前庭,而在大门内增设二门一座。

⑦ (清)崇彝.道咸以来朝野杂记.北京:北京古籍出版社,1982:96.

⑧ (清)昭梿.啸亭杂录.北京:中华书局,1980:180.

⑨ 贾珺.北京私家园林志.北京:清华大学出版社,2009:455-456.

⑩ 现在府邸部分为国家宗教事务局,不对外开放;花园部分为宋庆龄故居。

⑪ 关于此园始建年代,学术界有不同看法:有人认为花园是乾隆末年建成亲王府时建造的,也有人认为是康熙年间明珠宅的旧园。

⑫ 贾珺.北京私家园林志.北京:清华大学出版社,2009:301.

⑬ 宁郡王府建于雍正八年(1730年),咸丰十一年(1861年)发生"辛酉政变",顾命大臣怡亲王载垣被赐死,清廷诏命改由宁郡王的后人来承袭"世袭罔替"的怡亲王爵位,故此处又改称"怡王府"。

⑭ 可惜此王府现在为某单位占用,不对外开放,不过可由王府西侧西单北大街的商铺俯瞰王府建筑群的西侧面,建筑群屋顶起伏连绵,十分壮伟可观。

⑮ 现在该府前部为中信证券公司使用;后部改造为和敬宾馆。

北京古建筑

第八章 衙署仓房

北京衙署仓房分布图

"都邑为四方归极之所。百司庶府，拱翊宸居，躔次星罗，上符法象。……盖即周礼设官分职以为民极之义也。"

——（清）于敏中等《日下旧闻考》（卷六十二"官署"）

古都北京的衙署与仓库均是保证都城正常运行的重要职能机构或设施，在北京城市规划布局中占据十分重要的地位。

在中国古代城市中，衙署（亦称官署、官衙、衙门等）①是城市中非常重要的职能机构，任何一座城市的规划设计都要首先考虑衙署在城市中的位置。衙署的选址和配置在行政制度制约下，受礼制传统和实用主义的双重影响，一般会在城市中选择地势较高，便于运转的区位来设置，并占据较大的空间。② 北京元、明、清三代，元大都的衙署主要集中在东城，尤其是东城南部（图8-0-1）；明北京的衙署主要分布在内城，其中又集中在千步廊两

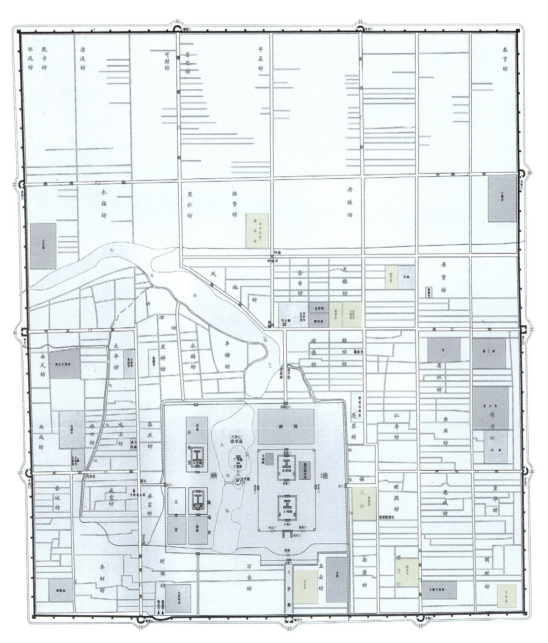

图8-0-1　元大都衙署分布示意图（图片来源：据《北京旧城胡同现状与历史变迁调查研究》图改绘）

侧、皇城北部和东城（图8-0-2）；清北京的衙署布局沿袭明代，且比明代略有缩减，尤其体现在皇城北部和千步廊西侧衙署的裁减上（图8-0-3）。北京作为都城，其规划设计的核心当然是皇城和宫城（即紫禁城），然而衙署同样在规划设计中占据重要地位。特别是位居明清北京城千步廊两侧的一系列中央衙署，即通常所谓"五府六部"，呈现左辅右弼、拱卫都城中轴线的布局，通过千步廊两侧衙署不同寻常的坐西朝东或坐东朝西的布置（建筑群中轴线与北京中轴线御街垂直），形成了如同文武百官东西对列、拱卫皇城帝居的象征意义，是明北京衙署布局中最具重要意义的一笔。

图8-0-2 明北京衙署分布示意图（图片来源：据《北京旧城胡同现状与历史变迁调查研究》图改绘）

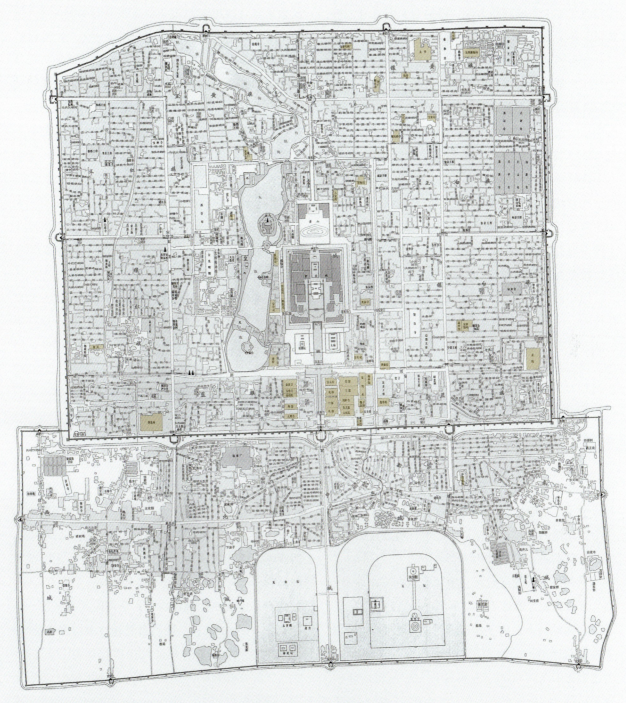

图 8-0-3 清乾隆衙署分布图（图片来源：据《北京旧城胡同现状与历史变迁调查研究》图改绘）

北京城内的衙署包括三类：①管理国家政务的中央机关衙署（以下简称"中央衙署"），分为文职和武职两类；②管理京城事务的地方机关衙署（以下简称"地方衙署"）；③管理宫廷事务的内府衙署（以下简称"内府衙署"）。

再来看仓厂。通惠河漕运一直是北京作为首都重要的物资出入途径，元大都城内仓库位置皆偏于东半城，靠近通惠河方向。明北京城内的仓、厂、库、房种类繁多。明朝因北城墙南移，漕运与旱路进京仍由两厢，故重要仓库多配置在东、西两城的东南部和西北部：东城有新太仓、海运仓、旧太仓、禄米仓、明智坊草场、中府草场、天师庵草场、盔甲厂、台基厂；西城有广平库、太平仓、西城坊草场、安民厂、阜成竹木厂、战车厂、惜薪司北厂、红罗厂、惜薪司西厂、王恭厂（铸锅厂）；外城有抽分厂、琉璃厂、惜薪司南厂。草料场配置在京城西北部，应与草料来自西北有关。清北京较好地解决了与蒙古王公贵族的关系，不需要对蒙古用兵，所以原分布在北京城西的草料场皆裁撤，用作他用（不少成为王府建设的选址）。这些仓厂之中，最具有建筑上的重要性的是一系列仓房，它们是北京古建筑的一个特殊类型。

以下分门别类介绍京城的各类衙署与仓库的典型代表。

第一节　中央衙署

一、概说

（一）元大都中央衙署

元大都的中央衙署最重要者有三：一是中书省，负责行政事务，位于元大都丽正门内千步廊东侧的五云坊；二是枢密院，管理军政，位于皇城萧墙东红门外路南的保大坊；三是御史台，负责监察，位于元大都东南文明门内街西的澄清坊。

其他中央衙署还包括：翰林兼国史院，掌拟诏令、纂修国史，原址不详，至顺二年（1331年）以北中书省地为衙，位于钟楼街西的凤池坊北③；国子监，监理国子学的官署，元大德十年（1306年）创建于孔庙西侧，形成"左庙右学"格局，保存至今，极为难得（详见本书第四章"坛庙建筑"）；太史院，掌天文历数，负责观测天象，编制历书，位于元大都城东南角的明时坊；安置天文仪器的司天台则位于元大都东南角城墙上，即今之古观象台的前身。

（二）明北京中央衙署

明北京中央衙署之设置始于明宣宗宣德年间，按南京皇城制度布置：在承天门（今天安门）外"T"字形宫廷广场千步廊的东、西两侧建主要中央衙署。

宣德元年（1426年）最先建成东侧的鸿胪寺④，掌管朝仪，以适应群臣上朝举行朝会之需。接着建礼部于鸿胪寺西南，紧邻大明门，为的是便于负责祭祀南郊和接待万国朝觐使臣。至明英宗正统年间陆续建成宗人府、吏部、户部、兵部、工部、钦天监、太医院于大明门之东，再东与玉河（亦作御河）之间安排翰林院、会同南馆。⑤

大明门以西，由南至北依次布置前、右、左、中军都督府，其西依次安排锦衣卫、通政使司、太常寺和后军都督府，再西是旗守卫公署。明皇城前安排中央衙署的做法与唐、宋都城一脉相承，但有一个特殊的变更，即属于中央行政机构的六部独缺刑部，其原因是明太祖朱元璋设立了锦衣卫专责皇室警卫，后又赋其监管巡察缉捕刑狱之权，独立于五军都督府之外，权势不受三法司节制。因此，明英宗正统七年（1442年）将三法司即刑部、都察院、大理寺设在皇城外宣武门内大街西侧，遂留下"旧刑部街"之名。⑥

明北京千步廊东、西侧的衙署布局最终呈现为：东侧紧邻千步廊由北至南依次为宗人府、吏部、户部和礼部；向东一区由北至南为兵部、工部、鸿胪寺、钦天监、太医院、御药库；再东一区御河西岸由北而南依次为銮驾库、翰林院、上林苑监、会同南馆。西侧紧邻千步廊由北至南依次为中、左、右、前军都督府；再向西一区由北至南为旗房、后军都督府、太常寺、通政使司和锦衣卫。东侧比西侧多出一路建筑群（图8-1-1）。明代李时勉《皇都大一统赋》云："列大明之东西，割文武而制异。"吏、户、礼、兵、工部及翰林院等属文，设于大明门内千步廊东侧，而中、左、右、前、后五军都督府，刑部，太常寺，锦衣卫等属武，设于西侧。明清两代考中文状元在长安左门即东门揭黄榜，考中武状元则在长安右门即西门揭黄榜。这与紫禁城中文楼（体仁阁）、文华殿在东，武楼（弘义阁）、武英殿在西是一致的，符合中国古代关于阴阳五行的观念。

此外，内阁（大学士值舍）位于紫禁城东南隅（图8-1-2），六科值房位于天安门至午门之间

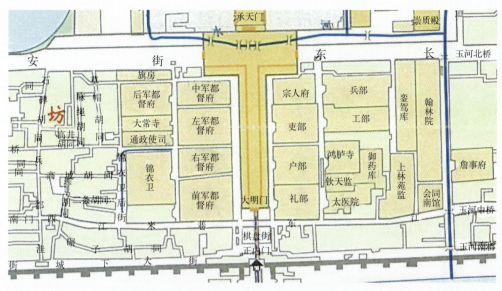

图 8-1-1 明北京中央衙署布置平面图（图片来源：《北京旧城胡同现状与历史变迁调查研究》）

图 8-1-2 紫禁城内阁旧址（现为中国紫禁城学会所在地）

东西两侧连檐通脊的朝房内，其中吏、户、礼三科值房西向，兵、刑、工三科值房东向。⑦ 京城俗谚云："吏科官，户科饭，刑科纸，工科炭，兵科皂隶，礼科看。"六科值房的东西对列某种程度上可以看作千步廊两侧中央衙署布局的继续延伸，共同烘托出帝居的威严。

其他官署，除太仆寺设在皇城西南（今太仆寺街）外，詹事府、光禄寺等机构均在东城。这是由于皇城正门承天门只有大朝会时才开启，平时关闭，参与常朝的官员皆需走东安门和东华门入紫禁城，因此，中央官署多安排在东城。

（三）清北京中央衙署

清代中央衙署的分布基本沿用明朝旧址，而且更向皇城东南部集中，总的数量与规模比明代有所减少，尤其是皇城北部的明代衙署与府库大量裁撤并变作民居。

大清门（原大明门）内千步廊以东衙署基本未变，千步廊以西衙署变动较大：因清朝兵制不同，不设五军都督府，也废除了锦衣卫，所空之地一部分改建民居，另一部分安置从宣武门内刑部街迁过来的三法司：大理寺、刑部、都察院，自南向北依次布置在明朝锦衣卫旧址上。其北是太常寺和銮仪卫。隶属都察院的京畿道御史衙、五城巡城御史，

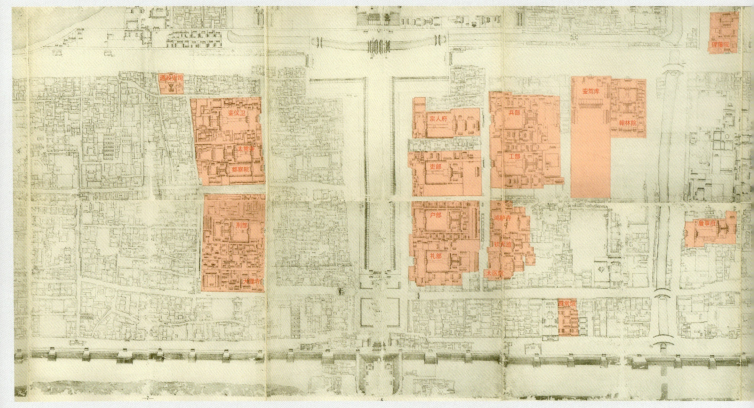

图 8-1-3 千步廊及东西侧衙署图（图片来源：乾隆《京城全图》）

纂修法律的律例馆也相应迁至正阳门内，靠近刑部诸机构。

内阁公署、六科值房、军机处等与皇帝直达机构均仍设在紫禁城内。清代特设理藩院掌管蒙古、西藏、新疆及其他少数民族事务，建于东长安街北、皇城东南角墙外。

二、乾隆《京城全图》中的中央衙署

明清北京千步廊东、西两侧之衙署皆采取东西向布局，东侧衙署一律坐东朝西，西侧衙署一律坐西朝东，二者皆面向天安门与大清门之间的"T"字形宫廷广场，表现出"拱卫皇城"之意——牺牲了坐北朝南的布局而采取东西朝向，可以想见这些衙署建筑其实在功能上是存在较大缺憾的，但是在这个特殊地段，中央衙署建筑群的规划设计从属于整个都城的整体规划，其礼制方面的象征意义要大大高于功能方面的实用性要求——这是千步廊两侧衙署建筑群在北京各类建筑群规划布局中最为特殊的特征。正如《日下旧闻考》卷六十二"官署"一门开宗名义所指出的：

"都邑为四方归极之所。百司庶府，拱翊宸居，躔次星罗，上符法象。……盖即周礼设官分职以为民极之义也。"⑧

北京虽有一些辽代寺庙因为契丹族太阳崇拜的原因而采取坐西朝东的布局，如马鞍山戒台寺之类，但都城内的大型建筑群基本上都尽可能坐北朝南，而千步廊两侧的衙署建筑群为礼制秩序的特殊反映，其面向中央御街左右分列的布局，正是"拱翊宸居"的最形象表现。此外，如銮驾库、翰林院皆坐南朝北，朝向北面的长安街及皇城，同样是拱卫帝居的表现（图 8-1-3）。

有学者整理归纳了清北京城内各类中央衙署的名称、正职官品级以及位于乾隆《京城全图》中的排号，依次列表如下（表 8-1-1，表 8-1-2）。⑨

清北京城内主要中央文职衙署列表　　表 8-1-1

衙署名称	衙署正职官品级	所在区域	在乾隆《京城全图》中的排号
宗人府	地位尊崇，不受品级限定	内城／正蓝旗	10-6
军机处	地位尊崇，不受品级限定	紫禁城内，养心殿南侧	8-6
内阁	正一品	紫禁城内，前朝东南隅	8-6、9-6
吏部	从一品	内城／正蓝旗	10-6
户部	从一品	内城／正蓝旗	11-6
礼部	从一品	内城／正蓝旗	11-6
兵部	从一品	内城／正蓝旗	10-6、10-5
刑部	从一品	内城／镶蓝旗	11-7、10-7
工部	从一品	内城／正蓝旗	10-6、10-5
理藩院	从一品	内城／镶白旗	10-5
都察院	从一品	内城／镶蓝旗	11-7
大理寺	正二品	内城／镶蓝旗	11-7
翰林院	从二品	内城／正蓝旗	10-5
太常寺	正三品	内城／镶蓝旗	10-7
通政史司	正三品	内城／镶蓝旗	10-7
詹事府	正三品	内城／正蓝旗	11-5
光禄寺	从三品	皇城／东	8-5
太仆寺	从三品	内城／正蓝旗	11-4
鸿胪寺	正四品	内城／正蓝旗	11-6、11-5
太医院	正四品	内城／正蓝旗	11-6、11-5
国子监	从四品	内城／镶黄旗	2-4
钦天监	正五品	内城／正蓝旗	11-6、11-5
五城察院（中、东、南、西、北）	正五品	内城／镶蓝旗	11-7、11-9
稽查内务府御史衙门	从五品	皇城／西	6-7
五城兵马司正指挥署（中、东、南、西、北）	正六品	外城	14-6、12-3、13-4 或 13-3、14-11、13-9
神乐署	正六品	天坛西南隅	16-5
和声署	从六品	内城／镶白旗	7-3 或 7-2
五城兵马司副指挥署（中、东、南、西、北）	正七品	中城兵马司指挥署位于外城，其余皆在城外	13-6
总督仓场公署	未见详细规定	外城	12-3
崇文门监督署	未见详细规定	外城	12-3
宝泉局	未见详细规定	内城／镶黄旗	3-3
宝源局	未见详细规定	内城	10-2
五城兵马司吏目署（中、东、南、西、北）	未入流	外城	12-5 或 13-5、13-2、12-5、11-12 或 12-12、13-9

清北京城内主要中央武职衙署列表　　　　表 8-1-2

衙署名称	衙署正职官品级	所在区域	在乾隆《京城全图》中的排号
銮仪卫衙门	正一品	内城／镶蓝旗	10-7
步军统领衙门（九门提督衙门）	从一品	内城／镶红旗	10-10、9-10
镶黄旗满洲都统衙门	从一品	内城／镶黄旗	3-4
镶黄旗蒙古、汉军都统衙门	从一品	内城／镶黄旗	4-4
正黄旗满洲、蒙古都统衙门	从一品	内城／正黄旗	2-8 或 3-8
正黄旗汉军都统衙门	从一品	内城／正红旗	3-11
正白旗满洲都统衙门	从一品	内城／正白旗	5-4
正白旗蒙古、汉军都统衙门	从一品	内城／正白旗	7-3
正红旗满洲都统衙门	从一品	内城／镶红旗	7-11
正红旗蒙古都统衙门	从一品	内城／镶红旗	7-11
正红旗汉军都统衙门	从一品	内城／镶红旗	10-11
镶白旗满洲、蒙古都统衙门	从一品	内城／镶白旗	8-4 或 8-5
镶白旗汉军都统衙门	从一品	内城／镶白旗	7-3
镶红旗满洲、蒙古、汉军都统衙门	从一品	内城／镶蓝旗	10-10
正蓝旗满洲、蒙古、汉军都统衙门	从一品	内城／镶白旗	7-3
镶蓝旗满洲都统衙门	从一品	内城／镶红旗	
镶蓝旗蒙古都统衙门	从一品	内城／镶红旗	9-8
镶蓝旗汉军都统衙门	从一品	内城／镶红旗	
左翼前锋统领衙门	正二品	内城／镶白旗	7-3 或 7-2
右翼前锋统领衙门	正二品	内城／镶红旗	6-11
八旗护军统领衙门（镶黄旗、正黄旗、正白旗、正红旗、镶白旗、镶红旗、正蓝旗、镶蓝旗）	正二品	内城／镶黄旗、正黄旗、正白旗、正红旗、镶白旗、镶红旗、正蓝旗、镶蓝旗	
中营参将署	正三品	外城	13-3
南营参将署	正三品	城外	
北营参将署	正三品	外城	12-10、13-10
中营游击署	从三品	外城	13-6
南营游击署	从三品	外城	14-9
北营游击署	从三品	城外	
值年旗衙门	未见详细规定	内城／镶黄旗	4-5

以下略述乾隆《京城全图》中所见各中央衙署之概略，与大约同时期成书的《日下旧闻考》中"官署"一项可以互为参照。

（一）千步廊以东衙署

1. 宗人府

宗人府署位于千步廊东侧北端，顺治九年（1652年）在明代旧址扩建，"左为经历司，迤南为左司，迤北为右司。又有黄档库、黄档房、银库、玉牒库，并在其后"。[10]

《京城全图》中所见宗人府中路建筑由西向东依次为：大门三间（带八字影壁）、二门三间、坊门三间、大堂五间、二堂五间、三堂五间（带抱厦三间或前有小屋三间）。大门与二门之间南北两侧应为所谓左司和右司。二堂西北侧用围墙隔出一单独小院，内为三间重檐建筑，有学者推测为存放皇家子嗣生辰资料的玉牒库。总占地面积约20清亩。宗人府南、北两侧皆为民居（图8-1-4）。

2. 吏部

吏部衙署在宗人府南侧，"大堂西向，左司务厅，右土地祠。其南为文选、稽勋二司，北为考功、验封二司。又稽俸厅、督催所皆在其左"。[11]

《京城全图》中吏部中路建筑由西向东依次为：大门三间（带八字影壁）、二门三间、坊门三间、大堂五间、穿堂、二堂五间（形成"工"字厅格局），最后还有后堂五间。工字厅北侧的配殿三间可能即"藤花厅"。南、北两路布置其他附属设施。总占地约32亩（图8-1-5）。

吏部紫藤为京城衙署中最著名之园林景致。据明代《燕都游览志》载：

"紫藤花二株，其一在少宰右署中，吴文定公手泽也。其一在司厅左署中。莆田方兴邦古藤记略曰：吏部厅事左署有古藤一株，铁干如椽，两两相比，盘薄轮囷，而枝蔓扶疏，缘揽直上，不知谁所植也。堂上左右厢有藤三株，乃弘治六年长洲吴文定公为

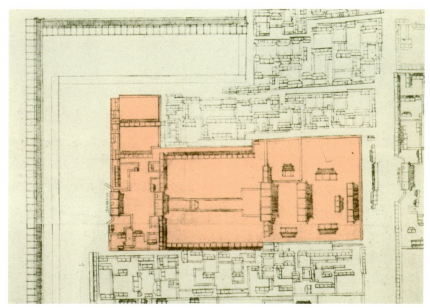

图8-1-4 宗人府（图片来源：乾隆《京城全图》）

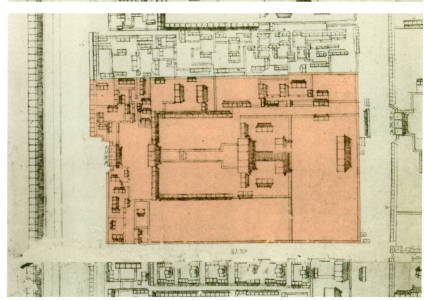

图8-1-5 吏部（图片来源：乾隆《京城全图》）

少宰时手植，于今殆六十余年。围而挈之，不及兹藤三分之二，然则树此者殆百年矣。"⑫

清代乾隆时期，吴宽（文定）手植藤依旧位于"吏部穿堂之右，屋三楹曰藤花厅，乃吏部长官治事之所"。⑬

3. 户部

户部位于吏部南侧，在明代旧址改建，"大堂西向，司务厅在其左，诸司属以次分列。江南、贵州、陕西、湖广、浙江、山东六司在左廊后南夹道内，福建、江西、河南、云南、四川、广西六司在右廊后北夹道内，山西、广东二司在二门外南北向，又有南北档房、饭银处、俸饷处、现审处、督催所、军需局，皆有公廨在署内"。⑭

《京城全图》中户部格局十分清晰：中路建筑群由西向东依次为大门三间，二门三间，大堂、穿堂及二堂形成的工字厅（形制与吏部同），最后建有大型仓库一所，间数不详。

南、北两条东西向的夹道外侧各有六个院落，南夹道以南分布江南、贵州、陕西、湖广、浙江、山东六司，北夹道以北分布福建、江西、河南、云南、四川、广西六司。大门与二门之间院落的南、北两侧分布山西、广东二司及其他附属建筑。总占地约29亩（图8-1-6）。

署内最东端为户部太仓库（亦称大库），专以贮银，又谓之"银库"，始建于明正统七年（1442年），清代沿用，与皇城东安门内缎库、西安门内颜料库合称"三库"。

4. 礼部

礼部位于户部南侧，在明代旧址建，"门左为铸印局，右韩昌黎祠。堂之南旧儒士厅，今改督催所，北为司务厅。仪制、主客二司在左，祠祭、精膳二司在右"。⑮

《京城全图》中礼部建筑群中路与户部接近，不同之处为礼部二门后建有坊门，后部仓库由户部银库变为庖库。大门南、北分别为铸印局和韩昌黎祠，南、北两路分布仪制、主客二司和祠祭、精膳二司。总占地约27亩（图8-1-7）。

5. 兵部

兵部在宗人府东，同样坐东朝西，"大门西向，门内南为会同馆。大堂五楹，武选、职方二司在其南，车驾、武库二司在其北。又司务厅、督催所、稽俸厅皆在大堂左右。二堂五楹，中有照壁，刊周礼大司马法一则，犹明代物。又杨继盛祠在武选司"。⑯

《京城全图》中兵部中路由西向东依次为照壁（左右有值房）、大门三间（带八字影壁）、二门三间、坊门三间，大堂五间、穿堂、二堂五间组成的工字厅，

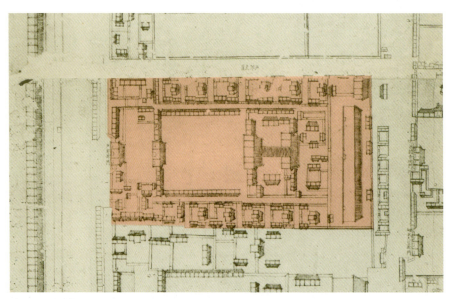

图8-1-6 户部（图片来源：乾隆《京城全图》）

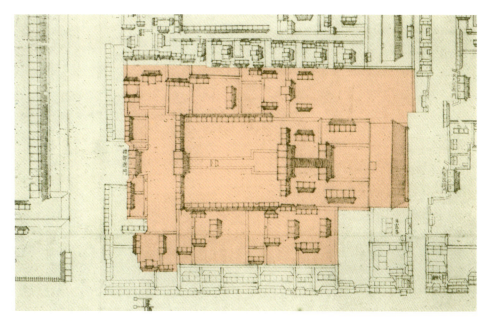

图 8-1-7 礼部（图片来源：乾隆《京城全图》）

后堂五间。南路有会同馆、武选司（内有杨继盛祠）、职方司，北路有车驾司、武库司。总占地约 34 亩（图 8-1-8）。

6. 工部

工部在兵部之南、吏部之东，坐东朝西，"大堂西向。营缮、都水二司在左廊，虞衡、屯田二司在右廊。司务厅在大堂之左，估料所在堂右。堂后为督催所"。⑰

《京城全图》中工部中路由西向东依次为照壁（左右有值房）、大门三间（带八字影壁）、二门三间、坊门三间、工字厅（大堂、二堂均五间）。其堂官视事之所亦曰藤花厅，有藤花类似吏部，只是不及吏部著名。总占地约 32 亩（图 8-1-9）。

7. 鸿胪寺

鸿胪寺在工部之南、户部之东，坐东朝西。《京城全图》中鸿胪寺中路由西向东依次为大门三间（带八字影壁）、大堂三间带左右耳房各二间、二堂三间带左右耳房各二间、后堂三间。总占地约 11 亩（图 8-1-10）。

8. 钦天监

钦天监在鸿胪寺南、礼部之东，坐东朝西，明正统七年（1442 年）建，乾隆三十一年（1766 年）重修。《京城全图》中钦天监中路由西向东依次为大门三间（带八字影壁）、二门三间、工字厅（大堂、二堂均五间）、后堂三间。总占地约 6 亩（图 8-1-11）。正厅前月台上设日晷一座。

9. 太医院

太医院在钦天监南、礼部之东，坐东朝西。《京城全图》中太医院中路由西向东依次为大门三间（带八字影壁）、二门三间、工字厅（大堂、二堂各五间）。总占地约 11 亩（图 8-1-12）。

《日下旧闻考》引《太医院册》称：

"后为先医庙，外门额曰棂星门，内门额曰咸济门，殿额曰景惠殿，供三皇圣像……左右庑列勾芒、风后至王冰各配位，殿旁为省牲房，先医庙外北向者为药王庙，有铜人像，盖明英宗时所修者也。"⑱

10. 銮驾库

銮驾库在兵部、工部以东，坐南朝北，面向长安街，占地东西窄、南北极长。《京城全图》中銮驾库北半部布置少量建筑群，整个南半部为空场。主体建筑包括北端大门三间，正殿（主要大库）为九开间单檐歇山顶，大殿前后各有东、西配殿七间，此外尚有少量小型殿屋（图 8-1-13）。

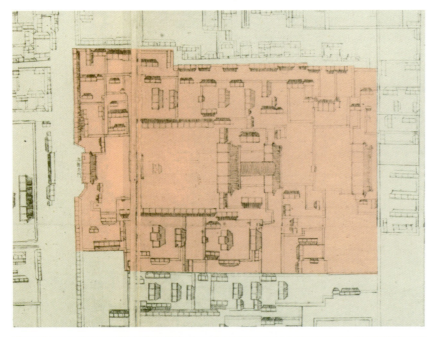

图 8-1-8 兵部（图片来源：乾隆《京城全图》）

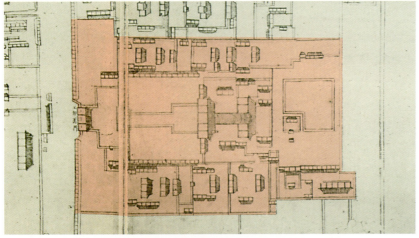

图 8-1-9 工部（图片来源：乾隆《京城全图》）

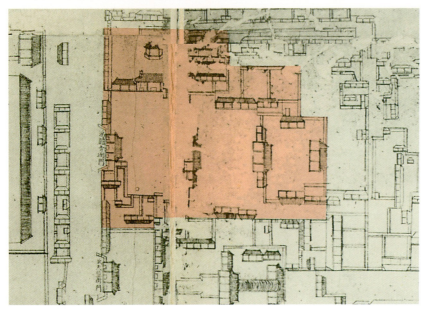

图 8-1-10 鸿胪寺（图片来源：乾隆《京城全图》）

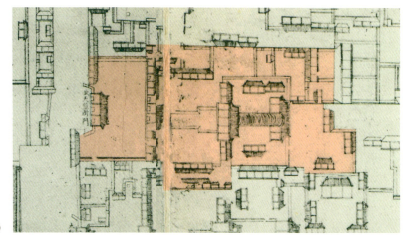

图 8-1-11 钦天监（图片来源：乾隆《京城全图》）

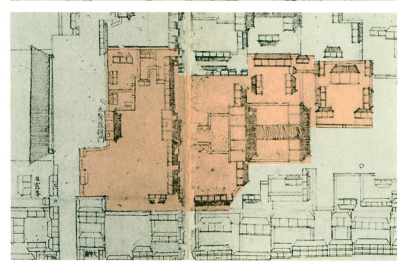

图 8-1-12 太医院（图片来源：乾隆《京城全图》）

11. 骚达子馆

骚达子馆在銮驾库南，《京城全图》中仅绘出边界与大门，未绘内部格局。

12. 庶常馆

庶常馆位于骚达子馆南，直抵内城南墙。《京城全图》中庶常馆左有怡贤亲王祠，右有高丽馆。庶常馆建筑群坐北朝南，分中、东、西三路，中路有大门三间、前厅三间带左右耳房各一间、后堂五间、后楼五间。其中后楼用于贮藏御赐书籍，后堂为教习庶吉士大臣讲课之所，东、西路附属建筑群为庶吉士居所（图 8-1-14）。

13. 翰林院

翰林院在东长安门外，坐南朝北，西为銮驾库，东为御河。"院门北向，第三重为登瀛门。堂五楹，堂西偏为读书厅，东为编检厅，左廊围门内为状元厅，右廊围门内南向者为昌黎祠，北向为土谷祠。堂之后为穿堂，左为待诏厅，右为典簿厅，后为后堂，南向，中设宝座，列御屏，上临幸时所御也。后堂东西屋二楹，为藏书库。院内东偏有井，覆以亭，曰刘井，西偏为柯亭。自后堂而南，门内为敬一亭。……左右碑亭各一……自刘井而东为清秘堂，堂前为瀛洲亭，亭下方池为凤凰池，池南为宝善亭，堂后为成乐轩。自柯亭而西为先师祠，祠南为西斋房，又南为原心亭。"[19]

中路建筑由北而南依次为大门三间、二门三间、登瀛门三间、工字厅（大堂、二堂各五间）和敬一亭五间。东、西路则上文所列厅祠园林俱全。总占地约 20 亩（图 8-1-15）。由图文观之，众衙署之中，翰林院为最具园林幽致和文化气息者。其中东南隅清秘堂、瀛洲亭、凤凰池、宝善亭一区最具园林妙趣。

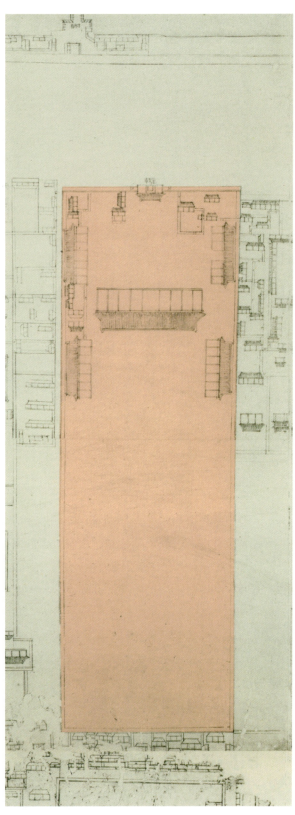

图 8-1-13 銮驾库（图片来源：乾隆《京城全图》）

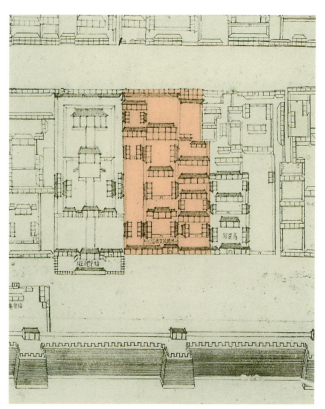

图 8-1-14 庶常馆（图片来源：乾隆《京城全图》）

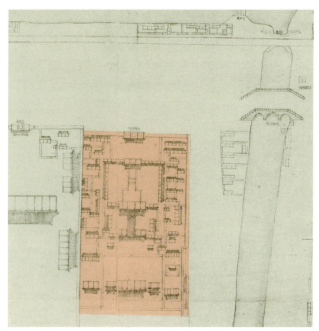

图 8-1-15 翰林院（图片来源：乾隆《京城全图》）

《燕都游览志》载：

"宝善亭，三楹，在翰林院东偏。轩窗虚豁，旁临玉河，环荫乔木，学士大夫静观之所也。"[20]

明清吟咏翰林院林园的诗文极多，其中马祖堂有诗曰：

"视草堂深白昼迟，瀛洲仙子到来时。阁铃不响文书静，相对鳌峰日赋诗。"[21]

14. 詹事府

詹事府在翰林院东南、玉河东岸，坐东朝西，建于明正统七年（1442年），清代仍其旧制，"门内南偏为土地祠。大堂之南厅事左右春坊官居之，北厅事司经局官居之，堂之后为穿堂，又后为退堂。穿堂之南有厅事，为府中官僚视事之所，退堂之后为先师祠，其旁为斋房。祠前古松二株"。[22]

《京城全图》中詹事府中路由西向东依次为大门三间（带八字影壁）、二门三间、工字厅（大堂、二堂均为五间）、先师祠三间带南北耳房各二间。詹事府中轴线在二门与大堂出现了一点错动，可能是地形所限。总占地约19亩（图8-1-16）。

15. 理藩院

理藩院在长安街北、玉河桥东，坐北朝南，为清朝特设，"掌外藩蒙古及喇嘛事，西域平定，凡回部伯克皆隶之"，分典属、王会、旗籍、柔远、徕远、理刑六司。[23]

《京城全图》中理藩院坐北朝南，分中、东、西三路。中路建筑群由南向北依次为大门三间（带八字影壁）、二门三间、大堂五间、二堂门一间、二堂五间。东路有关帝庙，西路有银库。总占地约11亩（图8-1-17）。

（二）千步廊以西衙署

1. 銮仪卫

銮仪卫位于清代千步廊西侧衙署群的最北端，坐西朝东，原为明代后军都督府，清顺治二年（1645年）改建为銮仪卫。《京城全图》中銮仪卫建筑群分中、南、北三路布局。中路由东向西依次为：大门三间（带八字影壁）、二门三间、坊门三间、工字厅（大堂、二堂均为五间）。南、北路为多组院落组成的附属建筑群，西端还有一组梯形院落（图8-1-18）。銮仪卫属下衙署还有内外驾库、钟楼、鼓楼及驯象所。

2. 太常寺

太常寺在銮仪卫南，清代在明代旧址改建，"堂左博士厅，其前有漂牲库、科神祠，右典簿厅，其前有关帝庙及土地神祠"。[24]外有神乐署、牺牲所等附属建筑群。

《京城全图》中太常寺建筑群中路由东向西依次为：大门三间、二门三间、坊门三间、工字厅（大堂、二堂各五间）、后堂七间，最后又有一进院落，正厅五间。大门与二门之间，北侧为漂牲库、科神祠，南侧为关帝庙及土地神祠。总占地约12亩（图8-1-19）。

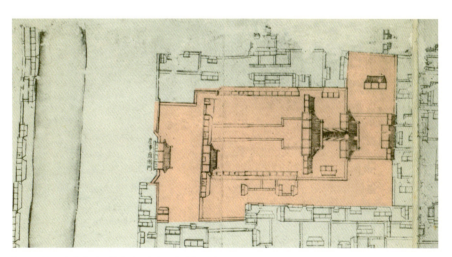

图8-1-16 詹事府（图片来源：乾隆《京城全图》）

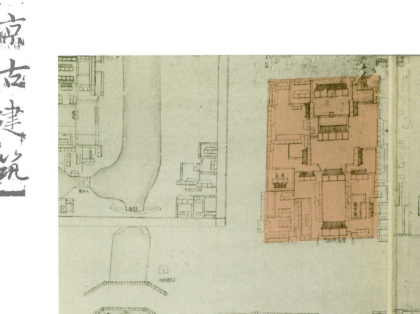

图 8-1-17 理藩院（图片来源：乾隆《京城全图》）

图 8-1-18 銮仪卫（图片来源：乾隆《京城全图》）

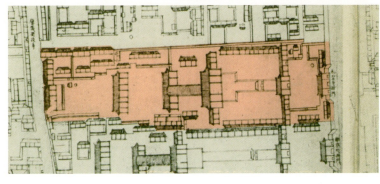

图 8-1-19 太常寺（图片来源：乾隆《京城全图》）

3. 都察院

都察院在太常寺南、刑部北，由明代通政司旧署改建，"京畿署之在大堂右者，即故河南道也。江南、山西二署在堂左廊，浙江、江西、四川、广东、云南、贵州六署在堂右廊，陕西、湖广二署在二门外之左，山东、广西二署在二门外之右，福建道署在内堂。后堂左为经历厅，穿堂之北为都市厅。惟河南道署别在刑部之南，本京畿道署，俗犹呼京畿道胡同云"。㉕

《京城全图》中都察院建筑群中路由东向西依次为：大门三间、二门三间、坊门三间、工字厅（大堂、二堂各五间）、后堂（三堂）七间。两侧附属建筑之内容均可在上文中一一读出。总占地约14亩（图8-1-20）。

4. 刑部

清代刑部在明代锦衣卫旧址建造，"堂东向。直隶、奉天二司在堂左右，左廊湖广、广东、陕西三司，右廊河南、山西、山东、江西四司，及司务厅在二门外。江苏、安徽、福建、浙江、四川、广西、云南、贵州并督捕司凡九，在南夹道内。督催所在江西司稍北。西南西北二隅合置狱，曰南北所，北所围垣东大榆树一株，传为明杨继盛手植云"。㉖

《京城全图》中刑部建筑群中路由东向西依次为：大门三间、二门三间、坊门三间、工字厅（大堂、二堂各五间）、后堂七间。左右廊内置湖广、广东、陕西、河南、山西、山东、江西七司，南夹道南侧置江苏、安徽、福建、浙江、四川、广西、云南、贵州并督捕司共九司。西北隅、西南隅各有状如小城的一区，当是所谓"北所"、"南所"，即国家监狱。"北所"外墙东有传说为杨继盛手植的大榆树。总占地约56亩，为六部之最（图8-1-21）。

5. 大理寺

大理寺在刑部南，传为明南镇抚司故址改建。《京城全图》中大理寺中路由东向西依次为：大门三间（带八字影壁）、大堂三间前出抱厦一间，二堂三间。总占地约5亩（图8-1-22）。

6. 通政史司

通政史司位于銮仪卫西北，坐南朝北，面对长安街，中轴线由北向南依次为大门三间（带八字影壁）、二门三间、大堂三间、二堂三间（呈工字厅），东、西路布置附属设施。总占地约6亩（图8-1-23）。

综上所述，千步廊两侧中央衙署建筑群其实可看作是一系列具有"标准格局"的整体设计，每座衙署的中轴线上依次布置大门三间（带八字影壁）、二门三间、坊门三间，大堂、二堂各五间（二者由穿堂相连呈工字厅格局），三堂（后堂）。中轴线主建筑两侧配置南、北庑，南、北配房。除了中路礼制建筑群，南、北路为其他附属建筑群，布置衙署各类职能建筑和一些特殊庙宇如土地祠、关帝庙等，有时中路建筑群以南北夹道与南北路建筑群隔开。

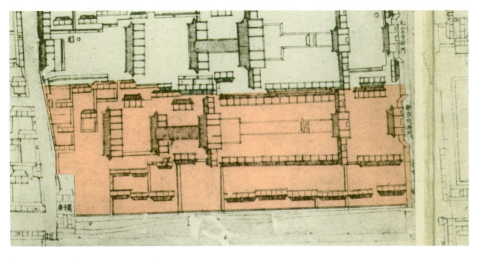

图8-1-20 都察院（图片来源：乾隆《京城全图》）

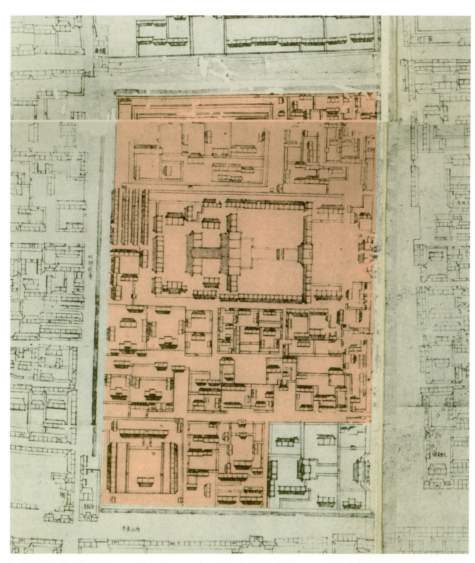

图 8-1-21 刑部（图片来源：乾隆《京城全图》）

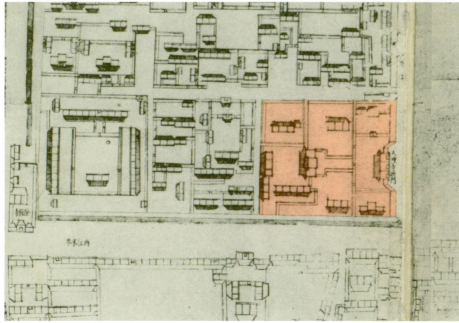

图 8-1-22 大理寺（图片来源：乾隆《京城全图》）

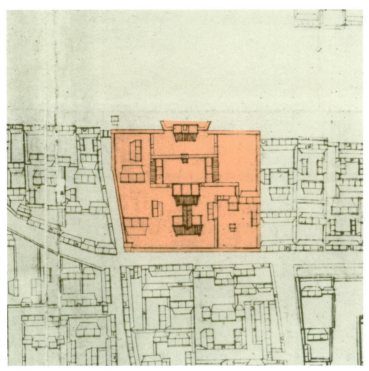

图 8-1-23 通政史司（图片来源：乾隆《京城全图》）

图 8-1-24 曲阜孔府大堂穿堂内景

在这一标准格局下，各衙署建筑群布局大同小异，有的规模小一些的不具南北路，有的省去坊门、后堂，有的根据地形有一些因地制宜的微小变化。总体来看，中央衙署建筑群比较千篇一律，唯独一些特殊的园林化处理使得某些衙署别具一格，如吏部的紫藤或者翰林院的园林。

中央衙署的另一个重要特点是大堂、二堂保存了工字厅或曰工字殿的古制。北京金元的宫殿主殿皆是工字殿布局（紫禁城的文华、武英二殿还是工字殿形制），考古显示元代院落式民居正房也有工字厅布局，北京的著名道观——东岳庙的主殿也难得地保留了此种形制。工字殿在明清北京城中最多地保留在衙署建筑群之中，千步廊两侧几乎每座中央衙署的正堂都是工字厅布局，可惜没有一座得以保存下来。今天我们可以在一些地方衙署看到这样格局的遗例，比如曲阜孔府的正堂（图 8-1-24）。

（三）其他

1. 光禄寺

光禄寺位于皇城东安门内西北，《京城全图》中光禄寺部分损毁严重，难知其详，所幸明《光禄寺志》略载其布局：

"光禄寺大门内左为茶叶库月进房，右为钱钞库月进房。北为仪门，中为均节堂。堂左为典簿厅，堂后有穿廊，北为后堂。穿廊旁左为钦录厅，右为小轩，后堂北为库楼，堂之左为和衷堂，堂之右有银库。良酝署、大官署俱在寺之东偏。鹅池鹅仓在其后，掌醢署、珍馐署俱在寺之西偏，后有天鹅池、盐库……"㉗

从中可知光禄寺一如其他中央衙署，中路有大门、坊门、工字厅、库楼，东、西两路有良酝署、大官署、掌醢署、珍馐署等附属建筑群（图 8-1-25）。

《日下旧闻考》引《耳谈》称："光禄寺有铁力木酒榨，相传籍没沈万三家物。每榨用米二十石，得汁百瓮。"㉘

2. 太仆寺

太仆寺位于詹事府东南、内城南墙北侧，"堂三楹，东有当月印房、土地祠、文昌阁，西有主簿厅、茶房"。

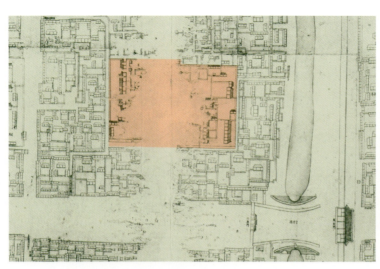

图 8-1-25　光禄寺（图片来源：乾隆《京城全图》）

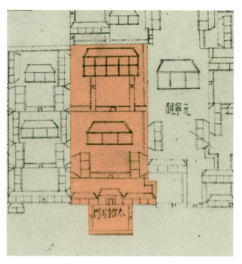

图 8-1-26　太仆寺（图片来源：乾隆《京城全图》）

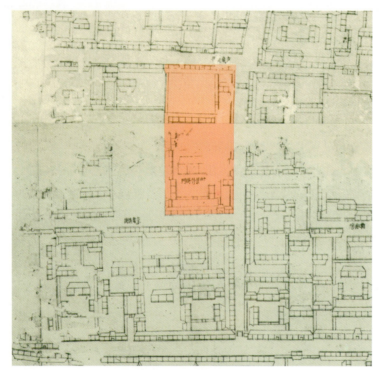

图 8-1-27　九门提督衙门（图片来源：乾隆《京城全图》）

《京城全图》中的太仆寺坐北朝南，中轴线上由南向北依次有照壁、大门三间、大堂三间及后部二层五间大库。总占地约2亩（图8-1-26）。

3. 步军统领衙门（九门提督衙门）

负责京城治安的步军统领衙门（亦称九门提督衙门）位于京畿道街，占地约4.6亩，坐北朝南，大门位于东南角，二门内有正堂三间，东、西配房各三间，带有后院，规模如同四合院民居（图8-1-27）。

4. 八旗都统衙门

八旗都统衙署分布在京城各处，规模与步军统领衙门相若，大多数正堂三间，但也有正白旗汉军衙门，正黄旗汉军衙门，正蓝旗满洲、汉军衙门等正堂五间（图8-1-28）。

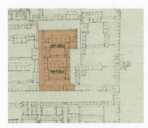
正白旗蒙古、汉军都统衙门

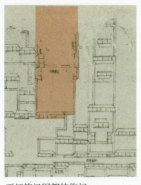
正红旗汉军都统衙门

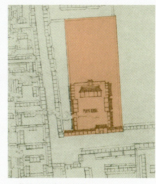
正黄旗汉军都统衙门

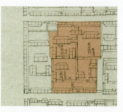
正蓝旗满洲、蒙古、汉军都统衙门

镶白旗汉军都统衙门

镶红旗满洲、蒙古、汉军都统衙门

镶黄旗满洲都统衙门

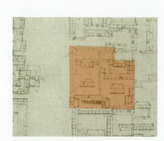
镶黄旗蒙古、汉军都统衙门

图8-1-28 八旗都统衙门（图片来源：乾隆《京城全图》）

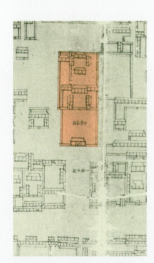

图8-1-29 中营参将署（图片来源：乾隆《京城全图》）

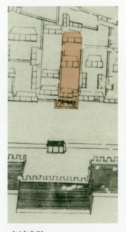
东城察院

南城察院

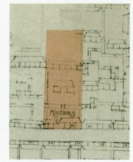
西城察院

中城察院

图8-1-30 五城察院（御史衙门）（图片来源：乾隆《京城全图》）

5. 中营参将署

中营参将署位于崇文门外抽分厂，坐北朝南，中轴线上有大门三间、大堂五间、二堂三间、三堂三间（图8-1-29）。

6. 五城察院（御史衙门）

五城察院（御史衙门）中除了北城察院，其余四处在《京城全图》中均能找到。其中东城察院有照壁、大门三间、大堂三间、二堂三间；南城察院有照壁、大门三间、二门、大堂五间及后罩房；西城察院大门如民居大门位于东南隅，二门内有大堂三间和后罩房；中城察院有照壁、大门三间、二门和大堂五间（图8-1-30）。

7. 稽查内务府御史衙门

稽查内务府御史衙门位于陟山门街北，坐北朝南，中轴线上建有大门三间、二门、大堂五间、二堂门、二堂五间，左右配房完整（图8-1-31）。

8. 五城兵马司正指挥署

五城兵马司正指挥署皆分布在外城，占地规模约1.1～1.4亩，二至四进院落不等（图8-1-32）。

9. 驯象所

驯象所在宣武门内西北侧，隶属于銮仪卫，因为大象是皇家仪仗队（卤簿）的重要成员。《野获编》称："凡大朝会，役象甚多，驾辇、驮宝皆用之。若常朝，则只用六只耳。"《露书》称："今朝廷午门立仗及乘舆卤簿皆用象，不独取以壮观，以其性亦驯警不类他兽也。象以先后为序，皆有位号，食几品料。每朝，则立午门之左右。驾未出时，纵游齕草。及钟鸣鞭响，则肃然翼侍。俟百官入毕，则以鼻相交而立，无一人敢越而进矣。朝毕则复如常。"㉙可见皇帝的仪仗队偏爱使用大象，一则为壮观瞻；二则大象生性驯警超过其他动物，在象奴的训练之下更加乖巧。在《康熙南巡图》等历史画卷中可以清晰地见到大象在皇家卤簿中的位置。

《京城全图》中的驯象所占地广袤，中央散布五座大型象房，五至八间不等，尺度明显大于周边民居乃至公共建筑，算是古都北京十分特殊的建筑类型。地段北部有衙门、米仓、城隍庙等建筑群（图8-1-33）。

三、典型实例

近现代以来，中央衙署，特别是千步廊两侧的核心衙署全都湮灭无存。如今有幸留存下来的最具代表性的中央衙署是国子监（见本书第四章）、清末太医院、镶红旗满洲都统衙门、清内务府御史衙门、总理各国事务衙门、清学部、古观象台等，以下略述之。

（一）清末太医院

因《辛丑条约》签订，东交民巷被划为使馆区，故原本位于千步廊东侧、礼部以东的太医院衙署被迁往地安门东大街新址（今地安门东大街113～117号），利用原吉祥寺东院僧寮杂房隙地建新署。

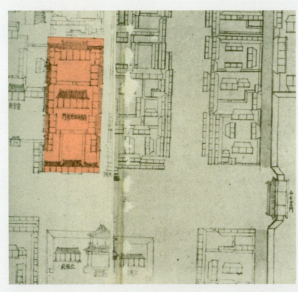

图8-1-31 稽查内务府御史衙门（图片来源：乾隆《京城全图》）

北城兵马司正指挥署

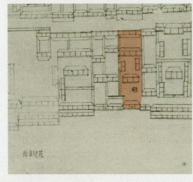

东城兵马司正指挥署

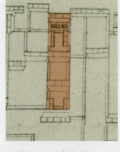

西城兵马司正指挥署

中城兵马司正指挥署

图8-1-32 五城兵马司正指挥署（图片来源：乾隆《京城全图》）

清末太医院原有坐北朝南的中、东、西一、西二四路院落，每路各有三进院落，规模颇为可观（图8-1-34）。中路原有大门、仪门、正堂、二堂及东西庑等建筑，现大门、仪门、大堂所在主要院落已不存，改建为楼房，二堂及东西庑均保留着原有建筑，现为民居。

西一路、西二路原为乾隆时期的吉祥寺，乾隆《京城全图》中西二路标注有"吉祥寺"字样，后改建为太医院附属的先医庙和药王庙，现为民居，格局尚存，尤其是西一路北部大殿三皇殿保存较完好，面阔三间，前后廊，单檐歇山顶，斗栱、梁枋彩绘犹存，为太医院遗存中形制最高的殿宇（图8-1-35）。东路院落为药房和管理用房，现亦为民居。

（二）镶红旗满洲都统衙门

清雍正朝之前，八旗各旗都统办公均在各自家宅中。直至雍正元年（1723年），为了适应统治需要，正式在京师设立八旗都统公所衙门，统领各地的八旗军民。《日下旧闻考》引《八旗册》称：

"八旗都统衙门，镶黄旗满洲都统署在安定门大街交道口，蒙古都统署在北新桥南大街，汉军都统署在安定门大街。正黄旗满洲都统署在德胜桥南，蒙古都统署在德胜门大街石虎胡同，汉军都统署在西直门丁家井。正白旗满洲都统署在朝阳门老君堂胡同，蒙古都统汉军都统署俱在东四牌楼南报房胡同。正红旗满洲都统署在阜成门锦石坊街，蒙古都统署在旧在巡捕厅胡同，今移水车胡同，汉军都统署在宣武门内鹫峰寺街。镶白旗满洲都统署在灯市口大街，蒙古都统署在王府大街甘雨胡同，汉军都统署在灯草胡同。镶红旗满洲蒙古汉军都统署皆在石驸马大街。正蓝旗满洲蒙古汉军都统署皆在崇文门内灯市口本司胡同。镶蓝旗满洲都统署在华嘉寺胡同，蒙古都统署在宣武门内西单牌楼太仆寺街，汉军都统署在堂子胡同宽街。"[30]

镶红旗满洲、蒙古、汉军都统衙门，于雍正元年（1723年）设立，最初位于石驸马大街南侧。雍正六年（1728年），三旗都统衙门迁至石驸马大街北，

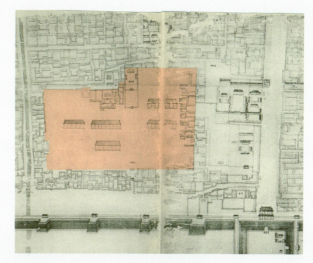

图8-1-33 驯象所（图片来源：乾隆《京城全图》）

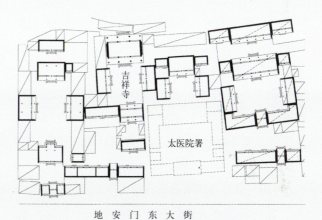

图8-1-34 清末太医院平面图（图片来源：《东华图志》）

图8-1-35 清末太医院三皇殿

即今新文化街 137 号处，当时计有官房一所，共 104 间。《京城全图》中的镶红旗满洲、蒙古、汉军都统衙门在石驸马街北，坐北朝南，分东、西两路，东路前两进院落为满洲衙门，北侧一进院为蒙古衙门，西路四进院落为汉军衙门。

光绪中期，蒙古和汉军衙门迁出，此处仅余满洲衙门。民国时期，此处曾为"八旗王公世爵清理京兆旗产代办处"，后又改为文兴小学。新中国成立后，文兴小学并入新文化街二小，此处改为民居。建筑群坐北朝南，正门中开，二进院落，有前厅、后厅和前后东西厢房。后厅因存放粮食，体量高大。1995 年，前厅因破损严重而翻建，样式已改，后厅挑顶，屋面改为板瓦。修缮时后厅正脊处曾发现乾隆铜钱。目前加建房屋较多，建筑格局及风貌已失，部分房屋换了新瓦，而且改造了室内外的装修（图 8-1-36）。

（三）清内务府御史衙门

清内务府御史衙门位于陟山门街 5 号院，原名稽查内务府御史衙门，清雍正四年（1726 年）设立，是清代负责监督官员的机构。建筑群坐北朝南，二进院落，大门面阔三间。现保存尚好。

（四）总理各国事务衙门

总理各国事务衙门位于北京东城区东堂子胡同，原为清一等超武公赛尚阿的宅第，后改铁钱公所。1860 年《北京条约》签订后，清政府为办洋务及外交事务而特设总理各国事务衙门，1862 年正式设立。衙门负责外交事务，兼管通商、海防、关税、路矿、邮电、军工、同文馆和派遣留学生等，具有一定的近代色彩，逐渐成为晚清最有实权的政府机构。光绪末年改为外务部，民国初年又改称外交部。同治年间，在院内设"同文馆"，挑选八旗子弟学习外语，这是我国第一所外语学校，称东所。1875 年，西院改建为出使各国大臣留住，也是各部院大臣接见各国大臣的地方，称西所。

目前只剩下两个院子还比较完整：西院有入口大门，大门左右分别有倒座房两间和三间，院内有正房五间，前后廊，前出抱厦一间，大门与正房之间有一条通长游廊。院西有厢房五间。东院与西院相通，沿街原有南房一座，现已被拆改。院中正房五间，东、西厢房各三间。在老照片中可以见到总理衙门的坊门，为一座三间三楼式木牌楼，匾额书"中外禔福"，留下了北京中央衙署中轴线上坊门的难得的视觉资料（图 8-1-37）。

（五）清学部

清学部旧址位于教育街 1、3 号，原为镇国公全荣府。全荣为敬谨亲王尼堪后裔，尼堪是清太祖长子褚英之三子，清顺治六年（1649 年）晋敬谨亲王。镇国公府坐北朝南，东、西二院并列。东院府门五间，二门内有东、西配楼，正堂三间带左右耳房，后堂三间，东、西配房各三间。西院府门三间带左右顺山房，前堂三间，后寝三间，并有后罩楼。

光绪三十一年（1905 年）设清学部在此，清学部是清末为取消科举而建立的主持全国学政的衙署

图 8-1-36　镶红旗满洲都统衙门

图 8-1-37　总理各国事务衙门旧影（图片来源：《东华图志》）

机构，分设五司（总务、专门、普通、实业、会计）、十二科。辛亥革命后改学部为教育部。现在东院（1号院）保存尚好，有三进院落（图8-1-38），西院（3号院）为武警使用。

（六）古观象台（隶属钦天监）

北京古观象台址，元代时为太史院，掌天文历数，负责观测天象，编制历书，位于元大都城东南角明时坊，安置天文仪器的司天台位于大都城东南角城墙之上。

这座观象台是现今世界上使用时间最长的观象台，其保存的大型古天文仪器不仅数量最多而且最为完整，在过去的五百多年中，保持了不间断地天文观测记录，积累了大量的资料和数据。古观象台不仅进行天文观测，还进行气象观测。它保存了自清雍正二年（1724年）至光绪二十八年（1902年）近180年中每天的气象资料，是世界上现存最早的气象观测记录。

观象台建于明正统七年（1442年），利用元大都城东南角楼改建，清代沿袭明制。北京地区设有天文台的历史很长，金代即袭宋制，设太史局、候台。元初仍沿用金旧制，元世祖至元十六年（1279年）由王恂、郭守敬等人制造了更新的天文仪器，又建了一座司天台。元末明初，司天台毁于战乱。明成祖迁都到北京后，在皇城西部建宫廷观象台——灵台。直到正统七年（1442年）才建了新观星台，这就是古观象台的前身。弘治十四年（1501年）改造观星台浑仪及简仪。崇祯三年至八年（1630～1635年），徐光启等人制造了象限仪、纪限仪、平悬浑仪、交食仪、列宿经纬天球、五国经纬地球、平面日晷、候时钟、望远镜等仪器，使天文观测水平大大提高。清代，观星台改称为观象台，隶属钦天监。康熙十二年（1673年），比利时传教士南怀仁受命采用西方制度设计督造了天体仪、赤道仪、地平经仪、地平纬仪、黄道仪、纪限仪等六件大型仪器，置于

图8-1-38　清学部旧址

台上。康熙五十四年（1715年）造地平经纬仪，乾隆九年（1744年）造玑衡抚辰仪，改刻度制式。清代所铸铜制仪器造型高大美观，雕饰细腻流畅，形象生动，是我国古代天文技术与铸造技术的完美结合（图8-1-39）。

1900年，"八国联军"洗劫观象台，后迫于舆论压力和我国人民的要求，陆续归还劫掠的仪器。我国又将清制八件仪器全部按原布局安于台上，而明制两件则安置于台下紫微宫两侧，左为浑仪，右为简仪。1911年辛亥革命后，观象台改称中央观象台，隶属教育部。1929年改称国立天文陈列馆，只做气象工作，结束了近五百年连续观测天文工作的历史，于1933年将部分仪器迁到南京紫金山天文台。新中国成立后，有关部门对古观象台进行多次修缮，1955年交北京天文馆使用。1956年5月1日辟为"北京古代天文仪器陈列馆"，对外开放。

现存观象台为一砖砌高台建筑，系1980年重新修复，台内改为二层空间，外形仍保持原状，总高度为14米，东西长约24米，南北宽20余米。拾级而上，正对台阶有新建悬山房三间，台上架起铁制台子，在南、西、北三面陈列八件大型铜制仪器，每件仪器又有汉白玉雕石座，纹式各不相同。台下西部为一组灰瓦大式建筑群，通名紫微殿。主殿面阔五间，悬山顶，前有月台，月台东南角安放简仪，西南角安放浑仪。主殿之东西各有悬山耳房三间，东耳房为"壶房"，名浮漏堂，内设测时之铜壶滴漏。主殿之东西各有悬山厢房五间，东厢房为测量所。正南悬山大门三间，两侧硬山耳房各三间，又接顺山房各三间。院外东南角另有三间悬山小殿为晷影堂，原来有铜圭铜表，是测量夏至、冬至日射角的场所。根据紫微殿各主要建筑的比例、式样分析，仍属明代建筑，在清乾隆九年（1744年）重修（图8-1-40）。

图8-1-39　古观象台顶部陈设的仪器

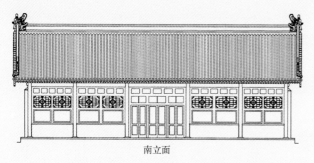

图 8-1-40 北京古观象台紫微殿立面图（图片来源：《东华图志》）

第二节 地方衙署

一、概说

元大都的城市管理机构均安置在市中心的中心阁（大致在今鼓楼位置）以东，便于控制四方，包括大都路总管府、巡警院（分左、右两院）等。

明北京最主要的地方衙署——顺天府署设在交道口十字路口西北原大都路总管府旧址，下辖大兴、宛平二县。清代沿袭之。

大兴县署在交道口十字路口东南教忠坊，宛平县署在积庆坊皇城地安门迤西大街路北。

清北京城内主要地方衙署列表　　表 8-2-1

衙署名称	衙署正职官品级	所在区域	在乾隆《京城全图》中的排号
顺天府署	正三品	内城/镶黄旗	3-5、3-4、2-5、2-4
宛平县署	正五品	内城/镶黄旗	3-4
大兴县署	正五品	内城/正黄旗	4-7

二、典型实例

（一）顺天府署

顺天府署为元代大都路总管府治和明、清两朝顺天府治所在地，是管理京师以及附近州县的行政机构。以清乾隆朝为例，顺天府统管大兴、宛平二京县和另外22个州县。对应国家的六部机构，顺天府设有吏、户、礼、兵、刑、工六房。顺天府管理京畿，地位非常重要，被定为正三品衙门。㉛

据《王直重修顺天府记》、乾隆《京城全图》及光绪《顺天府志》等文献，可大致了解顺天府建筑群格局（图 8-2-1）："门三重，堂五楹。堂后为内宅，宅西北为演耕所。大门内东为土谷祠，西为包公祠。土谷祠后折而东北为府丞署。治中署在堂后内宅门东，通判署在大门内东隅，经历署在西隅，其西北为照磨署，北为司狱署"；"正堂、后堂各五间，中堂三间……前为大门，凡三重，各三间。"㉜

顺天府署占地约80亩（约5333平方米），为京城所有衙署之冠，这是由于顺天府署作为地方衙署，除了办公职能，还是署中大小官吏的居住之所。

现在顺天府署唯一的遗存是面阔五间的顺天府大堂。大堂前后出廊，悬山顶，两端为五花山墙。清代该堂为提审犯人之所，上悬"肃清畿甸"匾额（图 8-2-2，图 8-2-3）。

（二）大兴县署

顺天府署治下的大兴县署和宛平县署为地方衙署的重要代表。《日下旧闻考》载："大兴县署在安定门迤南教忠坊，南向，自大门、仪门、大堂、二堂至署内，共六层。监狱、土地祠在大门内，有县丞、典史署。"

《京城全图》中大兴县署为中、东、西三路布局，中路六层殿宇一如上文所述（图 8-2-4）。

（三）宛平县署

《日下旧闻考》载："宛平县署在地安门外迤西积庆坊，南向。自大门、仪门、大堂、二堂至署内，共六层。监狱在大门内西，县丞署在大门内，典史署在仪门东。"㉝

《宛署杂记》称："县署设北安门之西，中为节爱堂，堂东为幕厅，西为库，后为见日堂，各三楹。循两阶而前为六房，东曰吏房，曰户房，曰粮科，曰匠科，曰马科，曰工南科；西曰兵北科，曰兵南科，曰刑北科，曰刑南科，曰工北科，曰铺长司，曰架阁库，曰承发司。……堂前为露台，为甬道，为戒石亭，为仪门。其外，东为土地祠，西为狱，又前为大门，以其面皇城而治也，故不敢树塞云。见日堂后为知县廨，又后为官仓，三堂，东为粮马县丞廨，

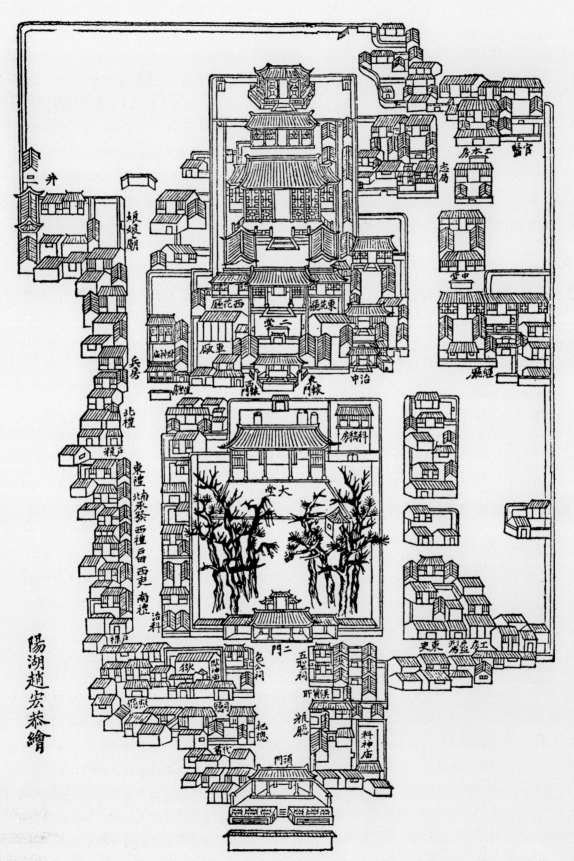

图 8-2-1 清光绪《顺天府志》中的顺天府署全图

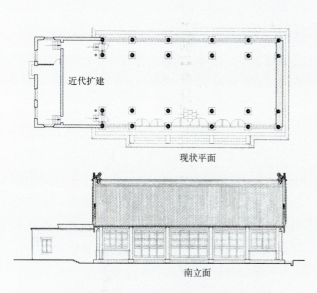

图 8-2-2 北京顺天府大堂平、立面图（图片来源：《东华图志》）

图 8-2-3 顺天府大堂（图片来源：袁琳摄）

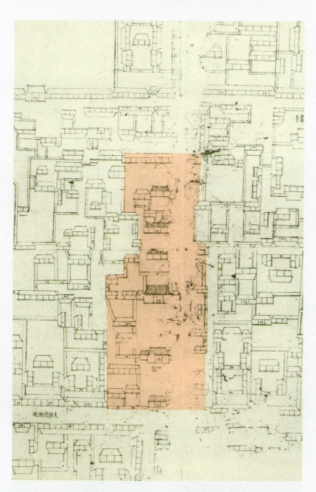

图 8-2-4 大兴县署（图片来源：乾隆《京城全图》）

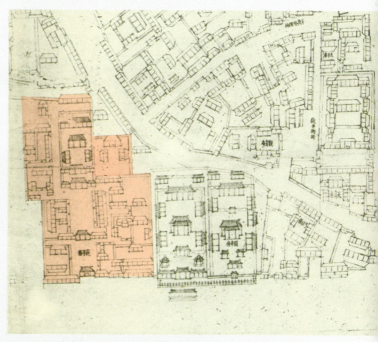

图 8-2-5 宛平县署（图片来源：乾隆《京城全图》）

迤南为典史廨，堂西为军匠县丞廨，稍前为管屯主簿廨，吏廨无定所，时补各官廨之空地云。"㉞

《京城全图》中宛平县署为中、东、西三路布局，中路六层殿宇一如上文所述，总占地约11亩。宛平县署东侧为贤良祠及关帝庙（图8-2-5）。

第三节 内府衙署

一、概说

明代在皇城内分布大量内府衙署，由宦官主持，包括所谓十二监、四司、八局，统称二十四衙门。

十二监有位于皇城北部的内官监、司设监、尚衣监、司礼监、都知监、印绶监、御马监，皇城东部的尚膳监，皇城西南部的神宫监、尚宝监、御用监、直殿监。四司为皇城东部的混堂司，皇城东北部的钟鼓司，皇城西南部的宝钞司，皇城西北的惜薪司。八局为皇城东北部的巾帽局、针工局、酒醋面局、内织染局、司苑局、火药局，皇城中部的兵仗局，皇城西南部的银作局。

清代改革明代内官监司之弊，设内务府衙门。内务府署位于紫禁城西华门内、右翼门之西，共有房舍43间。乾隆《京城全图》中可以看到内务府的清晰格局，包括府北的造办处和冰窖等用房（图8-3-1）。据《日下旧闻考》载：

"内务府衙门，国初置设，凡内府诸事总隶之。顺治十一年，分置十三衙门，仍以内府人员管理，曰司礼监、尚方司、御用监、御马监、内官监、尚衣监、尚膳监、尚宝监、司设监、兵仗局、惜薪司、钟鼓司、织染司，尚沿明代旧名。十二年，改尚方司为尚方院。十三年，改钟鼓司为礼仪监，尚宝监为尚宝司，织染司为经局。十七年，改内官监为宣徽院，礼仪监为礼仪院。十八年，裁十三衙门，仍置内务府，以兵仗局为武备院。康熙十六年，尽汰旧时名目，改为七司三院，而以内府大臣统之，遂为定制云。"㉟

总体看来，清代至康熙十六年（1677年），简化了明代二十四衙门繁复的内府衙署，留下了七司三院归内务府统辖的新制。七司包括：广储司、会计司、掌仪司、都虞司、慎刑司、营造司、庆丰司；三院包括：武备院、上驷院、奉宸院（苑）。《内务府册》称："内务府凡三院、七司，掌内府财用出入及祭祀、宴飨、膳羞、衣服、赐予、刑罚、工作、教习诸事。"㊱以下略述之。

（一）广储司

广储司旧署在紫禁城西华门内，白虎殿东配房，后屡有迁移，乾隆《京城全图》中广储司位于内务府西侧，有屋舍17间。

广储司属下有银、皮、瓷、段（缎）、衣、茶六库，为内府库藏总汇之所，即明代之御用监。银库在太和殿旁弘义阁内，皮库在太和殿西南角崇楼（图8-3-2）及保和殿东配房，瓷库在中右门外迤西之西配房及武英殿前影壁后连房，缎库在太和殿旁体仁阁（图8-3-3）及中右门外西配房，衣库在弘义阁南之西配房，茶库在右翼门内西配房及太和门内西偏南向配房、中左门内东偏配房。

太和殿两侧体仁阁、弘义阁及崇楼均雕梁画栋，华丽之极，很少有人能想到其实际功能是皇家的库房，足见它们也都是礼制要求远远大于实际功能的建筑。

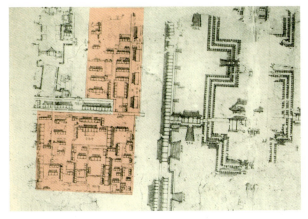

图8-3-1 位于紫禁城太和殿西侧、武英殿北侧的内务府、造办处及冰窖（图片来源：乾隆《京城全图》）

图8-3-2 紫禁城三大殿西南角崇楼（皮库）

图 8-3-3 紫禁城体仁阁（缎库）

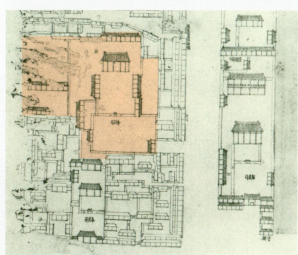

图 8-3-4 会计司（图片来源：乾隆《京城全图》）

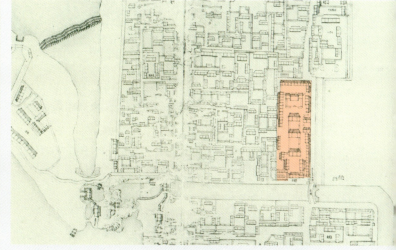

图 8-3-5 掌仪司（图片来源：乾隆《京城全图》）

（二）会计司

会计司署在西华门外北长街，坐西朝东，前后五重，共有房舍40间。掌管内府户口、地亩、征收庄粮等事，即明代之内官监（图8-3-4）。

（三）掌仪司

掌仪司署在西华门外南长街织女桥，坐北朝南，后有观象台，共有屋舍70余间，掌管内府之典仪，即明代之钟鼓司。《京城全图》中掌仪司坐北朝南共有五进殿宇，格局严整，总占地约5.3亩（图8-3-5）。

（四）都虞司

都虞司署在西华门外路北，坐北朝南，五重殿宇，共有屋舍40间，其东为箭亭，内府大臣挑甲验看于此。都虞司掌管升补武职咨行俸饷及供应畋渔等事，及明代尚膳监。《京城全图》中都虞司位于西华门外西北，中轴线上依次有大门、二门、正殿和后楼，东南隅有官厅两进（图8-3-6）。

（五）慎刑司

慎刑司署在西华门外北长街之北，坐西朝东，三重殿宇，共有屋舍53间，掌管内府之刑罚，即明之尚方司。《京城全图》中慎刑司在北海团城东南、紫禁城西北，坐西朝东，分南北两路，南路三进院落为主体，北路为附属院落（图8-3-7）。

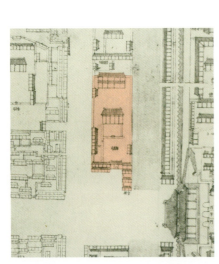
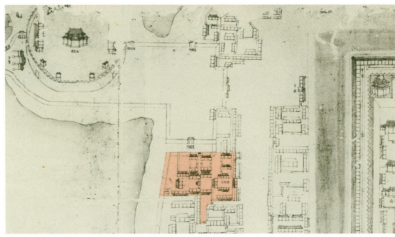

图 8-3-6 都虞司（图片来源：乾隆《京城全图》） 　　图 8-3-7 慎刑司（图片来源：乾隆《京城全图》）

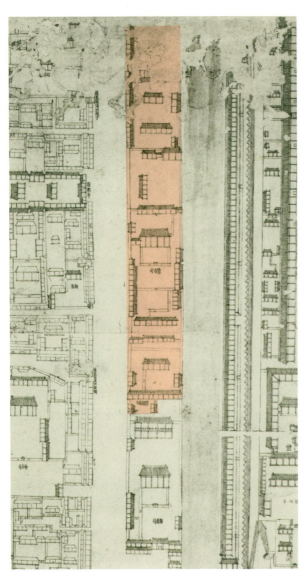

图 8-3-8 营造司（图片来源：乾隆《京城全图》）

（六）营造司

营造司署在西华门外北长街、都虞司北，坐北朝南，大堂五间，二堂后有鲁班殿，共有屋舍 70 间，总占地约 6.4 亩。营造司掌管工作，兼司薪炭（明属惜薪司管）（图 8-3-8）。

（七）庆丰司

庆丰司署在西华门外北长街路西、兴隆寺北，坐北朝南，大门东向，有屋舍 23 间，掌管牛羊厩暨口外牧群（图 8-3-9）。

综上可见，七司除了广储司之外，全部集中在西华门外北长街、南长街两侧。

（八）奉宸院（苑）

奉宸院总理苑囿河道稻田之属，初隶尚膳处，康熙二十五年（1686 年）设立奉宸院，署在西华门外西苑门旁、会计司南，坐北朝南，三进院落，共有屋舍 15 间（图 8-3-10）。

（九）武备院

武备院署在东华门外北长街路西，坐北朝南，大门东向，五重殿宇，共有屋舍 79 间，总占地约 6 亩，掌管御用武备暨制造兵仗之事（图 8-3-11）。

（十）上驷院

上驷院即明之御马监，乾隆年间位于紫禁城左翼门外、文华殿建筑群北侧，大门西向（图 8-3-12），下属 18 处马厩分布紫禁城内外多处。据《日下旧闻考》引《内务府册》载：

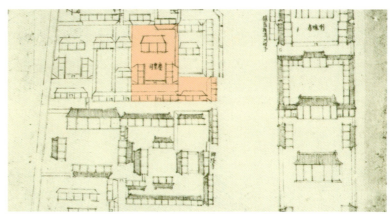

图 8-3-9 庆丰司（图片来源：乾隆《京城全图》）

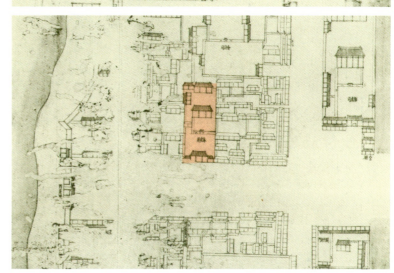

图 8-3-10 奉宸院（图片来源：乾隆《京城全图》）

"堂左右为司房，东西耳房，其所掌御马厩今移于新署内之南，计厩五间。所属之十八厩分设禁城内外。上乘御马为一厩，皇子良马为一厩，对子马为一厩，在院署之旁。东安门内驾马三厩，驾车骡马一厩，西安门内驾马二厩，小马一厩，乾隆五年，增设驾车骡马一厩。圆明园大有庄驾马一厩，南苑御马内养马六厩，凡十八厩。又圆明园上乘御马外圈一厩，小马外圈一厩。畅春园皇子良马外圈一厩，驾车骡马外圈一厩，备差驾马外圈一厩。"㊲

除了以上七司三院内务府主要衙署之外，过去皇城北部仍留有少量内府衙署，如管理三旗纳银庄（钱粮衙门）、织染局等。表 8-3-1 为清北京主要内府衙署。

二、典型实例

可惜以上大多数内府衙署均未能留存，位于皇城内的升平署（南府）和吉安所（明司礼监）、掌关防处三处遗存可谓弥足珍贵，是紫禁城以外内府衙署的宝贵实例。

（一）升平署（南府）

升平署是清代承应宫廷奏乐演戏事务的机构。清乾隆五年（1740 年）设南府于南花园（在今南长街南口），令太监在此排戏，属内务府管辖。为了区别于紫禁城西华门内之内务府，故称为南府。清道光七年（1827 年）改南府为升平署。《京城全图》中南府是东西两路并列、各有五进院落的大型建筑群（图 8-3-13）。

升平署珍藏的剧本、档案、剧装、道具、剧照等，至今保存在故宫博物院，是我国戏剧史上珍贵的实物资料。当年宫内演戏，先由升平署缮写进呈皇太后、皇帝阅览的"安殿戏单"，上列演出地点、日期、开戏时间、剧目及主要演员等。现存戏楼院

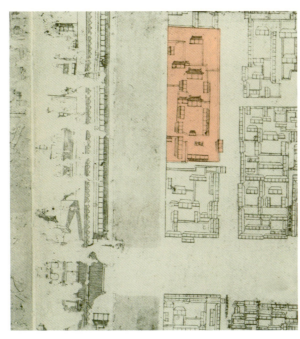

图 8-3-11 武备院（图片来源：乾隆《京城全图》）

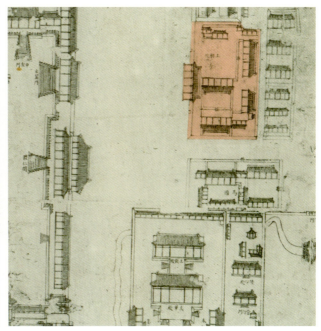

图 8-3-12 上驷院（图片来源：乾隆《京城全图》）

清北京城内主要内府衙署列表　　　　　　　　　　　　　　　表 8-3-1

衙署名称	衙署正职官品级	所在区域	在乾隆《京城全图》中的排号
内务府	正二品	紫禁城内，武英殿北	8-6
奉宸院	正三品	皇城／西	8-7
武备院	正三品	皇城／西	8-5
上驷院	正三品	紫禁城内，文华殿北	8-6
广储司	正五品	皇城	
会计司	正五品	皇城／西	8-7
掌仪司	正五品	皇城／西	9-7
都虞司	正五品	皇城／西	8-7
慎刑司	正五品	皇城／西	7-7
营造司	正五品	皇城／西	8-7
庆丰司	正五品	皇城／西	7-7
管理三旗纳银庄（钱粮衙门）	正五品	皇城	9-7
掌内管领官房署（关防衙门）	正五品	皇城	8-7
官房租库	未见详细规定	皇城／西	8-7 或 7-7
监造花爆处	未见详细规定	皇城／西	5-6

一座，应是南府西北隅之院落，是一组完整的四合院，内有北向戏楼一座，四合院北房前出轩，适合观赏演出（图8-3-14）。

此外，颐和园也有一处功能类似的升平署，皇城升平署之下在皇家行宫苑囿分设五处行署，颐和园行署为其中之一。清光绪十四年（1888年）慈禧太后重修颐和园时，在其东北界外的自得园遗址西部，同时修建了升平署行署，作为宫廷梨园弟子和太监的住所及存放演出服装用具之所。颐和园升平署行署，正门面南，自南而北由互相连属的八组四合院、三合院组成，现保存完好（图8-3-15）。

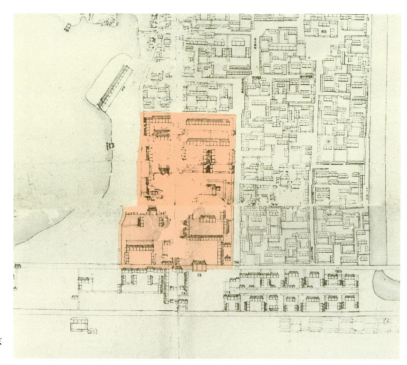

图 8-3-13 升平署（南府）（图片来源：乾隆《京城全图》）

图 8-3-14 升平署（南府）戏楼（图片来源：北京市西城区政府网站）

图 8-3-15 颐和园升平署第一进院（图片来源：李倩怡摄）

（二）吉安所（明司礼监）

据《京师坊巷志稿》载："吉祥所：凡宫眷逝，殡于此。"乾隆《京城全图》中吉安所坐北朝南，沿中轴线分别为前院、大门、棂星门、大殿、后院门、后殿两重（图8-3-16）。

现存院落两进，头进仪门三间，东、西各有顺山房五间。原有东、西配房各五间，现仅存东配房。以上各房均有前廊、雀替。北房现为新式建筑。二进院为建筑群主体——停棂大殿，绿琉璃瓦黄剪边歇山顶，面阔五间，前后带抱厦。前后均有围廊、雀替（图8-3-17）。现大殿内装修全部更换。大殿西侧有值房三间。殿西南有一四耳水缸，当是旧物。

（三）掌关防处（关防衙门）

位于西华门大街4号，原为清代会计司的附属机构，负责宫内房屋修缮、裱糊及备办粮、盐、菜等事务，俗称关防衙门。坐南朝北，大门三间带左右顺山房各三间，正堂三间及东、西配房各三间，现基本保持原有格局（图8-3-18）。

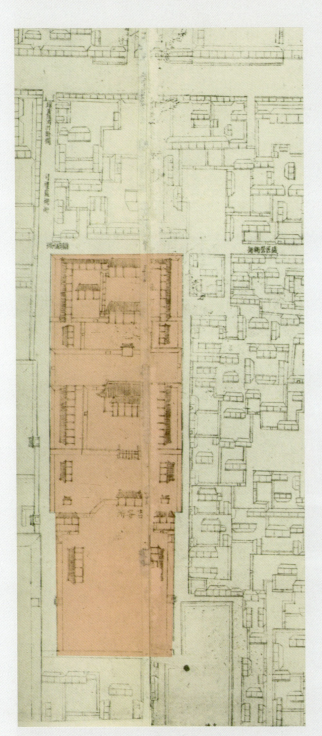

图8-3-16 吉安所（图片来源：乾隆《京城全图》）

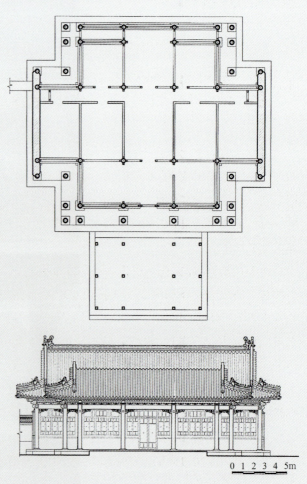

图8-3-17 吉安所大殿平、立面图（图片来源：《东华图志》）

图 8-3-18 掌关防处（关防衙门）大门

第四节 京城仓房

一、概说

明代北京共有七座官仓，它们均集中在东城朝阳门附近。北部有海运仓和北新仓；中部有南新仓、旧太仓、兴平仓和富新仓；南部有禄米仓——它们共同担负着京师储粮的重任，在南粮北运的过程中起着重要的作用。

到清乾隆年间，京仓在明代 7 座官仓的基础上，又扩建了万安仓（今朝阳门外北护城河边）、太平仓（今朝阳门外南护城河边）、裕丰仓和储济仓（今东直门外通惠河北岸）、本裕仓和丰益仓（今德胜门外）6 座仓，数量上达到 13 座，被称为"京师十三仓"。通州还有中（通州旧城南门内）、西（通州新城南门内）两座仓。因此，京、通二仓的总和达到了 15 仓。清代的京、通二仓是封建社会京师太仓制度最为成熟的典型，在规模上、技术上和制度上都达到了顶峰。

在古代，仓是总称，是管理单位；贮粮库房称廒。明朝时期的廒房，在构造上以廒为贮藏单位，每三间为一廒，后来改为五间一廒，每仓 50～100 廒不等。现仅存禄米仓 5 廒，北新仓 9 廒，南新仓 9 廒。

清代京通仓廒的建筑十分讲究，其技术较之元、明有较大改进。首先，为了防止水淹，每座仓廒所选地址都比较高，四周筑有高大围墙，地下修有排水管道。其次，为了防潮，每座仓廒的地基都是三合土夯筑的，然后均匀铺洒一层白灰，再用砖铺地面，上加楞木，铺满松板，墙壁有护墙板，门有门罩。最后，为了通风以透洿汗蒸郁热之气，每座仓廒除有气楼、闸板外，还"用竹气通高出米顶之上"，并用竹篾编成隔孔，钉于窗上以防鸟。第四，廒的墙体很厚，底部厚约 1.5 米，顶部约为 1 米，墙体收分很大，建造如此之厚的墙体，可以使粮仓内部保持相对的恒温。以上的建筑方法和措施，既防潮又保证通风，使仓粮历久不坏。

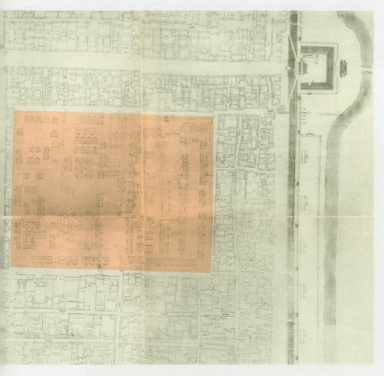

图 8-4-1 海运仓（左）及北新仓（右）（图片来源：乾隆《京城全图》）

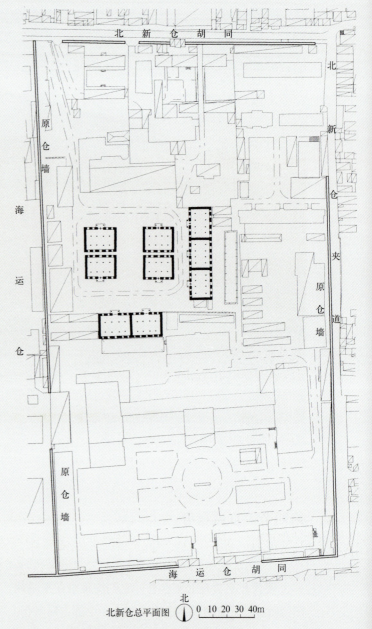

北新仓总平面图

图 8-4-2 北新仓现状平面图（图片来源：《东华图志》）

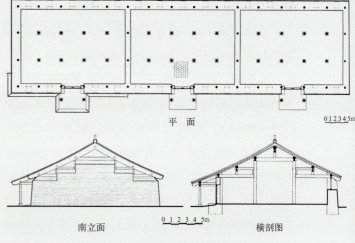

平面

南立面　　横剖图

图 8-4-3 北新仓廒房平、立、剖面图（图片来源：《东华图志》）

二、典型实例

（一）北新仓

北新仓是明、清两代北京粮仓之一。元代时，东直门为通惠河漕运通道；明永乐年间，东直门内以南部分曾为元代湖泊，明代利用湖泊将漕运粮食运抵粮仓，在此先后设立海运仓、北新仓储存漕粮（图 8-4-1）。清初北新仓有廒房 49 座，康熙三十二年（1693 年）增至 85 座。1900 年八国联军进京后，强占粮仓，明、清两代官仓储粮的历史结束。

北新仓现存廒房 6 座（共 9 廒）（图 8-4-2），东廒房为三廒联排式，是现存仓廒中最长者，南廒房为两廒联排式，其余 4 座廒房均为一廒。每廒五间，明间开门，面阔 23.6 米，进深 17 米。屋顶采取悬山式，前檐出面阔 4.2 米、进深 2.6 米的悬山披檐廒门，屋顶在末间开设有气窗。在外观上，廒房的外墙与城墙一样全部用大城砖砌成。墙砖产自山东临清市，大城砖每块长约 45.5 厘米，宽约 22.5 厘米，高约 11.5 厘米，重约 25 公斤，以保证其坚固耐用。廒墙厚达 1.3～1.7 米，山墙为五花山墙形式，收分显著。廒房的内部结构基本采用木构架（图 8-4-3～图 8-4-5）。

图 8-4-4　北新仓廒房之一

图 8-4-5　北新仓廒房之二

(二) 南新仓

南新仓是明、清两代北京粮仓之一，俗称东门仓，明永乐七年（1409年）在元代北太仓的基础上建成。清初时南新仓为30廒，到乾隆时增至76廒（图8-4-6）。现在南新仓仍保留廒房7座(共9廒)，成为北京现存规模最大、现状保存最为完好的皇家仓廒之一（图8-4-7）。

南新仓廒房与北新仓形制接近：每廒面阔约23.8米，进深约17.6米，高约7.5米（图8-4-8、图8-4-9）。屋顶采取悬山式，前檐出宽4.4米、进深2米的悬山披檐廒门（图8-4-10），并于屋顶中心位置开气楼（即天窗）（图8-4-11、图8-4-12）。南新仓仓廒的空间容量极为可观，可储存近1亿斤的粮谷——如果折成基本储量为10吨的集装箱的话，南新仓的总储藏量相当于5000个左右的集装箱。

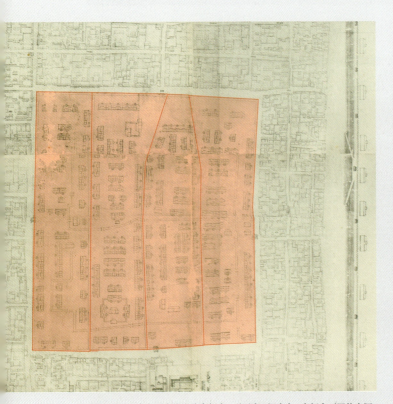

图8-4-6 由左至右依次为富新仓、兴平仓、旧太仓、南新仓（图片来源：乾隆《京城全图》）

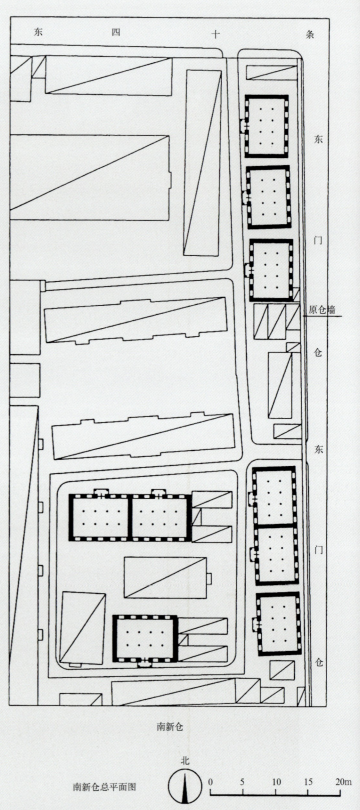

南新仓总平面图

图8-4-7 南新仓现状平面图（图片来源：《东华图志》）

图 8-4-8 南新仓厂房之一（图片来源：赵大海摄）

图 8-4-9 南新仓厂房之二（图片来源：赵大海摄）

图 8-4-10 南新仓廒房入口

图 8-4-11 南新仓廒房气楼（天窗）（图片来源：赵大海摄）

图 8-4-12 南新仓廒房山墙

（三）禄米仓

禄米仓始建于明嘉靖四十年（1561年）。清初有30廒，康熙二十二年（1683年）增至57廒，光绪末年衰减为43廒（图8-4-13）。现保存廒房4座（共5廒）：西部3座为一座一廒，东部一座为一座二廒（图8-4-14）。由于历史原因，现在的禄米仓院内地面高于仓内地面近1米。每廒五间，面阔23米，进深三间，深约17米，建筑高约7米。屋顶无北新仓、南新仓廒房所设的气楼（即天窗），屋檐也无出檐，为封护檐做法，屋檐下施菱角檐（图8-4-15）。仓廒与围墙均用城砖砌成。建筑内部构架为七架椽屋，采用前后二架梁，中间三架梁的做法，室内用八根金柱。仓内原有明代历任仓厂监督题名碑，其上所刻内容说明名臣海瑞曾为仓厂监督。

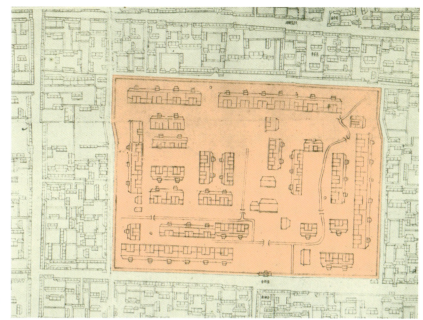

图 8-4-13 禄米仓（图片来源：乾隆《京城全图》）

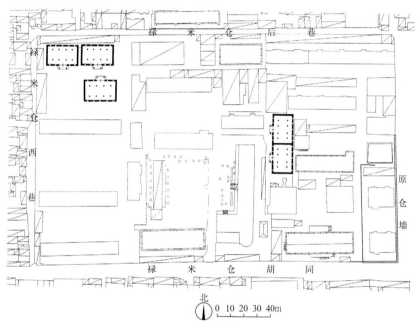

图 8-4-14 禄米仓现状平面（图片来源：《东华图志》）

图 8-4-15 禄米仓廒房（图片来源：辛惠园摄）

注释

① 衙署泛指中国古代官吏办公的场所,《日下旧闻考》中称为"官署",官署概念的出现最早见于《周礼》中"以八法治官府"的记述。汉代还将官署称为寺,至唐代才普遍出现衙署、衙门的说法,且"衙"字最初写作"牙"。参见:胡介中.清代北京城内衙署建筑之规模与空间布局探索.北京:清华大学建筑学院硕士学位论文,2007:2.

② 侯仁之.北京城市历史地理.北京:北京燕山出版社,2000:143.

③ 《析津志》称:"院内古木繁阴,蔚然森樾。"转引自:(清)于敏忠等.日下旧闻考.北京:北京古籍出版社,1983:1053.

④ 《春明梦余录》载:"鸿胪寺……宣德元年四月建。"转引自:(清)于敏忠等.日下旧闻考.北京:北京古籍出版社,1983:1085.

⑤ 《明英宗实录》载:正统七年四月,建宗人府、吏部、兵部、户部、工部、鸿胪寺、钦天监、太医院于大明门之东,翰林院于长安左门之东。转引自:(清)于敏忠等.日下旧闻考.北京:北京古籍出版社,1983:1011.

⑥ 侯仁之.北京城市历史地理.北京:北京燕山出版社,2000:147-148.

⑦ 《春明梦余录》载:"六科直房在午门外,东西相向,初在掖门内之西,与内阁相对,所谓六科廊是也。以灾移外直房。"引自:(清)于敏忠等.日下旧闻考.北京:北京古籍出版社,1983:1046.

⑧ (清)于敏忠等.日下旧闻考.北京:北京古籍出版社,1983:1010.

⑨ 胡介中.清代北京城内衙署建筑之规模与空间布局探索.北京:清华大学建筑学院硕士学位论文,2007.

⑩ (清)于敏忠等.日下旧闻考.北京:北京古籍出版社,1983:1011.

⑪ (清)于敏忠等.日下旧闻考.北京:北京古籍出版社,1983:1026.

⑫ (清)于敏忠等.日下旧闻考.北京:北京古籍出版社,1983:1027.

⑬ (清)于敏忠等.日下旧闻考.北京:北京古籍出版社,1983:1027.

⑭ (清)于敏忠等.日下旧闻考.北京:北京古籍出版社,1983:1028-1029.

⑮ (清)于敏忠等.日下旧闻考.北京:北京古籍出版社,1983:1032.

⑯ (清)于敏忠等.日下旧闻考.北京:北京古籍出版社,1983:1035.

⑰ (清)于敏忠等.日下旧闻考.北京:北京古籍出版社,1983:1039.

⑱ (清)于敏忠等.日下旧闻考.北京:北京古籍出版社,1983:1178.

⑲ (清)于敏忠等.日下旧闻考.北京:北京古籍出版社,1983:1055.

⑳ (清)于敏忠等.日下旧闻考.北京:北京古籍出版社,1983:1058.

㉑ (清)于敏忠等.日下旧闻考.北京:北京古籍出版社,1983:1064.

㉒ (清)于敏忠等.日下旧闻考.北京:北京古籍出版社,1983:1069-1070.

㉓ (清)于敏忠等.日下旧闻考.北京:北京古籍出版社,1983:1043.

㉔ (清)于敏忠等.日下旧闻考.北京:北京古籍出版社,1983:1051-1052.

㉕ (清)于敏忠等.日下旧闻考.北京:北京古籍出版社,1983:1044.

㉖ (清)于敏忠等.日下旧闻考.北京:北京古籍出版社,1983:1037-1038.

㉗ (清)于敏忠等.日下旧闻考.北京:北京古籍出版社,1983:1073.

㉘ (清)于敏忠等.日下旧闻考.北京:北京古籍出版社,1983:1074.

㉙ (清)于敏忠等.日下旧闻考.北京:北京古籍出版社,1983:784.

㉚ （清）于敏忠等．日下旧闻考．北京：北京古籍出版社，1983：1206．

㉛ 民国时期，顺天府署改为北平市立小学、幼稚园、东北中山小学及河北省路局。日据时期又曾改作陆军司令部。新中国成立后，这里一度为河北北京中学、北京市第一四四中学，现为东城教育学院。原有建筑大多遭到拆除、改建，仅余大堂五间。

㉜ （清）于敏忠等．日下旧闻考．北京：北京古籍出版社，1983：1078-1080．

㉝ （清）于敏忠等．日下旧闻考．北京：北京古籍出版社，1983：1084-1085．

㉞ 胡介中．清代北京城内衙署建筑之规模与空间布局探索．北京：清华大学建筑学院硕士学位论文，2007：84．

㉟ （清）于敏忠等．日下旧闻考．北京：北京古籍出版社，1983：1182-1183．

㊱ （清）于敏忠等．日下旧闻考．北京：北京古籍出版社，1983：1182．

㊲ （清）于敏忠等．日下旧闻考．北京：北京古籍出版社，1983：1190．

北京古建筑地点及年代索引

名称	类型	地点	建成年代（变化情况）	材料结构	规模	文保等级
琉璃河遗址（西周燕都）	古遗址	房山区琉璃河地区董家林、黄土坡，刘李店，立教、庄头，洄城村	商、周	夯土结构	约525万平方米	国家级
蓟城遗址	古遗址	西城区，以广安门为中心，东至菜市口，南至白纸坊，西至白云观，北至头发胡同以南	战国至魏晋			
蔡庄土城遗址	古遗址	房山区蔡家庄村	战国	夯土结构	约16万~24万平方米	市级
窦店土城遗址	古遗址	房山区窦店镇窦店村西	战国至西汉	夯土结构	东西长约1230米，南北长约1040米	市级
金中都城垣遗址	古遗址	丰台区凤凰嘴村、高楼村、万泉寺村	金（1151~1153年）	夯土结构	仅余三小段残垣，总长约60米	市级
金中都水关遗址	古遗址	丰台区右安门外北京辽金城垣博物馆	金	土木石混合结构	全长43.4米，过水涵洞长21米，宽7.7米	国家级
莲花池	古遗址	丰台区太平桥街道莲花池南路48号	金		现有湖面13万平方米	市级
金中都宫殿区遗址	古遗址	西城区广安门外滨河公园	金	夯土结构	考古钻探范围约15万平方米，共发现夯土基址13处	
金中都太液池遗址	古遗址	西城区白纸坊青年湖	金		约5万平方米	市级
元大都城垣遗址	古遗址	朝阳区、海淀区、西城区均有分布	元 至元十三年（1276年）	夯土结构	现存北墙大部分和东、西墙北段一部分	国家级
德胜门箭楼	城门楼	德胜门外大街南端、德胜门立交桥北侧，现为北京古代钱币博物馆	明、清：始建于明正统四年（1439年），清康熙十八年（1679年）地震被毁后重建，光绪二十八年（1902年）再修	城台夯土包砖；城楼木结构	通高31.9米	国家级
明北京城墙遗址	城墙	东城区建国门南大街南端、北京火车站南侧；西城区西二环路及前三门大街	明 永乐十八年（1420年）	夯土包砖	东城区段残留不到2000米；西城区段残留约200米	国家级
内城东南角楼	城角楼	东城区建国门南大街南端、北京火车站南侧	明 正统元年（1436年）	城台夯土包砖；城楼木结构	通高29米	国家级
正阳门城楼	城门楼	天安门广场南端	明、清：明正统元年（1436年）建，清光绪二十九年（1903年）重建	城台夯土包砖；城楼木结构	通高43.65米	国家级
正阳门箭楼	城门楼	天安门广场南端	明、清：明正统元年（1436年）建，清光绪二十九年（1903年）重建	城台夯土包砖；城楼木结构	通高35.37米	国家级

续表

名称	类型	地点	建成年代（变化情况）	材料结构	规模	文保等级
明皇城城墙	城墙	天安门东、西侧，地安门内大街两侧，东城区东皇城根遗址公园	明	砖结构	高约6米	市级
天安门	城门楼	天安门广场北端	明、清：始建于明永乐十五年（1417年），明成化元年（1465年）、清顺治八年（1651年）重建	城台夯土包砖；城楼木结构	城台底面东西宽118.91米，南北深40.25米，占地约4800平方米，现通高33.7米	国家级
钟楼	城楼	地安门外大街北端，鼓楼北侧	明、清：始建于永乐十八年（1420年）；清乾隆十年（1745年）重建，十二年（1747年）落成	城台夯土包砖；城楼砖石结构无梁殿	通高约48米	国家级
鼓楼	城楼	地安门外大街北端	明、清：始建于永乐十八年（1420年）；清嘉庆六年（1801年）重修	城台夯土包砖；城楼木结构	通高约46.7米	国家级
故宫（紫禁城）	宫殿	天安门广场北侧	明、清	主体殿宇为木结构	总占地约72万平方米	国家级（世界文化遗产）
天坛	坛庙	永定门内大街东侧	明、清	殿宇为木结构；祭坛为夯土及砖石结构	总占地约273万平方米	国家级（世界文化遗产）
太庙	坛庙	天安门东北侧	明、清	木结构	总占地约14万平方米	国家级
社稷坛	坛庙	天安门西北侧	明、清	殿宇为木结构；祭坛为夯土及砖石结构	总占地约16.9万平方米	国家级
地坛	坛庙	东城区安定门外大街东侧	明、清	殿宇为木结构；祭坛为夯土及砖石结构	占地约37.4万平方米	国家级
日坛	坛庙	朝阳区日坛北路6号	明	殿宇为木结构；祭坛为夯土及砖石结构	原占地约65500平方米	国家级
月坛	坛庙	西城区月坛北街6号	明、清	殿宇为木结构；祭坛为夯土及砖石结构	占地约36864平方米（内坛）	国家级
先农坛	坛庙	西城区永定门外大街西侧，东经路21号	明、清	殿宇为木结构；祭坛为夯土及砖石结构	占地约130万平方米	国家级

续表

名称	类型	地点	建成年代（变化情况）	材料结构	规模	文保等级
先蚕坛	坛庙	北海公园东北隅（现为北海幼儿园）	清乾隆七年（1742年）	殿宇为木结构；祭坛为夯土及砖石结构		国家级
孔庙	坛庙	东城区雍和宫大街西侧国子监街3号	元、清	木结构	占地约2.2万平方米	国家级
国子监	儒学	东城区雍和宫大街西侧国子监街孔庙西侧	明、清	木结构		国家级
历代帝王庙	坛庙	西城区阜成门内大街131号	明、清	木结构	占地约18000平方米	国家级
顺天府学	儒学	东城区府学胡同65号	明、清	木结构		市级
北海及团城	园林	文津街1号（故宫西北面）	明、清	木结构为主	占地约68万平方米	国家级
中南海	园林	故宫西侧	明、清	木结构为主	占地约100万平方米	国家级
景山	园林	景山西街44号	明、清	木结构为主	占地约23万平方米	国家级
畅春园遗址（恩佑寺与恩慕寺山门）	园林	海淀区北京大学西门外	清	砖石结构		区级
圆明园	园林	海淀区清华西路28号	清	残存西洋楼为砖石结构	占地约350余万平方米	国家级
香山静宜园	园林	海淀区香山公园	清	木结构为主，佛塔为砖石结构	占地约140万平方米	国家级
玉泉山静明园	园林	海淀区颐和园昆明湖西	清	木结构为主，佛塔为砖石结构	纵深约1300米，东西最宽处约450米	国家级
颐和园	园林	北京市海淀区颐和园路	清	木结构为主	占地约295万平方米	国家级（世界文化遗产）
大葆台汉墓	墓葬	丰台区郭公庄南大葆台西汉墓博物馆	西汉	木椁土圹墓		市级
老山汉墓	墓葬	石景山区老山东南麓、老山驾校环型公路东南段路北山坡上	西汉	木椁土圹墓	南北长约16米，东西宽约13米	市级
金陵	墓葬	房山区车厂村至龙门口一带的云峰山下	金至清	砖石结构	陵区面积约60平方公里	国家级
明十三陵	墓葬	昌平区长陵乡、十三陵乡	明	木结构及砖石结构	陵区占地约120平方公里	国家级（世界文化遗产）
景泰陵	墓葬	海淀区香山路娘娘府2号院	明	木结构及砖石结构		国家级
田义墓	墓葬	石景山区模式口大街	明	砖石结构	占地约6000平方米	国家级

续表

名称	类型	地点	建成年代（变化情况）	材料结构	规模	文保等级
醇亲王墓	墓葬	海淀区苏家坨镇妙高峰东麓	清	木结构及砖石结构	墓园东西长200米，南北宽40米	市级
孚郡王墓	墓葬	海淀区苏家坨镇草场村西南	清	木结构及砖石结构		市级
伊桑阿墓	墓葬	房山区岳各庄乡皇后台村南	清	砖石结构	占地面积约7500平方米	市级
恭王府	王府	西城区前海西街17号	清	木结构	占地面积61120平方米	国家级
醇亲王府（北府）	王府	西城区什刹海后海北沿44、45号	清	木结构		国家级
礼王府	王府	西城区西黄城根南街7号、9号	清	木结构	占地约3万平方米	市级
郑王府	王府	西城区大木仓胡同35号	清	木结构		市级
孚王府	王府	东城区朝阳门内大街137号	清	木结构		国家级
宁郡王府	王府	东城区东单大街东侧北极阁三条71号	清	木结构		市级
克勤郡王府	王府	西城区新文化街53号	清	木结构		国家级
涛贝勒府	王府	西城区柳荫街27号	清	木结构		市级
棍贝子府花园	王府	西城区新街口东街、积水潭医院内	清	木结构		区级
和敬公主府	王府	东城区张自忠路7号	清	木结构		市级
海淀礼王府（乐家花园）	王府	海淀区苏州街15、29号	清	木结构		市级
清末太医院	衙署	东城区地安门东大街113~117号	清	木结构		
镶红旗满洲都统衙门	衙署	西城区新文化街137号处	清	木结构		区级
清内务府御史衙门	衙署	西城区陕山门街5号院	清	木结构		
总理各国事务衙门	衙署	东城区东堂子胡同	清	木结构		市级
清学部	衙署	西城区教育部街1、3号	清	木结构		区级
古观象台（钦天监）	衙署	东城区建国门内大街2号	明、清	夯土包砖		国家级
顺天府大堂	衙署	东城区东公街45号	明、清	木结构	原占地约13340平方米，现仅存正堂一座	区级
升平署戏楼	衙署	西长安街1号	清	木结构	建筑面积约200平方米	市级
颐和园升平署	衙署	海淀区大有庄100号（中央党校南院）	清	木结构		区级
吉安所（明司礼监）	衙署	东城区景山东街吉安所右巷10号	清	木结构		区级

续表

名称	类型	地点	建成年代（变化情况）	材料结构	规模	文保等级
掌关防处（关防衙门）	衙署	西城区西华门大街4号	清	木结构		
北新仓	仓房	东城区北新仓胡同甲16号总参第一招待所院内	明、清	木结构	现存廒房6座（共9廒）	市级
南新仓	仓房	东城区东四十条22号，东四十条桥西南侧，新保利大厦西侧	明、清	木结构	现存廒房7座（共9廒）	市级
禄米仓	仓房	东城区禄米仓胡同71、73号	明、清	木结构	现存廒房4座（共5廒）	市级
崇礼宅	四合院民居	东城区东四六条63、65号	清	木结构	占地约10816平方米	国家级
文煜宅（可园）	四合院民居	东城区帽儿胡同7、9、11、13号	清	木结构	占地约10797平方米	国家级
黑芝麻胡同13号四合院（奎俊宅）	四合院民居	东城区黑芝麻胡同13号	清	木结构	占地约4328平方米	市级
礼士胡同129号四合院	四合院民居	东城区礼士胡同129号	清	木结构	占地约4520平方米	市级
东城区内务部街11号四合院（明瑞府、六公主府）	四合院民居	东城区内务部街11号	清	木结构	占地约7373平方米	市级
婉容故居	四合院民居	东城区帽儿胡同35、37号	清	木结构		市级
美术馆东街25号四合院	四合院民居	东城区美术馆东街25号	清	木结构		市级
朱启钤宅	四合院民居	东城区赵堂子胡同3号	清	木结构	占地约3330平方米	区级
史家胡同51~55号四合院	四合院民居	东城区史家胡同51~55号	清	木结构		区级
西城区西四北六条23号四合院	四合院民居	西城区西四北六条23号	清	木结构	占地约2500平方米	市级
梁启超故居	四合院民居	东城区北沟沿胡同23号	清、民国	木结构	占地约3888平方米	区级
翠花街5号四合院	四合院民居	西城区翠花街5号	清、民国	木结构		区级
东四八条71号四合院（叶圣陶故居）	四合院民居	东城区东四八条71号	清	木结构		区级
绵宜宅	四合院民居	东城区东四四条5号	清	木结构		区级
珠市口大街161号院	四合院民居	西城区珠市口大街161号	清~民国	木结构		

续表

名称	类型	地点	建成年代（变化情况）	材料结构	规模	文保等级
纪晓岚故居	四合院民居	西城区珠市口西大街241号	清	木结构		市级
板厂胡同27号四合院	四合院民居	东城区板厂胡同27号	清	木结构		区级
梅兰芳故居	四合院民居	西城区护国寺街9号	清	木结构		市级
西城区西四北三条19号四合院	四合院民居	西城区西四北三条19号	清	木结构		市级
新开路（新革路）20号四合院	四合院民居	东城区新开路（新革路）20号	清	木结构		市级
潭柘寺	佛寺	门头沟区潭柘寺镇平原村北	金至清	殿堂为木结构，塔林为砖结构		国家级
云居寺	佛寺	房山区大石窝镇水头村南	隋、唐、辽、清	殿堂为木结构，塔为砖石结构		国家级
戒台寺	佛寺	门头沟区永定镇马鞍山麓	辽、明、清	殿堂为木结构，塔为砖结构		国家级
卧佛寺	佛寺	海淀区香山植物园内	清	木结构		国家级
法源寺	佛寺	西城区教子胡同南端法源寺前街7号	明至清	木结构	东西76～103米，南北220米	国家级
大觉寺	佛寺	海淀区苏家坨镇旸台山麓	明至清	木结构	占地约4万平方米	国家级
灵岳寺	佛寺	门头沟区斋堂镇白铁山灵岳寺村	元至清	木结构		国家级
妙应寺（白塔寺）	佛寺	西城区阜成门内大街	元至清	殿堂为木结构，塔为砖结构		国家级
广济寺	佛寺	西城区阜成门内大街	清	木结构	占地35亩	国家级
碧云寺	佛寺	海淀区香山东麓	明至清	殿堂为木结构，金刚宝座塔石结构	东西主轴线长约450米，南北最宽处170米、最窄处90米	国家级
法海寺	佛寺	石景山区翠微山麓模式口大街	明	木结构	占地约1万平方米	国家级
智化寺	佛寺	东城区禄米仓胡同5号	明	木结构		国家级
大慧寺	佛寺	海淀区大慧寺路11号	明	木结构		国家级
万寿寺	佛寺	海淀区紫竹院街道西三环北路18号	明至清	木结构	占地约3万平方米	国家级
雍和宫	佛寺	东城区雍和宫大街12号	清	木结构	占地6.6万平方米	国家级
须弥灵境	佛寺	海淀区颐和园万寿山北坡	清	木结构与砖石结构		国家级

续表

名称	类型	地点	建成年代（变化情况）	材料结构	规模	文保等级
下寺石塔（张坊下寺塔）	佛塔	房山区张坊镇下寺村西北山谷之中	唐	石结构	通高3.5米	区级
良乡多宝佛塔（昊天塔）	佛塔	房山区良乡镇东关村	辽 咸雍四年（1068年）	砖结构	通高36米	国家级
万佛堂花塔	佛塔	房山区坨里，河北镇磁家务矿务局院内	辽	砖结构	高约20米	国家级
天宁寺塔	佛塔	西城区广安门北滨河路西，天宁寺前街2号	辽 天庆九年（1119年）	砖结构	通高55.94米	国家级
玉皇塔	佛塔	房山区大石窝镇高庄村北山顶的巨石上	辽	砖结构	高约15米	市级
照塔	佛塔	房山区南尚乐乡塔照村东金栗山顶	辽	砖结构	通高15米	市级
镇岗塔	佛塔	丰台区长辛店永岗村	金	砖结构		国家级
银山塔林	佛塔	昌平区兴寿镇湖门村西南银山南麓	金至清	砖结构		国家级
白瀑寺圆正法师灵古塔	佛塔	门头沟区雁翅镇淤白村北金城山下	金	砖结构		市级
妙应寺白塔	佛塔	西城区阜成门内大街171号	元	砖结构	总高50.9米	国家级
万松老人塔	佛塔	西城区西四南大街西侧43号旁门	元、清	砖结构		国家级
应公长老寿塔	佛塔	房山区韩村河镇天开村北	元 大德五年（1301年）	砖结构	通高约12米	市级
居庸关云台（过街塔基）	佛塔	昌平区居庸关城关内	元 至正二年（1342年）	石结构	高9.5米，底部东西长约27米，南北宽约18米	国家级
正觉寺金刚宝座塔	佛塔	海淀区白石桥以东长河北岸、动物园北门北侧	明 成化九年（1473年）	石结构	总高由中央大塔塔刹顶至金刚宝座底共计21.968米	国家级
姚广孝墓塔	佛塔	房山区青龙湖镇常乐寺村东北	明	砖结构	高33米	国家级
周吉祥塔	佛塔	房山区上方山下孤山口村北	明 弘治三年（1490年）	砖结构	通高约18米	市级
周云端塔	佛塔	海淀区苏家坨镇大觉寺南2公里	明弘治三年（1490年）	砖结构	通高15米	区级
慈寿寺塔	佛塔	海淀区阜成门外八里庄	明 万历四年（1576年）	砖结构	通高约50米	国家级
渗金多宝佛塔	佛塔	海淀区万寿寺无量寿佛殿中	明	铜铸	通高约5米	
金刚石塔	佛塔	海淀区苏家坨镇聂各庄西北车耳营村西、凤凰岭公园南线景区内	明	砖结构	高约2.5米	区级

续表

名称	类型	地点	建成年代（变化情况）	材料结构	规模	文保等级
北海永安寺白塔	佛塔	西城区北海公园白塔山顶	清顺治八年（1651年）	砖结构	通高35.9米	国家级
通州燃灯塔	佛塔	通州区大成街1号	辽、清	砖结构	通高56米	市级
大觉寺迦陵性音和尚塔	佛塔	海淀区旸台山大觉寺	清雍正六年（1728年）	砖结构		国家级
碧云寺金刚宝座塔	佛塔	海淀区香山公园	清乾隆十三年（1748年）	石结构	由中央大塔顶部至地面通高35.355米	国家级
清净化城塔	佛塔	朝阳区黄寺大街11号	清	石结构	通高24.82米	国家级
花承阁琉璃塔	佛塔	海淀区颐和园内	清乾隆十六年（1751年）	砖结构	总高18.6米	国家级
白云观	道观	西城区西便门外北滨河路西白云观街路北	明、清	木结构		国家级
东岳庙	道观	朝阳区朝阳门外大街141号	明、清	木结构	占地面积约35800平方米	国家级
大高玄殿	道观	西城区景山西侧、景山西街21、23号	明	木结构		国家级
都城隍庙（寝殿）	道观	西城区成方街33号	清	木结构	仅存寝殿一座	市级
火德真君庙（火神庙）	道观	西城区地安门外大街	明、清	木结构		市级
大慈延福宫（三官庙）	道观	东城区朝阳门内大街203号	明、清	木结构	现存东道院正殿、后殿以及部分西配房	市级
宣仁庙（风神庙）	道观	东城区北池子大街2、4号	清雍正六年（1728年）	木结构		市级
凝和庙（云神庙）	道观	东城区北池子大街46号	清雍正八年（1730年）	木结构		市级
昭显庙（雷神庙）	道观	西城区北长街71号	清雍正十年（1732年）	木结构		市级
黑龙潭及龙王庙	道观	海淀区温泉黑龙潭路	明、清	木结构		市级
广仁宫（西顶）	道观	海淀区四季青乡蓝靛厂	明、清	木结构	占地约13000平方米	市级
北顶娘娘庙	道观	朝阳区奥林匹克公园内，国家游泳中心"水立方"南侧	明、清	木结构		市级
上庄东岳庙	道观		明、清	木结构		市级
牛街礼拜寺	清真寺	西城区广安门内牛街中路88号	明、清	木结构	占地6000平方米	国家级
东四清真寺	清真寺	东城区东四南大街13号	明至民国	木结构		市级
花市清真寺	清真寺	东城区西花市大街30号	清	木结构		区级
通州清真寺	清真寺	通州区清真寺胡同1号	清、民国	木结构		市级

续表

名称	类型	地点	建成年代（变化情况）	材料结构	规模	文保等级
安徽会馆	会馆	西城区后孙公园17、19、21、23、25、27号	清	木结构	占地约5047平方米	国家级
湖广会馆	会馆	西城区虎坊桥西南角，虎坊路3号	清	木结构		市级
正乙祠	会馆	西城区西河沿281号	清	木结构		市级
阳平会馆戏楼	会馆	东城区前门外小江胡同32、34、36号	清	木结构		市级
中山会馆	会馆	西城区珠巢街（珠朝街）5号	清	木结构		市级
南海会馆	会馆	西城区米市胡同	清	木结构		
绍兴会馆	会馆	西城区南半截胡同7号	清	木结构		市级
湖南会馆	会馆	西城区烂缦胡同101号	清	木结构		
浏阳会馆	会馆	西城区北半截胡同41号	清	木结构		
朝外山东会馆	会馆	朝阳区呼家楼南里2号	清	木结构		区级
文丞相祠	祠堂	东城区府学胡同63号	明、清	木结构	占地约550平方米	国家级
于谦祠	祠堂	东城区西裱褙胡同23号	清	木结构		市级
杨椒山祠（松筠庵）	祠堂	西城区西城门外达智桥12号、校场口三条2号	明、清	木结构	占地约1000平方米	市级
袁崇焕墓和祠	祠堂	东城区广渠门中学南，东花市斜街52号	明至民国	木结构		国家级
顾亭林祠（报国寺）	祠堂	西城区广安门内，报国寺前街1号	清	木结构		国家级
八达岭	长城及关隘	延庆县南部	明	砖石结构	总长约23公里，有敌楼92座，哨楼2座	国家级
居庸关	长城及关隘	昌平区南口镇居庸关	明 洪武元年（1368年）	砖石结构	关城占地面积约60万平方米	国家级
黄花城	长城及关隘	怀柔区西南	明	砖石结构		国家级
箭扣长城	长城及关隘	怀柔区西南	明	砖石结构		国家级
慕田峪长城	长城及关隘	怀柔区南部	明	砖石结构		国家级
古北口	长城及关隘	密云县东北	明	砖石结构	全长约20公里	国家级
金山岭	长城及关隘	密云县与河北省滦平县交界处	明	砖石结构	全长约10公里	国家级
司马台	长城及关隘	密云县古北口镇东北	明	砖石结构	全长约5000多米，共有敌楼35座	国家级
南口城	军事城堡	昌平区南口镇南口村	明	夯土包砖结构		区级

续表

名称	类型	地点	建成年代（变化情况）	材料结构	规模	文保等级
巩华城	军事城堡	昌平区沙河镇东温榆河南岸	明	夯土包砖结构	边长约1000米，面积1平方公里	市级
岔道城	军事城堡	延庆县八达岭镇岔道村	明、清	夯土包砖结构	总占地约8.3万平方米	市级
古北口老城	军事城堡		明	夯土包砖结构	周长2公里余	
宛平城	军事城堡	丰台区卢沟桥东	明	夯土包砖结构	城东西640米，南北320米	
团城（健锐营演武厅）	军事城堡及演武厅	海淀区四季青镇香山南路红旗	清	夯土包砖结构	占地约40000平方米	国家级
卢沟桥	桥梁	丰台区卢沟桥城南街77号卢沟桥景区	金、清	石结构	长212.2米，引桥长54.3米，净宽7.5米，总宽9.3米	国家级
朝宗桥	桥梁	昌平区沙河镇北	明	石结构	长130米，桥面宽13.3米	市级
永通桥	桥梁	朝阳区管庄地区与通州区交界处，京通快速路辅路北侧	清	石结构	长60米，宽16米	市级
高梁桥	桥梁	海淀区高梁桥路（西直门西环广场西侧）	元	石结构	长20.5米，宽7.07米	区级
广济桥（清河桥）	桥梁	海淀区清河镇清河大桥	明	石结构	长48.04米，宽12.46米	市级
通运桥（萧太后桥）	桥梁	通州区张家湾镇张湾村	明	石结构	长40米，宽10米	市级
琉璃河大桥	桥梁	房山区琉璃河二街村北	明	石结构	长165.5米，宽10.3米	国家级
银锭桥	桥梁	西城区什刹海前海与后海交界处	清	石结构		区级
万宁桥	桥梁	鼓楼南侧、地安门外大街中部，西临什刹海，西北角为火神庙	元	石结构		市级
皇史宬	库房	东城区南池子大街126号	明 嘉靖十五年（1536年）	石结构	正殿东西面阔42米，南北进深10米	国家级
旭华之阁	佛殿		清 乾隆三十二年(1767年)	砖石结构	面阔进深均为25米余	市级
顺义无梁阁	佛殿	顺义区椒园山南麓	明、清	砖石结构	高约16米	市级
法华寺	佛寺			木结构及砖石结构		
摩诃庵	佛寺	海淀区八里庄街道大礼庄路37号	明	木结构及砖石结构		国家级
圣祚隆长寺	佛寺			木结构及砖石结构		区级

参考文献

[1] （汉）司马迁．史记．北京：中华书局，2006．

[2] （元）熊梦祥．析津志辑佚．北京：北京古籍出版社，1983．

[3] （明）张爵．京师五城坊巷胡同集．北京：北京古籍出版社，1982．

[4] （明）蒋一葵．长安客话．北京：北京古籍出版社，1994．

[5] （清）孙承泽．天府广记．北京古籍出版社，1984．

[6] （清）于敏忠等．日下旧闻考．北京：北京古籍出版社，1983．

[7] （清）麟庆．鸿雪因缘图记．汪春泉等绘图．北京：北京古籍出版社，1984．

[8] （清）震钧．天咫偶闻．北京：北京古籍出版社，1982．

[9] 原北平市政府秘书处．旧都文物略．北京：中国建筑工业出版社，2005．

[10] 梁思成．梁思成全集．北京：中国建筑工业出版社，2001．

[11] 邓辉，侯仁之．北京城的起源与变迁．北京：中国书店，2001．

[12] 北京大学历史系《北京史》编写组．北京史：增订版．北京：北京出版社，1999．

[13] 徐苹芳．明清北京城图．北京：地图出版社，1986．

[14] 侯仁之．北京历史地图集．北京：北京出版社，1988．

[15] 侯仁之．北京城市历史地理．北京：北京燕山出版社，2000．

[16] 傅熹年．傅熹年建筑史论文集．北京：文物出版社，1998．

[17] 贺业钜．中国古代城市规划史．北京：中国建筑工业出版社，1996．

[18] 贺业钜．考工记营国制度研究．北京：中国建筑工业出版社，1985．

[19] 刘敦桢．中国古代建筑史（第二版）．北京：中国建筑工业出版社，1984．

[20] 李诚．北京历史舆图集（全四卷）．北京：外文出版社，2005．

[21] 梅宁华，孔繁峙．中国文物地图集·北京分册（上、下册）．北京：科学出版社，2008．

[22] 王南．古都北京．北京：清华大学出版社，2012．

[23] 于杰，于光度．金中都．北京：北京出版社，1989．

[24] 陈高华．元大都．北京：北京出版社，1982．

[25] 北京市古代建筑研究所，北京市文物局资料信息中心．加摹乾隆京城全图．北京：北京燕山出版社，1995．

[26] 北京市文物研究所．北京考古四十年．北京：北京燕山出版社，1990．

[27] 城乡建设环境保护部，中国建筑技术发展中心建筑历史研究所．北京古建筑．北京：文物出版社，1986．

[28] 萧默．巍巍帝都：北京历代建筑．北京：清华大学出版社，2006．

[29] 阎崇年．中国古都北京．北京：中国民主法制出版社，2008．

[30] 朱祖希．营国匠意——古都北京的规划建设及其文化渊源．北京：中华书局，2007．

[31] 于倬云．紫禁城宫殿．北京：生活·读书·新知三联书店，2006．

[32] 姜德明．北京乎：1919—1949年现代作家笔下的北京．北京：生活·读书·新知三联书店，2005．

[33] 王南．传统北京城市设计的整体性原则．北京规划建设，2010，3：25-32．

[34] 中国美术全集编辑委员会．中国美术全集 6·绘画编·明代绘画 上．北京：文物出版社，1988．

[35] 《北京文物精粹大系》编委会，北京市文物局．北京文物精粹大系·石雕卷．北京：北京出版社，2000．

[36] 曹婉如等．中国古代地图集 清代．北京：文物出版社，1997．

[37] 中国国家博物馆．中国国家博物馆馆藏文物研究丛书·绘画卷（风俗画）．上海：上海古籍出版社，2007．

[38] 马兰，李立祥．雍和宫．北京：华文出版社，2004．

[39] 周维权．中国古典园林史（第二版）．北京：清华大学出版社，1999．

[40] 张杰．中国古代空间文化溯源．北京：清华大学出版社，2012．

[41] 胡玉运．旧京史照．北京：北京出版社，1995．

[42] 刘阳．三山五园旧影．北京：学苑出版社，2007．

[43] 华揽洪．重建中国——城市规划三十年（1949-1979）．李颖译．北京：生活·读书·新知三联书店，2006．

[44] 李孝聪．美国国会图书馆藏中文古地图叙录．北京：文物出版社，2004．

[45] 北京市规划委员会，北京城市规划学会．长安街：过去·现在·未来．北京：机械工业出版社，2004．

[46] （元）淘宗仪．南村辍耕录．北京：中华书局，1959．

[47] （明）萧洵．故宫遗录．北京：北京古籍出版社，1980．

[48] （明）张爵．京师五城坊巷胡同集．北京：北京古籍出版社，1982．

[49] 中国营造学社．中国营造学社汇刊．北京：中国知识产权出版社，2006．

[50] 周礼．郑玄注，陈戍国点校．长沙：岳麓书社，2006．

[51] 陈高华．元大都．北京：北京出版社，1982．

[52] （意）马可波罗．马可波罗行纪．冯承钧译．上海：上海书店出版社，2001．

[53] 傅熹年．中国古代城市规划建筑群布局及建筑设计方法研究．北京：中国建筑工业出版社，2001．

[54] 中国社会科学院考古研究所．徐苹芳．明清北京城图．上海：上海古籍出版社，2012．

[55] 赵正之．元大都平面规划复原的研究．科技史文集（第2辑）．上海：上海科学技术出版社，1999.10：14-27．

[56] 北京市测绘设计研究院．北京旧城胡同现状与历史变迁调查研究（上、下册）．2005．

[57] 吴建雍等．北京城市生活史．北京：开明出版社，1997．

[58] 傅公钺．北京老城门．北京：北京美术摄影出版社，2001．

[59] 张先得．明清北京城垣和城门．石家庄：河北教育出版社，2003．

[60] 北京市建筑设计研究院《建筑创作》杂志社．北京中轴线建筑实测图典．北京：机械工业出版社，2005．

[61] 路秉杰．天安门．上海：同济大学出版社，1999．

[62] （美）埃德蒙·N·培根．城市设计（修订版）．黄富厢，朱琪译．北京：中国建筑工业出版社，2003．

[63] （瑞）奥斯伍尔德·喜仁龙．北京的城墙和城门．许永全译．北京：北京燕山出版社，1985．

[64] Sirén Osvald. The walls and gates of Peking: researches and impressions. London: John Lane, 1924.

[65] （战国）吕不韦．吕氏春秋新校释．陈奇猷校释．上海：上海古籍出版社，2002．

[66] 陈平，王世仁．东华图志：北京东城史迹录（上、下册）．天津：天津古籍出版社，2005．

[67] 王军．城记．北京：生活·读书·新知三联书店，2003．

[68] 王军．采访本上的城市．北京：生活·读书·新知三联书店，2008．

[69] 王南．《康熙南巡图》中的清代北京中轴线意象．北京规划建设，2007（05）：71-77．

[70] 故宫博物院．清代宫廷绘画．北京：文物出版社，2001．

[71] （美）凯文·林奇．城市形态．林庆怡等译．北京：华夏出版社，2003．

[72] 刘洪宽绘．天衢丹阙——老北京风物图卷．北京：

荣宝斋出版社，2004．

[73] 摄影艺术出版社．北京风光集．北京：摄影艺术出版社，1957．

[74] 北京东方文化集团，北京皇城艺术馆．帝京拾趣——北京城历史文化图片集．北京：北京皇城艺术馆，2004．

[75] 朱文一．空间·符号·城市：一种城市设计理论．北京：中国建筑工业出版社，1993．

[76] 贺业钜．中国古代城市规划史．北京：中国建筑工业出版社，1996．

[77] 贺业钜．考工记营国制度研究．北京：中国建筑工业出版社，1985．

[78] 徐苹芳．历史、考古与社会——中法学术系列讲座：论北京旧城街道的规划及其保护．法国远东学院北京中心编印，2002．

[79] 林语堂．辉煌的北京．赵沛林，张钧译．西安，陕西师范大学出版社，2002．

[80] 北京市规划委员会．北京历史文化名城皇城保护规划．北京：中国建筑工业出版社，2004．

[81] （日）冈田玉山等．唐土名胜图会．北京：北京古籍出版社，1985．

[82] （美）刘易斯·查尔斯·阿灵顿．古都旧景——65年前外国人眼中的老北京．赵晓阳译．北京：经济科学出版社，1999．

[83] 中国国家博物馆．中国国家博物馆馆藏文物研究丛书·绘画卷（风俗画）．上海：上海古籍出版社，2007．

[84] 方霖，锐明．城市及其周边——旧日中国影像．济南：山东画报出版社，2003．

[85] （澳）赫达·莫里逊．洋镜头里的老北京．董建中译．北京出版社，2001．

[86] 原北平市政府秘书处．旧都文物略．北京：中国建筑工业出版社，2005．

[87] 杨新华．南京明故宫．南京：南京出版社，2009．

[88] 王子林．紫禁城原状与原创．北京：紫禁城出版社，2007．

[89] 李路珂，王南，李菁，胡介中．北京古建筑地图（上）．北京：清华大学出版社，2009．

[90] （英）李约瑟．中国之科学与文明（第十册）．陈立夫主译．台北：台湾商务印书馆股份有限公司，1977年4月初版，1985年2月第4版．

[91] 王南，胡介中，李路珂，袁琳．北京古建筑地图（中）．北京：清华大学出版社，2011．

[92] 北京市城市规划管理局．北京在建设中．北京：北京出版社，1958．

[93] （日）常盘大定，关野贞．支那文化史迹シナブンカシセキ．东京：法藏馆，1939-1941．

[94] 秦风老照片馆．航拍中国 1945：美国国家档案馆馆藏精选．徐家宁撰文．福州：福建教育出版社，2014．

[95] 南京工学院建筑系．曲阜孔庙建筑．北京：中国建筑工业出版社，1987．

[96] （清）阙名．日下尊闻录．北京：北京古籍出版社，1981．

[97] 聂石樵．诗经新注．雒三桂，李山注释．济南：齐鲁书社，2000．

[98] 刘阳．三山五园旧影．北京：学苑出版社，2007．

[99] 逝去的仙境——圆明园．张宝成绘画，张恩荫文字说明．北京：蓝天出版社，2002．

[100] （清）沈源，唐岱等绘．圆明园四十景图咏．乾隆吟诗，汪由敦代书．北京：世界图书出版公司北京公司，2005．

[101] 高巍，孙建华等．燕京八景．北京：学院出版社，2002．

[102] 林语堂．京华烟云．张振玉译．北京：作家出版社，1995．

[103] 李孝聪．美国国会图书馆藏中文古地图叙录．北京：文物出版社，2004．

[104] Sirén Osvald. Gardens of China. New York：The Ronald Press Company, 1949.

[105] 聂石樵．诗经新注．雒三桂，李山注释．济南：齐鲁书社，2000．

[106] 北京市规划委员会，北京城市规划学会．长安街：过去·现在·未来．北京：机械工业出版社，2004．

[107] 王其亨．古建筑测绘．北京：中国建筑工业出版社，2006．

[108] 万依，王树卿，陆燕贞．清代宫廷生活．北京：生活·读书·新知三联书店，2006．

[109] （清）孙承泽．天府广记．北京：北京古籍出版社，1984．

[110] （清）顾炎武．昌平山水记．北京：北京古籍出版社，1982．

[111] 北京市文物研究所．北京金代皇陵．北京：文物出版社，2006．

[112] 胡汉生．明十三陵．北京：中国青年出版社，2007．

[113] 胡汉生．北京的世界文化遗产·十三陵．北京：北京美术摄影出版社，2004．

[114] 王南．明十三陵规划设计的象征含义与意境追求//杨鸿勋．建筑历史与理论（第十辑）．北京：科学出版社，2009：241-254．

[115] 刘毅．明代帝王陵墓制度研究．北京：人民出版社，2006．

[116] 南京大学文化与自然遗产研究所，孝陵博物馆．世界遗产论坛——明清皇家陵寝专辑．北京：科学出版社，2004．

[117] 孙宗文．中国建筑与哲学．南京：江苏科学技术出版社，2000．

[118] 王子林．紫禁城原状与原创（上）．北京：紫禁城出版社，2007．

[119] 李诚．北京历史舆图集（全四卷）．北京：外文出版社，2005．

[120] 赵尔巽等．清史稿．北京：中华书局，1977．

[121] 王梓．王府．北京：北京出版社，2005．

[122] 冯其利．寻访京城清王府．北京：文化艺术出版社，2006．

[123] 窦忠如．北京清王府．天津：百花文艺出版社，2007．

[124] （清）昭梿．啸亭杂录．北京：中华书局，1980．

[125] （清）崇彝．道咸以来朝野杂记．北京：北京古籍出版社，1982．

[126] 北京市西城区政府网站 www.bjxch.gov.cn

[127] 北京市古代建筑研究所编．北京古建文化丛书：其他文物建筑．北京：北京美术摄影出版社，2014．

后记

我与北京古建筑的结缘可以追溯到1999年，当时我在清华大学建筑学院上大学三年级，出于对中国古建筑的热爱，我和同班三名好友结成"新营造学社"，循着昔日梁思成、林徽因等先辈考察中国古建筑的足迹，开启了我们最早的古建筑考察之旅——其中就包括梁、林二人在《平郊建筑杂录》一文中提到的京郊古迹。

从2001年起，我开始结合自己的博士论文研究，对古都北京进行系统考察。久而久之，竟然走访了城里城郊数百处古迹。在清华建筑学院读博期间，我同时在中国人民大学艺术学院任教，常常在教学之余，组织学生对北京古建筑进行测绘。2010年留清华任教之后，依然延续了利用业余时间带学生测绘北京古建筑的习惯，至今不辍。

由于对北京古建筑的日渐熟稔，2008年我有幸受到王贵祥老师的邀请，参加了"北京五书"的写作，负责其中《北京古建筑地图》（上、中、下三册）的编纂，合作者有李路珂、李菁、胡介中和袁琳。此后又继续参加了"古都五书"的写作，负责《古都北京》一书的撰写。这些工作使我有机会进一步对北京古建筑进行更为深入的考察与研究。

而此次能够幸运地参与中国建筑工业出版社组织的这套《中国古建筑丛书》的编写，首先要感谢学长罗德胤（同样也曾是我们"新营造学社"的成员）——本来这项光荣而艰巨的任务是落在他肩上的，可是他却慷慨地向出版社推荐了我这个资历尚浅的后辈。当然更要感谢中国建筑工业出版社的沈元勤社长、李东禧主任、唐旭副主任以及编辑吴绫、杨晓一直以来的信任、鼓励和包容——尤其是对我因一再修改而拖延交稿付出了极大的耐心。同时还要感谢丛书总主编陆琦老师、戴志坚老师以及丛书其他作者们的帮助和启发，每一次关于丛书写作的交流会都令我受益匪浅。

本书在写作过程中受到了许多人的热情帮助，在此表示深深的谢意。首先要感谢清华大学建筑学院的王贵祥老师，对本书进行了全面而细致的审阅，并提出许多重要的修改意见，令全书的结构更加完整。此外，清华大学建筑学院建筑历史与理论研究所的刘畅老师、贺从容老师和廖慧农老师慷慨出借测绘仪器，使得我们的古建筑测绘工作得以顺利开展；贾珺老师则为本书提供了许多精美的图片。还要感谢山西太原理工大学艺术学院的张晓、李烽和翟心蒙三位老师，他们多次专程从太原携测绘仪器赴京与我们共同开展测绘工作。感谢北京市规划委员会西城分局的倪峰局长、北京石刻艺术博物馆（真觉寺）的王丹馆长、北京云居寺的张爱民先生以及历代帝王庙等单位对我们测绘工作的大力支持和帮助。当然还要感谢所有参与测绘工作的成员，包括王军、孙广懿、司薇、唐恒鲁、蔡安平、王希尧、池旭、赵兴宇、杨远浪、李沁园、李诗卉以及中国人民大学艺术学院2003级、2005级和2006级的学生们。还有参与本书古建筑鸟瞰图绘制的唐恒鲁、孙广懿、司薇、刘楚婷、刘姝、杨开慧等。书中有大量精彩的古建筑照片则出自我的摄影师朋友赵大海之手，他的作品令全书增色不少。感谢法国远东学院的吕敏老师和北京师范大学的鞠熙老师邀我加入对乾隆《京城全图》中寺庙的调查，长期共同的考察令我受益良多。特别要感谢我的多年老友王军先生，他不仅长期参与我们每一次的古建筑测绘活动，并且总是第一时间同我交流与分享研究中国古建筑的心得，给予我巨大的帮助和鼓励。更要感谢北京古建筑的前辈研究者们，没有他们丰富而卓越的研究成果，本书的写作工作是不可能完成的。

最后要感谢我的家人对我长期研究北京古建筑给予的最大支持。尤其感谢我的妻子曾佳莉，她不仅参加了我们绝大多数的古建筑考察，并且参与了几乎每一次的测绘工作。而在本书的写作期间，我们亲爱的儿子也诞生了，他是本书漫长而艰辛的写作过程中一个巨大的惊喜和礼物！这个小小的生命，当他还在母亲肚子里的时候，已经开始了富有趣味的北京古建筑之旅，甚至还参加了不少次测绘，可以说是我们古建筑研究团队中最年轻的新成员。

王南
2015年5月于古都北京

作者简介

　　王南，出生于1978年。2001年获清华大学建筑学院建筑学学士学位，2008年获清华大学建筑学院工学博士学位，导师吴良镛院士。2009年至今在清华大学建筑学院任讲师，讲授建筑设计专业课。2013年至今担任住房和城乡建设部传统村落保护研究中心顾问专家。

　　长期从事中国古代建筑历史、北京城市规划设计及北京古建筑研究。著有《古都北京》、《北京古建筑地图》（上、中、下三册，合著）、《安徽古建筑地图》（合著）、《巍巍古都》（合著）、《万神殿堂》、《农禅寺：水月》（合著）等专著，并在国内核心期刊发表包括《泰山古建筑群布局初探——从一幅清代泰山地图谈起》、《〈康熙南巡图〉中的清代北京中轴线景象》、《明十三陵规划设计的象征意义和意境追求》、《传统北京城市设计的整体性原则》、《东海三山现闽中——文学、绘画及舆图中所体现的福州古城城市设计意匠》等在内的学术论文十余篇。2013年起在《读库》连载"建筑史诗"系列，已先后刊载《万神殿堂》、《汉家陵阙》、《塔窟东来》、《六朝遗石》、《金色天国》和《梦回唐朝》六篇。